Horst F. Rupp / Gerhard Simon (Hg.)

Der Rothenburger Prediger
Johannes Teuschlein
(ca. 1485–1525)

im Spannungsfeld von Antijudaismus, Marienfrömmigkeit, Reformation und Bauernkrieg

Mit Beiträgen von
Horst F. Rupp, Gerhard Simon,
Harald Bollbuck, Karl Borchardt, Florian Huggenberger,
Hedwig Röckelein, Claudia Steffes-Maus und Ulrich Wagner

Im Anhang
die erstmalige Wiedergabe des sog. Mirakelbuchs (1520)
von Johannes Teuschlein

In memoriam

Herrn Prof. em. Dr. Gerhard Müller, D.D., ehemaliger Landesbischof,

(10. Mai 1929–10. Mai 2024)

in Dankbarkeit

von den beiden Herausgebern zugeeignet

Die Drucklegung wurde gefördert
durch folgende Institutionen/Organisationen/Personen:

Verein Alt-Rothenburg

Bezirk Mittelfranken

Evangelisch-Lutherische Kirche in Bayern

Kirchenkreis Ansbach-Würzburg
der Evangelisch-Lutherischen Kirche in Bayern

Verein für Bayerische Kirchengeschichte

Sparkasse Rothenburg-Ansbach

Stadtwerke Rothenburg

Erzdiözese Bamberg

Diözese Würzburg

Gruppe Nürnberg Frankenbund

Landrat Landkreis Ansbach

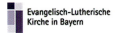

Bibliografische Information der Deutschen Nationalbibliothek:
Die Deutsche Nationalbibliothek verzeichnet diese Publikation
in der Deutschen Nationalbibliografie; detaillierte bibliografische
Daten sind im Internet über http://dnb.dnb.de abrufbar.

1. Auflage 2024
ISBN 978-3-95976-508-4

Kunstverlag Josef Fink, Lindenberg i. Allgäu
www.kunstverlag-fink.de

Lektorat: Dr. Ulrike Liebl, München
Layout: Mathias Baumgartner, Lindenberg i. Allgäu
Bildbearbeitung: Camscan (Ralf Henrich), Stiefenhofen

Gedruckt in der EU.

Inhalt

Vorwort ... 7

Florian Huggenberger
Die Reichsstadt Rothenburg ob der Tauber zur Zeit Teuschleins ... 13

Karl Borchardt
Die Deutschordenspfarrei und die Prädikaturstiftung
in Rothenburg ob der Tauber am Vorabend der Reformation ... 29

Claudia Steffes-Maus
Die Rechtsstellung der Rothenburger Juden
in Mittelalter und Früher Neuzeit (bis 1519/20) ... 45

Hedwig Röckelein
Judenfeindlichkeit und Marienverehrung im späten Mittelalter
und der Frühen Neuzeit – das Beispiel Rothenburg ob der Tauber ... 61

Harald Bollbuck
Das akademische Profil Johannes Teuschleins und seine Verbindungen
zu Andreas Bodenstein von Karlstadt ... 75

Gerhard Simon
Johannes Teuschleins gedruckte Schriften ... 99

Horst F. Rupp
Valentin Ickelsamer und seine Schrift „Clag etlicher brüder ..." –
eine wichtige Rothenburger Stimme zu Zeiten des Bauernkriegs ... 131

Ulrich Wagner
Rothenburg im Bauernkrieg 1525 – Verlauf und Quellen ... 155

Horst F. Rupp
Der Rothenburger Prediger Johannes Teuschlein (ca. 1485–1525)
im Spannungsfeld von Antijudaismus, Marienfrömmigkeit, Reformation und Bauernkrieg ... 171

Gerhard Simon
Johannes Teuschlein – Versuch einer Einordnung ... 211

Anhang
Gerhard Simon
Edition des sog. Mirakelbuchs (um 1520) ... 219

Bibliographie ... 251
Herausgeber und Autor*innen ... 269
Abbildungsnachweise ... 272

Vorwort

Im Jahr 2016 hat der Würzburger Herausgeber zusammen mit Karl Borchardt den Band „Rothenburg ob der Tauber. Geschichte der Stadt und ihres Umlandes"[1] besorgt. Bei der Abfassung seines eigenen Beitrages (unter dem Titel „Frömmigkeit, Schulwesen und Bildung") wie auch im Kontext weiterer Beiträge dieses Bandes stieß er erneut auf den Rothenburger Prediger Johannes Teuschlein, der ihm knapp zwanzig Jahre vorher schon einmal aufgefallen war, als er einen Artikel zum Thema „Die jüdische Gemeinde in der Reichsstadt Rothenburg ob der Tauber"[2] verfasste. Und er „stolperte" darüber, dass zu Teuschlein, eine durchaus interessante, aber auch nicht unumstrittene Figur in der Rothenburger Geschichte, seit über hundert Jahren nicht mehr intensiver geforscht worden war. Dies führte zu dem Entschluss, sich bei passender Gelegenheit diesem Thema genauer zuzuwenden. Und mit der sich abzeichnenden Erinnerung an 500 Jahre Bauernkrieg in den Jahren 2024/25 bietet sich nun diese Gelegenheit, denn Teuschlein mischte sozusagen heftig mit, als sich die Stadt an der Tauber während des Aufstandes auf die Seite der Bauern schlug.

Aber diese Geschehnisse während des Bauernkriegs werden im Leben und deshalb auch in unserem Buch „präludiert" durch das, was sich in Teuschleins Rothenburger Zeit, die im Jahr 1512 einsetzte, vorher abgespielt hatte. Nach anfänglichen unerfreulichen Auseinandersetzungen mit dem Rothenburger Rat hatte sich Teuschlein durch seine Predigttätigkeit als rhetorisch begabte und auch charismatische Persönlichkeit in der Reichsstadt eine durchaus angesehene Stellung erarbeitet. Er rekrutierte seine zahlreiche Anhängerschar vorwiegend aus der städtischen Unterschicht und den Handwerkerkreisen, die vom Stadtregiment mehr oder weniger ausgeschlossen waren. In der Stadt hatte die sog. erbarkeit das politische Sagen.

Bedeutsam für Teuschleins Leben wie auch für die Geschichte der Reichsstadt wurden dann die Ereignisse in den Jahren 1519/20. Nach dem Regensburger Muster wollte Teuschlein in der Stadt eine Marienwallfahrt installieren. Nachdem sich dies in der ursprünglich vorgesehenen Marienkapelle in Kobolzell nicht realisieren ließ, verfiel Teuschlein darauf, die letzten sechs jüdischen Familien der ehemals blühenden Gemeinde aus der Stadt zu vertreiben und ihre Synagoge in eine Marienwallfahrtskapelle umzuwandeln – ein Vorgang, der sich ganz ähnlich ca. 120 Jahre vorher mit der Umwandlung der ersten Rothenburger Synagoge in die Marienkapelle auf dem heutigen Kapellenplatz schon einmal in der Tauberstadt abgespielt hatte. Die von Teuschlein initiierte Wallfahrt zur „Reinen Maria" lief vielversprechend an, kam dann jedoch auf dem Hintergrund der reformatorischen Entwicklungen Anfang der Zwanzigerjahre des 16. Jahrhunderts mit der Ablehnung des Heiligenkultes wieder in Verfall. Teuschlein, der ja selbst einige Zeit in Wittenberg verbracht hatte, wandte sich in diesen Jahren der reformatorischen Theologie zu und vom Marienkult ab.

---

1   Rupp, Horst F./Borchardt, Karl (Hg.): Rothenburg ob der Tauber. Geschichte der Stadt und ihres Umlandes. Darmstadt 2016.

2   Rupp, Horst F.: Die jüdische Gemeinde in der Reichsstadt Rothenburg ob der Tauber. In: Behr, Hartwig/Rupp, Horst F.: Vom Leben und Sterben. Juden in Creglingen. Würzburg 1999, ²2001, S. 17–25.

Diese Entwicklung lief dann mehr oder weniger zwangsläufig auf den von Teuschlein mit ins Leben gerufenen ersten Versuch einer Umsetzung kirchlicher Reformen unter den Vorzeichen der Wittenberger Theologie in der Reichsstadt zu. Dass sich dann jedoch diese religiös-kirchlichen Reformansätze vermengten, vermengt wurden mit den von den aufständischen Bauern während des sog. Bauernkriegs erhobenen politisch-sozialen Forderungen, trug entscheidend mit zu ihrem Scheitern bei, als die Fürsten die bäuerliche Erhebung blutig niederschlugen.

Für Teuschlein selbst war es auch eine persönliche Katastrophe, denn er wurde wie zwei Dutzend seiner Mitstreiter Ende Juni/Anfang Juli 1525 auf dem Rothenburger Marktplatz auf Geheiß des Ansbacher Markgrafen Kasimir hingerichtet.

Überregionale Bedeutung haben diese Rothenburger Geschehnisse auch insofern erlangt, als sich in dieser Zeit des Bauernkriegs und des ersten Anlaufes zur Umsetzung einer kirchlichen Reform aus dem Geiste der Wittenberger Theologie mit Andreas Bodenstein, nach seinem Herkunftsort auch Karlstadt genannt, eine der wichtigen Persönlichkeiten der Reformationsbewegung in der Stadt aufgehalten und bei den krisenhaften Ereignissen eifrig mitgewirkt hat. Karlstadt war als Luthers Doktorvater ursprünglich einer der engsten Mitarbeiter des Wittenberger Reformators. Deutlich radikaler als Luther selbst drängte er auf eine rasche und entschiedenere Umsetzung von Reformen in der kirchlichen Lehre, sprich der Theologie, wie auch in der kirchlichen Praxis. Darüber aber kam es zum Konflikt und schließlich zum Bruch mit Luther, sodass er aus Wittenberg und Sachsen weichen musste. Aufgrund der schon länger bestehenden Kontakte zu seinen fränkischen Landsleuten Johannes Teuschlein wie aber auch Valentin Ickelsamer wandte er sich auf seiner Odyssee, die mit der Flucht aus Sachsen begonnen hatte, nach Rothenburg, wo er neben Teuschlein und Ickelsamer auf eine ganze Reihe ihm wohlgesinnter Menschen traf. Der Schulmeister Valentin Ickelsamer, der im historischen Rückblick neben Meir ben Baruch, auch Maharam oder Rabbi von Rothenburg genannt, vielleicht bedeutendste Bürger in der Rothenburger Geschichte, stand in den Tagen des Bauernkriegs am Beginn einer Karriere als einer der einflussreichsten Didaktiker (der Muttersprache) in seiner Zeit – was uns jedoch in unserem thematischen Zusammenhang nur am Rande interessieren wird.

Mit den vorgenannten historischen Ereignissen sind für uns auch die vier Themen festzumachen, die in Teuschleins Leben und Schicksal eine entscheidende Rolle gespielt haben: Judenfeindschaft, Marienverehrung, Reformation und Bauernkrieg. Und so war auch der Aufriss dieses Bandes für uns implizit vorgegeben, wie ihn die beteiligten Autor*innen nun umgesetzt haben.

Florian Huggenberger, aktueller Rothenburger Stadtarchivar, beschreibt in seinem profunden Beitrag die politischen, sozialen, wirtschaftlichen und kulturellen Aspekte, die die Zeit Teuschleins zu Beginn des 16. Jahrhunderts in Rothenburg prägten. **Karl Borchardt**, als ehemaliger Rothenburger Stadtarchivar, in Würzburg lehrender Historiker und Wissenschaftlicher Mitarbeiter bei den Monumenta Germaniae Historica in München, bestens ausgewiesener Experte, erarbeitet in seinem Text das Profil eines Deutschordenspfarrers, das auch für Teuschlein in seiner Rothenburger Zeit maßgebend war. **Claudia Steffes-Maus**, exzellente Kennerin der jüdischen Geschichte Rothenburgs, unternimmt es in ihrem Text, die Rechtsstellung der Rothenburger Juden im Mittelalter bis zu ihrer nicht zuletzt durch Teuschlein bewirkten endgültigen Vertreibung aus der Stadt im Jahr 1519/20 zu beschreiben. Die renommierte Göttinger Historikerin (mit fränkischen Wurzeln in Ebrach)

Hedwig Röckelein rekonstruiert eindrücklich die auch bei Teuschlein gegebene Verknüpfung von Judenfeindschaft und Marienverehrung, wie er sie in der Aufrichtung der Marienwallfahrt in der ehemaligen zweiten Rothenburger Synagoge am sog. Judenkirchhof realisiert hatte. Mitherausgeber **Gerhard Simon**, mit seiner Arbeit zu Theobald Billican und als Mitarbeiter an der Osiander-Edition bestens ausgewiesener Reformationshistoriker, beschäftigt sich mit Teuschleins gedruckten Schriften – und konnte bei dieser Arbeit eine lange Zeit als verschollen geltende Schrift Teuschleins, nämlich sein „Mirakelbuch", in einer polnischen Bibliothek wieder auffinden. **Harald Bollbuck**, Wissenschaftlicher Mitarbeiter an der Edition der Werke Karlstadts, die an der Göttinger Akademie der Wissenschaften angesiedelt ist, erforschte im Rahmen unseres Projektes Teuschleins akademisches Profil und seine besonderen Verbindungen zu Andreas Bodenstein von Karlstadt. Rothenburgs Stellung und Geschick im Bauernkrieg wird durch **Ulrich Wagner**, seines Zeichens ehemaliger Direktor des Würzburger Stadtarchivs und Herausgeber einer monumentalen mehrbändigen Geschichte der Stadt Würzburg, fokussiert. Mitherausgeber **Horst F. Rupp**, aus Rothenburg stammender und an der Universität Würzburg lehrender Theologe und Historiker, beschäftigt sich in seinem Beitrag mit einer eher unbekannten Seite des wichtigen Pädagogen und Didaktikers Valentin Ickelsamer, der sich auf dem Höhepunkt der Bauernkriegswirren für den verfemten Karlstadt einsetzte, der in Rothenburg Unterschlupf gesucht und auch gefunden hatte. **Horst F. Rupp** und **Gerhard Simon**, die beiden Herausgeber des Bandes, versuchen sich dann abschließend in separaten Beiträgen an einer die voranstehenden Ausführungen bündelnden Darstellung und historischen Einordnung Teuschleins in seiner Zeit.

Und so ist mit diesen Beiträgen der Versuch unternommen, den Rothenburger Prediger Johannes Teuschlein in seiner Zeit, die man ohne Übertreibung auch als eine historische Zeitenwende bezeichnen kann, einer neuen Sichtung zuzuführen.

Im Zuge der intensiven Recherche für unser Projekt konnten wir überraschender- und erfreulicherweise auch zwei bislang in der Forschung als verschollen geltende Schriften wieder auffinden: Zum einen das sog. Mirakelbuch von Johannes Teuschlein[3], das in der Biblioteka Jagiellońska in Krakau/Polen entdeckt werden konnte; und zum anderen eine Publikation von Valentin Ickelsamer[4], die in der Bibliothèque nationale et universitaire in Straßburg/Frankreich nachgewiesen werden konnte, beide Drucke vermutlich weltweit die einzig erhaltenen Exemplare. – Zwei ganz sicher tolle „Highlights" unserer Forschungsarbeit! Im Anhang besorgt **Gerhard Simon** erstmalig eine Edition des „Mirakelbuchs" von Teuschlein.

Derartige sehr aufwendige Forschungsprojekte können nicht realisiert werden, wenn nicht viele Personen und Institutionen in sehr

---

[3] „Hienach sein begriffen die gros / sen wunderzaichen so geschehen sein / vn(d) teglich geschehen durch / die Rayn Maria die mueter / gottes zu Rotenburg / auff der Tauber. / Anno. xx. Jar."

[4] „Vom wanndel / und leben der Christen in got / licher forchte und guten wer / cken/welches leider noch so wenig bewey / sen/Darinne aber ein fromer gotfurchtiger / vater seine kinder vnterweiset nachzu / volgen dem exempel des kinds Jesu / wann es gesprochen hat/Ein / beyspil hab ich euch geben / das yr thut gleich wie ich / euch than habe. Johan / nes. Xiij. Valentin Ickelsamer. In gespręch weyß wie hernach volgt. Vater Kinder. M. D. XXIX. Gedruckt zu Erffordt zum Schwar / zen Horn / vor der kremer / Brucken. M. D. XXIX."

selbstloser Weise sich engagieren – wofür an dieser Stelle profunder Dank zu artikulieren ist! Zuvorderst sind hier natürlich unsere Autor*innen zu nennen, die sich für unsere Thematik haben gewinnen und begeistern lassen. Sodann seien die vielen Bibliotheken und Archive samt ihren Mitarbeiter*innen angeführt, die kompetent, zuverlässig und geräuschlos die Voraussetzungen für diese Forschungsarbeit geleistet haben. Und dann müssen da natürlich die Förderer und Sponsoren genannt werden, ohne deren Support all dies nicht das Licht der Welt erblicken würde! Hier sind vor allen Dingen die Stadt Rothenburg ob der Tauber, ihr Oberbürgermeister Dr. Markus Naser, „gelernter" und promovierter Historiker, sowie Dr. Jörg Christöphler, Direktor der Abteilung für Kunst, Kultur und Tourismus der Stadt Rothenburg, zu nennen, die in äußerst entgegenkommender Art und Weise dieses Projekt auf- und angenommen haben. Sodann sei hier angeführt der Verein „Alt-Rothenburg", welcher in Person seiner inzwischen ehemaligen Vorsitzenden Karin Bierstedt sowie des Stellvertretenden Vorsitzenden Dr. Hellmuth Möhring sich für die Umsetzung dieses Vorhabens äußerst engagiert eingesetzt hat. Und dann sind natürlich last but really not least auch die selbstlosen Geldgeber anzuführen, welche die monetären Ressourcen für Buch und Tagung verfügbar gemacht haben: Neben der Stadt Rothenburg ob der Tauber, dem Bezirk Mittelfranken sowie dem Verein „Alt-Rothenburg" sind hier aufzuführen die Sparkasse Rothenburg, die Stadtwerke Rothenburg, die Evangelisch-Lutherische Kirche in Bayern, der Kirchenkreis Ansbach-Würzburg, der Verein für Bayerische Kirchengeschichte, die Erzdiözese Bamberg, die Diözese Würzburg, die Gruppe Nürnberg im „Frankenbund", der Landrat des Landkreises Ansbach – ihnen allen gilt unser herzlicher Dank für die gewährte Förderung!

Einen speziellen Dank gilt es hier auch auszusprechen dem Kunstverlag Josef Fink, Lindenberg i. Allgäu, dessen Verleger Josef Fink sowie seine Mitarbeiter*innen sich in ganz extraordinärer Weise für die gelungene verlegerische Realisierung des Werkes engagiert haben. Insbesondere sind hier Dr. Ulrike Liebl für das Lektorat sowie Mathias Baumgartner für das Layout zu nennen.

Die beiden Herausgeber widmen diesen Band in Dankbarkeit dem Gedenken an Prof. Gerhard Müller, ehemaliger Inhaber des Lehrstuhls für Neuere Kirchengeschichte an der Friedrich-Alexander-Universität Erlangen-Nürnberg und ehemaliger Landesbischof der Evangelisch-Lutherischen Kirche in Braunschweig, der bei beiden am Beginn ihres Studiums der Theologie die Begeisterung für die (Reformations-)Geschichte geweckt hat. Gerhard Müller war einer der wichtigsten deutschen Reformations-Historiker der letzten Jahrzehnte, der sich auch sonst unschätzbare Verdienste um die Theologie erworben hat, sei es als Präsident der Luther-Gesellschaft, als Herausgeber der Theologischen Realenzyklopädie, des wichtigsten theologischen Lexikons im deutschsprachigen Raum, als Herausgeber der Werke von Andreas Osiander oder als Mitglied verschiedenster Kommissionen und Akademien, so etwa der Mainzer Akademie der Wissenschaften und der Literatur. Der Band sollte ursprünglich Gerhard Müller zu seinem 95. Geburtstag am 10. Mai 2024 gewidmet werden. Just an diesem Tag verstarb jedoch Gerhard Müller, weshalb wir dieses Werk nun dem Gedenken an ihn widmen.

Dem Band wünschen wir bei seinen Leser*innen eine freundliche Aufnahme.

Rothenburg ob der Tauber/Würzburg/
Waltensburg/Haslach i. K., im Sommer 2024

Horst F. Rupp, Gerhard Simon

Florian Huggenberger

Die Reichsstadt Rothenburg ob der Tauber zur Zeit Teuschleins

Politische, soziale, wirtschaftliche und kulturelle Aspekte

Die Brüche des beginnenden 16. Jahrhunderts hatten sich über Jahrzehnte angebahnt, nicht nur in Rothenburg. Um den Kontext von Teuschleins Denken und Tun zu zeigen, wird im Folgenden der Zustand Rothenburgs um 1500 nachgezeichnet. Allerdings ist diese Zeit für Stadt und Umland bislang nur unzureichend erforscht, sodass in der Darstellung zwangsläufig Lücken bleiben (Naser 2016b, S. 132). Obwohl die Zeit von Rothenburgs größter Bedeutung vorüber war, konnte von Verfall kaum eine Rede sein. 1408 war Heinrich Toppler, der einflussreiche und tatkräftige Bürgermeister der Stadt, als Verräter in der Haft unter dem Rathaus ums Leben gekommen. Die Stadt hatte in der Reichsacht gelegen und die daraus resultierenden Kämpfe gerade so überstanden. Das Ende der Ära Toppler war eine komplexe Gemengelage, in der die damaligen Ratsherren geschickt navigieren mussten, um Schaden von der Stadt abzuwenden. Topplers Rolle ist dabei ambivalent gewesen. So groß seine Verdienste um die Stadt waren, hat er durch sein politisches Handeln am Ende seines Lebens auch an ihren Schwierigkeiten Anteil gehabt[1].

Nach der Überwindung der Auseinandersetzungen mit dem Reich blieb die erste Hälfte des 15. Jahrhunderts kompliziert: Rund 300 erhaltene Fehdebriefe belegen, dass sie für Rothenburg gefahrvoll und beschwerlich war. Der Erhalt des Status einer Reichsstadt und ihres Territoriums gelang, doch musste man wohl erkennen, dass für eine Stadt dieser Größe die Grenzen der Expansion erreicht waren. Die folgenden Jahrzehnte dienten der Sicherung dessen, was vor allem in der Toppler-Zeit erreicht worden war; es war eine „Konsolidierung auf hohem Niveau" (Naser 2016b, S. 159). Nach innen suchte der Rat ebenfalls den Status quo zu erhalten, was aufgrund der politischen Benachteiligung der Mittelschicht zu Spannungen führte, die sich Mitte des Jahrhunderts entluden. Nachdem sich der Rat auch in diesem Bereich nach wenigen Jahren durchgesetzt hatte, scheinen die Jahrzehnte bis um 1500 recht ruhig verlaufen zu sein. Erst die sozialen und religiösen Verwerfungen dieser Zeit stießen in Rothenburg Veränderungen an, bei denen Johannes Teuschlein eine führende Rolle einnahm.

Politische Ordnung

Als Reichsstadt war Rothenburgs Stadtherr der römisch-deutsche König, aber die faktische Macht in der Stadt ging von ihrem Rat aus. Diese

---

1 Zu den Auseinandersetzungen Rothenburgs in dieser Zeit vgl. Pfeiffer, Gerhard: Rothenburgs Stellung im Fränkischen Landfrieden des Spätmittelalters. In: Rothenburg. Kaiser und Reich. Jahrbuch 1974/75 des Vereins Alt-Rothenburg. Rothenburg o. d. T. 1975, S. 32–48, bes. S. 44.

Republik wurde nicht demokratisch regiert, sondern oligarchisch von einigen Familien. Sie herrschten im Großen und Ganzen, „ohne auf den Stadtherrn oder die Einwohner viel Rücksicht zu nehmen" (Borchardt 2009, S. 26). Es handelte sich allerdings nicht um ein Patriziat in dem Sinne, dass dieser Kreis von Familien fest abgeschlossen gewesen wäre. Sozialer Aufstieg oder Abstieg waren möglich, wenn auch eher selten und (in ersterem Fall) schwierig. Diese Familien besetzten die Positionen des Inneren Rates, der die wesentlichen Regierungsgeschäfte betrieb. Daneben gab es einen Äußeren Rat, in dem der restliche Teil der Bürgergemeinde repräsentiert wurde. Jeder Rat wählte einmal im Jahr die Hälfte der Mitglieder des anderen neu[2].

Die Räte waren durch Eid zu einer Amtsführung verpflichtet, die dem Wohl der Stadt und ihrer Bürger[3] dienen sollte. Entscheidungen wurden per Abstimmung getroffen, wobei jede Stimme gleich zählte. Bei der Verabschiedung von Gesetzen war der Innere auf die Zustimmung des Äußeren Rates angewiesen. Dessen Einfluss wurde im Lauf des 16. Jahrhunderts aber stark zurückgedrängt, da stärker über polizeiliche Ordnungen regiert wurde, in deren Erlass der Äußere Rat nicht eingebunden war. Dadurch, dass die Wahl des Äußeren Rates immer zuerst vorgenommen wurde, hatte der Innere Rat starken Einfluss auf sein größeres Gegenstück. Auch trat der Äußere Rat im Gegensatz zum Inneren nicht regelmäßig zusammen, sondern nur, wenn

---

2 Die Zweiteilung existierte bereits im letzten Viertel des 13. Jahrhunderts; vgl. von Bezold, Rudolf Walther: Die Verfassung und Verwaltung der Reichsstadt Rothenburg ob der Tauber (1172–1803). Nürnberg 1915, S. 44. Zu den Räten im Folgenden siehe ebd., S. 44–53.

3 Die rein männliche Namensform ist hier absichtlich gewählt, waren Frauen in der reichsstädtischen Zeit doch von weiten Teilen des politischen Lebens ausgeschlossen.

Abb. 1: Stadtansicht Rothenburg (nach Georg Braun/Frans Hogenberg, 1572).

Geschäfte zu erledigen waren, die seiner Zustimmung bedurften. Die Entscheidung darüber oblag wiederum dem Inneren Rat (Bezold 1915, S. 51f.; Borchardt 1987, S. 205–216; Schnurrer ²2008d, S. 273). Dass sich vor dem Hintergrund der übergroßen Machtfülle des Inneren Rates ihm gegenüber Unmut bildete, dürfte auch daran gelegen haben, dass er der Bürgerschaft keine Rechenschaft schuldig war. Zwar konnten Räte wegen Pflichtvergessenheit abgesetzt werden, das war jedoch eine Entscheidung der Räte selbst (Bezold 1915, S. 46).

Beiden Räten standen Bürgermeister vor. Sie leiteten die Ratssitzungen, hatten im Falle eines Patts die entscheidende Stimme und vertraten die Stadt nach außen, wenn dafür eine natürliche Person nötig war. Aus den Reihen der Räte kamen daneben die wichtigsten Amtsträger der Stadt: der innere und äußere Richter, der innere und äußere Baumeister, zwei innere und ein äußerer Steurer sowie die sieben Pfleger (Bezold 1915, S. 54–57). Die Umsetzung der Beschlüsse oblag den zahlreichen städtischen Beschäftigten. Letztere waren nicht Teil des Rates, in den meisten Fällen auch nicht Teil der herrschenden Familien. Ihre Zahl ist vom Stadtwerkmeister bis zu den Nachtwächtern zu groß, um sie hier auch nur aufzuführen. In Bezug auf die Ereignisse des frühen 16. Jahrhunderts ist vor allem der Stadtschreiber zu nennen. Thomas Zweifel (im Amt 1509/11–1540; Quester 1994, S. 22ff.) hat mit seiner vom Rat beauftragten Darstellung des Bauernkriegs in Rothenburg dessen Wahrnehmung wesentlich geprägt. Die Aufsicht über die Amtsträger lag beim Rat. Auch andere Bereiche des städtischen Lebens wurden vom Rat überwacht – „die Beaufsichtigung von seiten (sic) der Stadt erstreckte sich auf alles." (Bezold 1915, S. 65). Er regelte weite Teile des öffentlichen, aber auch privaten Lebens, etwa den Güterverkehr, alltägliches (Arbeit, Spiel, Kleidung) und festtägliches Leben (Tauf- und Hochzeitsfeiern) (dazu Borchardt 2009, S. 21f.). Der Rat war in vielerlei Hinsicht die letztgültige Obrigkeit für die Bewohnerinnen und Bewohner der Stadt (Schnurrer 2008d, S. 273).

Abb. 2: Grabstein von Heinrich Toppler († 1408) in St. Jakob Rothenburg ob der Tauber.

Gesellschaftliche Gruppen

Zu Beginn des 15. Jahrhunderts dürfte Rothenburg zwischen 5000 und 7000 Einwohnerinnen und Einwohner beherbergt haben (Borchardt 1988, Bd. 1, S. 15). Für die Zeit um 1500 wird man eher von der geringeren Zahl ausgehen dürfen[4]. Die zahlenmäßig kleinste und dabei dominierende Gruppe waren die ratsfähigen Familien. Ihre wirtschaftlichen Grundlagen – die Amtsführung wurde nicht bezahlt – bezogen sie zum allergrößten Teil von ihrem Grundbesitz (sog. absentee landlordism). Das war schon in der frühen Ausprägung dieser „erbarkeit" so und verfestigte sich während des 15. Jahrhunderts. Der Fernhandel spielte in Rothenburg in der Gestalt von Wolle- und Getreidehandel nur eine untergeordnete Rolle. Emporgekommene Handwerker gaben folgerichtig ihre bisherige Tätigkeit auf. Der Grundbesitz wurde teils verpachtet, teils von Leibeigenen oder von Verwaltern bewirtschaftet. Die „erbarkeit" blieb eine Minderheit und gab die Macht nicht aus den Händen. Ihren Status festigte sie durch bevorzugte Heiraten untereinander[5].

Die zahlenmäßig und wirtschaftlich bedeutsame Handwerkerschaft war ein freier Stand. Seit der ersten Hälfte des 14. Jahrhunderts konnten Handwerker das Bürgerrecht erwerben. Eine wesentliche politische Teilhabe war damit nicht verbunden. Insbesondere war ihnen die Bildung von Zünften untersagt. Die Selbstorganisation der Handwerke hatte diesen in vielen

---

[4] Vgl. Quester 1994, S. 145f. Quester geht von rund 4000 Personen aus, was mir relativ tief gegriffen erscheint. Er verweist aber zu Recht darauf, dass die Stadt 1524/25 durch Steuererleichterungen Neubürger anzuziehen versuchte, was auf großes Wachstumspotenzial hindeutet.

[5] Bezold 1915, S. 14ff. Zum Wollhandel siehe Schnurrer, Ludwig: Rothenburger Kaufleute als Wolllieferanten nach Nürnberg. Ein Beitrag zur Geschichte des Nürnberger Textilgewerbes im ausgehenden Mittelalter. In: Schnurrer, Ludwig: Rothenburg im Mittelalter. Rothenburg o. d. T. ²2008, S. 352–388, bes. S. 353. Zum Schafhandel nach Würzburg und Nürnberg Schnurrer, Ludwig: Schafwirtschaft im ausgehenden Mittelalter. Die Schafherde des Spitals in Rothenburg ob der Tauber. In: Schnurrer, Ludwig: Rothenburg im Mittelalter. Rothenburg o. d. T. ²2008, S. 319–351, bes. 334f. Zur Wolle ebd., S. 336–339.

anderen Städten eine Möglichkeit verschafft, politisch gehört zu werden. Durch das Fehlen einer größeren Schicht von Kaufleuten standen sich in Rothenburg mit Grundbesitzern und Handwerkern zwei deutlich getrennte Gruppen gegenüber (Bezold 1915, S. 17). Nennenswert sind die 36 Wirte der Stadt, von denen zehn 1525 in den Ausschuss gewählt wurden – damit stellten sie dort ein Viertel der Mitglieder (Quester 1994, S. 151f.).

Daneben bildete die Geistlichkeit in ihren unterschiedlichen Ausprägungen einen wichtigen Faktor in Rothenburg: der Deutsche Orden, die Johanniter, die unterschiedlichen Klöster und das Heilig-Geist-Spital. Sie war Teil der Stadtgesellschaft, von ihr aber rechtlich getrennt. Ihre Bedeutung für den religiösen Alltag der Menschen in der Stadt kann kaum überschätzt werden, daneben trat sie zudem als Arbeitgeber in Erscheinung. Die jüdische Gemeinde war eigentlich eng mit der Stadtgemeinde verflochten, litt aber unter zunehmenden Anfeindungen. Über die städtische Unterschicht, die nicht das Bürgerrecht besaß, ist wenig bekannt. Die vielen Gesellen und Lehrlinge, Knechte, Mägde und weitere kommen in der Überlieferung nur spärlich vor.

Die „Revolution" von 1451

Die Ratsherrschaft hatte sich im beginnenden 15. Jahrhundert zunächst stabilisiert und eine Riege von ratsfähigen Familien gebildet, die die wichtigen Ämter größtenteils unter sich aufteilte. Ein sozialer Aufstieg war nur in wenigen Fällen möglich. Die Handwerker durften sich nicht zu Zünften zusammenschließen und besaßen so nicht die Möglichkeit, ihre Interessen kraftvoll nach außen zu vertreten. Auch die Landbevölkerung war unzufrieden[6]. Diese Unzufriedenheit brach sich immer wieder Bahn, wenn der Bevölkerung außergewöhnliche Lasten auferlegt wurden, in der Regel durch deutlich geäußerte Kritik. Gegen diese griff der Rat strikt durch und erstickte eventuelle Empörungen im Keim (Schnurrer 1980b, S. 14f.). Auf Dauer konnte er die Empörung über die empfundene Ungerechtigkeit nicht unterdrücken. Diese entlud sich in einem offenen Aufstand gegen die ratsfähigen Geschlechter. Im Nachgang des für die Stadt belastenden Markgrafenkrieges (1449–50) drangen in der Nacht vom 11. auf den 12. Juli 1451 mehrere Bürger ins Rathaus ein. Derweil brachen Bewaffnete die Häuser der Ratsherren – sowohl des Inneren wie des Äußeren Rates – auf und trieben diese ins Rathaus. Das konzertierte Vorgehen in dieser Nacht legt den Schluss nahe, dass der Aufstand geplant gewesen war und nicht spontan ausbrach (Schnurrer 2008d, S. 278). Den Aufständischen blieb jedoch wenig Zeit: Ein Gesandter der Reichsstadt Nürnberg befand sich in Rothenburg und wurde Zeuge der Ereignisse. Nach Hause zurückgekehrt, erstattete er dem dortigen Rat Bericht. Dieser wiederum schrieb unverzüglich die benachbarten Städte an und forderte sie auf, in Rothenburg einzugreifen.

Dem Aufstand der Handwerker wurde also durchaus Erfolg zugetraut. Nürnberg als patrizisch geprägte Stadt mochte über die Handwerkerrevolution besorgt gewesen sein. Die folgenden Verhandlungen deuten darauf hin, dass man um einen Ausgleich bemüht war. Sie erfolgten nämlich wenige Wochen später in Rothenburg mit Abgesandten der Reichsstädte

---

6   Borchardt 1988, Bd. 1, S. 16. Bei den Handwerken besaßen lediglich Tuchmacher und Loder Einfluss.

Augsburg, Ulm, Nördlingen und Hall. Wohl auch unter diesem Einfluss setzte sich die kompromissbereite Fraktion durch. In allen vier Städten waren die Handwerker deutlich stärker an der Stadtherrschaft beteiligt als in Rothenburg oder auch Nürnberg (Schnurrer 2008d, S. 278-281). Nachdem die Gefangenen freigelassen worden waren, wurde aus den Verhandlungsergebnissen eine neue Verfassung für Rothenburg entwickelt. Ein radikaler Umsturz der Ratsverfassung zugunsten der Handwerker war nicht erfolgt, doch sollte ihnen ein stärkeres Mitspracherecht zuteilwerden. Es wurden elf handwerkliche Zünfte gebildet, dazu eine zwölfte Zunft der ehrbaren Familien. Der maßgebliche Innere Rat sollte fortan aus zwölf ehrbaren Mitgliedern sowie je einem Mitglied der anderen Zünfte bestehen. Der Äußere Rat sollte durch 24 Zugeber, je zwei aus jeder Zunft, ersetzt werden.

Die Anführer des Aufstands wurden hart bestraft. In den radikaleren Teilen der Handwerkerschaft blieb daher weiter Unmut, zum Teil auch unter der Landbevölkerung, die eigentlich nicht direkt betroffen war[7]. Die erreichten Reformen hatten keinen langen Bestand. Die Handwerker, ohnehin im Rat benachteiligt, weil die Tätigkeit unbesoldet war und ihre Berufe hohen Zeitaufwand bedeuteten, wurden in der neuen Verfassung benachteiligt und vermutlich von den politisch versierten und bestens vernetzten ehrbaren Familien übervorteilt (Borchardt 2009, S. 15). Auch waren die Zünfte untereinander uneins, was ihren Widerstand gegenüber den Ratsfamilien schwächte. Diese gaben sich mit dem Kompromiss nicht zufrieden. Die Umstände dieser Nachkriegszeit blieben weiterhin schwierig und Probleme nicht aus. Diese Widrigkeiten wurden von den Ehrbaren der neuen Verfassung zugeschrieben (Schnurrer 2008d, S. 283f.). So wurde 1455, auch unter dem Druck des Kaisers und der anderen Reichsstädte, die Verfassung überarbeitet. Der Innere Rat bestand nun aus sechzehn, der äußere aus vierzig Personen. Beide sollten je hälftig aus den ehrbaren Familien und der Mittelschicht besetzt werden, **allerdings wurde diese Bestimmung schon bald umgangen und fand keine Anwendung mehr.** Es kam auch vor, dass sich die im Rat vertretenen Handwerker zur „erbarkeit" hin orientierten. **Die Macht blieb daher in den Händen des Rothenburger Patriziats**[8]**, und** diese Verfassung prägte die restliche reichsstädtische Zeit.

Vor allem wurden die Zünfte als politische Organisationen abgeschafft, als einzige Möglichkeit der Selbstorganisation der Mittelschicht, die politisches Gewicht gegen die ehrbaren Familien hätte aufbauen können (Schnurrer 2008d, S. 284f.). Handwerker waren nur noch als religiöse Bruderschaften organisiert, nicht mehr als politische Ständevertretungen (Borchardt 1987, S. 208). Die weiterhin bestehende Dominanz der vornehmen Familien und die Benachteiligung der Handwerker ließen die bisherigen Spannungen fortbestehen; das spielte eine entscheidende Rolle in den Ereignissen der Reformationszeit und des Bauernkrieges (Borchardt 1988, Bd. 1, S. 16). Gerade in diesem Kontext darf nicht übersehen werden, dass es trotz aller gemeinsamen Interessen auch innerhalb der „erbarkeit" Konflikte gab, wie etwa in der Rolle Ehrenfried Kumpfs 1525 deutlich wird.

---

7   Schnurrer 2008d, S. 282f. – bezeichnenderweise mit einem Beispiel aus Brettheim.
8   Naser, Markus: Rothenburg, Reichsstadt. In: Historisches Lexikon Bayerns, auf: https://www.historisches-lexikon-bayerns.de/Lexikon/Rothenburg,_Reichsstadt (zuletzt abgerufen am 27.11.2023).

Rothenburgs Territorium

Rothenburg hatte als Stadtgemeinde, aber auch in Person einzelner Ehrbarer, ein fast 400 km² großes Landgebiet erworben. Dieses Gebiet wurde im 15. Jahrhundert weiter vergrößert, etwa 1422 durch Oberstetten und 1463 durch einen Teil von Archshofen (Bezold 1915, S. 13). Allerdings hatte die Stadt im Zuge der Kämpfe 1408 erhebliche Rückschläge bezüglich ihres Territoriums hinnehmen müssen. Die in der Toppler-Zeit gekauften Adelsburgen im Rothenburger Land wurden zerstört (Borchardt 1988, Bd. 1, S. 14). Der Verteidigungsfähigkeit der Stadt – und sicherlich auch ihrem Selbstbewusstsein – versetzte das einen empfindlichen Schlag. Doch glückte es, im anschließenden Friedensschluss das Landgebiet und auch das für die Herrschaftssicherung wichtige Landgericht zu behalten.

Im Gebiet dieser Landwehr lebten um 1500 rund 10 000 bis 11 000 rothenburgische Untertanen (Borchardt 1988, Bd. 1, S. 15). Es ist anzumerken, dass Rothenburg auch Besitzungen und Rechte außerhalb der Landwehr besaß, allerdings in Form von Streubesitz, also lediglich punktuell. Die Grundlage der Rothenburger Wirtschaft war die Landwehr selbst. Dabei handelte es sich jedoch nicht um ein geschlossenes Territorium. Einzelne Rechte, Besitzungen und auch Menschen gehörten zu anderen Herrschaften. An Untertanen dürften

Abb. 3: Landhege von Rothenburg in der Darstellung eines anonymen Kartographen des 18. Jahrhunderts.

ca. 1500–1800 nicht zu Rothenburg gehört haben (Woltering 2010, S. 37). Der Rat versuchte, die Rothenburger Herrschaft in der Landwehr vollständig durchzusetzen. Dies gelang teilweise. So war die Fraisch, also die hohe Gerichtsbarkeit, um 1500 durchgehend rothenburgisch (Quester 1994, S. 156).

Durch den Ausgleich mit dem Markgrafen von Brandenburg-Ansbach gelang es, die Zustimmung zur Sicherung der Landwehr zu erlangen. Zwischen 1420 und 1480 wurde der größte Teil der Landwehr mit einem Wall-Graben-System zur Sicherung ausgestattet. Dass es sich um eine militärische Sicherungsanlage handelte, zeigt der Verlauf. Einige Rothenburger Besitzungen blieben außen vor, während im Osten wegen des Übergangs zur Frankenhöhe keine Befestigung gebraucht wurde. Den Durchlass gewährten neun Landtürme genannte Zoll- und Wachstationen, daneben mehrere kleinere Zugänge (sog. Riegel und Schlupfe). Obwohl die Landhege einem entschlossenen und gut ausgerüsteten Feind letztendlich nichts entgegenzusetzen hatte, diente sie doch als Hindernis, das den Verteidigern Zeit zum Eingreifen gab. Sie erschwerte auch schnelle Angriffe und Raubzüge. Die Rothenburger Untertanen an der Landwehr waren zur militärischen Dienstleistung im Verteidigungsfall verpflichtet. Dabei wurde die Organisation stets verbessert. Die Bewaffnung einzelner Bauern ging über zweckentfremdete Arbeitsgeräte wie Hammer, Beil oder Sense hinaus und konnte Harnisch und sogar Handrohr umfassen (Quester 1994, S. 163). Mit einer „ausgeklügelten Bewachungs- und Selbstverteidigungsorganisation der Dörfer und Weiler" (Braun 1987, S. 231) sicherte die Stadt wirkungsvoll ihr Territorium – und ermächtigte ungewollt die Aufständischen des Jahres 1525.

Wie in der Stadt selbst war auf dem Land ein Teil der Bevölkerung offen unzufrieden mit der Ratsherrschaft. Es gibt Beispiele für widerständige Aktionen gegen die Obrigkeit, die leicht als bloße Diebstähle oder Sachbeschädigung abgetan werden könnten, doch möglicherweise als symbolische Aktionen gedacht waren[9]. Für die Unzufriedenheit zumindest einzelner Landwehrbewohner mit ihren Lebensumständen gibt es Belege in den städtischen Unterlagen[10].

Die Stadt selbst hatte ebenfalls ihre größte Ausdehnung vor dem 19. Jahrhundert erreicht. Die letzte Stadterweiterung, die Spitalvorstadt, auch Kappenzipfel genannt, war bereits vorgenommen worden. Die eigentliche Stadtmauer war somit in ihrer heutigen Ausdehnung vorhanden, wenn auch die Vorwerke der Stadttore noch nicht existierten. Weitere Vorstädte sind bis ins 19. Jahrhundert nicht entstanden. Ein schleichender Bedeutungsrückgang Rothenburgs ist deshalb nicht von der Hand zu weisen.

---

9   So die Entwendung von Stricken des Reiswagens von Ohrenbach oder die Beschädigung der Landhege in einem Fall von 1524; Schnurrer, Ludwig: Zur Vorgeschichte des Bauernkrieges im Rothenburger Land. In: Die Linde 62(1980), S. 6ff., 16, hier S. 8.

10 Etwa die harte Bestrafung des Marx Beer aus Wettringen 1507. Beer war vorgeworfen worden, das Vaterunser geschmäht und ein Kruzifix misshandelt zu haben. Dabei habe er sich auf die göttlichen Versprechungen von „täglich Brot" und „vergebener Schuld(en)" bezogen; Quester 1994, S. 180ff.

Die wirtschaftliche und außenpolitische Lage

Durch sein umfangreiches Landgebiet war Rothenburg für die Landwirtschaft der Region von großer Bedeutung. Insbesondere in der Schafzucht und der Produktion von Wolle war es ein wichtiges Zentrum. Zum Absatz der landwirtschaftlichen Produkte war die Stadtbevölkerung für das Land unabdingbar. So war es vom Rat gewollt; die Ein- und Ausfuhr wurde reglementiert und kontrolliert. Neben den bereits genannten Faktoren lag das möglicherweise daran, dass sich die Handelsströme von den Straßen um Rothenburg weg verlagerten. Dazu fehlen bislang jedoch noch Untersuchungen. Negativ mögen sich auch die schwankenden Preise für landwirtschaftliche Produkte ausgewirkt haben (Naser 2016b, S. 132). Ob Topplers Ende 1408 ursächlich für die folgende wirtschaftliche Stagnation war, lediglich Korrelation oder auch ein Symptom, hat sich bislang ebenfalls nicht klären lassen (Naser 2016b, S. 159). Dennoch ist hier erneut Nasers Feststellung einer „Stagnation auf hohem Niveau" anwendbar. Rothenburg war eine wohlhabende Stadt. Die Lage an einer Nord-Süd-Handelsstraße trug dazu genauso bei wie der Grundbesitz, nicht zuletzt umfangreiche Wälder, im Umland. Schon im 13. Jahrhundert hielt Rothenburg vier Jahrmärkte ab. Seine Bürger genossen seit 1347 in Böhmen und 1357 in Nürnberg und Mainz Handelsprivilegien (Borchardt 1988, Bd. 1, S. 14). Rothenburger Bürger handelten ihre Waren auf Messen von Frankfurt bis Nördlingen. Selbst hielt Rothenburg seit 1331 eine achttägige Andreas-Messe ab, die Händler aus ganz Franken anzog (Steinmeyer 1976, S. 4f.). Zur Verkehrs- und Wirtschaftslage gehört auch die Position an einer wichtigen Pilgerroute nach Rom (Schnurrer 2010d, S. 83ff.). Allerdings war der daraus resultierende Wohlstand ungleichmäßig verteilt.

Als Reichsstadt war Rothenburg für das Verhältnis zu seinen Nachbarn selbst verantwortlich. Wegen der Eigenschaft als städtischer Staat war dieses Verhältnis zudem von lebenswichtiger Bedeutung. Im 15. und 16. Jahrhundert spielten dabei vor allem zwei Nachbarn die entscheidende Rolle: das Hochstift Würzburg und das Markgraftum Brandenburg-Ansbach. Der Bischof von Würzburg besaß als Herr des geistlichen Bistums Würzburg Einfluss bis in die Stadt hinein, denn die Rothenburger Kirchen gehörten zu dieser Diözese. Daneben übte er eine weltliche Herrschaft über das Hochstift Würzburg aus, das mit dem Bistum nicht deckungsgleich war. Das Hochstift grenzte an das Rothenburger Territorium, und der Bischof hatte mehrmals versucht, auf die Reichsstadt Zugriff zu erlangen. Der Würzburger Anspruch, Herzog von Franken zu sein, dokumentierte das dortige Interesse, zumindest eine Dominanz zu errichten. Streitigkeiten gab es nicht zuletzt wegen der königlich begründeten Landgerichte beider Städte um die Zuständigkeit. Die zu Beginn des 15. Jahrhunderts offen schwelenden Konflikte mit dem Markgrafen konnten im Lauf der folgenden Jahrzehnte beigelegt werden. Außenpolitisch hielt sich Rothenburg seit der Niederlage 1408 zurück. Seit 1378 war es Teil des Schwäbischen Städtebundes (Borchardt 1988, Bd. 1, S. 13), allerdings „räumlich wie wesensmäßig ein Außenseiter" (Schnurrer 2008a, S. 96). Es hatte eigene Interessen, die es auch gegen die Mehrheit der anderen Städte verfolgte. Trotzdem wurden ihm seine Sonderwünsche in der Regel erfüllt, da die etablierte Reichsstadt als gesuchter Partner galt (Schnurrer [2]2008a, S. 96). Rothenburgs Auftreten in diesem Kontext zeugt von seinem Selbstbewusstsein und ist Ausdruck des damals üblichen hohen Stellenwerts von Rang und dem Zurschaustellen dieses Rangs (Schnurrer 2008a, S. 101f.).

Dennoch blieb eine Kluft zwischen den Partnern. Die Mitgliedschaft im Städtebund zog Rothenburg in den Ersten Markgrafenkrieg (1449-50), doch musste es seine Kämpfe ohne Unterstützung der anderen Städte austragen. Es war aus schwäbischer Perspektive zu weit entfernt, und die dortigen Städte hatten mit ihren eigenen Problemen zu kämpfen. Das führte dazu, dass Rothenburg sich nach neuen Bündnissen umsah (Schnurrer 2008a, S. 103). 1488 ging der Städtebund im Schwäbischen Bund auf, der wesentlich unter der Führung von Fürsten stand. Rothenburg trat diesem Bund nicht mehr bei (Schnurrer 2008a, S. 96). Stattdessen verlegte es sich auf nähere Partner und schloss Bündnisse mit Nachbarstädten und den Markgrafen. Die langen Auseinandersetzungen mit Letzteren waren über den Städtekrieg ausgedehnt worden, doch gelang letztlich die Aussöhnung. 1460 erkannten beide Parteien ihre jeweiligen Landgerichte an, zudem akzeptierte der Markgraf die Landwehr. Stadt und Markgraf schlossen ein gegenseitiges Bündnis ab (Schnurrer 2008a, S. 108-111 und Borchardt 1988, Bd. 1, S. 15). Größtenteils war die zweite Hälfte des 15. Jahrhunderts für Rothenburg nach außen eine Zeit der Sicherheit und Selbstsicherheit. Der Bestand der Reichsstadt an sich war nicht gefährdet, wie es in den Jahrhunderten zuvor teils der Fall gewesen war (Naser 2016a, S. 134 und 2016b, S. 159).

Rothenburg, das darf man annehmen, verstand sich in dieser Zeit als kaisertreu, obgleich nach den beiden Besuchen Friedrichs III. 1474/75 erst wieder Maximilian I. 1513 in die Stadt kam.

1474 wurde Rothenburg Schauplatz eines Reichstages, auf dem Kaiser Friedrich III. dem dänischen König Christian I. das neu geschaffene Herzogtum Holstein als Reichslehen übergab. Es ist für das in dieser Zeit gutnachbarschaftliche Verhältnis der beiden Parteien bezeichnend, dass der Tag in Rothenburg wesentlich von Markgraf Albrecht Alcibiades von Brandenburg-Ansbach organisiert worden war (Schnurrer 1974, S. 15).

1499 folgte die Stadt als eine von nur wenigen Reichsstädten dem Aufruf Kaiser Maximilians, gegen die Schweizer Heerfolge zu leisten. Dabei ergab sich für die Stadt ein Aufwand von schätzungsweise mindestens 27 % ihres Jahresetats. Von 63 Fußsoldaten kamen 61 aus der Stadt oder dem Landgebiet[11]. Unter den fünfzehn Reitern befanden sich neben dem vornehmen Bürger Erasmus von Musloe mindestens sieben weitere Rothenburger (Dierlemeier 1989, S. 29). Seit 1500 war Rothenburg Teil des Fränkischen Reichskreises, der sich offiziell jedoch erst 1517 konstituierte.

Christliche Einrichtungen

Rothenburg diente seinem Umland als religiöses Zentrum. Die gotische Hauptkirche St. Jakob war erst 1484 fertiggestellt worden.

Die Seelsorge dort oblag dem Deutschen Orden, der in der Klingengasse ansässig war. Als zweiter geistlicher Ritterorden besaßen die Johanniter eine Kommende in Rothenburg. Den Spitalbetrieb hatten sie zu dieser Zeit bereits aufgegeben[12]. Als Spital diente stattdessen das

---

11 Dirlemeier, Ulf: Die Kosten des Aufgebots der Reichsstadt Rothenburg ob der Tauber im Schweizerkrieg von 1499. In: Kirchgässner, Bernhard/Scholz, Günter (Hg.): Stadt und Krieg (Stadt in der Geschichte 15). Sigmaringen 1989, S. 27-39, hier S. 27f. Allerdings hat fast ein Drittel der Infanteristen den Dienst noch während des Feldzuges aufgegeben, in Kämpfe wurde das städtische Kontingent nicht verwickelt; ebd., S. 37f.

12 Vgl. Borchardt, Karl: Die Visitationsprotokolle der Johanniterkommende Rothenburg von 1495 bis 1541. In: Die Linde 67(1985), S. 18-23, 31-32, zum Personal der Kommende bes. S. 20.

Abb. 4: St. Jakob in Rothenburg ob der Tauber (nach J. L. Schaeffer, Mitte 18. Jahrhundert).

im Wesentlichen bürgerlich geprägte Heilig-Geist-Spital in der südlichen Vorstadt.

Über die Befriedigung alltäglicher Bedürfnisse hinaus bildete Rothenburg den Zielpunkt von drei regionalen Wallfahrten. Für die kurz nach der Mitte des 12. Jahrhunderts entstandene Heilig-Blut-Wallfahrt war erst 1453–71 eine neue Kapelle errichtet und in die Jakobskirche integriert worden. 1499 beauftragte die Stadt durch die Jakobspflege den Würzburger Meister Tilman Riemenschneider mit der Schaffung eines neuen Altarretabels für die Kapelle.

Zu diesem Zeitpunkt befand sich die Wallfahrt im Abschwung. Dies könnte aus neu geschaffenen Wallfahrten der zweiten Jahrhunderthälfte resultiert haben. Zum einen wurde 1472 eine Marienwallfahrt in Kobolzell etabliert, nur rund 150 Meter außerhalb der Stadtmauer. Bis 1505 ließ die Jakobspflege hier eine neue, auf die Wallfahrt zugeschnittene Kirche errichten. Ab 1475 entwickelte sich am Nordrand der Stadt zudem eine Wolfgangswallfahrt, die in eine von den Wollhändlern und Schäfern finanzierte Kapelle gleichen Patroziniums mündete. Die Kirche lag direkt an der Nord-Süd-Hauptstraße. Das wache religiöse Bewusstsein belegen zwei zu dieser Zeit neue Altäre, zum einen der 1478 gestiftete Jobst-Altar in der Heilig-Blut-Kapelle so-

wie der 1506/07 ebenfalls von Riemenschneider geschaffene Annen-Altar. An diese Altäre waren religiöse Bruderschaften angeschlossen, die auch noch zu Teuschleins Zeit aktiv waren (Schnurrer 2010d, S. 85–95).

An klösterlichen Orden waren in Rothenburg die Dominikanerinnen und die Franziskaner ansässig. Das Dominikanerinnenkloster war von den Reichsküchenmeistern von Nordenberg 1257/60 in die Stadt verlegt worden. Es war also als geistliche Institution nicht nur eine rechtliche Exklave, sondern darüber hinaus der Parteinahme für den Landadel verdächtig. Der Konflikt war im letzten Viertel des 14. Jahrhunderts eskaliert. Seitdem sollte das Kloster paritätisch mit adligen und bürgerlichen Frauen besetzt sein und auch das Amt der Priorin abwechselnd vergeben werden. Der Rat übte die Pflegschaft über das Kloster aus, doch

Abb. 5: Heilig-Blut-Reliquie im Altar von Tilman Riemenschneider in St. Jakob Rothenburg ob der Tauber.

genossen die Nonnen weiterhin relative Eigenständigkeit. Priorin Magdalena vom Rein (1494–1510) war eine tatkräftige und selbstbewusste Person, die nochmals zahlreiche Baumaßnahmen anstieß. In ihre Zeit fällt auch die innerklösterliche Debatte über die Durchführung von Reformen. Diese endeten damit, dass Rothenburg als nicht reformiertes Kloster bestehen blieb (Borchardt 1988, Bd. 1, S. 180f.).

Dagegen entwickelte sich der Franziskanerkonvent zu Beginn des 15. Jahrhunderts zu einem Hort der Unruhe. Die Spitze des Ordens in Rothenburg war lange Zeit reformunwillig, doch muss es abweichende Stimmen gegeben haben. Der allein an der wirtschaftlichen Stabilität des Klosters interessierte Rat nahm in dieser Frage keine inhaltliche Position ein. Deshalb unterstützte er je nachdem die dafür stehende Partei. 1521/22 scharte der blinde Mönch Johann Schmid eine Gruppe lutherisch gesinnter Franziskaner um sich. Es ist wahrscheinlich, dass sie sich aus den Mönchen zusammensetzte, die zuvor für die Observanz eingetreten waren. Ob die beiden Gruppen deckungsgleich waren, wissen wir aber nicht. Guardian Volck, die Stimme der Reformgegner, verließ den Orden nach längerem Hin und Her 1521 (Borchardt 1988, Bd. 1, S. 210f.).

Der neue Guardian, dessen Name nicht überliefert ist, versuchte die Durchsetzung der päpstlichen Reformen von 1517, was ihm jedoch nicht gelang. 1524 diente der Reformgegner Nikolaus Scheffer als Guardian, weshalb der inzwischen reformatorisch beeinflusste Rat einen Wechsel anstrebte. Der Provinzial verwehrte sich dagegen mit der Andeutung, falls der Rat sich weiter gegen seine Entscheidung sträube, müsse man wohl annehmen, er hege lutherische Sympathien. Das war zumindest unter den Mönchen nicht mehr zu leugnen (ebd., S. 211f.). Das Franziskanerkloster bildete in der Folge eines der Zentren der lutherischen Bewegung in Rothenburg. Neben dem Franziskanerkloster bestanden seit 1400 ein Terziarenkonvent im Brudergässchen sowie ein Terziarinnenkonvent in der Klingengasse – Letzterer könnte älter sein. Beide blieben zahlenmäßig unbedeutend, vor allem die Männereinrichtung (ebd., S. 215–219).

Im Landgebiet sind neben laienreligiösen Bewegungen wie Bruderschaften auch magische Praktiken belegt (Quester 1994, S. 187–196). Neben Traditionen mag hier auch der Wandel im religiösen Bewusstsein eine Rolle gespielt haben. Die unzureichende Führung ihres Amtes durch manche Pfarrer zog den erbitterten Widerstand der betroffenen Gemeinden nach sich. Das Fehlverhalten konnte sich sowohl durch materielle Zwänge, wie eine schlechte Bezahlung des Priesters, als auch durch charakterliche Mängel zeigen. Für das ganze Spektrum gibt es Belege aus der Landwehr im ersten Viertel des 16. Jahrhunderts (ebd.). Dies zeigt, dass die Gemeinden auf dem Land nicht gewillt waren, empfundenes Unrecht einfach hinzunehmen; die teils aus der Tradition (Herkommen), teils aus religiösen Argumenten hergeleiteten Argumentationen deuten wiederum darauf hin, dass die Laien ein Interesse an der Mitwirkung entwickelt hatten. Diese Tendenzen trugen zu den Entwicklungen von 1525 bei. In einigen Gemeinden wurden reformatorische Gedanken aufgegriffen; die Gemeinde Wildentierbach nahm Ende November 1524 sogar eigenmächtig einen lutherischen Geistlichen an. Von einem radikalen Antiklerikalismus kann in dieser Zeit nicht die Rede sein (ebd., S. 198f. und 202ff.); es war die Zeit einer „Gemeindereformation"[13], in der die Gemeinden

---

13 So Quester mit Berufung auf Blickle; siehe Quester 1994, S. 204.

nicht nur Mitverantwortung, sondern auch Befugnisse für die religiöse Praxis in ihrem Bereich einforderten. Dabei ist die enge Verflechtung religiöser mit wirtschaftlichen und politischen Fragen auffällig (ebd., S. 205).

Die jüdische Gemeinde

Wohl seit Bestehen der Stadt waren Menschen jüdischen Glaubens ein Teil von Rothenburg gewesen (Naser 2016b). Das Verhältnis der christlichen Mehrheitsbevölkerung gegenüber den Jüdinnen und Juden schwankte zwischen den Polen Toleranz und Hass. Nach mehreren Pogromen und Erpressungen des 14. Jahrhunderts von christlicher Seite stabilisierte sich die Beziehung seit dem frühen 15. Jahrhundert. So konnten Juden, die selbstständig wirtschaftlich tätig waren, Bürger werden (Steffes-Maus 2012, S. 21f.). Seit 1371 lebte ein Großteil der jüdischen Gemeinde in der Judengasse, einer zentralen Gasse auf dem ehemaligen Stadtgraben mit Zugang zum Marktplatz. Auch Christen besaßen dort Wohnungen. Eine Ghettoisierung fand somit nicht statt. Die Synagoge mit Begräbnisplatz befand sich auf dem heutigen Schrannenplatz. Die Rothenburger Gemeinde war zwar klein, hatte jedoch eine führende Rolle in der Region, nicht zuletzt als Schulort und Begräbnisort umliegender Gemeinden (ebd., S. 26f.). 1477 ist erstmals im 15. Jahrhundert ein Versuch des Rates erkennbar, die Rechtsstellung der Juden zu verschlechtern. Dazu kam es aber nur in sehr eingeschränktem Maße, da Ansehen und Bedeutung der Gemeinde offenbar noch zu groß waren (ebd., S. 22). Nach der Vertreibung der Juden aus Würzburg erfolgte von dort sogar nochmals ein Zuzug, sodass in Rothenburg vierzehn eingebürgerte jüdische Familienoberhäupter lebten (ebd., S. 22f.). Doch nur drei Jahre später hatte sich die Lage komplett umgekehrt: Der Rat verwies die wirtschaftliche Betätigung der Juden auf reinen Pfandhandel und entzog ihnen den städtischen Beistand gegen säumige Schuldner. Damit war den Juden die wirtschaftliche Grundlage entzogen – ihnen war ohnehin nur eine eingeschränkte Berufswahl zugestanden. 1494 suchte der Rat bei König Maximilian I. um die Erlaubnis zur Vertreibung der Juden an, was wohl nur an Uneinigkeit wegen der Aufteilung der Beute scheiterte. Dennoch zeigten diese Schikanen Wirkung: Die Anzahl jüdischer Steuerzahler in Rothenburg sank auf sechs (ebd., S. 23). In dieser zunehmenden Ablehnung der jüdischen Menschen stießen Teuschleins Hassreden auf fruchtbaren Boden und gipfelten in der endgültigen Vertreibung der mittelalterlichen jüdischen Gemeinde.

Abb. 6: Franziskanerkirche in Rothenburg ob der Tauber (nach J. L. Schaeffer, Mitte 18. Jahrhundert).

Karl Borchardt

Die Deutschordenspfarrei und die Prädikaturstiftung in Rothenburg ob der Tauber am Vorabend der Reformation

Johannes Teuschlein, der Protagonist des vorliegenden Bandes, hatte von 1512 bis zu seiner Hinrichtung 1525 die Predigerpfründe an der Stadtpfarrkirche St. Jakob zu Rothenburg ob der Tauber inne, dem wichtigsten Gotteshaus in der Reichsstadt, das mit der gesamten Stadtpfarrei dem Deutschen Orden gehörte. Rechtlich stand Teuschlein daher in Beziehungen zum Deutschen Orden als dem Inhaber der Stadtpfarrei, zum Rat als der für die Reichsstadt zuständigen Obrigkeit, zur (Pfarr-)Gemeinde in Rothenburg und zum Bischof von Würzburg als dem Oberhirten der Diözese. Das schränkte einerseits Teuschleins Handlungsfreiheit ein, gab ihm jedoch andererseits Möglichkeiten, seine Herren gegeneinander auszuspielen. Insofern erscheint es zum Verständnis von Teuschleins Aktivitäten wichtig, die rechtliche Situation in der Stadtpfarrei Rothenburg am Vorabend des Bauernkriegs 1525 kurz zu umreißen[1].

Rothenburg gehörte seit alters zur Diözese Würzburg. Seit dem 13. Jahrhundert war St. Jakob die Pfarrkirche. Zuvor hatte St. Peter und Paul in dem Dorf Detwang unterhalb der Burg Rothenburg als Sitz des zuständigen Pfarrers gegolten. Inhaber des Patronatsrechts der Pfarrei war zunächst das Stift Neumünster in Würzburg. Doch im Jahre 1258 übertrug der Würzburger Bischof Iring von Reinstein die Pfarrkirche in Detwang mit ihrer Tochterkirche in Rothenburg und weiteren, nicht eigens genannten Filialkapellen dem Deutschen Orden. Papst Alexander IV. bestätigte diese Verfügung noch im gleichen Jahr. Der vom Stift Neumünster eingesetzte Pfarrer Walther, zugleich Kustos dieses Stifts, und seine Hilfsgeistlichen blieben allerdings zunächst im Amte. Wann Walther auf die Pfarrei verzichtete oder starb, ist nicht genau bekannt[2]. Erst danach übernahm der Deutsche Orden gemäß den Abmachungen von 1258 die Stadtpfarrei und richtete spätestens Ende der Achtzigerjahre des 13. Jahrhunderts eine eigene Kommende in Rothenburg ein. Der Komtur residierte neben der Pfarrkirche. Als Komtur entsandte der Orden entweder einen Ritterbruder oder einen Priesterbruder. Sofern es sich um einen Priesterbruder handelte, war der Komtur oft zugleich auch Stadtpfarrer, so 1492–1513 Johann Luft, 1513 Johann Schütz, 1514–24 Johann Neukauf und 1524–25 Kaspar Christian. Johann Neukauf alias Neukam bekämpfte Teuschlein als einen Rivalen um die Gunst der Bevölkerung und musste unter dem Druck der reformatorischen

---

1   Grundlegend Borchardt, Karl: Die geistlichen Institutionen, S. 39–96.
2   Walther war bis mindestens 1274 Stiftskustos und dann ab spätestens 1277 bis 1295 Stiftsdekan; Wendehorst, Alfred: Das Stift Neumünster in Würzburg (Germania Sacra NF 26). Berlin/New York 1989, S. 331, 403.

Bewegung 1524 auf seine Würden als Komtur und Pfarrer in Rothenburg verzichten. Um Entgegenkommen gegenüber den Neugläubigen zu signalisieren, ersetzte ihn der Deutschmeister durch Kaspar Christian, der zuvor Pfarrer in Münnerstadt gewesen war, wo es ebenfalls eine Stadtpfarrei des Deutschen Ordens gab. Nach der Niederschlagung des Bauernaufstandes und der Reformation 1525 gelang es Kaspar Christian, heimlich aus Rothenburg zu flüchten[3]. Anders als Johannes Teuschlein entging er damit der Hinrichtung.

---

3   Borchardt, Geistliche Institutionen, S. 518 Nr. 106, 109, 112, 116.

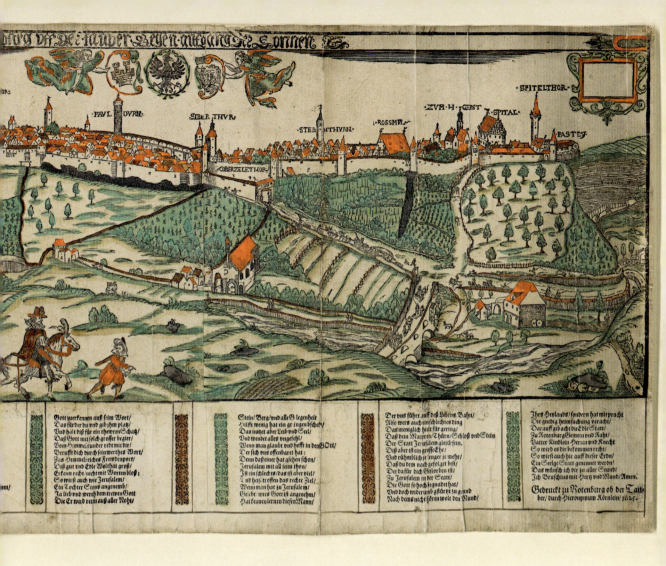

Abb. 7: Stadtansicht Rothenburg Ende 16. Jahrhundert (unbekannter Zeichner).

Neben dem Deutschen Orden spielte auch der Bischof von Würzburg eine Rolle. Dem Deutschen Orden war nämlich die Stadtpfarrei Rothenburg 1258 nicht zu vollem Recht einverleibt worden. Bei jeder Vakanz musste daher der Orden den neuen Stadtpfarrer dem Bischof präsentieren. Den Präsentierten ablehnen durfte der Bischof jedoch nur in wenigen, vom Kirchenrecht genau bestimmten Ausnahmefällen, u.a. wenn dieser noch nicht zum Priester geweiht worden war oder zu jung war, um binnen Jahresfrist zum Priester geweiht zu werden. Sobald der Präsentierte vom Bischof investiert worden war, erging der Befehl zur Einweisung vor Ort. Die Bestellung des neuen Stadtpfarrers war also stets ein dreistufiger Prozess: Auf die Präsentation durch den Deutschen Orden folgten die Investitur durch den Bischof und die Kollation vor Ort durch einen speziell beauftragten Geistlichen. Bei einer Einverleibung zu vollem Recht (pleno iure) wäre dagegen der Deutsche Orden selbst als Institution der Pfarrer gewesen, sodass keine Neubesetzungen mehr erfolgten, und hätte ohne Rücksicht auf den Bischof die Wahrnehmung der Pfarrrechte einem Vikar übertragen können, den der Orden zwar ausreichend bezahlen musste, aber auch jederzeit wieder absetzen konnte, ohne dass der Bischof mitreden durfte.

Noch 1286 unterstand die Pfarrei Rothenburg dem Archidiakonat Windsheim und zahlte dorthin Abgaben. Wann genau sich das änderte, ist unbekannt. Doch dürften alle Geistlichen in der Stadtpfarrei bereits während der ersten Hälfte des 14. Jahrhunderts dem Diözesanbischof direkt unterstellt worden sein. Nach längeren Auseinandersetzungen erreichte nämlich 1367 das Neue Spital in Rothenburg, das ursprünglich zur Pfarrei Gebsattel gehörte, den gleichen Status. Im 15. Jahrhundert waren dann sicher alle Geistlichen in Rothenburg exemt von dem Archidiakon und direkt dem Bischof zugeordnet, wie die Diözesanmatrikel von 1464/65 angibt. Dies unterschied die Pfarreien, Kirchen und Kapellen in der Stadt Rothenburg von den sie umgebenden Landpfarreien[4].

Während des Spätmittelalters entstand in Rothenburg eine ganze Anzahl von weiteren Kirchen und Kapellen, darunter in der Stadtpfarrei die Johanniterkommende, das Dominikanerinnen- und das Franziskanerkloster, die Michaelskapelle auf dem Friedhof bei St. Jakob, die Nikolauskapelle beim Gebsattler Tor, die Marienkapelle in Kobolzell, anstelle je einer vormaligen Synagoge die Marienkapelle auf dem Milchmarkt und die Kapelle zur Reinen Maria auf dem Judenfriedhof, ferner die Wolfgangskirche beim äußeren Klingentor. Zur Pfarrei Gebsattel gehörten ursprünglich das Heilig-Geist-Spital oder Neue Spital und das Siechhaus St. Leonhard südlich der Stadt.

Eine so große Stadtpfarrei wie Rothenburg konnte nicht durch einen einzigen Priester versehen werden. Das Lesen oder Singen von Messen, die Spendung der Sakramente, insbesondere die Austeilung der Eucharistie, und die Durchführung der Kasualien, namentlich die Beerdigungen, Taufen und Eheschließungen, erforderten die Anwesenheit weiterer Geistlicher. Schon im 13. Jahrhundert hatte deshalb der durch Neumünster eingesetzte Stadtpfarrer Walther mehrere Hilfspriester neben sich. Die Inkorporation in den Deutschen Orden machte es dann dem Orden möglich, je nach Bedarf Ordenspriester nach Rothenburg zu entsenden, welche der Orden bezahlte, ohne dass der Bischof zusätzliche und ausreichend dotierte Pfründen genehmigte. Wie andernorts auch sollte die Deutschordenskommende im Grundsatz zwölf Ordensangehörige unterhalten, die feierlich Profess geleistet und dabei Armut, Keuschheit und Gehorsam gelobt hatten. In der Regel sollten das sechs Ordensgeistliche und sechs Laienbrüder sein, Letztere entweder Ritter (milites) von rittermäßiger, adeliger Abkunft oder Graumäntler (servientes) aus bürgerlichen oder bäuerlichen Familien, denen auch die meisten Ordenspriester entstammten. Den kirchenrechtlich komplexen Vorgang zusätzlicher Pfründenstiftungen mit genauen Regelungen zur Ernennung und Bezahlung von Priestern konnte man sich so in Rothenburg aufgrund der Inkorporation der Stadtpfarrei in den Deutschen Orden sparen.

Doch seit dem Ende des 13. Jahrhunderts fürchtete der Rat in Rothenburg als zuständige weltliche Obrigkeit, der Deutsche Orden würde

---

4   Bendel, Franz Joseph: Die Würzburger Diözesanmatrikel aus der Mitte des 15. Jahrhunderts. In: Würzburger Diözesangeschichtsblätter 2,2(1934), S. 1–46.

nicht genügend qualifizierte Priester nach Rothenburg schicken und mit dem Kirchenvermögen nicht sorgfältig umgehen. Wenn Bürger an die Stadtpfarrei Abgaben zahlten oder Vermögen stifteten, erstrebte der Rat daher eine Mitsprache über die Verwaltung dieser Güter und eine Aufsicht über die stiftungsgemäße Verwendung. Einen größeren Güterkomplex, welchen im Jahre 1303 Heinrich Zenner und seine Gemahlin Irmgard stifteten, sollte fortan der Deutschordenspfarrer gemeinsam mit einem Ratsherrn beaufsichtigen. Ein Vertrag zwischen der Stadt und dem Deutschen Orden 1336 unterschied klar zwischen dem Hausgut der Kommende einerseits, das der Orden allein verwaltete, und den Gütern der Pfarrkirche St. Jakob andererseits, welche der Deutschordenspfarrer und ein vom Rat ernannter Pfleger gemeinsam verwalteten. Den Neubau des Langhauses von St. Jakob ab 1373 finanzierte vornehmlich die Bürgerschaft durch ihre Spenden. Deshalb setzte es der Rat der Reichsstadt 1398 durch, dass der Deutsche Orden sich aus der Verwaltung des Kirchenvermögens von St. Jakob vollständig zurückzog. Stattdessen amtierten fortan drei vom Rat aus dem Kreis der Ratsherren jährlich bestellte Jakobspfleger[5]. Ähnlich gab es für andere Kirchen in Rothenburg zwei jährlich aus dem Kreis der Ratsherren bestellte Pfleger[6].

Analog verlief die Entwicklung im Hinblick auf das Recht, weitere Priester in der Stadtpfarrei zu ernennen. Seit dem 14. Jahrhundert wurden in der Stadtpfarrei insgesamt zwanzig Messstiftungen versucht, die zeigen, wie der Rat von Rothenburg allmählich den Deutschen Orden zurückdrängte. Anfangs wurden solche Messpfründen für zusätzliche Deutschordenspriester eingerichtet, über die sechs Ordenspriester hinaus, die seit der Errichtung der eigenständigen Deutschordenskommende in Rothenburg amtierten: (7) Vor 1303 entstand die Ewigmesse in der Nikolauskapelle beim Gebsattler Tor. Von wem hier das Ausstattungsgut kam, ist unbekannt. (8) In der Jakobskirche stiftete Friedrich von Hemmendorf, Pfarrer von Buchheim bei Windsheim, eine Ewigmesse auf dem Allerheiligenaltar. Der Deutsche Orden bestätigte diese Stiftung 1344 und, nach einer Erweiterung des Stiftungsgutes, erneut 1358. Falls der Orden keinen Priester bestellte oder dieser seinen Pflichten nicht nachkam, sollte das Ausstattungsgut an das – vom Rat der Reichsstadt verwaltete – Neue Spital in Rothenburg fallen, bis die Stiftungsbestimmungen wieder erfüllt würden. (9) Ebenfalls in der Jakobskirche stiftete Heinrich Hartrad, Bürger zu Rothenburg, auf dem Johannisaltar eine Ewigmesse. Der Deutsche Orden bestätigte dies 1346 und erneut 1356, nachdem Heinrichs Witwe Agnes das Ausstattungsgut vermehrt hatte. Bei Säumnis sollte das Ausstattungsgut an den Stifter, dessen Familie oder den Rat der Stadt fallen, die damit eine andere Frühmesse bewidmen mussten. Nur mit dem Rat des Stifters, der Stifterfamilie oder des Stadtrates durfte der Deutsche Orden das gestiftete Bargeld in Gülten anlegen oder Gülten verändern. (10) In der Marienkapelle zu Kobolzell stifteten der Stadtschreiber Heinrich, Heinrich Schmidt, der junge Otte und Heinrich Herbst eine Ewigmesse. Der Deutsche Orden bestätigte diese Stiftung 1367. Vergeben durfte der Deutsche Orden die Pfründe, doch blieb ihm freigestellt, ob an einen Ordenspriester oder an einen Weltpriester. Bei Säumnis sollten die Stifter, ihre Erben oder der Rat der Stadt die Besetzung übernehmen. Sie mussten auch ihre

---

5 Borchardt, Geistliche Institutionen, S. 39–43, dazu die Liste der bekannten Jakobspfleger S. 770–72.

6 Spital, Franziskaner, Dominikanerinnen, St. Leonhard, St. Johannis, St. Wolfgang, Kapelle zur Reinen Maria; ebd., S. 772–779.

Zustimmung geben, falls das Stiftungsgut verändert werden sollte. Summa summarum musste der Deutsche Orden damit zehn Ordenspriester in der Stadtpfarrei unterhalten, eine Zahl, die in den Verträgen zwischen der Stadt und dem Orden 1398 und 1410 festgeschrieben und bis zur Reformation im 16. Jahrhundert weitgehend eingehalten wurde.

Der nächste Schritt bestand darin, dass alle neuen Messpfründen an Weltpriester vergeben wurden, auf deren Auswahl der Deutsche Orden keinen Einfluss mehr besaß. Dem Deutschen Orden blieb somit nur formal die Präsentation an den Bischof von Würzburg. Präsentiert werden musste jedoch diejenige kirchenrechtlich geeignete Person, welche der Inhaber des Nominationsrechts benannte. Der erste derartige Fall war im Jahre 1388 die Kaplanei auf dem Leonhardsaltar in der Jakobskirche, die Heinrich Toppler († 1408) stiftete, damals die dominierende Figur in der Politik Rothenburgs. Die Nomination vornehmen sollte Heinrich Toppler selbst oder dessen Familie. Erst wenn kein männlicher Angehöriger der Toppler mehr in Rothenburg lebte, sollte der Rat das Nominationsrecht ausüben. Dies trat bald nach Heinrich Topplers Tod 1408 ein, als seine Familie sich aus Rothenburg nach Nürnberg zurückzog. Bei der Kaplanei auf dem Choraltar in der Marienkapelle auf dem Milchmarkt wollte Peter Kreglinger der Ältere 1404 einen Schritt weitergehen als sein Ratskollege Heinrich Toppler und sich respektive seiner Familie sogar das Präsentationsrecht vorbehalten. Damit aber kam er nicht durch. Nach Rothenburgs Niederlage und Heinrich Topplers Sturz 1407/08 genehmigten der Deutsche Orden 1410 und der Bischof von Würzburg 1411 wiederum nur die Nomination durch die Stifterfamilie Kreglinger; die Präsentation verblieb beim Deutschen Orden. Als die Kreglinger Rothenburg verließen, trat ebenfalls der Rat der Stadt in die Rechte der Stifterfamilie ein.

Auf diese Weise kam es in Rothenburg nicht wie in anderen Städten zu Messpfründen, welche dauerhaft einzelne Stifterfamilien vergaben. Vielmehr galt es in der Stadtpfarrei Rothenburg als Norm, dass der Rat die Nomination, der Deutsche Orden die Präsentation vornahm. Die Stifter mussten sich bei neun weiteren Kaplaneien fügen, (1) Siegfried Häuptlein 1416 auf dem Dreikönigsaltar in der Jakobskirche, (2) Andreas Beyerbach, Kaplan im Dominikanerinnenkloster zu Rothenburg 1444/45 auf dem Andreas-Altar in der Jakobskirche, (3) Selena Langmantel, die Witwe des Johann von Rosenberg, 1449 in der Michaelskapelle auf dem Friedhof bei der Jakobskirche, (4) Martin Spörlein 1453 auf dem Leonhardsaltar in der Marienkapelle auf dem Milchmarkt, (5) Peter Horn, Pfarrer zu Lichtel, und Johann Leistenmacher, Bürger zu Rothenburg, 1464 auf dem Dreikönigsaltar in der Marienkapelle auf dem Milchmarkt, (6) Elisabeth Hornburg, die Witwe des Heinrich Wacker, 1467 auf dem Heilig-Blut-Altar in der Jakobskirche, (7) Stephan Scheu der Ältere 1474 auf dem Nikolausalter in der Jakobskirche, (8) Anna, die Witwe des Konrad Mor, 1477/78 auf dem Jodokusaltar in der Jakobskirche, (9) der Kaplan Georg Baumann 1496 bei der Viervikarierstiftung in der Marienkapelle auf dem Milchmarkt.

Bei zwei Messpfründen in Rothenburg kam der Stiftungsprozess nicht zum Abschluss, nämlich bei der Blasiuskapelle auf der Reichsburg und bei der Wolfgangskirche am äußeren Klingentor. Die Erlaubnis, in der Blasiuskapelle eine Messpfründe zu errichten, erlangte die Stadt Rothenburg 1397 durch König Wenzel und 1401 durch König Ruprecht. Doch das Präsentationsrecht blieb zwischen der Stadt und dem König umstritten. Deshalb wurde die Pfründe weder durch den Deutschen Orden als Pfarrer noch durch den Bischof von Würzburg bestätigt. Die Stadt bestellte einen Kaplan, dem jeweils für ein Jahr vom Bischof erlaubt wurde, dort Messen zu feiern[7]. Die Wolfgangskirche fundierte 1475 der reiche Wollhändler Michael Ottnat. Sie sollte den Schäfern dienen, die aus Sorge vor Schmutz und eingeschleppten Krankheiten nicht regelmäßig in die Stadt kommen durften. Einkünfte für eine Messpfründe bei St. Wolfgang stifteten Dr. Hermann Heim 1482 und der Kaplan Johann Kumpf 1512. Doch weil dessen Erben die Stiftung anfochten, zog die städtische Wolfgangspflege die Gefälle ein und besoldete damit einen Priester, dem der Bischof von Würzburg – wie bei St. Blasius – jeweils für ein Jahr das Abhalten von Messen erlaubte[8].

Noch komplexer und schwieriger war die Errichtung des Predigtamtes in der Jakobskirche, jener geistlichen Pfründe, die bis zu seiner Hinrichtung Johannes Teuschlein besaß. Die Stiftung erfolgte durch Stephan Scheu den Älteren 1468, wurde aber erst nach dessen Tod 1485 verwirklicht. Die Kaplanei am Nikolausaltar in der Jakobskirche, die Stephan 1474 errichtete, hatte mit dem Predigtamt nichts zu tun; ihr erster Inhaber war Stephans gleichnamiger Sohn Stephan Scheu der Jüngere († 1505), und zwar aufgrund Erster Bitten durch Kaiser Friedrich III., die ihm wohl sein Vater vermittelt hatte. Stephan der Jüngere verfügte über größeren Pfründenbesitz außerhalb von Rothenburg, u.a. als Pfarrer von St. Jakob in Sickershausen, Diözese Würzburg, und als Stiftskanoniker von St. Viktor in Mainz[9]. Mit den Aktivitäten seines Vaters und der Errichtung des Predigtamtes in Rothenburg hatte er, soweit bisher bekannt, nichts zu tun[10]. Dafür allerdings vereinigte Stephan Scheu der Ältere mit seinem Predigtamt die Kaplanei am Dreikönigsaltar in der Marienkapelle auf dem Milchmarkt, die 1453 Martin Spörlein errichtet hatte. Deren erster Inhaber war Stephan selbst, zuvor von 1444 bis 1452 Stadtschreiber in Rothenburg[11].

Stephans des Älteren Ehefrau Margarethe Senglein, Stephans des Jüngeren Mutter, entstammte einer in Rothenburg ratsfähigen Familie und verstarb 1448. Der Witwer trat daraufhin 1451 in den geistlichen Stand ein. Seine geistliche Karriere betrieb Stephan Scheu der Ältere fortan von Ansbach aus über den dort häufig residierenden Markgrafen Albrecht Achilles, dessen Kaplan er wurde, und über die römische Kurie, wo er Familiar des aus Mailand stammenden, 1456 kreierten und 1460 verstorbenen Kardinals Giovanni Castiglione und ab 1460 Familiar des Papstes Pius II. selbst war. Bereits dessen Vorgänger Papst Calixt III. ernannte Stephan 1457 zum Stiftskanoniker zu St. Gumprecht in Ansbach und zum Pfarrer von Schmalfelden. Die beiden Scheu, Vater und Sohn, studierten 1459 gemeinsam in Erfurt. Sowohl 1459 als auch 1460 hielt sich Stephan Scheu der Ältere persönlich in Rom auf, wo er an der päpstlichen Kurie als Prokurator amtierte. Seit 1464 jedoch lebte er als Stiftskanoniker von St. Gumprecht in Ansbach und wurde 1474 dort auch Stiftsdekan[12]. Die Aktivitäten der beiden Scheu, Vater und

---

7 Borchardt, Geistliche Institutionen, S. 45.
8 Ebd.
9 Erwähnt im Jahre 1473, Rep. Germ. 10,1,3, S. 2129 Nr. 9562.
10 Borchardt, Geistliche Institutionen, S. 588 Nr. 334.
11 Borchardt, Geistliche Institutionen, S. 582 Nr. 270.
12 Erwähnt 1479 als päpstlich delegierter Richter; Rep. Germ. 10,1,3, S. 2073 Nr. 9328. Unklar ist vorerst, ob Vater oder Sohn Stephan Scheu 1472 über die Pfarrkirche St. Bartholomäus in Kirchsittenbach, Diözese Bamberg, stritten; Rep. Germ. 10,1,3, S. 1634 Nr. 7323.

Sohn, in Rothenburg verdienten es, einmal vor dem Hintergrund der keineswegs immer spannungsfreien Beziehungen der Reichsstadt zu Markgraf Albrecht Achilles gewürdigt zu werden. Das Wohnhaus in Rothenburg für den Kaplan am Dreikönigsaltar der Marienkapelle kaufte Stephan Scheu der Ältere 1454; doch erst 1468 wurde es, wie bei den Häusern von Geistlichen üblich, von Steuern und Abgaben an den Rat der Stadt befreit. Anders als 1453 für die Kaplanei vorgesehen, erhielt 1468 der Rat von Rothenburg gegen den Deutschen Orden das Präsentationsrecht. Der Rat durfte sogar dem Prediger vierteljährlich kündigen, allerdings mit Wissen des Deutschordenspfarrers[13].

Solche Predigtämter entstanden im Spätmittelalter an vielen Orten, weil die Predigten der Pfarrer nicht mehr als ausreichend empfunden wurden. Man wünschte sich häufigere und bessere Predigten, möglichst durch gelehrte Prediger, die nicht nur studiert, sondern auch einen akademischen Grad erworben hatten als Lizeniat oder gar Doktor der Theologie. Diese Pfründen mussten gut dotiert sein, um für graduierte Universitätsabsolventen attraktiv zu sein. Deshalb wurden Predigtämter oft – wie in Rothenburg – mit bereits bestehenden Messpfründen verbunden. In Franken entstand das erste Predigtamt 1385 in Nürnberg, und zwar im dortigen Neuen Spital. Dann folgten zwei Predigtämter in den Bischofsstädten Bamberg 1410 und Würzburg 1419, jeweils bei den dortigen Domkirchen. Alle folgenden Predigtämter waren in Städten angesiedelt: 1421 Windsheim, 1426 Heilbronn, 1430 Ansbach, 1440 Ochsenfurt, 1456 Mosbach, 1502 Schwäbisch Hall, 1504 Aschaffenburg, 1506 Öhringen, 1507 Schweinfurt und 1507/08 Stift Haug in Würzburg. Der Unterschied zwischen Reichs- und Residenz- oder Landstädten spielte dabei keine Rolle. Wichtiger war gegebenenfalls das Vorhandensein einer Stiftskirche wie in Ansbach oder Öhringen[14].

Rothenburg mag sich 1468 an Windsheim oder auch Ansbach orientiert haben. Belegt ist, dass der Rat von Rothenburg bezüglich der Stiftungsbedingungen des dortigen Predigtamtes am 6. Februar 1466 in Windsheim anfragte[15]. Am 26. Juli 1468 fertigte die Stadt Rothenburg die Stiftungsurkunde aus. Am 28. Juli 1468 erteilten zwei Beauftragte des Deutschmeisters Ulrich von Lentersheim und seiner Ratsgebietiger ihre Zustimmung, nämlich der Komtur zu Virnsberg Martin von Eyb und der Komtur und Pfarrer zu Rothenburg Andreas Messerschmidt. Und am 3. August 1468 bestätigte der Würzburger Bischof Rudolf von Scherenberg die Stiftung. Der Prediger, den die Stadt dem Bischof präsentierte, sollte Doktor oder wenigstens Lizeniat der Theologie sein. Ließ sich dies nicht binnen Jahresfrist durchführen, sollte nur die Spörleinsmesse nach dem gewohnten Schema an einen Geistlichen vergeben werden, also mit Nomination durch die Stadt und Präsentation durch den Deutschen Orden.

Genaue Vorschriften sollten verhindern, dass sich der Deutschordenspfarrer und der städtische Prediger darüber zerstritten, wer wann und wo predigen durfte: Jeden Sonntag predigte der Pfarrer vormittags eine Stunde vor der Kiliansmesse, der Prediger nachmittags nach der Non. An hohen Festtagen hielt man es genau umgekehrt, der Prediger vormittags eine Stunde vor der

---

13 Borchardt, Geistliche Institutionen, S. 45.
14 Neidiger, Bernhard: Prädikaturstiftungen in Süddeutschland (1369–1530). Laien – Weltklerus – Bettelorden (Veröffentlichungen des Archivs der Stadt Stuttgart 106). Stuttgart/Leipzig 2011.
15 Borchardt, Geistliche Institutionen, S. 83 und Anm. 174.

Kiliansmesse und der Pfarrer nachmittags nach der Non, es sei denn, der Pfarrer wünschte, dass der städtische Prediger ihn vertrat. Jeden Freitag predigte in der Fastenzeit[16] der Deutschordenspfarrer vormittags eine Stunde vor der Kiliansmesse, besonders auch am Karfreitag selbst. Allerdings durfte der Deutschordenspfarrer sich dabei durch den städtischen Prediger vertreten lassen. An den Freitagen außerhalb der Fastenzeit predigte der städtische Prediger vormittags eine Stunde vor der Kiliansmesse. Die wichtigen und guten Zeiten zur Predigt blieben also dem Deutschordenspfarrer vorbehalten. Zumindest hatte er das Recht zu wählen, ob er sich gegebenenfalls durch den städtischen Prediger vertreten lassen wollte. Letzterem stand ferner die Predigt zu in der Fastenzeit jeden Dienstag und Donnerstag während der Elevation bei der Messe auf dem Marienaltar, in der Karwoche am Mittwoch bei der Austeilung der Eucharistie, am Abend vor jedem Marienfest, an jedem Samstag im Advent sowie in der Fastenzeit zwischen der Komplet und dem Salve Regina[17]. Die detaillierten Regelungen belegen, dass ein gedeihliches Zusammenwirken von Pfarrer und Prediger einerseits sehr erwünscht, andererseits aber potenziell problematisch war.

Schon bei der ersten Vergabe des neugestifteten Predigtamtes kam es zu Schwierigkeiten. Der Stifter Stephan Scheu der Ältere starb am 8. Juli 1484. Die Stadt Rothenburg suchte einen geeigneten Theologen, fand aber keinen. Statt nun einfach die Spörleinsmesse zu besetzen, bat sie den Bischof um Abänderung der Stiftungsbedingungen. Tatsächlich gestattete Bischof Rudolf von Scherenberg am 26. Juni 1485, kurz vor Ablauf der Jahresfrist, dass Rothenburg sich für die anstehende Erstbesetzung mit einem Magister artium als Prediger begnügen durfte. So erhielt von 1485 bis 1500 Magister Bernhard Eppishofer das Predigtamt in Rothenburg. Bereits 1487 erbat und erhielt Eppishofer durch den bischöflichen Generalvikar Kilian von Bibra die Erlaubnis, sich, wenn er dies wünschte, durch einen Vikar vertreten zu lassen. Am Ende verzichtete er auf das Predigtamt und trat in einen Mönchsorden ein[18]. Ihm folgte von 1500 bis 1512 Lizenziat Georg Naab aus Obernbreit, der alle ursprünglich geforderten Qualifikationen erfüllte. Wohl fühlte sich Georg Naab in diesem Amte aber anscheinend nicht. Schon 1507 übernahm er zusätzlich die Kaplanei am Marienaltar im Dominikanerinnenkloster zu Rothenburg. Bereits 1509 wollte Naab das Predigtamt resignieren. Durchgeführt wurde dies allerdings erst 1512, als mit Dr. Johannes Teuschlein ein Nachfolger sich gewinnen ließ, der alle in der Urkunde von 1468 genannten Qualifikationen besaß. Da Georg Naab erst 1528 verstarb, kann der Verzicht auf das Predigtamt kaum mit altersbedingter Gebrechlichkeit begründet werden[19]; was wirklich der Grund war, überliefern uns die Quellen leider nicht.

Jedenfalls wollte Naab nicht bedingungslos verzichten. Üblich bei einem Pfründenverzicht wäre gewesen, dass er sich einen Teil der Pfründeneinkünfte als Jahrespension auf Lebenszeit vorbehielt. Sicher ist, dass es zu einem Prozess zwischen Naab und Teuschlein kam, der an der römischen Kurie geführt wurde. Die römischen Quellen dazu kennen wir

---

16 Vom Aschermittwoch bis Ostern.
17 Borchardt, Geistliche Institutionen, S. 47f.
18 Borchardt, Geistliche Institutionen, S. 590 Nr. 362.
19 Borchardt, Geistliche Institutionen, S. 595 Nr. 410.

bisher leider nicht, da das Repertorium Germanicum derzeit erst bis zum Pontifikat von Innocenz VIII. (1484–92) fortgeschritten ist. Nach den in Rothenburg erhaltenen Quellen verlangte Naab, als unwiderruflicher Beauftragter (procurator irrevocabilis) von Teuschlein eingesetzt zu werden und das Predigtamt jederzeit zurückfordern zu können, eine eher ungewöhnliche Konstruktion. Als Teuschlein diesbezügliche Versprechungen, die er angeblich bei seiner Anstellung 1512 Naab gemacht hatte, 1515 nicht einhielt, kam es zu juristischen Auseinandersetzungen, die über Würzburg und Mainz, also den zuständigen Bischof und den zuständigen Erzbischof, bis zum Papst nach Rom liefen.

Dr. Johannes Teuschlein selbst[20] stammte aus Frickenhausen am Main, hatte in Leipzig studiert, war dort 1505 Magister artium geworden und wurde 1507 zum Prediger in Windsheim bestellt. Von Windsheim bekam er die Erlaubnis, weiterzustudieren und zu promovieren. Da dies angeblich in Leipzig nicht gut möglich war, promovierte er 1508 in Wittenberg erst zum Lizenziaten und dann zum Doktor der Theologie. Als Magister artium trat er hervor auf dem Gebiet der Artes durch einen Kommentar zum Donat, 1505 in Leipzig gedruckt[21], als Theologe durch einen Index zu dem 1505/06 in Basel bei Petri, Amerbach und Froben in elf Bänden gedruckten Gesamtwerk des Kirchenvaters Augustinus[22], 1517 in Nürnberg gedruckt[23]. Analog wollte er ferner einen Index verfassen zu dem 1516 in Basel durch Erasmus von Rotterdam mit Johann Oekolampad und Wolfgang Capito besorgten und bei Amerbach, Rechburg und Froben in zehn Bänden gedruckten Gesamtwerk des Kirchenvaters Hieronymus[24]. Dazu allerdings kam es nicht mehr, und zwar, weil ein Konkurrent schneller war, Johann Oekolampad († 1531), der von der Stiftung 1510 an bis zu seiner Entlassung 1518 die von seinen Eltern begründete Predigerstelle in Weinsberg innehatte[25]. Jedenfalls fühlte sich Teuschlein als Doktor der Theologie und Wissenschaftler anscheinend in Rothenburg streckenweise unterfordert. In erster Linie wollte er offenbar durch Predigten öffentlich wirken und seine gelehrten Studien fortsetzen. Das einfache Lesen von Messen und die Teilnahme am Stundengebet in der Marienkapelle auf dem Milchmarkt, wie es von ihm als Kaplan der Spörleinsmesse erwartet wurde, hielt er wohl eher für unter seiner Würde. Nur widerwillig las er jede Woche drei Messen in der Marienkapelle, beging er an jedem Quatember[26] und am Todestag von Martin Spörlein dessen Anniversar, nahm er am Salve Regina in der Marienkapelle teil. Nur widerwillig assistierte er an hohen Feiertagen dem Deutschordenspfarrer in der Jakobskirche, wie es von allen Kaplänen in der Stadtpfarrei erwartet wurde.

---

20 Borchardt, Geistliche Institutionen, S. 604 Nr. 495.

21 VD16: T 624 Leipzig bei Jakob Thanner 105, T 625; ebd., 1510.

22 VD16: A 4147.

23 VD16: T 626 und 627, Nürnberg bei Friedrich Peypus und bei Johann Koberger, jeweils 1517.

24 VD16: H 3482.

25 Zu Ökolampad siehe Kuhr, Olaf: Die Macht des Bannes und der Buße. Kirchenzucht und Erneuerung der Kirche bei Johannes Ökolampad (1482–1531). Bern 1999.

26 Vierteljährliche Fastentage am Mittwoch, Freitag und Samstag nach dem dritten Adventssonntag, dem ersten Fastensonntag (Invocavit), in der Pfingstwoche und nach Kreuzerhöhung (14. September).

Die Auseinandersetzungen zwischen Teuschlein und seinem Amtsvorgänger Naab, denen wir diese Nachrichten verdanken, dürften sich nicht zuletzt auch um Gelder gedreht haben, die Naab im Gegenzug für seinen Amtsverzicht als Prediger beanspruchte. Hervorzuheben ist, dass die Predigerstelle in Rothenburg vergleichsweise gut dotiert war. Jährlich erhielt der Prediger zwei Ewiggelder von der Stadt Rothenburg, einmal 70 Gulden, gekauft für 1400 Gulden, und zum anderen 15 Gulden, gekauft um 300 Gulden. An jedem Quatember wurden dem Prediger von der Stadt somit 17,5 und 3,75 Gulden ausbezahlt. Außerdem standen dem Prediger zwei Drittel des Groß- und Kleinzehnten in Leuzenbronn und Schnepfendorf zu. Der Ertrag schwankte je nach dem Ausfall der Ernte. Doch konnte der Prediger durchschnittlich mit 50 Maltern Getreide rechnen. Für einen Malter ließ sich gewöhnlich ein Gulden erlösen. Insgesamt ergibt das rund 135 Gulden Jahreseinkünfte, ein Betrag, den sonst nur große Landpfarreien wie Gebsattel oder Gailnau erreichten. Der Marienaltar im Dominikanerinnenkloster, auf den sich Naab zurückgezogen hatte, lag bei 105 Gulden, gefolgt vom Heilig-Blut- und Johannisaltar im Dominikanerinnenkloster sowie von der Toppler-Messe in der Jakobskirche mit jeweils 65 Gulden. Im Durchschnitt lagen Messpriester jedoch nur zwischen 30 und 50 Gulden Jahreseinkünften[27]. Um für graduierte Akademiker attraktiv zu sein, musste das Predigeramt natürlich gut dotiert sein. Man kann sich aber vorstellen, dass der Prediger entsprechend mit hohen Erwartungen konfrontiert wurde und vielleicht auch mit dem Neid anderer, weniger gut gestellter Geistlicher.

Die Quellenlage für solche Fragen allerdings ist problematisch, denn in den Akten steht gewöhnlich nur, was juristisch relevant erschien, und Chroniken wie die des Rothenburger Stadtschreibers Thomas Zweifel oder des Rothenburger Kaplans Michael Eisenhart[28] notierten vorzugsweise, was der Exkulpierung der Stadt von einer Mitschuld am Bauernkrieg und den damit zusammenhängenden religiösen Bewegungen dienen konnte; die geistig-geistliche Entwicklung von Einzelpersonen interessierte in diesem Kontext weniger. Teuschleins Vorgehen gegen die Juden 1519/20 und seine Hinwendung zur Reformation 1524/25 müssten jedoch nicht zuletzt vor diesem Hintergrund gesehen werden. Als Prediger hatte er sich zu profilieren gegenüber dem Stadtpfarrer aus dem Deutschen Orden, gegenüber anderen Geistlichen in der Stadt und gegenüber der Stadtbevölkerung, die sozial und mental in zwei Gruppen zerfiel, die traditionelle Ratsoligarchie und deren Anhänger einerseits, die seit einer Handwerkerrebellion 1451/55 relativ fest, aber keineswegs unerschütterlich wieder im Sattel saßen, und andererseits einfache Handwerker und Bauern in der Stadt und ihrem Umland, die unter Berufung auf die vom Evangelium geforderte Gleichheit und Brüderlichkeit aller Gläubigen mehr Mitsprache und bessere Behandlung einforderten[29].

Den Juden gewährte die Amtskirche traditionell Duldung bis zum Jüngsten Gericht. Im

---

27 Borchardt, Geistliche Institutionen, S. 84f., 422–424.

28 Baumann, Franz Ludwig (Hg.): Quellen zur Geschichte des Bauernkriegs aus Rothenburg an der Tauber (Bibliothek des Litterarischen Vereins in Stuttgart 139). Tübingen 1878.

29 Quester, Ernst: Das Rad der Fortuna und das Kreuz. Studien zur Aufstandsperiode von 1525 in und um Rothenburg ob der Tauber und ihrer Vorgeschichte. Rothenburg ob der Tauber 1994.

Kampf gegen den Konziliarismus, der eine Reform der Kirche von unten forderte, profilierten sich jedoch im 15. Jahrhundert zunehmend auch Anhänger der Papstkirche als Reformer von oben, indem sie eine strenge Untersuchung und gegebenenfalls Ahndung von den Juden vorgeworfenen Gräueltaten wie Lästerung der Jungfrau Maria, Hostienschändung und Ritualmord verlangten; andernfalls, so argumentierten beispielsweise der Kardinallegat Nikolaus von Kues oder der Bußprediger Giovanni da Capestrano, würde Gott die säumigen Christen bestrafen durch Katastrophen aller Art, von Dürren oder Überschwemmungen bis hin zu Seuchen, Kriegen oder Türkeneinfällen. Wucherzinsen, welche die Juden gerade auch von einfachen Leuten für Kleinkredite verlangten, spielten ebenfalls eine Rolle. Nach den Vorstellungen franziskanischer Bußprediger in Italien sollten kirchliche Montes pietatis die Rolle der Juden übernehmen und Kleinkredite ohne Wucher nur gegen mäßiges Entgelt gewähren. Solche Montes pietatis entstanden in Deutschland nicht, aber die Kirchenpflegen, in Rothenburg das Neue Spital, die Jakobspflege und die Wolfgangspflege, traten an ihre Stelle. Anhand erhaltener Rechnungen lässt sich das oft gut belegen[30].

Um unkontrollierten Volksbewegungen zuvorzukommen oder sie zu beschwichtigen, wiesen in Franken die Markgrafen von Ansbach und Kulmbach sowie die Bischöfe von Würzburg und Bamberg 1488/89 die Juden aus ihren Territorien für zwanzig Jahre aus. Städtische Obrigkeiten wiesen ebenfalls die Juden aus, Nürnberg 1498/99, Ulm 1499, Nördlingen 1506, Regensburg 1519, Rothenburg 1519/20, Weißenburg am Nordgau 1520. Da der Kaiser als Reichsoberhaupt die Juden als seine Kammerknechte – gegen hohe Abgaben – schützte, nutzte man in Regensburg die Reichsvakanz zwischen dem Tod Maximilians I. am 13. Januar 1519 und der Wahl seines Enkels Karl V. am 28. Juni 1519, um die Juden auszuweisen. Betrieben wurde das durch den damaligen Regensburger Domprediger Balthasar Hubmaier. Der aus Rothenburg stammende Konventuale von St. Emmeram in Regensburg Christoph Hoffmann schrieb darüber und über die an der ehemaligen Synagoge, jetzigen Kirche zur Schönen Maria in Regensburg einsetzende Wallfahrt ein Pamphlet, das Teuschlein eifrig rezipierte[31].

Teuschlein fühlte sich offenbar inspiriert. Mehr öffentliches Ansehen durch Predigten gegen die Juden und hohe Einnahmen durch die Wallfahrt zu Ehren Mariens wirkten verführerisch. Ursprünglich sollte die bestehende Marienkapelle in Kobolzell umgewandelt werden in eine Kapelle zur Reinen Maria.

Doch der Würzburger Generalvikar, der dortige Domscholaster Johann von Guttenberg, untersagte das am 19. Juli 1519[32]. Daraufhin behauptete Teuschlein, man habe ihm am 21. September 1519 sieben Fragen betreffend den Marienkult und die Juden zugeschickt. Diese

---

30 Muzzarelli, Maria Giuseppina: Pawn Broking between Theory and Practice in Observant Socio-Economic Thought. In: Mixson, James D./Roest, Bert (Hg.): A Companion to Observant Reform in the Late Middle Ages and Beyond (Brill's Companions to the Christian Tradition 59). Leiden/Boston 2015, S. 204–229; Holzapfel, Heribert: Die Anfänge der Montes Pietatis <1462–1515> (Veröffentlichungen aus dem Kirchenhistorischen Seminar München 11). München 1903.

31 Hoffmann, Christoph: De Ratisbona metropoli Boioariae et subita Iudaeorum proscriptione (Augsburg: Johannes Wagner von Regensburg 1519) (VD16 H 4132).

32 Borchardt, Geistliche Institutionen, S. 89 Anm. 227.

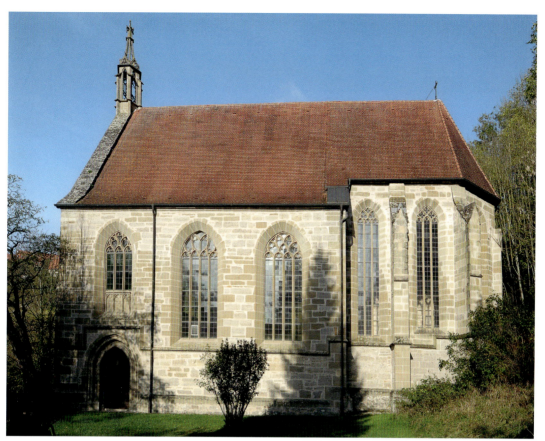

Abb. 8: Marienkirche zu Kobolzell.

Fragen beantwortete er durch einen Traktat, der anonym zu Nürnberg am 26. Januar 1520 bei dem Drucker Friedrich Peypus erschien[33]. Inzwischen erkundigte sich der Rat von Rothenburg bei seinen Kollegen in Nürnberg, ob man die Juden ausweisen sowie deren Liegenschaften und Besitztümer konfiszieren dürfe. Letzteres wurde bejaht; nur die Ausweisung widerspreche kaiserlichem Recht. Doch dafür gab es einen Ausweg, indem man die wenigen Juden unter Druck setzte. Antijüdische Manifestationen und Übergriffe häuften sich in Rothenburg. Einige Juden zogen „freiwillig" weg. Daraufhin erlaubte der Rat am 7. November 1519 „gnädiglich" den Juden, bis zum 2. Februar 1520, Purificationis Mariae, die Stadt Rothenburg zu verlassen. Wegen der jüdischen Wucherzinsen fragte der Rat von Rothenburg beim geistlichen Gericht in Würzburg an. Wie von Teuschlein und dessen Anhängern vehement gefordert, hielt es der Advokat beim geistlichen Gericht in Würzburg Dr. Eucharius Steinmetz für zulässig,

---

33 1520 Wider die verstockten Juden (VD16 T 623). Ebenfalls u.a. gegen die Juden polemisierte Teuschleins Druck 1521 Wider das Tragen des Zipfelbiretts [bei der Eucharistie-Feier] (VD16 T 628), ebenfalls Nürnberg bei Friedrich Peypus.

bereits bezahlte Zinsen von der Schuldsumme abzuziehen. Entsprechend erlitten die Juden beim Abzug aus Rothenburg auch in diesem Punkt noch Verluste. Doch weitere Übergriffe durch den von Teuschlein aufgestachelten Pöbel unterband der Rat; fünf Rädelsführer, Georg Scholl, Burkhard Wagner, Martin Schmidt, Johann Ort und Kaspar Schulz, wurden sogar ins Gefängnis geworfen[34].

Nach dem 2. Februar 1520 entwickelte sich, eifrig betrieben durch Teuschleins Predigten, bei der ehemaligen Synagoge und jetzigen Kirche zur Reinen Maria eine lebhafte Wallfahrt, die große Einnahmen erbrachte. Das Gebäude der vormaligen Synagoge konnte so um- und ausgebaut werden. Sogar zwei Messstiftungen für das neue Gotteshaus wurden geplant, durch den Stiftskanoniker zu Feuchtwangen Augustin Gumpelein[35] und – man höre und staune – durch Lic. Georg Naab, Teuschleins ungeliebten Vorgänger als Prediger, jetzt Kaplan am Marienaltar im Dominikanerinnenkloster. Gumpelein erstrebte eine Konstruktion wie beim Predigeramt, nämlich die Präsentation nicht mehr durch den Deutschen Orden als den Inhaber der Stadtpfarrei, sondern durch den Rat von Rothenburg selbst. Naab wollte das auch, aber darüber hinaus die Rechtsform einer sog. Movendelpfründe. Der Patronatsherr, in diesem Fall also der Rat von Rothenburg, sollte den Stelleninhaber jederzeit ohne Angabe von Gründen absetzen dürfen. Bis ins Jahr 1523 hinein wurde über die Realisierung dieser beiden Pfründenstiftungen verhandelt. Der Bischof von Würzburg meinte, Movendelpfründen seien in seiner Diözese nicht üblich; Rothenburg konterte mit zwei Gegenbeispielen aus Schwäbisch Hall. Augustin Gumpelein wollte die von ihm geplante Pfründe zunächst einem jungen Verwandten zuwenden. Später wollte er sie selbst übernehmen. Da er in Feuchtwangen lebte, gab es Streit, wer ihm die Abwesenheit von seiner Pfründe genehmigen musste, allein der Bischof von Würzburg, wie bisher üblich, oder der Bischof gemeinsam mit der Stadt Rothenburg als Patronatsherr. Außerdem verlangte Gumpelein Steuerfreiheit für das Pfründenvermögen sowohl in geistlicher als auch in weltlicher Hinsicht, was weder der Bischof noch die Stadt zulassen wollten. Rothenburg kam Gumpelein entgegen, indem es ihn 1525 zum Kaplan der Toppler-Messe in St. Jakob machte.

Die von Martin Luther angestoßene, aber in vielen Punkten über ihn hinausgehende reformatorische Bewegung gewann unterdessen immer mehr Anhänger, indem sie relativ unspezifisch die freie Predigt des reinen Evangeliums verlangte. Darunter konnte man verstehen, dass nicht der Vollzug des Messopfers, sondern der persönliche Glauben entscheidend war für das Heil der Menschen. Schon 1524 wurde deshalb in Rothenburg die Einziehung der Messpfründen verlangt zugunsten der Schaffung eines allgemeinen Almosenkastens. Nach der Niederschlagung des Bauernaufstandes 1525 kehrten in Rothenburg wiederum altgläubige Kräfte an die Macht zurück. Die bei der Kapelle zur Reinen Maria geplanten Messstiftungen wurden dennoch nicht mehr ausgeführt. Georg Naab, der in

---

34 Huggenberger, Florian: Frühe Neuzeit: Reformation, Dreißigjähriger Krieg, Aufklärung. In: Rupp, Horst F./Borchardt, Karl (Hg.): Rothenburg ob der Tauber, S. 159-74; Steffes-Maus, Claudia: Die Juden im mittelalterlichen Rothenburg ob der Tauber. In: Rupp, Horst F./Borchardt, Karl (Hg.): Rothenburg ob der Tauber, S. 153-55; Schnurrer, Ludwig: Die Vertreibung der Juden aus Rothenburg 1519/20. In: Kluxen, Andrea M./Krieger, Julia (Hg.): Geschichte und Kultur der Juden in Rothenburg o. d. T. (Franconia Judaica 7). Würzburg 2012, S. 47-55.

35 Borchardt, Geistliche Institutionen, S. 611 Nr. 553.

Rothenburg lebte, fand sich damit ab und übergab den Großteil des von ihm für seine Pfründenstiftung vorgesehenen Gutes – 600 von ursprünglich 1020 Gulden – an das Reichalmosen bei der Jakobspflege, das Mitte des 15. Jahrhunderts bereits Selena Langmantel für arme Leute in Rothenburg begründet hatte. Augustin Gumpelein hingegen blieb streng altgläubig. Nach der Einführung der Reformation durch den Markgrafen 1528 musste Gumpelein Feuchtwangen verlassen und zog sich in die Reichsstadt Wimpfen zurück, wo er 1544 verstarb; erst 1551 endeten juristische Auseinandersetzungen Rothenburgs mit seinen Erben wegen der nicht durchgeführten Messstiftung in der Kapelle zur Reinen Maria.

Fünf Jahre später, 1556, trat nach dem Augsburger Religionsfrieden schließlich der Deutsche Orden alle seine Rechte an der Stadtpfarrei dem Rat von Rothenburg ab. Fortan gab es nur noch einen Komtur, aber keinen Pfarrer des Deutschen Ordens mehr in Rothenburg[36]. Als seit 1544 evangelische Obrigkeit erhielt der Rat damit die Chance, das städtische Kirchenwesen völlig neu zu ordnen. Vieles von dem, was der experimentierfreudige Teuschlein zeitweise angestrebt hatte, war schnell Geschichte. Was blieb, war zum einen die Professionalisierung und Akademisierung der Ausbildung angehender Geistlicher an Universitäten, für die Teuschleins Predigerpfründe stand, und zum anderen die Kirchenherrschaft des nunmehr lutherischen Rates, ohne Bischof und ohne Papst, die als auswärtige Mächte sich in Rothenburg einmischen, aber auch die dortigen Geistlichen vor willkürlicher Entlassung schützen konnten.

---

36 Borchardt, Geistliche Institutionen, S. 113–116.

Abb. 9: Alter, farblich retuschierter Schriftzug „Judenkirchhof" an Haus Nr. 16 am heutigen Schrannenplatz.

Claudia Steffes-Maus

Die Rechtsstellung der Rothenburger Juden in Mittelalter und Früher Neuzeit (bis 1519/20)

Betrachtet man das Wirken des Predigers Johannes Teuschlein in Rothenburg ob der Tauber aus dem Blickwinkel jüdischer Geschichtsforschung, so fallen natürlich zuallererst seine spätestens seit dem Sommer 1519 erkennbaren Bestrebungen, in der Reichsstadt eine große Marienwallfahrt zu etablieren, ins Auge. Zwar wollte er diese zunächst in der Kobolzeller Kirche einrichten, was der Würzburger Bischof jedoch verbot (Schnurrer 1997, S. 411f.). Also entschied sich Teuschlein für einen anderen Ort, nämlich die jüdische Synagoge auf dem heutigen Schrannenplatz.

Diese Ortswahl mag vielleicht gar nicht so sehr verwundern; derartige Umwandlungen hatten ja gerade im süddeutschen Raum sozusagen „Tradition", wenn auch eine unrühmliche. Konversionen von Synagogen in Marienkapellen gab es in deutschen Städten seit den Pestpogromen in der Mitte des 14. Jahrhunderts nicht eben selten, beispielsweise auch in Nürnberg oder Würzburg bis hin nach Köln. Zudem gab es in Rothenburg selbst mit der Marienkapelle auf dem ehemaligen Milchmarkt und heutigen Kapellenplatz, der ersten Synagoge in Rothenburg, bereits ein Vorbild. Nach dem Umzug der jüdischen Gemeinde in die Judengasse zu Beginn des 15. Jahrhunderts wurde die damals am heutigen Schrannenplatz, dem ehemaligen „Judenkirchhof", neu erbaute Synagoge als Versammlungs- und Gebetsort genutzt.

Die alte Synagoge am Kapellenplatz hingegen kaufte 1404 der Rothenburger Bürger Peter Kreglinger und wandelte sie zur Steigerung seines Seelenheils in eine Marienkapelle um (Merz 1993, S. 271). Auch in Regensburg war zu Beginn des Jahres 1519, nur wenige Monate vor Teuschleins Rothenburger Initiative, die Synagoge in eine Marienkirche umgewandelt und eine Wallfahrt eingerichtet worden, woran sich Teuschlein in seinem Vorhaben orientierte.

Teuschlein folgte also mit seinem Projekt einem bereits etablierten Modell und konnte sich zudem der breiten Akzeptanz des gewählten Ortes in der Bevölkerung sicher sein. Der Haken in Rothenburg war freilich, dass die Synagoge zum Zeitpunkt ihrer Festlegung als Wallfahrtsort im Herbst 1519 offiziell gar nicht zur Verfügung stand, wurde sie doch noch bis wenige Wochen vor ihrer Weihe als Marienkapelle im Frühjahr 1520 von der jüdischen Gemeinde Rothenburg genutzt.

Hatte die Umwidmung einer Synagoge in eine Marienkapelle nun für die christliche Bevölkerung eine überaus hohe symbolische Bedeutung und schien entsprechend erstrebenswert, so hätte dies die jüdische Gemeinde alleine des Gebäudes wegen wohl gar nicht so stark tangiert. Denn Synagogen sind, anders als Kirchen, keine geweihten Gotteshäuser und damit ohne rituelle Funktion. Religiöse Rituale hätten auch an einem anderen Ort in der jüdischen Gemeinde vollzogen werden können. Den mit den Bestrebungen zur Errichtung der Wallfahrt einhergehenden antijüdischen Impetus hingegen, der in Rothenburg insbesondere durch Teuschleins intensive Predigttätigkeit der Jahre 1519/20 massiv verstärkt wurde, bekamen die Juden dann jedoch in vollem Ausmaß in Form von Anfeindungen und Übergriffen zu spüren. So erstürmte Anfang Januar 1520 ein durch Teuschlein aufgewiegelter, vornehmlich aus jüngeren Menschen bestehender Mob die Synagoge (Schnurrer 2012, S. 54).

Mit dem ab Herbst 1519 feststehenden Beschluss des Rats der Stadt, sich aktiv für eine Ausweisung der dort wohnenden Juden einzusetzen, war das Ende jüdischer Existenz in Rothenburg besiegelt. Alle verbliebenen Juden mussten die Tauberstadt schließlich „passenderweise" am Hochfest Mariä Lichtmess 1520 endgültig verlassen haben (Schnurrer 2010d, S. 91f.) – eine sozusagen „perfekte" Choreographie.

Man mag noch ins Feld führen, dass diese Vertreibung aus der Tauberstadt – im Gegensatz zu der ein Jahr zuvor erfolgten gewaltsamen Vertreibung der Juden aus Regensburg, wo sogar zwei jüdische Todesopfer zu beklagen waren (Nickel 2018, S. 267f.) – vergleichsweise „friedlich" vonstatten ging. Dies hing vermutlich mit einer vorsichtig-ängstlichen, vorausschauenden Haltung des Rothenburger Rates zusammen, der möglichst „rechtskonform" bei der Vertreibung vorgehen wollte und demnach mit dem agitatorischen Gebaren des seit 1512 in Rothenburg tätigen Predigers durchaus nicht glücklich gewesen sein konnte. Insofern lohnt ein genauerer Blick auf die Entwicklung der rechtlichen Stellung der Rothenburger Juden in Mittelalter und Früher Neuzeit, um zu verstehen, weshalb es gerade in diesem Jahr 1520 zur endgültigen Vertreibung kam.

Zunächst sei zur Orientierung ein knapper Abriss über die Entwicklung jüdischer Siedlung in Rothenburg gegeben: Der älteste schriftliche Nachweis für einen aus Rothenburg stammenden Juden ist im Jahr 1180 in Würzburg überliefert. Eine intakte jüdische Gemeinde wird in der Tauberstadt erstmals anlässlich der Leistung der Reichssteuer in der Reichssteuermatrikel des Jahres 1241 dokumentiert. Ein 2022 neu aufgefundener jüdischer Grabstein aus dem Jahr 1262 gilt als ältestes materielles Relikt jüdischen Lebens in der Tauberstadt und belegt zugleich die Existenz eines Friedhofs und einer dazugehörigen Gemeinde („Kahal"; Steffes-Maus 2016, S. 136). Obwohl die Rothenburger Juden nicht von den Zäsuren durch die großen Verfolgungen des Spätmittelalters (Rintfleisch-Verfolgungen 1298; Armleder-Verfolgungen 1336–38; Pest-Verfolgung 1349) verschont blieben und insbesondere 1298 sowie 1349 einen hohen Blutzoll zahlen mussten, belebte sich die Gemeinde nach diesen Angriffen stets erstaunlich schnell binnen weniger Jahre, sodass die Geschichte der Stadt bis zur endgültigen Vertreibung 1520 nahezu 300 Jahre lang durch Juden mitgeprägt wurde.

Die rechtliche Stellung der Rothenburger Juden im Mittelalter wurde nun grundsätzlich durch drei Faktoren beeinflusst. So gilt es im Folgenden zunächst, die Funktion der jüdischen Gemeinde vor Ort zu beleuchten, dann das Verhältnis von jüdischem Individuum und jüdischer Gemeinde zum Reich und schließlich die jüdischen Beziehungen zur Stadt Rothenburg.

Die mittelalterliche jüdische Gemeinde Rothenburg hatte den Status eines „Kahal", einer voll funktionsfähigen Gemeinde, inne. Demnach verfügte sie über eine ausgeprägte gemeindliche Infrastruktur, die verschiedene Institutionen umfasste: einen Judenrat, Rabbiner, Vorsänger, einen Friedhof, verschiedene Gebäude wie Synagoge oder Mikwe (ein sehr gut erhaltenes Exemplar aus dem 15. Jahrhundert ist im Keller des Hauses in der Judengasse 10 zu besichtigen), das „Judentanzhaus" am Weißen Turm als Festsaal zur Feier von Hochzeiten, aber z.B. auch eine organisierte Armenfürsorge, für die der Gabbai zuständig war (Steffes-Maus 2005, S. 557).

Zwar besitzen wir für Rothenburg keine überlieferten „Takkanot", das sind Gemeindeordnungen, wie sie für die SchUM-

Städte Mainz, Worms und Speyer vorliegen; die Existenz einer solchen Takkana in der Tradition der rheinischen Vorbilder ist für Rothenburg jedoch ebenfalls als sicher vorauszusetzen. In ihr wurden die rechtlichen Grundlagen des gemeindlichen Zusammenlebens geregelt.

Die Basis jeder Gemeinde bildeten naturgemäß die dort ansässigen jüdischen Familien. In Rothenburg sind diese oft über viele Generationen hinweg nachweisbar (Steffes-Maus 2005, S. 558–561); jedoch waren in der Regel Mitglieder jeder Großfamilie auch in anderen jüdischen Gemeinden des näheren oder weiteren Umfeldes ansässig. Dies erlaubte einerseits den unkomplizierten Aufbau eines häufig filialnetzbasierten Handels, bot aber zugleich im Notfall die Möglichkeit, an andere Wohnorte auszuweichen, wenn es Probleme irgendwelcher Art, vor allem mit der nichtjüdischen Obrigkeit, geben sollte. Beispielhaft sei die Familie Gans genannt, die im 14. und 15. Jahrhundert nicht nur in Rothenburg, sondern auch in Nürnberg, Bad Mergentheim, Aub und Italien nachweisbar ist (Steffes-Maus 2012, S. 28).

Der jüdische Friedhof Rothenburg ist ein wichtiges Indiz für die überörtliche Bedeutung des „Kahal". Auch auswärtige Juden haben ihre Verstorbenen dort beerdigt. Das bedeutet, dass die rechtlichen Gepflogenheiten der jüdischen Gemeinde Rothenburg von diesen auswärts lebenden Juden ebenfalls anerkannt wurden, wodurch neben dem Friedhofsbezirk gewissermaßen ein spezifisch Rothenburger jüdischer Rechtskreis entstand. Dokumentiert wird dies beispielsweise durch das anlässlich der Pest-Verfolgungen angelegte Deutzer Memorbuch, in dem Ansbach und Gunzenhausen als sog. „zugewandte Orte" verzeichnet sind (Barzen 2002, S. 306 mit Anm. 51, S. 325).

Abb. 10: Mikwe im Haus Judengasse 10 (erbaut um 1409) in Rothenburg ob der Tauber.

Für die jüdischen Gemeinden in Aschkenas (das ist – grob gesprochen – der deutschsprachige jüdische Siedlungsraum) war die Aufrechterhaltung ihrer autonomen Selbstverwaltung überlebenswichtig. Als oft bedrohte Minderheit in einer christlichen Umwelt durften sie zu ihrem eigenen Schutz keinen Anstoß erregen. Daher war die „interne Solidarität" (Toch 1998, S. 17) bei der Gemeindeorganisation von größter Bedeutung: Man half sich gegenseitig, kooperierte in allen Lebensbereichen und regelte seine Angelegenheiten unter sich. Wer gegen dieses solidarische Prinzip verstieß und den inneren Frieden gefährdete, konnte schlimmstenfalls aus der Gemeinde verbannt werden. Eine wichtige Folge dieses Prinzips war, dass Streitigkeiten unter Juden unbedingt innerhalb der jüdischen Gemeinde geklärt werden mussten, möglichst ohne dass die städtischen oder Reichsbehörden davon etwas mitbekamen. Bis auf sehr wenige Ausnahmen gelang es der jüdischen Gemeinde Rothenburg, innerjüdische Streitigkeiten von städtischen Gerichten fernzuhalten; noch 1518 äußerte zudem der Rothenburger Rat, dass die städtischen Gerichte für innerjüdische Auseinandersetzungen nicht zuständig seien (Germania Judaica III, S. 1258).

In Rechtsfragen kam den Rabbinern eine entscheidende Funktion zu, da sie aufgrund des Allgemeingeltungsanspruchs der Tora für das alltägliche jüdische Leben neben ihrer religiösen auch eine große Expertise im jüdischen Recht besaßen. Sie standen den örtlichen jüdischen Gerichten vor, wurden häufig aber auch von auswärtigen Gemeinden um ihre Einschätzung in rechtlich strittigen Fällen gebeten, welche sie in Rechtsgutachten (Responsen) darlegten. Das mit Abstand größte überlieferte Responsenwerk

Abb. 11: Rabbi Meir ben Baruch von Rothenburg (geb. um 1220, gest. 1293).

des aschkenasischen Mittelalters umfasst mehr als 1500 Rechtsgutachten und stammt von einem weit gereisten Gelehrten, dessen Name untrennbar mit dem der Tauberstadt verbunden ist, Rabbi Meir ben Baruch von Rothenburg (Maharam, geboren um 1220 in Worms, gestorben 1293 in Wasserburg am Inn[1]).

Er wirkte mehr als 40 Jahre in Rothenburg und unterhielt dort eine bedeutende Jeschiwa („Talmudschule"), in der Schüler aus ganz Europa Tora und Talmud studierten. Thematisch befassen sich Meirs Responsen mit nahezu allen Bereichen des jüdischen Alltagslebens und der Religionsausübung, aber auch mit dem großen Feld der christlich-jüdischen Beziehungen. Der Maharam wurde im 14. und 15. Jahrhundert

---

1 In verschiedenen Quellen wird Ensisheim im Elsass als Sterbeort genannt, wo Rabbi Meir mehrere Jahre inhaftiert war.

häufiger zitiert als alle anderen Gelehrten. Dies beweist eindrucksvoll die überragende Bedeutung, die der Gelehrte in Rechtsfragen in der jüdischen Welt des Mittelalters für sich beanspruchen konnte. Das Ansehen eines Rabbiners hing folglich vor allem von der Anerkennung seiner Rechtsgutachten ab. Fanden diese eine breite Zustimmung, so konnte der Rabbiner sich einer großen Zahl an Studenten und des damit verbundenen Renommees sicher sein.

Zusammenfassend kann man sagen, dass die jüdische Gemeinde dem Individuum einen sicheren Rahmen innerhalb ihrer Gemeinschaft bot, der die gefahrlose Ausübung der Religion, der wirtschaftlichen Tätigkeit und das familiäre Zusammenleben im Alltag ermöglichte; sie verlangte im Gegenzug allerdings ein angemessenes Verhalten, dessen Einhaltung sie in der Regel durch eine strenge soziale Kontrolle sicherzustellen wusste. Dies gelang der jüdischen Gemeinde Rothenburg weitaus länger als den jüdischen Gemeinden in den meisten anderen Städten des Heiligen Römischen Reichs von vergleichbarer Bedeutung, konnte sie sich doch bis 1520 halten und war somit eine der letzten, die zur Auflösung gezwungen wurde.

Ursprünglich war das Recht, Juden anzusiedeln, im mittelalterlichen Reich ein Königsregal. Im Gegenzug für die an ihn geleisteten Steuerzahlungen und Beschaffung seltener Güter verpflichtete sich der deutsche König oder Kaiser zum Schutz der ihm unterstellten Juden und gewährte ihnen Handelsfreiheit und Freizügigkeit. Sie waren der königlichen Kammer zugeordnet, galten als Freie und genossen auch in den Landfrieden des 12. und 13. Jahrhunderts einen besonderen Schutz (Wehrmann 1976, S. 10–16). Dieser allgemeine Schutzstatus erfuhr im Jahre 1236 eine qualitative Änderung. Unter anderem als Reaktion auf die restriktive päpstliche Gesetzgebung des Vierten Laterankonzils baten die Juden in diesem Jahr auf eigene Initiative hin den Kaiser Friedrich II. darum, den Rechtsstatus aller Juden im Reich gleichermaßen zu sichern und zu verallgemeinern und sie in den besonderen Schutz seiner Kammer aufzunehmen, wodurch die sog. Kammerknechtschaft, ein individueller, unmittelbar zwischen dem Reichsoberhaupt und den einzelnen im Reich lebenden Juden bestehender Rechts- und Schutzstatus, geschaffen wurde. Diese besondere Beziehung wurde von den Juden eindeutig als Verbesserung ihrer rechtlichen Position und als Privileg angesehen. Hinter dieses persönlich-personale Verhältnis mit all seinen Vor- und Nachteilen konnte künftig bis ins 16. Jahrhundert hinein kein Jude im Reich mehr zurücktreten, wenngleich dessen Bedeutung außerhalb der Reichs- und Bischofsstädte im Laufe der Zeit stetig abnahm (Germania Judaica III, S. 2165). Somit waren auch alle in Rothenburg lebenden Juden in erster Linie einmal unmittelbare Kammerknechte des Reichs.

Das Reich erhielt zunächst für den gewährten Schutz von seinen Kammerknechten die schon erwähnte jährliche Reichssteuer, die die jeweiligen jüdischen Gemeinden als Kollektiv über die sie beherbergende Stadt zu entrichten hatten. Darüber hinaus erhoben die deutschen Könige und Kaiser seit 1342 den sog. Goldenen Opferpfennig, eine individuelle Kopfsteuer in Höhe von 1 Gulden pro Jahr, die jeder Jude und jede Jüdin, die älter als zwölf Jahre alt waren und mehr als 20 Gulden Vermögen besaßen, zu bezahlen hatten. Diese Kopfsteuer, deren erstmalige Nennung durch eine Abschrift des Rothenburger Copialbuches belegt ist, wurde durch Beauftragte des Reichs eingezogen und sollte explizit den Schutz entgelten, den das Reich den Juden individuell gewährte. Die Einforderung des Opferpfennigs ist in Rothenburg bis ins 16. Jahrhundert sporadisch nachweisbar, zuletzt 1504/05, als jedoch wohl keine Zahlung mehr erfolgte, weil die Steuer zu dieser Zeit bereits in

Vergessenheit geraten war (Germania Judaica III, S. 1257). Außer dem unmittelbaren fiskalischen Nutzen, den das Reich aus der Erhebung des Opferpfennigs zog, gewann es zugleich auch einen ungefähren Überblick über die Anzahl der im Reich ansässigen Juden und behielt eine Kontrolle über die Höhe von deren Vermögen und deren steuerliche Leistungsfähigkeit. Wenn z.B. im Jahr 1410 laut einer Quittung in Rothenburg 49 jüdische Personen zur Zahlung des Opferpfennigs herangezogen wurden (Steffes-Maus 2016, S. 141), zeugt dies von einer zur damaligen Zeit wirtschaftlich sehr potenten Gemeinde von bedeutender Größe.

Während Karl IV. nach dem Einschnitt der Pest-Verfolgungen vielerorts – wohl vorwiegend aus pragmatischen Gründen – den Reichsstädten das Judenregal übertrug und damit zu dieser Zeit den Einfluss des Reiches auf die stark geschwächten und dezimierten jüdischen Gemeinden deutlich reduzierte, strebten seine Nachfolger bis zum Beginn des 15. Jahrhunderts wieder eine größere Einflussnahme an. Dies hatte vorwiegend finanzielle Gründe. Wurden die jährlichen Steuerleistungen der Rothenburger Juden an das Reich nach den Einschnitten der Pest-Verfolgungen bis 1375 ausgesetzt, sodass ein geregelter Wiederaufbau der jüdischen Vermögen erfolgen konnte, so leistete die erneut zu ordentlicher Größe herangewachsene Gemeinde seit dem letzten Viertel des 14. Jahrhunderts wieder regelmäßig kollektiv die sog. halbe Judensteuer in Höhe von 400 Pfund Heller an das Reich bzw. an dessen Vasallen, denen die Steuer des Öfteren verpfändet worden war. Mit dem pfandweisen Erwerb der Reichssteuer durch die Stadt Rothenburg selbst gegen Zahlung von 8000 Gulden im Jahr 1409 entfiel diese Steuerleistung indessen endgültig, da das Pfand vom Reich nie mehr ausgelöst wurde (Steffes-Maus 2016, S. 141). Der Status der Kammerknechtschaft zwischen den Juden und dem Reichsoberhaupt wurde dadurch jedoch in rechtlicher Sicht grundsätzlich nicht eingeschränkt.

Insbesondere Karls Sohn, König Wenzel IV., reizte in finanzieller Hinsicht die Grenzen des Möglichen bei der „Nutzung" der Juden über das eigentlich rechtlich Erlaubte hinaus aus. Durch seine beiden Judenschuldentilgungen der Jahre 1385 und 1390, von denen auch die Rothenburger Juden – ähnlich wie die meisten anderen jüdischen Gemeinden der süddeutschen Reichsstädte – stark betroffen waren, enteignete er jüdische Kreditgeber systematisch, indem er die Kreditnehmer dazu verpflichtete, die ausstehenden Rückzahlungen nicht an die Geldleiher, sondern an das Reich bzw. die Stadt Rothenburg zu leisten. Für Wenzel reduzierte sich das Rechtsinstitut der jüdischen „Kammerknechtschaft" also auf seinen rein materiellen Wert und Nutzen für das Reich. Rechtlich bekam der Ausdruck „Knechtschaft" in diesem Zusammenhang die eindeutige Konnotation der Unfreiheit; Juden galten als frei verfügbare Masse, über deren Besitz das Reich nach Belieben verfügen konnte. Die durch das Reich erzwungene Beteiligung der Rothenburger Juden an den Kosten des Konzils in Konstanz 1414 in Höhe von 2000 Gulden basierte auf einer ähnlichen Wahrnehmung der ursprünglich durchaus positiv besetzten Kammerknechtschaft (Steffes-Maus 2016, S. 141f.). Auch spätere vom Reich verlangte Sonderzahlungen der jüdischen Gemeinde Rothenburg standen in dieser Tradition (Germania Judaica III, S. 1257).

Eine rechtliche Kontrolle über die jüdischen Gemeinden und deren Gerichtsbarkeit versuchte das Reich darüber hinaus noch auf eine andere Art auszuüben. So setzte König Ruprecht zu Beginn des 15. Jahrhunderts erstmals einen sog. Reichsrabbiner ein, der als vom Reich legitimierte, übergeordnete Instanz über alle Juden des Reichs urteilen dürfen sollte. Der erste dieser Reichsrabbiner war Israel ben Isaak von Nürnberg. Er lebte seit 1406 in Rothenburg und hatte einen eigenen Schreiber angestellt. Das ihm 1407 vom König verliehene Amt hatte er wohl bis zu seinem Tode um 1415 inne, sah sich bei dessen Ausübung jedoch großen Widerständen anderer Juden ausgesetzt. So führte er Auseinandersetzungen mit anderen Rabbinern und wurde schließlich sogar von diesen gebannt (Germania Judaica III, S. 1260, Nr. 9). Bis 1521 sind etliche weitere namentlich bekannte Reichsrabbiner von Ruprechts Nachfolgern in anderen Orten des Heiligen Römischen Reichs ernannt worden (Germania Judaica III, S. 2132). Sieht Toch in der Einsetzung dieser Reichsrabbiner in erster Linie „die grundsätzliche Bemühung, mit dem Judenregal Elemente der Königsherrschaft zu sichern" (Toch 1998, S. 106), so bescheinigen Guggenheim und Breuer dem Reich darüber hinaus die durchaus gut gemeinte Absicht, in unruhigen Zeiten, in denen „die religiöse und die rechtliche Ordnung der Juden im Argen" (Germania Judaica III, S. 2133) lag, wieder eine verlässliche jüdische Gerichtsbarkeit zu garantieren, zumal dem Reich durch die Abwanderung von wirtschaftlich – und damit steuerlich – potenten Juden ein großer finanzieller Schaden zugefügt wurde. Andererseits sollte der Reichsrabbiner dem Reich bei der Eintreibung ebendieser Steuern als Handlanger behilflich sein und Einblicke in die innerjüdischen Angelegenheiten der Gemeinden verschaffen. Dies wurde von den jüdischen Gemeinden jedoch, wie oben beschrieben, als unzulässige Einmischung in ihre Autonomie wahrgenommen und strikt abgelehnt. Daher gelang es dem Reich in keinem Fall, die Anerkennung der von ihm eingesetzten Reichsrabbiner in den jüdischen Gemeinden durchzusetzen. Im Gegenteil, deren Existenz wurde in den jüdischen Quellen gänzlich verschwiegen (Germania Judaica III, S. 2133).

Seiner Aufgabe, die Rothenburger Kammerknechte zu schützen, kam das Reich indessen gerade am Ende der jüdischen Siedlung in der Tauberstadt ebenfalls mehrmals nach. So verhinderte Maximilian I. im Jahr 1494 eine durch die Stadt Rothenburg gewünschte Vertreibung der Juden und stand ihnen 1517 bei einer Fehdeandrohung durch einen Adligen bei. Außerdem gewährte das Reich den Rothenburger Juden im Laufe der Zeit sowohl kollektive als auch individuelle Privilegien (Germania Judaica III, S. 1255, 8a–d, S. 1269, Anm. 136f.).

In früheren Jahren spiegelte sich die Königsnähe der Rothenburger Juden auch darin, dass die Sicherung jüdischer Ansprüche gegenüber auswärtigen Schuldnern bevorzugt durch die Eintragung in das Landgerichtsbuch des seit 1274 tätigen königlichen Landgerichts gewährleistet wurde (Steffes-Maus 2012, S. 15). Dies änderte sich erst mit dem Niedergang des Landgerichts unter König Wenzel, der es letztmalig 1387 verpfändete. Schon ehe das Landgericht – zeitgleich mit der Reichssteuer der Juden – durch die nicht ausgelöste Verpfändung von 1409 vollständig in den Besitz der Stadt gelangte, ging es nach und nach im Rothenburger Stadtgericht auf.

Die Ausführungen verdeutlichen also, dass die Intensität der Beziehungen zwischen Reichsoberhaupt und Rothenburger Juden, die zumindest theoretisch stets auf dem Fundament der Kammerknechtschaft bestehen blieben, im Laufe der Zeit erheblich schwankte und nicht immer vorteilhaft war. Für die Zeit nach den Pestverfolgungen ist zunächst ein Rückgang des kaiserlichen Einflusses auf die Rothenburger Judenschaft zu konstatieren, der mit deren wirtschaftlichem und auch personellem Bedeutungsverlust durch die hohen Opferzahlen der Pogrome korrespondiert. Zugleich ermöglichte die Zurückhaltung des Reiches in den folgenden zwei Jahrzehnten den geordneten

Wiederaufbauprozess sowohl der Gemeinde als auch ihrer Wirtschaftskraft. Mit dem Wiedererstarken der Rothenburger Judenschaft erwachte dann auch das Interesse des Reichs wieder, wobei dieses gerade unter Wenzel nahezu ausschließlich finanzieller Natur war und wenig Rücksicht auf eventuelle jüdische Belange nahm. Die Reichsoberhäupter des 15. Jahrhunderts hingegen nahmen das Judenregal wieder ernster und bemühten sich nicht zuletzt durch die Einrichtung des Amts eines Reichsrabbiners verstärkt um die „Gewährleistung von Rechtsschutz" (Germania Judaica III, S. 2167); sie stellten sich aber, anders als in Rothenburg 1494, den seit der Mitte des 15. Jahrhunderts vielerorts vorgenommenen Vertreibungen meist auch nicht in den Weg.

Den größten und unmittelbarsten Einfluss auf die rechtliche und die Lebenssituation der dort wohnenden Juden hatte indessen während des gesamten Mittelalters die Reichsstadt Rothenburg. Ihr oblag in akuten Notsituationen der Schutz der in der Tauberstadt lebenden Juden; sie konnte aber auch grundsätzlich über die Aufnahme und Besteuerung der dort lebenden Juden mitbestimmen.

Weil für die frühe Zeit bis zur zweiten Hälfte des 14. Jahrhunderts weder individuelle Bürgeraufnahmen noch individuelle Steuerzahlungen von Juden aus Rothenburg überliefert sind, ist davon auszugehen, dass die einzelnen jüdischen Haushalte damals von der jüdischen Gemeinde steuerlich veranlagt wurden und Letztere dann eine pauschale jährliche Steuer zahlte. Eine solche regelmäßige Zahlung, wie sie die Reichssteuermatrikel 1241 erstmals dokumentiert, ist jedoch nur für die jährliche Reichssteuer sicher belegt. Mit einiger Sicherheit anzunehmen ist jedoch, dass die Stadt, die ja normalerweise die jüdische Jahressteuer an das Reich weiterzuleiten hatte, ebenfalls eine wie auch immer geartete Abgabe der jüdischen Gemeinde für die Bereitstellung von Schutz u.Ä. einforderte; Quellenbelege dafür fehlen freilich. Wehrmann geht infolgedessen davon aus, dass die Stadt bis zur Mitte des 14. Jahrhunderts keinerlei Steuerzahlung von jüdischer Seite erhielt (Wehrmann 1976, S. 68). Dies wäre in der Tat außergewöhnlich.

Nach der Mitte des 14. Jahrhunderts erhob die Stadt dann nachweislich auch selbst Steuern von den Juden. Dies betraf zunächst die weiterhin von der jüdischen Gemeinde pauschal zu entrichtende „halbe Judensteuer" von in der Regel 400 Pfund Heller, die an das Reich abgeführt wurde. Die Regelung zur hälftigen Aufteilung der Reichssteuer zwischen Stadt und jüdischer Gemeinde wurde 1375 im Urfehdebuch offiziell festgehalten. Dort wurde ferner festgeschrieben, dass der Rat die Juden schützen und sie bei ihren althergebrachten Rechten und Gewohnheiten bleiben lassen sollte.

Im Laufe der Jahre trat dann allerdings eine individuell von jedem jüdischen Haushaltsvorstand zu erbringende jährliche Steuer für das jüdische Bürgerrecht neben die pauschale „Judensteuer" (Wehrmann 1976, S. 69–76). Erstmals überliefert eine Steuerliste des Jahres 1383 Namen und Steuerhöhe der entsprechenden Juden. Die Höhe dieser Steuer war vermögensabhängig und verblieb vollständig bei der Stadt Rothenburg. Spätestens nach dem pfandweisen Erwerb der Reichssteuer im Jahr 1409 erhob die Stadt außer diesen individuellen Bürgersteuern keine regelmäßigen pauschalen Gemeindesteuern mehr von den Rothenburger Juden. Seit dem Beginn der Aufzeichnungen des „Judenbuchs III" im Jahr 1432 ist dann die vermögensabhängige jährliche Steuerleistung der einzelnen jüdischen Haushalte inklusive der an die Stadt zu entrichtenden Jahresmiete für die Wohnhäuser in der Judengasse bis zur Vertreibung 1520 nahezu lückenlos und vollständig nachvollziehbar (Steffes-Maus 2005, S. 549f.).

Die von den Juden zu zahlenden Steuersätze waren in der Regel höher als die der übrigen Bürger; dies wurde beispielsweise damit begründet, dass sie nicht zur aktiven Stadtverteidigung herangezogen werden konnten (Wehrmann 1976, S. 40–51).

Erste Pflicht der Reichsstadt Rothenburg gegenüber den dort lebenden Juden war – zumeist in stellvertretender Wahrnehmung der Aufgaben des Reichs – der Schutz des jüdischen Lebens und Besitzes. Zweimal versagte die Stadt vollständig bei dieser Aufgabe: 1298 verloren bei der von Röttingen im Taubertal ausgehenden, in drei Wellen verlaufenden und mehrere Tage dauernden Rintfleisch-Verfolgung 470 Juden und Jüdinnen ihr Leben, deren Namen durch das Nürnberger Memorbuch überliefert worden sind. Allein 380 Opfer starben während der Belagerung der Burg und wurden verbrannt (Salfeld 1898, S. 185–192). Der Gedenkstein, den die Überlebenden auf dem jüdischen Friedhof am Schrannenplatz errichtet hatten, kann heute wieder im Reichsstadtmuseum besichtigt werden (Merz 1993, S. 29–34). Gut fünfzig Jahre später starben bei den Pest-Verfolgungen des Jahres 1349 in Rothenburg erneut viele Juden. Die genaue Zahl und die Namen der Opfer sind nicht überliefert.

Das Verhalten der Stadt angesichts dieser Morde ist indessen fragwürdig. So hatte Karl IV. die Rothenburger Juden noch kurz vor Beginn der Verfolgungen an den Würzburger Bischof verpfändet und diesem im Vorgriff auf die bereits absehbaren Pogrome versprochen, dass ihm der jüdische Besitz im Fall der Ermordung der Juden zufallen werde. Nach den Morden gab es dann eine mehrjährige Auseinandersetzung zwischen der Tauberstadt, dem Reich, dem Bistum und überlebenden Juden um den jüdischen Besitz. Die Stadt erhielt 1353 schließlich

Abb. 12: Haus-Ensemble Judengasse Rothenburg ob der Tauber; der Doppeleingang erinnert an die mosaischen Gebotstafeln.

Abb. 13: Siegel-Typar der jüdischen Gemeinde Rothenburg (Original und gespiegelt) aus dem 15. Jahrhundert.

das Eigentum an den jüdischen Immobilien sowie die Hälfte der in den verbrannten Häusern gefundenen Wertgegenstände und Gelder zugesprochen. Die andere Hälfte erhielten die überlebenden Juden oder deren Erben.

In anderen Fällen hingegen gelang es der Stadt Rothenburg, das Leben der dort ansässigen Juden zu schützen. So konnte sie ein Übergreifen der Armleder-Verfolgungen 1338 auf die Tauberstadt verhindern. Auch 1384, als einige Bürger unter dem Eindruck der Unruhen im Schwäbischen Städtebund sich judenfeindlich äußerten und das Leben der Rothenburger Juden bedrohten, griff die Stadt ein und ließ die Unruhestifter öffentlich einen Eid leisten, der sie verpflichtete, die Juden zu schützen. Bei der schon erwähnten Fehdedrohung gegenüber den Rothenburger Juden im Jahr 1517 ergriff die Stadt ebenfalls Partei für die Juden (Germania Judaica III, S. 1256).

Erstmals explizit als „Bürger" wurden die Rothenburger Juden 1335 in einem Privileg Ludwigs des Bayern angesprochen (Wehrmann 1976, S. 37). Seit 1346 sollten sie laut einem Erlass des Kaisers einen Eid wie die Nürnberger Juden ablegen, der sie verpflichtete, die Rechte der Stadt Rothenburg anzuerkennen, sodass sich aus dem jüdischen Bürgerrecht ähnliche Pflichten wie für die nichtjüdischen Bürger ergaben (Wehrmann 1976, S. 38f.). Seit der zweiten Hälfte des 14. Jahrhunderts erlaubt die Quellenlage einen etwas konkreteren Einblick in die Ausgestaltung des jüdischen Bürgerrechts. Dieses Bürgerrecht wurde seitdem einem jüdischen Haushaltsvorstand individuell erteilt und war jährlich zu erneuern, inklusive der Eidesleistung. Darüber wurde ein sog. Einbürgerungsrevers erstellt, welcher vom Juden eigenhändig unterschrieben werden musste und bei der Stadt hinterlegt wurde. Der jüdische Bürger erhielt im Gegenzug eine städtische Bestätigung, die als Nachweis seines Bürgerstatus diente (Steffes-Maus 2005, S. 549). Ersetzt wurde diese Ausstellung der Einbürgerungsreverse spätestens 1432 durch die amtliche Führung des Judenbuches, welches nicht nur die jüdischen Steuereinnahmen verzeichnete, sondern auch als öffentliches Buch einen legitimen Nachweis für den Bürger- und Wohnstatus eines

Juden darstellte. Die Befristung des Bürgerrechts auf ein Jahr war dabei nicht unbedingt diskriminierend und entsprach durchaus dem eigenen Wunsch der jüdischen Bürger, die aus arbeitsökonomischen Gründen Wert auf eine hohe, schnell umsetzbare Mobilität legten.

War die Rechtsstellung jüdischer Bürger in Rothenburg seit etwa 1340 durchaus vergleichbar mit der Rechtsstellung der „Bürger von der Gemeinde" (Wehrmann 1976, S. 37), so verschlechterte sich die Situation bis zum Beginn des 15. Jahrhunderts dahingehend, dass es spätestens nach der Verlagerung des jüdischen Siedlungsschwerpunktes in die Judengasse nahezu unmöglich für jüdische Bürger wurde, Immobilienbesitz in der Tauberstadt zu erwerben. Dies war vor den Pest-Verfolgungen noch möglich gewesen. Der bereits erwähnte Eintrag im Urfehdebuch 1375 präzisierte über die Steuerfragen hinaus, dass die jüdische Gemeinde neue Mitglieder nur mit Zustimmung des städtischen Rates aufnehmen durfte. Neu in die Stadt aufgenommene Juden sollten nach dem Brauch der jüdischen Gemeinde Steuern entrichten. Die Stadt ihrerseits sollte den Juden bei der Geltendmachung von Forderungen an fortziehende Juden behilflich sein.

Andere rechtliche Bestimmungen der Stadt zur Regelung des Lebens und vor allem der wirtschaftlichen Tätigkeit der jüdischen Bürger Rothenburgs sind ebenfalls seit 1340 greifbar. So bestimmte das städtische Statutenbuch damals, dass finanzielle Ansprüche von Juden in öffentlichen Glauben genießende Gerichtsbücher einzutragen waren und gegebenenfalls alle zwei Jahre durch erneute Eintragung wiederholt werden mussten, um rechtlich einklagbar zu sein. Diese Regelung wurde 1382 nochmals durch die Stadt bestätigt (Wehrmann 1976, S. 122). Desgleichen wurde festgelegt, dass Schuldner oder Bürgen von Juden Einlager nicht in deren Haus, sondern in öffentlichen Gaststätten zu leisten hatten. Bei beiden Bestimmungen spielte neben eventuellen Sicherheitsbedenken und der Schaffung von Öffentlichkeit sicherlich vor allem der Aspekt der städtischen Kontrolle über die jüdische Geschäftstätigkeit eine Rolle. Die Gerichtsbücher belegen indessen, dass der jüdische Geldhandel wenig bis gar nicht durch diese Maßnahmen behindert und auch der rechtliche Beistand der Stadt uneingeschränkt gewährt wurde.

Die Reichsstadt Rothenburg profitierte unterdessen durchaus in eigennütziger Weise von den bei ihr lebenden Juden. Auf die Bereicherung der Stadt an jüdischen Gütern nach den Pest-Verfolgungen wurde bereits eingegangen. Mithilfe der Eintragungen in die Gerichtsbücher und der individuellen Steuerleistungen erlangte der Rat außerdem, wie eben angemerkt, einen kontinuierlichen Überblick über die jüdischen Vermögen und Außenstände. Dieses Wissen machte er sich mehrmals zunutze. Als es 1384 im Rahmen des Schwäbischen Städtekrieges zu der schon erwähnten Bedrohung von Juden in der Tauberstadt kam, welche in anderen Städten des Schwäbischen Städtebundes bereits zur Schatzung von jüdischem Vermögen für die Kriegskasse geführt hatte, gelang es der Stadt Rothenburg, von den dortigen Juden 6000 Gulden „zu Schenk" für den Bau der Stadtmauer zu erhalten (Steffes-Maus 2016, S. 152). Unter den gegebenen Umständen erscheint es mehr als unwahrscheinlich, dass die Rothenburger Juden eine solche Summe ohne äußeren Druck der Stadt geleistet haben sollen; der Begriff „Geschenk" bemäntelt also eigentlich nichts anderes als eine Erpressung.

Die Schatzungen des Schwäbischen Städtebundes 1384 kann man mit guten Gründen als Probelauf für die im folgenden Jahr vom König initiierte erste Judenschuldentilgung bezeichnen. 1385 fungierte die Tauberstadt als Handlanger des Reichs, als sie die Gefangennahme der

Juden dort organisierte und sie vertraglich zu einer Leistung gegenüber dem Reich und dem Städtebund zwang. Insgesamt konnte Rothenburg am Ende der Tilgungsaktion mindestens 3000 Gulden Gewinn für sich selbst verbuchen (Germania Judaica III, S. 1261f.). 1401 schließlich erhielt der Rothenburger Rat, als er wegen der Stadterweiterungen erneut in Geldnöten war, für seine Unterstützung König Wenzels im Thronstreit zwischen diesem und Ruprecht von der Pfalz die königliche Erlaubnis, die dortigen Juden gefangen zu nehmen und die Hälfte ihrer Vermögen zu erpressen. Ganz eindeutig hat die Stadt dadurch den Bau der Judengasse und womöglich auch der neuen Synagoge auf dem Schrannenplatz finanziert (Germania Judaica III, S. 1262).

Im letzten Viertel des 15. Jahrhunderts wurden, wahrscheinlich unter dem Eindruck der einsetzenden Judenvertreibungen in benachbarten Territorien und des Trienter Judenprozesses von 1475, von städtischer Seite restriktivere Maßnahmen zur Regelung des jüdischen Geldhandels und Bürgerrechts ergriffen. Bereits 1477 legte man einen Mindest- und Höchstsatz der jüdischen Jahressteuer von 30 bzw. 50 Gulden fest. Außerdem kündigte die Stadt an, den jüdischen Geldleihern zukünftig nicht mehr bei der Eintreibung von Zinsen behilflich zu sein (Wehrmann, S. 54f.). Diese Neuerungen wurden dann 1478 offiziell bestätigt und den Juden in Form eines neuen Bürgereides verpflichtend auferlegt. Eine weitere rechtliche Verschlechterung folgte 1488 mit der Einführung einer steuerlichen Vollbelastung jungverheirateter Juden, die noch keinen eigenen Hausstand (und demnach meist auch noch keinen eigenen Geldhandel) gegründet hatten, nach bereits einem Jahr. Hatten diese neuen Gesetze zunächst nach Aussage der Gerichtsbücher noch keinen merklichen Effekt auf die jüdische Geschäftstätigkeit, so verschärfte die Stadt 1491 jedoch nochmals die wirtschaftlichen Beschränkungen für Juden, angeblich aufgrund der zahlreichen Ladungen ihrer Bürger vor Gericht wegen des jüdischen Geldhandels. Im Rothenburger Ratsbuch wurde für die Zukunft das Verbot der jüdischen Geldleihe gegen Zins niedergeschrieben; jüdische Geldleihe war folglich nur noch gegen Pfand erlaubt und wurde damit in ihrem Umfang erheblich eingeschränkt. Zum einen wurde das Einkommen der Geldleiher massiv geschmälert, zum anderen auch der zu betreibende Aufwand bei einer eventuellen Pfandverwertung erheblich erhöht und damit verteuert (Steffes-Maus 2016, S. 154). Als Folge dieser rechtlichen Diskriminierung, die nun offenkundig auch strikt durchgesetzt wurde, brach die Zahl jüdischer Haushalte nach 1491 rapide ein; im 16. Jahrhundert lebten nur noch sechs jüdische Steuerzahler, die zudem überwiegend zu einer Großfamilie gehörten, in Rothenburg.

Spätestens mit Einführung des Ratsbeschlusses 1491 stellte nun auch die Stadt Rothenburg allem Anschein nach die jüdische Existenz in ihren Mauern offen infrage. Der von den Juden zu erwartende Steuerertrag scheint den dafür zu betreibenden Aufwand in den Augen der Stadtoberen nicht mehr gelohnt zu haben. Diese Sichtweise legt auch die im Januar 1494 an das Reich gerichtete Bitte der Stadt, die bei ihr lebenden Juden vertreiben zu dürfen, nahe. In dem im Haus-, Hof- und Staatsarchiv zu Wien lagernden Dokument heißt es, die Juden seien „ganz unnützlich", und besonders die Städte Nördlingen und Rothenburg seien durch sie „merklich beschwert". Die damals geplante Vertreibung scheiterte vermutlich einzig an der Höhe des Preises, den das Reich für deren Genehmigung verlangte. Ungehorsam gegenüber dem Reich, welches die Juden im zitierten Dokument als sein „Kammerleibs Eigen" bezeichnet, kam für die Reichsstadt ob der Tauber offensichtlich nicht infrage (Steffes-Maus 2016, S. 154).

Abb. 14: Karl V. (* 1500; † 1558).

Mit dem Tode Maximilians I. im Januar 1519 entstand auf Reichsebene ein Machtvakuum, da sein erwählter Nachfolger Karl V. noch bis Mai 1520 in Spanien weilte.

Während die schon seit mehreren Jahren gegen ihre Juden prozessierende Reichsstadt Regensburg, der das Reich die Vertreibung der Juden zuvor bereits mehrmals verwehrt hatte, Fakten schuf und die dort lebenden Juden schon Ende Februar 1519 gewaltsam vertrieb (Nickel 2018, S. 249–257), ging der Rothenburger Rat besonnener vor. Zwar mehrten sich schon seit geraumer Zeit auch in der Tauberstadt antijüdische Tendenzen. So enthielt bereits das Vertreibungsgesuch des Rates aus dem Jahr 1494 massive antijüdische Polemik und stereotype Vorwürfe. 1511 verpflichtete der Rothenbuger Rat die Juden dann zum Tragen eines Abzeichens auf ihrer Kleidung (Germania Judaica III, S. 1256). Teuschlein selbst griff schließlich die Vorgänge in Regensburg gezielt auf und verarbeitete die Inhalte eines anlässlich der Regensburger Marienwallfahrt im Sommer 1519 entstandenen Flugblattes in seinen Predigten (Schnurrer 2012, S. 48–52). Er heizte mit seinen antijüdischen, wenn nicht gar antisemitischen Predigten die Stimmung in Rothenburg seit September 1519 bewusst auf. So entwarf er in seinen Predigten beispielsweise auch einen auf den Begriffen „deutsch" und „jüdisch" aufbauenden Antagonismus, dessen nationale Komponente zudem noch mit dem Wucherstereotyp kombiniert wurde: „... *alle ire gütter haben sie* [= die Juden] *erlangt bei uns teutschen / durch wucher* ..." (Zitat: Hortzitz 1999, S. 33).

Als es unter dem Eindruck von diesen Predigten verstärkt zu tätlichen Angriffen auf Rothenburger Juden in der Stadt kam, wurde der Rat aktiv. Er erkundigte sich zunächst im Oktober 1519 bei der Reichsstadt Nürnberg, ob die Reichsprivilegien der Tauberstadt eine Vertreibung in Eigenregie erlaubten. Da dies nach Meinung der Nürnberger nicht der Fall war und sie zudem rieten, nicht ohne Zustimmung des

Reiches zu agieren, besorgte der Rothenburger Rat anschließend weitere Rechtsgutachten, in denen dann tatsächlich auch zu einer Ausnutzung des „reichsrechtliche[n] Machtvakuum[s]" (Schnurrer 2012, S. 53) geraten wurde. Dieser Meinung schloss sich der Rothenburger Rat letzten Endes an und erließ im November 1519 ohne weitere Kontaktaufnahme mit dem Reich das Ausweisungsdekret zum 2. Februar 1520, ohne freilich auf die zusätzliche juristische Finte zu verzichten, „die Juden hätten selbst ihre Entlassung aus der Stadt erbeten" (Germania Judaica III, S. 1262). Innerhalb der dreimonatigen Frist bis zur Ausweisung sagte die Stadt den Juden ihre Unterstützung bei der Regelung der jüdischen Außenstände vor Rothenburger Gerichten zu, verlangte jedoch einen eidlichen Verzicht der Rothenburger Juden auf Klagen gegen Rothenburger Schuldner vor auswärtigen Gerichten. Als die Synagoge im Januar 1520 geplündert wurde, bestrafte man die Übeltäter. Die Stadt war also offenkundig sehr um eine rechtlich unangreifbare, korrekte Durchführung der Ausweisung bemüht. Umstimmen ließ sie sich freilich nicht mehr.

Wir haben gesehen, wie sich die rechtliche Situation der Rothenburger Juden bis zur Mitte des 14. Jahrhunderts zunächst im Reich, dann auch in der Stadt stetig verbessert hat. Rechte bis hin zum Bürgerrecht wurden gewährt; die schriftliche Niederlegung dieser Rechte schaffte Sicherheit und Verbindlichkeit für alle Beteiligten. Der Schutz blieb dennoch brüchig, wie die verheerenden Verfolgungen des 13. und 14. Jahrhunderts zeigen. Diese führten jedoch nicht zu einem endgültigen Ende jüdischer Siedlung in Rothenburg. Seit der Mitte des 14. Jahrhunderts ist dann eine zunehmende Individualisierung der rechtlichen Beziehungen zwischen den Juden und ihren Schutzherren zu erkennen. Die Einführung des „Goldenen Opferpfennigs" belegt diese Entwicklung auf Reichsebene, die personalisierte Aufnahme der Juden in das Bürgerrecht auf städtischer Ebene.

Seit dem letzten Viertel des 15. Jahrhunderts hingegen erodierte die rechtliche Stellung der Juden in Rothenburg rapide. Insbesondere die zunächst nur auf dem Papier bestehende, ab 1491 aber dann rigoros durchgesetzte Einschränkung ihrer wirtschaftlichen Möglichkeiten erschwerte ihnen ein Überleben in der Stadt, sodass mit Ende des 15. Jahrhunderts im Grunde nurmehr eine Großfamilie dem Niedergang trotzte. Bemerkenswert ist, dass die Tauberstadt, ähnlich wie bei den Schatzungsaktionen des 14. und frühen 15. Jahrhunderts, immer Wert darauf legte, im rechtlich sicheren Raum, also mit Billigung des Reiches zu agieren. Interessanterweise sind es gerade in der Endphase der jüdischen Siedlung die Autorität und der Schutz des weit entfernten Reichs unter Maximilian I., die eine endgültige Vertreibung der Juden aus der Tauberstadt verhindern. Nach seinem Tode nutzte Rothenburg dann unverzüglich die Gelegenheit, sich der dort lebenden Juden zu entledigen, ehe der neue König Karl V. den Boden des Heiligen Römischen Reichs betrat.

Häufig waren es nämlich Zeiten der Thronvakanz im Reich, die eine Gefährdung jüdischer Existenz in den Städten und Territorien nach sich zogen. So sind in Rothenburg die Rintfleisch-Verfolgung 1298, die Pest-Verfolgung 1349, die Schatzungsaktion 1401 und schließlich die Vertreibung 1519/20 eindeutig mit den eingeschränkten Schutz- und Handlungsmöglichkeiten des Reichs zur jeweiligen Zeit in Verbindung zu bringen. Hinsichtlich der Qualität der antijüdischen Aktionen kann für die Tauberstadt im Laufe der Zeit – unabhängig davon, wer sie initiierte – eine Abkehr von den großen Mordereignissen hin zu groß angelegten finanziellen Erpressungen konstatiert werden, bei denen Gewaltandrohung und Freiheitsberaubung jedoch integraler Bestandteil blieben. Sie hatten am Ende einen erheblichen Anteil am personellen und finanziellen Niedergang der jüdischen Gemeinde.

Der jüdischen Gemeinde Rothenburg ob der Tauber gelang es im reichsweiten Vergleich sehr lange, sich gegen ihre endgültige Auflösung und Vertreibung zur Wehr zu setzen. Angesichts einer in allen Lebensbereichen immer judenfeindlicher werdenden städtischen Umgebung hatte sie im Februar 1520 aber letztendlich keine Chance mehr. Teuschleins abscheuliche Predigttätigkeit mag zwar das Fass zum Überlaufen gebracht und somit einen großen Anteil an der Vertreibung haben; der Weg dorthin war indes durch die Stadt spätestens seit den 1490er-Jahren beschritten worden.

Hedwig Röckelein

Judenfeindlichkeit und Marienverehrung im späten Mittelalter und der Frühen Neuzeit – das Beispiel Rothenburg ob der Tauber

1. Die jüdische Maria aus der Sicht der Christen

Die Gottesmutterschaft (Theotokos) und die Jungfrauengeburt (Parthenogenese) Mariens gehören zu den frühesten Dogmen, die in der christlichen Kirche entwickelt wurden. Schon auf den griechischen Synoden von Nicaea (325) und Ephesos (431) einigte man sich auf Doktrinen zum Status Marias. Im Kern ging es dabei primär um die Repräsentation Jesu als Gott und Mensch sowie um das Verhältnis Gottes, des Vaters, des Sohnes und des Heiligen Geistes. Maria kam dabei nur sekundär als Mutter des Gottmenschen Jesus ins Spiel.

Im Vorfeld der Sanktionierung dieser Dogmen debattierten seit dem 2. Jahrhundert Christen untereinander und Christen mit Juden über Maria bzw. Mirjam, wie sie in der jüdischen Tradition heißt. Der jüdisch-christliche Diskurs über Maria war ambivalent[1]. Einerseits wurde sie in der Tradition der hellenistischen Philosophie als „Sophia", als Figur der Weisheit, gedeutet, eine Tradition, die die Christen mit dem Symbol Marias als Sitz/Thron/Tempel der Weisheit/Salomons aufnahmen. Andererseits wurde Maria in jüdischen Erzählungen als Ehebrecherin und Prostituierte diffamiert. Maria und ihr Kind Jesus waren gemäß dieser Narrative unrein.

Seit den ersten christlichen Jahrhunderten instrumentalisierten christliche Autoritäten Maria als Medium der Abgrenzung gegenüber Nicht-Christen – Heiden („pagani", „gentiles"), Sarazenen und Juden – und bei der Verurteilung von Häretikern aus den eigenen Reihen. Sie war eine der schärfsten Waffen, die die Kirche aufzubieten hatte, wenn es um die religiöse und soziale Ausgrenzung von Individuen und Gruppen aus der christlichen Oikumene ging[2].

Im 6. Jahrhundert griff Bischof Gregor von Tours in seinem Buch vom Ruhm der Märtyrer („Liber in gloria martyrum") die byzantinische Legende vom Judenknaben auf und führte die judenfeindlichen Motive der Hostienschändung, der Zwangstaufe und des Konvertitentums im christlichen Westen ein. Populär

---

1 Schroer, Silvia: Weise Frauen und Ratgeberinnen in Israel – Vorbilder der personifizierten Chokmah. In: Wodtke, Verena (Hg.): Auf den Spuren der Weisheit: Sophia – Wegweiserin für ein neues Gottesbild. Freiburg/Basel/Wien 1991, S. 9–23; Ben-Chorin, Schalom: Mutter Mirjam. Maria in jüdischer Sicht. München 1971.

2 Röckelein, Hedwig: Marienverehrung und Judenfeindlichkeit in Mittelalter und früher Neuzeit. In: Opitz, Claudia u.a. (Hg.): Maria in der Welt. Marienverehrung im Kontext der Sozialgeschichte 10.–18. Jahrhundert (Clio Lucernensis, Band 2). Zürich 1993, S. 279–307.

wurde die gegen Juden gerichtete mariologische Literatur seit dem 11. und 12. Jahrhundert durch die Legendensammlungen des Eadmer von Canterbury, des Gautier von Coinci und des Wilhelm von Malmesbury.

Hass- und Hetzreden gegen die Juden erreichten einen ersten Höhepunkt in den Jahren 1348–50, als man die Juden als Verursacher der ganz Europa heimsuchenden Pest beschuldigte. Ihren zweiten Höhepunkt erreichte die antijüdische Propaganda um 1500, als das Reich und die Kirche auf eine tiefgreifende Krise hinsteuerten. In beiden Wellen wurde Maria für die judenfeindliche Propaganda aktiviert.

Mit der Vernichtung und Vertreibung der Juden aus den Städten Mitteleuropas einher ging die Schändung und Zerstörung ihrer Friedhöfe und Synagogen. Mancherorts wurden die jüdischen Schulen und Gebetshäuser in Kirchen umgewandelt und unter das Patrozinium der Jungfrau und Gottesmutter Maria gestellt[3]. Rothenburg ob der Tauber bietet dafür ein reichsweit einzigartiges Beispiel insofern, als dort innerhalb von hundert Jahren zweimal Synagogen in Marienkirchen umgewandelt wurden.

2. Die Synagogenumwandlungen in Rothenburg ob der Tauber in den Jahren 1404 und 1520

Schon 1404 hatte man die Synagoge am Milchmarkt in eine christliche Kapelle umgewandelt und ihr das Patrozinium der Maria verliehen[4]. Angeregt durch eine Verfolgungswelle in Schwaben und Franken waren die Rothenburger Juden am Karfreitag des Jahres 1397 angegriffen und vertrieben worden. Die Stadt sicherte sich den Zugriff auf die jüdischen Immobilien. 1401 verkaufte der Rat die Synagoge und die Judenschule an den Rothenburger Bürger Peter Kreglinger, der diese Gebäude in eine Marienkapelle und ein Seelhaus umwidmete[5].

1411 bestätigte der Würzburger Bischof Johann II. die Kapellenstiftung und stattete sie mit einem Ablass aus. In der zweiten Hälfte des 15. Jahrhunderts stifteten weitere Bürger und Geistliche Messen für die Kapelle. 1506 gab der Rothenburger Bürger Ludwig Geyer eine größere Summe zur Erweiterung des Baues, die sich bis 1514 hinzog. Ebenfalls 1506 hatte man keinem Geringeren als Tilman Riemenschneider den Auftrag erteilt, für den Nebenaltar der heiligen Anna in der Marienkapelle ein Retabel zu schnitzen. Die Kapelle wurde in den folgenden Jahrhunderten intensiv genutzt, die Ausstattung mehrfach renoviert. 1804 fand dort

---

3   Minty, J. M.: *Judengasse* to Christian Quarter: The Phenomenon of the Converted Synagogue in the Late Medieval and Early Modern Holy Roman Empire. In: Scribner, Bob/Johnson, Trevor (Hg.): Popular Religion in Germany and Central Europe, 1400–1800. Houndmills/London 1996, S. 58–86; Röckelein, Hedwig: Marie, l'Eglise et la Synagogue. Culte de la Vierge et lutte contre les Juifs en Allemagne à la fin du Moyen Age. In: Iogna-Prat, Dominique u.a. (Hg.): Marie. Le culte de la vierge dans la société médiévale. Paris 1996, S. 512–532; Röckelein, Hedwig: „Die grabstein, so vil täsent guldin wert sein": Vom Umgang der Christen mit Synagogen und jüdischen Friedhöfen im Mittelalter und am Beginn der Neuzeit. In: Aschkenas. Zeitschrift für Geschichte und Kultur der Juden 5/1(1995), S. 11–45.

4   Das Folgende nach Grunwald, Max: Aus Rothenburg o. T. In: Monatsschrift für Geschichte und Wissenschaft des Judentums 72(1928), S. 204–212, bes. S. 206; Ress, Anton (Bearb.): Die Kunstdenkmäler von Bayern. Teil 5: Regierungsbezirk Mittelfranken. Band 8: Stadt Rothenburg o. d. Tauber. 1: Kirchliche Bauten. München 1959, S. 529, 531. Vgl. auch den Beitrag von Claudia Steffes-Maus in diesem Band.

5   Lavierte Federzeichnung von J. L. Schaeffer, 1745: Mariae Capelle auf dem Milchmarkt. Abend- und Mittag-Seite. Stadtarchiv Rothenburg, B 669 S. 531.

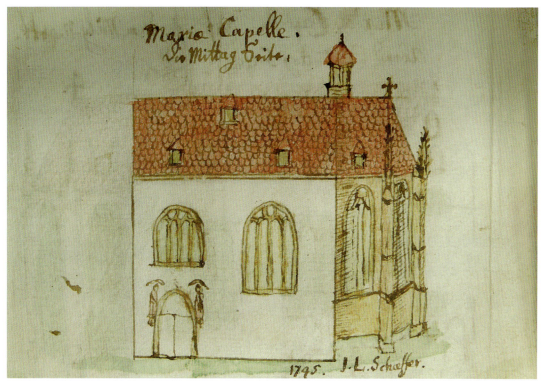

Abb. 15: Mariae Capelle auf dem Milchmarkt. Abend- und Mittag-Seite. Lavierte Federzeichnung (J. L. Schaeffer, 1745).

der letzte Gottesdienst statt; im darauffolgenden Jahr ließ die Stadt den Bau abreißen.

1402 ließen sich erneut Juden in Rothenburg nieder. Da ihnen die Synagoge am Milchmarkt nicht mehr zur Verfügung stand, wies der Rat ihnen einen Platz zum Bau einer neuen Schule und Synagoge am jüdischen Friedhof zu. 1519 kam jedoch erneut eine Pogromstimmung auf, maßgeblich angeheizt durch die scharfen Predigten des Dr. Johannes Teuschlein[6]. Am 7. November 1519 beschloss der Rothenburger Rat die Ausweisung der Juden mit der Begründung, dass dadurch die Ehre des „gekreuzigten Gott unserm Erlöser und der Muter Gottes Marie" erhöht werde und „uns und unser armen Gemaind zu Nuz". Wieder nahm die Stadt den jüdischen Friedhof und die Synagoge in Besitz. Noch vor Ablauf der den Juden gewährten Abzugsfrist legten „etlich klein gebofel und armes volk ... etliche Male freventlich Hand an" die Synagoge und wollten sie zu einer christlichen Kapelle

---

6   Das Folgende nach Bresslau, Harry: Zur Geschichte der Juden in Rothenburg an der Tauber. In: Zeitschrift für die Geschichte der Juden in Deutschland (AF) 4(1890), S. 1–17, hier S. 3–5; Schnizlein, August: Zur Geschichte der Vertreibung der Juden aus Rothenburg o./Tauber 1519/20. In: Monatsschrift für Geschichte und Wissenschaft des Judentums 53(1917), S. 263–284; Schnurrer, Ludwig: Die Wallfahrt zur Reinen Maria in Rothenburg (1520–1525). In: Würzburger Diözesangeschichtsblätter 42(1980), S. 463–500.

Abb. 16: 1520 aus der Synagoge umgewandelte Kapelle zur „Reinen Maria" in Rothenburg. Kolorierte Federzeichnung aus dem Handexemplar der Chronik des Michael Eisenhart (Bayerische Staatsbibliothek München, Cgm 7870, fol. 104v).

umgestalten. Wolf Oefner, der Kanzler des Markgrafen von Ansbach, ein gebürtiger Rothenburger, empfahl dringend, die Synagoge „consecriren und weihen" zu lassen, damit Gaben und Almosen an die Mutter Gottes gegeben werden könnten und an „gemeiner Stat [kein] Irrung und Zank vollbringen macht". Allerdings teilte er die Bedenken des Würzburger Weihbischofs Johannes Pettendorfer gegen die Übernahme von Judenfriedhof und Synagoge.

Der Rothenburger Rat entgegnete den Bedenkenträgern indes, dass die Juden die Synagoge, ihre Wohnhäuser und den Friedhof nicht zu eigen besessen hätten, sondern nur als Lehen der Stadt. Johannes Teuschlein schlug vor, die Synagoge niederzureißen und an ihrer Stelle eine neue Kapelle zu errichten. Doch die Bürger übernahmen den Synagogenbau, fügten einen Chor an und nutzten das Gebäude künftig für die christliche Liturgie[7].

---

7 Kolorierte Federzeichnung aus dem Handexemplar der Chronik des Michael Eisenhart. München, Bayerische Staatsbibliothek, Cgm 7870, fol. 104v. Über dem Gebäude die Titulatio „Tu es singularis virgo pura". Dieser Titel ist identisch mit dem Spruch in der Banderole, die Maria einrahmt, auf dem Titelblatt von Teuchleins Mirakelbuch („TV ES SINGVLARIS VIRGO PVRA").

3. Der Umgang mit den Synagogen im Reich

Auch wenn in Rothenburg sowohl 1404 wie auch 1520 entsakralisierte Synagogen in Marienkirchen umgewandelt wurden, so war weder die Einrichtung einer Kirche oder Kapelle anstelle der Synagoge noch die Wahl des Marienpatroziniums für ein christliches Gotteshaus im Spätmittelalter die gängige Reaktion der Geistlichkeit und der Bevölkerung. Vielmehr ist die Umwandlung der Synagoge in eine Kirche und speziell in eine Marienkirche die Ausnahme, nicht der Normalfall. Die meisten Synagogen wurden nach Pogromen profaniert oder abgerissen.

Im Gebiet des heutigen Baden-Württembergs[8] beispielsweise blieben im Mittelalter von 34 Synagogen vier in ihrer ursprünglichen Funktion erhalten; von neun ist die weitere Verwendung unbekannt. Zwölf Synagogen wurden profaniert und anschließend als Wohnhaus oder Scheune genutzt oder als städtisches Gebäude einer öffentlichen Nutzung zugeführt. Lediglich ein Viertel wurde in christliche Kirchen umgewandelt, davon fünf in ein Spital bzw. eine Spitalkirche, zwei in eine Marienkirche, eine oder zwei in eine Heilig-Blut-Kirche und eine in eine Lorenzkapelle.

Da die soteriologisch-ekklesiologischen Dogmen bei der Begründung für die Judenausweisung eine wichtige Rolle spielten (Juden als Christusmörder, Hostienschänder etc.), wurden die aus Synagogen umgewandelten Kirchen mit christologischem (Salvator, Heiliges Grab), eucharistischem (Corpus Christi, Heiliges Blut) und trinitarischem Patrozinium versehen; ja selbst die daraus hervorgehenden Marienkirchen waren teilweise mit einem Doppelpatrozinium von Christus und Maria belegt[9].

In Mitteleuropa wurden nach Ausweis der Aktenlage siebzehn Synagogen in Marienkirchen umgewandelt[10]. Diese Konversionen fanden zwischen 1349 und 1519/20 statt und konzentrierten sich räumlich auf Bayern, Franken, Sachsen und Böhmen, zwei weitere sind mit Köln und Mainz dem Rheinland zuzuordnen. Vermutlich hängt das mit der besonderen Marienfrömmigkeit in den genannten Regionen zusammen.

4. Der mariologisch-antijüdische Diskurs in Rothenburg

Welche Vorwürfe wurden in Rothenburg gegen die Juden erhoben und welche Rolle wurde dabei Maria zugedacht? Dazu nehmen zwei zeitgenössische Quellen Stellung. Der dialogisch angelegte Traktat des Rothenburger Stadtpredigers Dr. Johannes Teuschlein entstand auf dem Hintergrund vergleichbarer Vorgänge in Regensburg, Nürnberg und Augsburg. Er wurde durch den 1520 in Nürnberg erschienenen Druck über die Grenzen

---

8 Hahn, Joachim: Erinnerungen und Zeugnisse jüdischer Geschichte in Baden-Württemberg. Stuttgart 1988. Einzelbelege nach Hahn bei Röckelein 1995, S. 31f. Die 27 Fälle von Synagogenumwandlungen, die Minty 1996, S. 61, reichsweit ermittelt hat, sind sicher zu niedrig angesetzt.

9 Zu den Belegen aus Passau, Deggendorf, Landshut, Graz, Lauda, Ingolstadt, Eger, Nürnberg vgl. Röckelein 1995, S. 32–33.

10 Neben den sechzehn im Einzelnen bei Röckelein 1995, S. 32 und Röckelein 1996, S. 516–518, Tableau 1 und 2 S. 520–521 belegten und ebd., S. 532 kartierten Fällen Amberg, Bamberg, Eger, Halle a. d. Saale, Heidelberg, Ingolstadt, Köln, Magdeburg, Miltenberg, München, Nürnberg, Regensburg, Rothenburg, Wertheim, Weissenburg im Elsass und Würzburg, führt Minty 1996, S. 61 zudem das Patrozinium Maria und Alle Heiligen in Mainz an.

Abb. 17: Titelblatt von Teuschleins Schrift „Auflosung ettli/cher Fragen zu lob und ere / Christi Jesu ...", 1520 (Bayerische Staatsbibliothek München, 4 Polem. 274).

Rothenburgs hinaus bekannt und zur Kenntnis genommen: „Auflosung ettli/cher Fragen zu lob und ere / Christi Jesu, auch seiner lieben mutter / Marie, wider die verstockte plin/te Juden, vnd alle die jhe/nen so sie in jren lan/den vnd stet/ten wi/der recht ent/halten furen vnd ge/dulden neulich geschehen.// ... D[octor] J[ohann] T[eusch-lein] / F[rickenhausen]. / Getruckt jn der keiserlichen Statt Nurmberg durch / Fryderichen Peypus / ... M. D. XX." [= VD16 T 623].

Wie aus Teuschleins Traktat[11] und aus anderen zeitgenössischen Nachrichten hervorgeht, hat er durch seine Predigten unmittelbaren Einfluss auf die Ereignisse in Rothenburg genommen, sowohl auf die Ausweisung der Juden wie auf die Entscheidung für das Marienpatrozinium.

Einer der ersten, der auf Teuschleins Druckschrift reagierte, war der Nürnberger Meistersinger Kun(t)z Haß (1460–1527)[12]. Er verfasste anlässlich der Vorgänge, die sich in Rothenburg am 8. Januar 1520 ereignet hatten, zwei Lieder. Darin macht er Johannes Teuschlein („Doctor Deuschle", „Doctor theusche") als Propagandisten namhaft[13]. Auch Haß ließ seine Lieder drucken; von diesen haben sich wenige Exemplare in der Staatlichen Bibliothek Preußischer Kulturbesitz zu Berlin erhalten. „Ein

---

11 Zu dieser Schrift Teuschleins, der *Auflosung*, siehe auch den Beitrag von Gerhard Simon: Johannes Teuschleins gedruckte Schriften in diesem Band.

12 Bartsch, Karl: Art. „Haß, Kunz". In: Allgemeine Deutsche Biographie (1879) Online, auf: http://www.deutsche-biographie.de/.html.

13 Die beiden Liedtexte sind veröffentlicht bei von Liliencron, Rochus: Die historischen Volkslieder der Deutschen vom 13. bis 16. Jahrhundert. Band III. Leipzig 1867, S. 355–358 und [Anonymus]: Zwei Lieder von der Vertreibung der Juden (1520). In: Alt-Rothenburg. Jahres-Bericht 1900/1901, S. 23–27.

hüpsch lied von der vertreybung der Juden zu(o) Rotenburg an der Thawber / vnnd von irer Synagog. In Hertzog Ernsts Meloday" erschien 1520 anonym[14]. In „Ein new Lied von der stat Rottenburg an der thawber‖ vnd von vertreibung der Juden do selbst‖ Im schutten samen thon."[15], 1520 bei Johann Stüchs in Nürnberg gedruckt, gibt sich Kuntz Haß als Verfasser und als Mann im fortgeschrittenen Alter zu erkennen: „Kuntz haß der hat das lied gedicht / Ist nun ein alter man".

Die Argumente, die Teuschlein und Haß für die Vertreibung der Juden vorbrachten, waren nicht originell. Sie gehörten im späten Mittelalter zum gängigen Repertoire des judenfeindlichen Schrifttums[16]. Nicht alle Begründungen Teuschleins – etwa die Verstockheit der Juden („plinte hund"), die Erhebung von Wucherzinsen, die zur Bereicherung der Fürsten auf der einen und zur Verarmung der Bevölkerung auf der anderen Seite führen würden – sind für die Marienproblematik von Belang. Zu den mariologischen Argumenten zählen direkt oder indirekt die Folgenden:

Abb. 18: Titelblatt Kuntz Haß „Ein new Lied von der stat Rottenburg an der thawber ..."

---

14 4 Bll klein 8°. Staatsbibliothek zu Berlin – Preußischer Kulturbesitz, Ye 2601. Das Exemplar ist bislang in der Flugschriften-Sammlung der Staatsbibliothek Berlin weder katalogisiert noch digitalisiert.

15 Einblattdruck, Staatsbibliothek zu Berlin – Preußischer Kulturbesitz, Einblattdruck, 44 in: Yd 7803. Das Exemplar ist katalogisiert (https://stabikat.de/Record/372296815) und digitalisiert (https://digital.staatsbibliothek-berlin.de/werkansicht/?PPN=PPN833649477).

16 Zu den judenfeindlichen Stereotypen vgl. Schreiner, Klaus: Maria – Jungfrau, Mutter, Herrscherin. München/Wien 1994, Kap. 11, S. 415–462.

Die Juden würden Maria als Hure diskreditieren, das Blut Christi würde versiegen, die Blutvermischung zwischen Christen und Juden müsse unterbunden werden und die Juden würden vor allem die armen Christen an Leib, Gut und Seele schädigen. Weiterhin fragt Teuschlein: Wie kann man die Juden, die nun bei den Fürsten und in Städten „eingewurzelt seien", wieder ausrotten? Zeittypisch ist zudem die Vermengung christologischer (Juden als Christusmörder, Hostienschändungen) und mariologischer (Maria als Hure) Thematiken. Teuschlein erinnert in seinem Traktat immer wieder an den Konnex zwischen Christus, Maria und dem Sakrament; Haß reklamiert, dass mit der Kreuzigung Christi auch Maria großes Leid zugefügt worden sei[17].

Die erste Frage, weshalb Maria nicht an allen Orten gleich Wunder wirke, obwohl die Menschen überall ihr Gebet und ihre Andacht an sie richteten, beantwortet Teuschlein damit, dass die Herrschaften die verstockten und gotteslästerlichen Juden dulden würden, die Maria als Hure und Christus als Hurenkind beschimpfen würden, Christus nicht als Messias anerkennen würden und unrein seien. „O wie grosse lesterer seind die juden, wie sie geschmehet haben den herren, do er bey jhn wohnet auff erden, also vnd vil mehr lestern sie jn yetzt regierenden mit dem vatter vnd dem heiligen geist in den hymmeln. Dann christum nennen sie Ischeynoßern, Mariam Tluam. Tlua ist souil bey jn gesagt als ein hure. Ischeynoßer ein verfürer des volcks, oder auch ein hurenkind."[18] Das Motiv der „Hurenbeschimpfung" taucht seit dem Ende des 15. Jahrhunderts in der antijüdischen Polemik gelehrter Geistlicher vermehrt auf. Thomas Murner[19], Martin Luther[20], Johannes Reuchlin[21] und Balthasar Hubmaier[22] bedienten sich seiner. Das Narrativ findet sich in einer im frühen oder hohen Mittelalter entstandenen Sammlung jüdischer Legenden um das Leben Jesu, dem sog. Toldoth Jeschu, einer Art Anti-Evangelium[23].

---

17 Teuschlein, Auflosung 1520, Antwort auf die 6. Frage (C iii^r): Die Juden würden Christus, Maria und das Sakrament vermaledeien; daher müssten sie abgesondert werden; Haß, New Lied 1520, S. 26.

18 Teuschlein, Auflosung 1520, A i^r–B ii^v, Antwort auf die 1. Frage. Das Zitat aus der Antwort auf die 6. Frage ebd., C iii^v.

19 [Murner, Thomas]: Enderung und schmach der bildung Marie von den Juden bewissen [VD16 A 350], Vers 112–116: „Du langer schalck [= heiliger Christophorus], sprach er [= der Jude] geschwind, / du dreyst vff dir ein huoren kind; / Syn muotter ist ein huor gesyn / vnd sytzt ietz in dem huorhauß dyn."; Edition: Klassert, Adam: Entehrung Mariä durch die Juden. Eine antisemitische Dichtung Thomas Murners. Mit den Holzschnitten des Straßburger Hupfuffschen Druckes. In: Jahrbuch für Geschichte, Sprache und Literatur Elsass-Lothringens 21(1905), S. 78–155, hier S. 112.

20 Martin Luther, Predigt „Vermahnung wider die Juden" vom 2. oder 15. Februar 1546: „Sie [die Juden] sind unsere öffentliche Feinde, hören nicht auff unsern Herrn Christum zu lestern, Heissen die Jungfrauw Maria eine Hure, Christum ein Hurenkind."; Luther, Martin: Werke, Abt. I Band 51. Weimar 1914, S. 195f.

21 Doctor iohanns Reuchlins tütsch missiue, warumb die Jude[n] so lang im ellend sind. Pforzheim (Th. Anshelm) 1505 [VD16 R 1246], urn:nbn:de:bsz:31-271724 [Ohne Seitenzählung]: „Jeden Tag beliegen, beschmutzen und lästern sie Gott in der Person seines Sohnes, des wahren Messias Jesus Christus. Sie nennen ihn einen Sünder, einen Zauberer, einen Gehenkten. Sie behandeln die heilige Jungfrau Maria als Haria, als böses Weib."

22 Belege bei Winkler, Gerhard B.: Die Regensburger Wallfahrt zur Schönen Maria (1519) als reformatorisches Problem. In: Henrich, Dieter (Hg.): Albrecht Altdorfer und seine Zeit (Schriftenreihe der Universität Regensburg, Band 5). Regensburg 1981, S. 103–122, hier S. 104 und 110.

23 Vgl. dazu Ben-Chorin 1971, S. 34–36; Schreiner 1994, S. 417–423; Marienberg, Evyatar: Niddah. Lorsque les juifs conceptualisent la menstruation. Paris 2003

Darin wird kolportiert, Maria habe das Kind nach der Verlobung mit Joseph durch den Beischlaf mit dem Schönling Pandera während der Menstruation empfangen. Aus jüdischer Sicht stellte dies einen doppelten Tabubruch dar – Ehebruch und Empfängnis im Zustand der Unreinheit der Frau. In einer Zeit, als zwischen den Dominikanern (Makulisten) und Franziskanern (Immakulisten) ein erbitterter Streit über die „Unbefleckte Empfängnis" Mariens ausgebrochen war, griffen christliche Theologen diese jüdischen Legenden bereitwillig auf[24]. Bestärkt wurden ihre judenfeindlichen Anschauungen durch Gerüchte, Juden würden Marienbilder entehren, indem sie sie in Latrinen werfen, beflecken und verunreinigen würden[25].

Die christlichen Kontrahenten erwiderten diese Anwürfe mit der Erhöhung Marias zur „Unbefleckten", „Reinen" und „Schönen". Kuntz Haß dichtete sein Lied zum „lob der reinen maget", „Maria [der] reinen meyd"; das Fest Mariä Lichtmess bezeichnet er als „tag der reinen keüschen meyd"[26]. In Regensburg gab es ein Kultbild unter dem Namen „Schöne Maria"[27]. Als nach dem Pogrom an Stelle der abgerissenen Synagoge 1519 eine Kapelle errichtet wurde, übertrug man den Titel auf diese.

Johannes Teuschlein hatte in Rothenburg schon seit Längerem versucht, die Marienkapelle in Kobolzell unterhalb der Stadt mit dem Titel der „Reinen Maria" zu ehren[28]. Aber die bischöfliche Verwaltung in Würzburg widersetzte sich diesem Ansinnen. 1520 propagierte Teuschlein den Abriss des Synagogengebäudes am Schrannenplatz, da der Reinheit Mariens nur mit einem Kirchenneubau Genüge getan werden könne. „Er verweist darauf, daß die ‚r e i n e Maria' geehrt werden solle, und fordert, belegt mit etlichen Bibelstellen, ‚ein reyn new haus' zu bauen und sich nicht mit der baulichen Herrichtung der Synagoge zu begnügen, die ja von den gleichen Juden errichtet worden sei, die Maria und ihren Sohn darin gelästert und geschändet hätten. ... In Rothenburg habe man mit der Umwandlung der alten Synagoge in eine Kapelle (auf dem Kapellenplatz, am Milchmarkt) schon einmal Flickwerk geliefert. Dagegen stehe ‚ein reyn und gantz opfer', d.h. ein Neubau, für Maria in Regensburg."[29] Auch Kuntz Haß plädierte für die Zerstörung der Synagoge, der Brutstätte antichristlicher Umtriebe: „Gar zerstört man da ir nest / Darinn sie vns verfluchet handt"[30].

---

24 Vgl. dazu Söll, Georg: Maria in der Geschichte von Theologie und Frömmigkeit. In: Beinert, Wolfgang/Petri, Heinrich (Hg.): Handbuch der Marienkunde. Regensburg 1984, Kap. 3.21.2, S. 154–158; Horst, Ulrich: Dogma und Theologie. Dominikanertheologen in den Kontroversen um die Immaculata Conceptio (Quellen und Forschungen zur Geschichte des Dominikanerordens, Neue Folge, Band 16). Berlin 2009.

25 Zum Bilderfrevel vgl. Schreiner, Klaus: Antijudaismus in Marienbildern des späten Mittelalters. In: Das Medium Bild in historischen Ausstellungen zur Sektion 6 des 41. Historikertages in München 1996 (Materialien zur Bayerischen Geschichte und Kultur, Band 5). Augsburg 1998, S. 9–34, hier S. 22–24.

26 Haß, Hüpsch Lied 1520, S. 23, 24, 25.

27 Belting, Hans: Bild und Kult. Eine Geschichte des Bildes vor dem Zeitalter der Kunst. München 1990, S. 507f.

28 Ress 1959, S. 532; Schnizlein 1917, S. 279; Schnurrer 1980a, S. 473.

29 Schnurrer 1980a, S. 479.

30 Haß, Hüpsch Lied 1520, S. 24.

Johannes Teuschlein rief zur Plünderung der Synagoge in Rothenburg auf, nachdem er durch den gebürtigen Rothenburger Chronisten Christophorus Ostrofrancus (Hoffmann) und den antijüdischen Prediger Balthasar Hubmaier von der Vertreibung der Juden aus Regensburg erfahren hatte[31]. Auch anderen zeitgenössischen Chronisten, wie etwa Georg Widman (1486–1560) aus Schwäbisch-Hall, war klar, dass sich Teuschlein Regensburg zum Vorbild genommen hatte: „Da er [Teuschlein] sahe, das es dem mönch [Balthasar Hubmaier] mit seiner Margen zue Regelspurg gelungen, richtete er sich auch wider die Juden, erlangte, dasz sie auch zu Rottenburg auszgetriebn wurdten und aus irer synagoge ein capell, die er zue der hübschen Margen nennte, macht."[32] Es hatte sich herumgesprochen, dass in Regensburg eine Wallfahrt mit großem Zulauf entstanden war, nachdem man die Juden ausgewiesen, deren Synagoge zerstört und an deren Stelle eine Kapelle zur „Schönen Maria" errichtet hatte.

In der Antwort auf die fünfte Frage (Ciii^v) diffamiert Teuschlein die Juden als Unreine und warnt davor, dass die reinen Christen sich mit diesen vermischen, denn dadurch würden sie sich anstecken und ebenfalls unrein werden. Auch dies sei einer der Gründe, weshalb man die Juden ausweisen müsse. In seiner Antwort auf die siebte Frage stellt er Maria als Mittlerin zwischen Gläubigen und Christus vor. Die Christen sollten Maria bitten, sich um ihres Sohnes willen für die Vertreibung der Juden einzusetzen: „Ist dem nun also, daß die Juden so ganz eingewurzelt sein bei Fürsten und Städten, Geistlichen und Weltlichen, durch welche Mittel möchte man doch dieselben ausrotten? Antwort: Mark. 19,29: ‚dises teufflisch geschlecht wirdet anderst von euch schwerliche vertriben, dan durch das fasten vnd gebet'. Durch Fasten, d.h. durch Enthaltung von jüdischem Gelde, und durch Gebet, zu Maria nämlich, daß sie ihre und ihres lieben Sohnes und unsern Feind austreiben wolle." (Teuschlein, Auflosung 1520, Ciiii^r–Cv^v). Auch Kuntz Haß fordert die Christen auf, Maria um die Vertreibung der Juden zu bitten. Er behauptet, Maria habe sich dazu verpflichtet, die Juden zu vertreiben; es sei Gottes Wille, Maria sei ihnen feindlich gesonnen[33].

Die Handlungen der Synagogenentweihung und der Vorbereitung auf die Einrichtung der Marienkapelle[34] gleichen Ritualen des Exorzismus, die christliche Priester zur Austreibung von Dämonen und Teufeln anzuwenden pflegten. Der Bischof von Würzburg weigerte sich, die Synagoge zu einer Kapelle zu weihen, solange in dem Gotteshaus noch Juden bestattet waren. Falls man bei der Überprüfung der Synagoge Gebeine fände, müsse man dafür sorgen, „daß man dieselben weit von geweihter Stätte außwerffe". Nachdem der Rothenburger Rat diesbezügliche Bedenken ausgeräumt hatte, erteilte der Würzburger Weihbischof Pettendorfer weitere Anweisungen zur Vorbereitung der Konsekration: Die alte Tünche müsse abgeschlagen und das Gebäude innen und außen neu gestrichen werden. Damit war jede Spur und jede

---

31 Vgl. Schnurrer 1980a, S. 470–72.
32 Widmans Chronik von Schwäbisch Hall, zitiert nach Schnurrer 1980a, S. 498.
33 Haß, New Lied 1520, S. 26: „Es ist ein sunderliche pflicht / Von Maria der reynen mayt / Vnd das die schelck vertrieben seint / Es ist der gottes wille / Maria die ist jn veind."
34 Vgl. dazu Schnizlein 1917, S. 272f.

Berührung, die die Juden mit ihrem einstigen Gotteshaus, der „Synagoge des Satans", einer Brutstätte christenfeindlicher Angriffe, wie sie im späten Mittelalter bezichtigt wurde[35], ausgelöscht. Nun konnte Maria Einzug halten: „Biß uff den Donnerstage / Nach Inuocavit merck fürbaß / Ward Maria getrage / Heimlichen in die Synagog / Mit ihrem lieben sun Jesu"[36], meldet Kuntz Haß. Johannes Teuschlein hatte selbst dafür gesorgt, dass eine Marienstatue bzw. ein Marienbild in der vormaligen Synagoge aufgestellt und eine Inschrift an dem Gebäude angebracht wurde. Diese deklarierte das Gebäude als christliches Gebetshaus zur „Reinen Maria" und erläuterte den Hintergrund des Geschehens[37].

Teuschlein hoffte auf eine große Marienwallfahrt an dem Ort der ehemaligen Synagoge auf dem jüdischen Friedhof, so wie sie sich in Regensburg entwickelt hatte, nachdem man dort die Juden vertrieben und anstelle ihrer Synagoge eine Marienkapelle errichtet hatte. Und in der Tat entstand – nicht zuletzt dank der Propaganda Teuschleins – auch in Rothenburg an der Kapelle der „Reinen Maria" eine einträgliche Wallfahrt[38], nachdem Maria begonnen hatte, dort Wunder zu wirken. Diese wurden zunächst auf einer Tafel dokumentiert und schließlich in einem Mirakelbuch niedergelegt, das 1520 im Druck erschien. Ein Exemplar davon hat sich in der Bibliotheka Jagiellońska in Krakau aus dem ehemaligen Besitz der Staatsbibliothek Berlin erhalten[39]. Die Nachricht über die Wunder, die sich in Rothenburg ereigneten, war bis zu Kuntz Haß nach Nürnberg durchgedrungen. In einem seiner Lieder[40] erwähnt er die Heilung eines jungen Gesellen, der nach fünfjähriger Blindheit sein Augenlicht wiederfand, die Errettung eines Kindes, das in einer Pfütze ertrunken war, und die Gesundung einer Jungfrau, die vier Jahre lang an Epilepsie (Valentinskrankheit) gelitten hatte. Summarisch vermerkt er am Ende, dass Maria viele weitere Wunder gewirkt habe.

Der Zulauf zur „Reinen Maria" in Rothenburg endete abrupt 1524/25, als die Bauernaufstände begannen. Damit versiegte diese einträgliche Einnahmequelle. Die Stadt nutzte das Gebäude weiterhin als Friedhofskapelle, ließ es aber 1560 abreißen. Das Kapellenvermögen lässt sich in den Rechnungen noch bis 1562/63 nachweisen.

---

35 Rohrbacher, Stefan/Schmidt, Michael: Judenbilder. Kulturgeschichte antijüdischer Mythen und antisemitischer Vorurteile. Reinbek bei Hamburg 1991, S. 151–217.

36 Haß, Hüpsch Lied 1520, S. 25.

37 Der ausführliche Text aus den Akten erschlossen; vgl. die Wiedergabe bei Schnizlein 1917, S. 275.

38 Vgl. das Verzeichnis der Einnahmen und Ausgaben nach den Kapellenpflegerrechnungen bei Schnurrer 1980a, S. 490.

39 Mirakelbuch, Autor aller Wahrscheinlichkeit nach Johannes Teuschlein: „Hienach sein begriffen die gros/sen wunderzaichen so geschehen sein / vn(d) teglich geschehen durch / die Rayn Maria die mueter / gottes zu Rotenburg / auff der Tauber. / Anno .xx. Jar." 16 Bll. in 4° = VD16 G 3464 (im VD16 ohne Belegnachweis). Zum Werk vgl. Schnurrer 1980a, S. 476f. Derzeit einziger Belegnachweis: Krakau, Bibliotheka Jagiellońska, Berol. Yg 7056R. Siehe dazu den Aufsatz von Gerhard Simon in diesem Band mit Abbildung des Titelblattes. Teuschlein überliefert 37 Wundergeschichten.

40 Haß, New Lied 1520, S. 27. Die von Kuntz Haß kolportierten Wunder sind nicht identisch mit denen Teuschleins (frdl. Auskunft von Gerhard Simon).

Johannes Teuschlein rekurriert in der „Auflosung" auf eine Reihe judenfeindlicher Stereotypen, die im Spätmittelalter kursierten[41]. Er reizt aber bei Weitem nicht die gesamte Bandbreite des judenfeindlichen mariologischen Diskurses seiner Zeit aus. So geht er in seiner Antwort auf die zweite Frage zwar auf die den Juden unterstellten blasphemischen und ikonoklastischen Handlungen gegen Bilder des gekreuzigten Christus ein; aber er spricht nicht davon, dass gleichlautende Vorwürfe im Umgang mit Mariendarstellungen erhoben wurden[42]. Die seit dem Frühmittelalter umlaufende Erzählung von einem Judenknaben („iudelin"), der mit seinen christlichen Spielgefährten an der Eucharistie teilgenommen haben, von seinem Vater dafür bestraft und im Ofen verbrannt, von Maria indes dem Feuertod entrissen worden sein soll[43], kommt bei ihm nicht vor. Die theologischen Grundsatzdebatten über die Stellung Marias im antijüdischen Diskurs fehlen bei ihm ebenso wie der Verweis auf die Typologie Synagoge (Altes Testament) – Maria Ecclesia (Neues Testament).

In der „Auflosung" von 1520 geriert sich Teuschlein noch als Marienverehrer. Zwei Jahre später predigte er im Sinne Luthers in Rothenburg gegen den Marienkult. Seine feindliche Einstellung gegenüber den Juden änderte Teuschlein indes nicht. Sein Hauptanliegen in der „Auflosung" war nicht die Entehrung Mariens durch die Juden, sondern das Zinsnehmen, der Wucher, durch den die Fürsten zu großem Reichtum gelangen, die Armen aber ins Verderben gestürzt würden. Diese Ansicht führte Teuschlein 1524 auf die Seite der aufständischen Bauern und ihn selbst mit der Niederschlagung der Aufstände 1525 in den Tod. De facto wurde der Geldhandel der Juden im 15. Jahrhundert in Rothenburg durch den der Christen übertroffen[44]. Neben wenigen sehr reichen jüdischen Familien gab es viele vermögenslose. Kreditnehmer der Juden waren vor allem der städtische und ländliche Adel, Bauern, Bürger und schließlich die Stadt Rothenburg selbst.

Auch in Kuntz Haß' „Hüpsch Lied" stehen Geldverleih und Wucher im Mittelpunkt, wie schon das Titelblatt der kleinen Broschüre erkennen lässt: Es zeigt einen Geldwechsler hinter einem Tisch, auf dem Münzen liegen. Im Hintergrund befinden sich zwei Säcke, vermutlich mit Geld gefüllt. Vor dem Tisch stehen zwei Männer, der eine als Jude, der andere als Christ gekleidet. In seinem „New Lied" rückt Haß dagegen den Konnex von Judenfeindschaft und Marienverehrung ins Zentrum. In der Titelvignette (siehe Abb. 18) ist die gekrönte Maria mit dem Jesusknaben im linken Arm und dem Lilienszepter in der rechten Hand dargestellt. Rechts von ihr wurde das kaiserliche Adlerwappen eingefügt, links das Wappen der Stadt Rothenburg. Im Lied preist Haß Maria als Himmelskönigin und als Nothelferin der Armen und Schwachen.

---

41 Das ganze Repertoire judenfeindlicher Stereotype erörtert Loewe, Heinrich: Die Juden in der katholischen Legende. Berlin 1912.

42 Vgl. dazu Schreiner 1994, S. 450–455, und die ganzseitige, auf das Titelblatt folgende Darstellung in Murners „Entehrung" von 1515/16: „Wie die falschen iuden die bildung [d. i. das Bildnis] Marie verspottet vnd verspuwet [= bespuckt] haben".

43 Vgl. dazu Schreiner 1994, S. 440–442.

44 Diese Daten nach Wunschel, Hans Jürgen: Art. „Rothenburg ob der Tauber". In: Maimon, Arye u.a. (Hg.): Germania Judaica, Bd. 3 (1350–1519), Teilband 2: Mährisch-Budwitz – Zwolle. Tübingen 1995, S. 1252–1276, hier S. 1254.

Harald Bollbuck

Das akademische Profil Johannes Teuschleins und seine Verbindungen zu Andreas Bodenstein von Karlstadt

Dieser Aufsatz schließt zwei Themenkreise zusammen, die einerseits zusammengehören, andererseits weit entfernt liegen und deren Analyse mit vielen Unbekannten arbeiten muss. Eine gesicherte Verbindung des Rothenburger Predigers Johannes Teuschlein zu dem aus Wittenberg und Kursachsen ausgewiesenen Reformator Andreas Bodenstein von Karlstadt (1486–1541) ist nur für die letzte Lebensphase Teuschleins von Ende 1524 bis kurz vor seinem Tod am 1. Juli 1525 auf der Grundlage verschiedener Verhörprotokolle zu erschließen. In ihnen finden wir auch eine Aussage zu Kontakten in Teuschleins Wittenberger Studienzeit. Seine akademische Sozialisation erfuhr Teuschlein in erster Linie zwischen 1501 und 1508 an der Universität Leipzig, in Wittenberg verweilte er wohl nur kurz. Beide, Teuschlein und Karlstadt, wurden ausgebildet zwischen den Polen Spätscholastik und universitärer Humanismus, ihre gemeinsame Zeit in Rothenburg aber steht unter einem laientheologischen, anti-akademischen Stern. Doch letztlich ist auch diese Strömung eine Facette eines zeitgenössischen Gelehrtenprofils, nun unter den Vorzeichen einer radikalen Reformation, weshalb versucht wird, diese unterschiedlichen Pole zusammenzuführen.

1. Johannes Teuschleins universitäre Karriere

Das erste Mal begegnet uns Johannes Teuschlein in den Matrikeln der Universität Leipzig anlässlich seiner Immatrikulation im Wintersemester 1501/02 als „Johannes Hernlort de Frickenhawßen", der die Einschreibgebühr ohne Ermäßigung in Höhe von 6 Gulden („totum VI") entrichtet habe[1]. Teuschlein war also kein „pauper" (Armer), denen diese Gebühr in der Regel erlassen bzw. für die sie von Gönnern oder durch Vergabe von Benefizien übernommen wurde. Im Sommersemester 1503 wird Teuschlein zum Baccalaureus artium promoviert, im Wintersemester 1505/06 zum Magister (als „Iohannes Herold")[2]. Nur ein knappes halbes Jahr später, am 28. Juni 1506, erlangte Teuschlein (nun als „mgr. Joannes Teuschling") den Grad des Baccalaureus biblicus[3], etwas mehr als ein Jahr darauf, am 17. Juli 1507, war er bereits Sententiar (Baccalaureus formatus)[4]. Damit verlief Teuschleins Graduierungsprozess etwas überdurchschnittlich schnell – bis zum Magistrat musste man in Leipzig etwa fünf Jahre inklusive des

---

1 Erler 1895, Bd. 1, S. 444 B 25.
2 Erler 1895, Bd. 2, S. 396 und 420.
3 Erler 1895, Bd. 2, S. 18.
4 Erler 1895, Bd. 2, S. 19; vgl. auch Brieger 1890, S. 21.

Besuchs von fünfzehn Vorlesungen studieren, bis zum Formatus etwa zwei bis drei Jahre[5]. Es gibt viele Gegenbeispiele für einen jahrzehntelangen Graduierungsprozess.

Der Biblicus musste als Cursor in achtzig Vorlesungsstunden achtzig Kapitel der Bibel traktieren, der Formatus verpflichtete den Träger zur Lesung der Sentenzenbücher des Petrus Lombardus, um sich in einem etwa zweijährigen weiteren Studium auf das Lizenziat vorzubereiten, die letzte Stufe vor dem Doktorat, das erst die Professur und einen Sitz im akademischen Senat verschaffte[6]. Zur Erlangung des Lizenziats wechselte Teuschlein nach Wittenberg und ließ sich nach Semesterbeginn, am 18. Oktober 1508, an der Universität immatrikulieren, zeitgleich mit einem damals unbekannten Augustinermönch „Martinus luder" aus Mansfeld[7]. Schon am 7. November wird er zum Lizenziaten erhoben, am 11. November zum Doktor der Theologie[8]. Die Eintragungen im Wittenberger Dekanatsbuch für die Jahre 1502 bis 1509 nahm der Gründungsrektor der Universität, der humanistische Mediziner und Poet Martin Pollich von Mellerstadt, retrospektiv vor, sodass eine gewisse Unsicherheit hinsichtlich der Genauigkeit der Daten besteht. Andreas Bodenstein von Karlstadt, immatrikuliert im Wintersemester 1504/05, war am 11. August 1508 gerade zur Lesung des zweiten Buches der Sentenzen zugelassen worden (Baccalaureus biblicus)[9]; er stand zu dieser Zeit also im akademischen Rang unter Teuschlein.

Matrikel- und Dekanatsbücher liefern nur ein dürres Faktengerüst. Glücklicherweise hat sich in Teuschleins Bibliothek, die in der alten Konsistorialbibliothek Rothenburg überliefert wurde (ursprünglich in der Michaeliskirche aufgestellt, heute im Stadtarchiv Rothenburg), eine autographe Notiz im hinteren Innendeckel eines Bandes (StA Rothenburg, RKB, Alt 121) erhalten, die ihnen mehr Substanz verleiht, jedoch bisher nur unvollständig ausgewertet wurde. Die Einträge stammen aus dem Jahr 1509, sodass Teuschlein retrospektiv (wie Pollich) einige Daten seiner akademischen Karriere anders erinnert, als es Matrikel und Dekanatsbuch tun, und zudem Umstände und Gebühren überliefert.

Demnach wurde Teuschlein am 7. Februar 1506 zum Magister artium promoviert. Für die Prüfung zum Biblicus musste er – hier abweichend am 15. Juli 1506 – 2 Gulden und für das dazugehörige Festbankett 3 Gulden zahlen. Genau ein Jahr später, am 15. Juli 1507, sei er im Rang des Formatus zur Lesung der Sentenzen angenommen worden, wobei er 3 Gulden für den Festakt und ebenso viel für die Präsentation durch seinen Promotor Paulus Schiller[10] aus Plauen vor der Fakultät zahlte. Bereits am 14. April 1507 wurde Teuschlein als Presbyter ordiniert und legte einen Erstling („primitiae"), d.h. eine erste Leitung einer Disputation, ab. Mit der Ordination war vermutlich eine Pfründe verbunden; Magister erhielten zudem zwischen 4 und 11 Gulden Vorlesungsgelder für ihre Lehrtätigkeit[11].

---

5 Bünz 2009, S. 207–209, 223.
6 Bünz 2009, S. 223f.
7 AAV Bd. 1, Sp. 27a.
8 Förstemann 1838, S. 3f.
9 AAV Bd. 1, Sp. 16a; Förstemann 1838, S. 3.
10 Brieger 1890, S. 69.
11 Bünz 2009, S. 162.

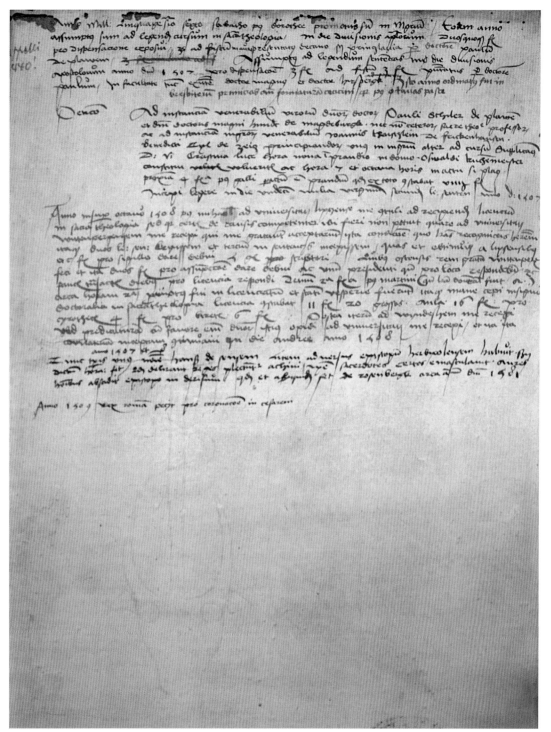

Abb. 19: Teuschleins autograph verfasstes akademisches Curriculum.

Erst am 20. Oktober 1507 lud Teuschlein die Professoren der Fakultät zum großen Bankett anlässlich der Promotion zum Formatus ins Haus des Oswald Kuchenmeister, vermutlich im Zusammenhang mit der öffentlichen Bekanntmachung („renunciatio") der neuen Baccalaren, die im Juli oder Oktober erfolgte. Die Kosten dafür beliefen sich auf 8 ½ Gulden. Tags darauf, am 21. Oktober, habe er die erste Vorlesung über das zweite Buch der Sentenzen des Lombardus gehalten.

Wenn Teuschlein schreibt, dass er am 30. September 1508 wieder an die Universität Leipzig zurückging, um das Lizenziat in Theologie zu erwerben, scheint er in der Zwischenzeit bereits als Prediger in Windsheim gewirkt zu haben[12]. Aus gewissen Gründen („certis de causis") konnte die Promotion in Leipzig jedoch nicht angemessen erfolgen – über diese Gründe erfahren wir leider nichts. Teuschlein begab sich daraufhin an die Universität Wittenberg, die ihn unentgeltlich aufnahm unter der Bedingung, dass die Leipziger ihm ein Zeugnis ausstellten über seine Graduierungen. Für die Besiegelung dieses Zeugnisses musste Teuschlein die unglaublich hohe Summe von 100 Gulden zahlen, zusätzlich 4 Groschen für den Schreiber. Nach Vorlage musste er nun doch 2 Gulden für die Immatrikulation in Wittenberg sowie einen weiteren dem Praeses geben, dem er einige Tage später in der Lizenziats-Disputation respondierte. Am Montag nach Martini, dem 13. November 1508 (laut Dekanatsbuch am 7. November), erfolgte die Promotion. Anschließend fanden sogleich die Vesperien statt[13], die große Disputation am Nachmittag vor der Promotion zum Doktor der Theologie, die in Teuschleins Bericht dementsprechend am Morgen des 14. November mit der Übergabe der Insignien erfolgte (laut Dekanatsbuch bereits am 11. November). Das Lizenziat kostete 11 Gulden und 20 Groschen, die Promotionsfeier („aula doctoralis") 16 Gulden. Zusätzlich hatte Teuschlein 4 Gulden für die Handschuhe und 6 für das Doktorbirett zu berappen. Handschuh, Birett, Buch und Ring waren die bei der Promotion übergebenen Insignien des Doktorats. Der Handschuh war ein rechtssymbolischer Verweis auf den adelnden Charakter der Promotion, der Ring ein Zeichen von Klerus und Adel[14]. Die Gelder für die Prüfungen und Festessen waren also sehr hoch. 1502 hatte Herzog Georg von Sachsen die bis dato auch noch erhobenen Gebühren für die ordentlichen Vorlesungen erlassen; die Lektoren erhielten ihre Gelder nun aus der Fakultätskasse[15].

Nach der Promotion begab sich Teuschlein erneut nach Windsheim auf sein Predigtamt, doch konnte er mit der Gunst einiger Herren des Ortes wieder an die Universität zurückkehren und am 30. November 1508 seine Studien fortsetzen – wie lange, darüber erfahren wir nichts[16].

Es bleibt offen, welche der divergierenden Datumsangaben richtig sind, die in Teuschleins Bericht oder die in den Universitätsbüchern, zumal die Disputation, die Insignienübergabe oder auch das Festmahl zum Datum der Eintragung einer Promotion werden konnten. In diesem Sinne ist auch den offiziellen Universitätsangaben mit Misstrauen zu begegnen,

---

12 So auch in BBKL Bd. 35, Sp. 1415.
13 Löhr 1926, S. 85–98.
14 Füssel 2006, S. 161–163; Hülsen-Esch 1998, S. 244f. und 250.
15 Bünz 2009, S. 199f.
16 Heischmann 1974, Sp. 1610 Anm. 116 erwähnt die erneute Rückkehr nach Leipzig nicht.

denjenigen der retrospektiven Einzelerinnerung jedoch ebenso. Teuschleins Selbstaussage besticht durch detaillierte finanzielle und personale Informationen, zudem fällt auf, dass die Lizenziats- und Doktorpromotion samt jeweiligen Disputationen innerhalb von nur zwei Tagen stattfanden. Die Zügigkeit, mit der er seine akademische Karriere vorantrieb, erstaunt.

2. Der Akademiker Teuschlein zwischen Spätscholastik und Universitätshumanismus

Teuschleins Bibliothek gibt einen guten Eindruck seiner studentischen Ausbildung und Lehrtätigkeit in Leipzig. Sie umfasst 81 Bände mit 179 Titeln, sehr viele davon mit autographen Eintragungen. Die Titel decken den gesamten damaligen Studienkursus ab und können in folgende Gruppen eingeteilt werden:

1. Theologie mit den Opera des Petrus Lombardus (Sentenzen), des Thomas von Aquin (Summa theologiae, Sentenzenkommentar), Gabriel Biels (Sentenzenkommentar), Stefan Brulifers (Bonaventura-Kommentar), des Augustinus und des Hieronymus.

2. Philosophie mit Werken des Aristoteles (Physik, Metaphysik, Topik, Analytiken, Parva Naturalia, De anima), des Boethius (De divisione, über Begriffseinteilungen) und der Einführung in das aristotelische Werk durch Porphyr, einigen handschriftlich überlieferten Kommentaren sowie der Begriffsphilosophie des Armandus de Bellovisu.

3. Historiographie in Form einer Sueton-Ausgabe (Venedig 1500)[17], zu der Teuschlein einen handschriftlichen Index anfertigte.

4. Grammatiken des Alexander de Villa Dei und des Donat, den Teuschlein in Leipzig selbst herausgab (1505 und 1510), mit einigen handschriftlichen Vorarbeiten sowie kleineren Grammatiken.

5. Verschiedene humanistische Schreiblehren und Briefbücher sowie die Studienanleitung des Kirchenvaters Basilius in der Edition des Leipziger Kollegen Johannes Honorius Cubitensis.

6. Poesie, darunter den seinerzeit notorischen Baptista Mantuanus (den auch Luther las), Sulpitius Verulanus (De moribus puerorum carmen iuvenile. Leipzig 1503) u.a.

Von besonderem Interesse sind Teuschleins autographe Einträge und seine handschriftlichen Textüberlieferungen. In seinem Exemplar der Sentenzen des Lombardus notierte er die Termine der von ihm abgehaltenen Lektionen. Demnach las er im Lektorium der Theologen im St. Thomasstift zwischen 21. Oktober (wie im obigen Selbstbericht angegeben) und 29. Dezember 1507 das zweite und vierte Sentenzenbuch; mit dem dazwischenliegenden dritten begann er am 30. Dezember – ob Teuschlein die Vorlesung nicht beendete oder nur den Eintrag vergaß, ist unklar[18]. Die Notiz erfolgte vermutlich, weil die Lektoren zur Dokumentation ihrer Tätigkeiten verpflichtet waren[19].

Gerade bei den mit interlinearen Durchschüssen gesetzten Vorlesungstexten (Aristoteles, Boethius, Lombardus, Thomas, Schreib- und Leseanweisungen), die bis auf wenige Ausnahmen Leipziger Druckprovenienz

---

17 StA Rothenburg, RKB, DW 87 II.
18 StA Rothenburg, RKB, Th 618, fol. m3v, x1v und E2v. Zum Hörsaal der Theologen vgl. Bünz 2009, S. 125–128.
19 Ebd., S. 224.

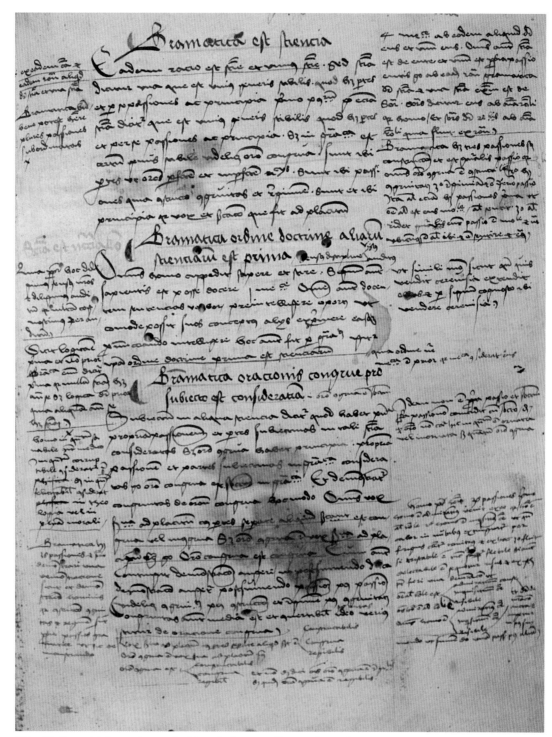

Abb. 20: Teuschleins autographe Vorarbeiten zur Donat-Ausgabe.

und daher bezahlbarer als italienische Bücher waren[20], benutzte Teuschlein das Titelblatt des Druckes und die jeweiligen Buchanfänge, um Genre, Aufbau, Schreibweise und Inhalt eines Werkes bzw. Buches festzuhalten[21]. Interlinear notierte er, wie üblich im Vorlesungsbetrieb, Synonyme und Worterklärungen, syntaktische Hilfen und Auflösungen von Abbreviaturen, marginal dagegen inhaltliche Deutungen und Sacherklärungen, rhetorische Erläuterungen, literarische Parallelstellen, Verweise auf andere Werke, aber auch Hinweise und Warnungen[22]. Besonders reichhaltig sind alle Aristoteles-Bücher kommentiert, in wenigen Fällen wachsen sich die Notizen zu zusammenhängenden Texten aus wie die Erläuterungen zu „De historia animae" und zum Kommentar des Thomas von Aquin zur aristotelischen Physik[23]. Manchmal finden sich eingelegte Extrazettel, weil der vom Druck übrig gelassene Platz auf der Seite nicht ausreiche, um die Texterläuterungen in eine klarer gegliederte Form zu bringen, oder weil Teuschlein seine Notate während der Vorlesung schnell auf einem Zettel festhielt[24].

In der Regel sind die Einträge sehr konzeptionell, ordentlich und in lesbarer Schreiberschrift, wenn auch mit vielen Abkürzungen, angelegt, enthalten graphische, tabellenartige Gliederungen von Begriffen und Wissensfeldern und sind teilweise mit anderer Farbe geordnet (Unterstreichungen mit Rötel, bei umfassenden, längeren Einträgen Überschriften und Kolumnenbildungen); an einigen Stellen sind abgrenzende Striche verschmiert. Wenn diese Einträge Vorlesungsnotate sind, muss Teuschlein sie in Nachschriften auf der Basis der Mitschriften anderer verfasst haben[25]. Der Eintrag über die Daten der selbst gehaltenen Vorlesung in sein Sentenzenexemplar zeigt aber, dass er diese Bücher auch für die von ihm abgehaltenen Lektionen nutzte. Der Umfang der Einträge, die planvolle Anlage, die eher auf ein eigenes Konzept als auf die Rezeption der Vorträge anderer deutet, schließlich auch die umfangreichen graphischen Begriffs- und Themenaufschlüsselungen lassen schließen, dass es sich bei den Notizen in den aristotelischen Schriften um Skripte zu eigenen Vorlesungen handeln könnte. Zugleich weisen die Einträge in der aristotelischen Topik und der Metaphysik lange Lücken auf[26]. Anscheinend hat Teuschlein – sei es als Hörer oder als Lektor – eine längere Studienpause eingelegt, die auf die in Leipzig 1506/07 grassierende Pest deuten könnte, während der einige Dozenten die Stadt verließen[27].

1505 veröffentlichte der Baccalar Teuschlein eine Edition der „Ars minor" des spätantiken Grammatikers und Hieronymus-Lehrers

---

20 Eisermann 2008, S. 164f.
21 StA Rothenburg, RKB, WD 1; WD 10; Th 618; WD 90.
22 Leonhardt/Schindler 2007, S. 45f.; Bünz 2009, S. 204f.
23 StA Rothenburg, RKB, Alt 121 (9) und vor Alt 121 (6).
24 Aristoteles: Textus parvorum naturalium. Leipzig 1505, StA Rothenburg, RKB, Alt 121 (10).
25 Vgl. hierzu Leonhardt/Schindler 2007, S. 49f.
26 Alt 121 (3) mit Einträgen bis fol. C1r (Buch 1, Kapitel 2), dann wieder fol. G2v–V4v (Buch 4, Kapitel 2 bis Buch 12, Kapitel 5); Alt 121 (5) mit Einträgen bis fol. B6v, danach bis zum Ende (fol. O6r) keine mehr.
27 Doch längst nicht alle, wie die nachweislich von 64 Studenten besuchte Astronomievorlesung des Konrad Tockler in dieser Zeit zeigt; vgl. Bünz 2009, S. 197f.

Aelius Donatus als Vorlesungsdruck mit interlinearen Durchschüssen für das Baccalaureatsstudium[28]. Donats Grammatik definiert die Redeteile und Wortarten auf der Grundlage aristotelisch-logischer Kriterien. Bereits 1502 war in Leipzig – mit identischen Nachdrucken 1504 und 1508 – eine Grammatik unter folgendem Titel erschienen: „Diffinitiones donati et autoris modorum significandi cum expositionibus earundem et notatis pulcerrimis"[29]. Schon der Titel mit Erwähnung der „modi significandi", mehr aber noch der Inhalt weisen den Text als eine spätscholastisch-modistische, spekulative Grammatik in der Nachfolge der Erfurter Schule (begründet von Thomas von Erfurt) aus[30]. Grammatische Kategorien werden in ein logisches Begriffssystem überführt und in ihrem Verhältnis zu den „modi significandi", d.h. den grammatisch-formalen Beziehungen der Sprache, bestimmt. Der Text der „Ars minor" Donats findet sich nur versteckt und selten wörtlich zitiert in den Kommentaren, er dient nur der eigenen Beweisführung. Die modistische Logik überzieht die Grammatik mit einer selbstreferenziellen Eigenbegrifflichkeit, stets werden die grammatischen Phänomene nach einem Katalog aristotelisch bzw. thomistisch bestimmter Akzidenzen (den Dingen zufallende Eigenschaften) und Bedeutungsverhältnisse definiert, um zu beweisen, dass der Verstand den Wörtern a priori ihre Bedeutung und Beziehungsmodi auferlegt. Es ist eine typisch spätscholastische Arbeitstechnik, die bereits vorliegenden Glossen neue Glossen, Kommentaren neue Kommentare anfügte und dabei oft den ursprünglichen Text aus den Augen verlor.

Teuschleins Ausgabe ist vollkommen anders. Nach einem auf den 17. Mai 1505 datierten Widmungsbrief an Johannes Stuntzel aus Kitzingen, dessen Sohn ihm zur Betreuung und Ausbildung überantwortet worden war[31], und einer Einführung ediert Teuschlein den originalen Donat-Text, den er nach einzelnen oder wenigen Sätzen immer wieder mit längeren Kommentaren unterbricht.

Dabei entwickelt er seine Erläuterungen aus dem Text der Quelle heraus, gibt ausführliche Erklärungen und weiterführende Hinweise, ordnet die Aussagen Donats aber auch in die zeitgenössische grammatische Diskussion ein. Daraus ergibt sich, dass auch Teuschleins Kommentar mit der modistischen Terminologie der Modi und Signifikate arbeitet, doch ist ein engerer Bezug zur Quelle erkennbar.

Der wissenschaftshistorisch ausgeprägteste Unterschied zu den anderen drei Leipziger Grammatikdrucken ist aber in Teuschleins nur zweiseitiger Einleitung zu finden[32]. Auf der Grundlage der aristotelischen Naturphilosophie und Politik und deren Auslegungen durch Avicenna und Thomas von Aquin stellt Teuschlein den Menschen als höchstes Wesen, Abbild der von Gott geschaffenen Welt und Mikrokosmos in den Mittelpunkt seiner Überlegungen. Von Natur ein Gesellschaftswesen, das nach Wissen strebt, seien Grammatik und Logik die konstitutiven Bedingungen, um die grundlegenden

---

28 VD16 T 624.
29 VD16 D 422; die Ausgaben 1504 (VD16 D 423) und 1508 (D 424) erschienen ebenfalls in Leipzig bei Melchior Lotter.
30 Vgl. Grabmann 1943; Pinborg 1967; Pinborg 1968; Pinborg 1975.
31 Teuschlein 1505, fol. A1v; vgl. Clemen 1906, S. 186.
32 Teuschlein 1505, fol. A2r–v.

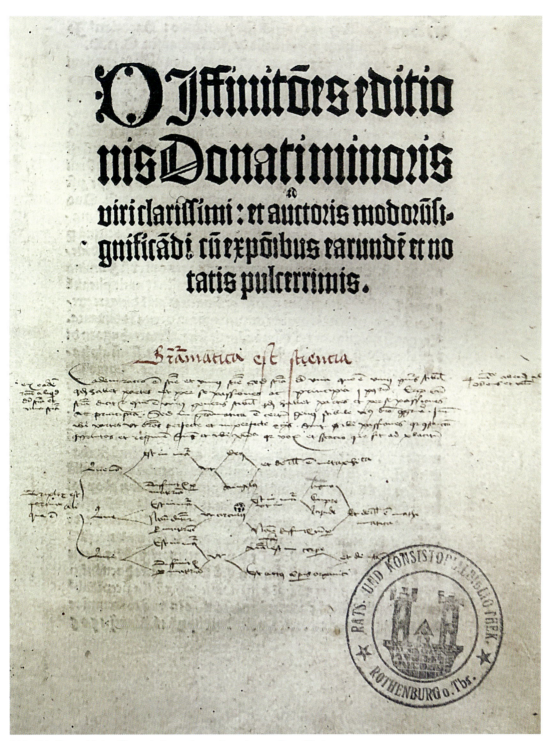

Abb. 21: Teuschleins Donat-Ausgabe mit autographen Eintragungen.

Wissenschaften sowohl für das dialogische Zusammenleben als auch für die Ordnung der Wissenschaft und die Erkenntnis der Welt zu erlernen. Diese humanistische Wende hebt Teuschleins Grammatik scharf von den modistischen Drucken ab.

Interessanterweise nutzt er aber denselben Titel wie diese, allerdings mit der auf den ersten Blick fast zu übersehenden Abweichung, dass er eine Edition des „Donatus minor" liefert, ein Hinweis auf dessen kleine Grammatik („ars minor"). Wollte Teuschlein im Fahrwasser der bereits erschienenen modistischen Grammatiken eine humanistisch inspirierte Revision samt Textedition bieten? Steht dieses Vorgehen im Zusammenhang mit dem Leipziger Streit zwischen Humanisten und Theologen[33]? Finden gar Teuschleins Wechsel nach Wittenberg für die theologische Promotion, die ihm aus gewissen Gründen in Leipzig verwehrt wurde, und der mögliche Abbruch seiner Sentenzenvorlesung hierin ihre Ursache? Wir wissen es nicht. Auf jeden Fall erschien 1510 eine zweite Auflage seiner Grammatik unter Auslassung der vorherigen Widmung und Einführung, aber mit all seinen Kommentaren[34]. Der humanistische Anspruch der Einleitung war nun zwar getilgt, dennoch konnte die mit engem Quellenbezug erstellte Grammatik erneut erscheinen.

Laut Universitätsstatuten wurde die Grammatik des Donat in den Hundstagen zwischen 15. Juli und 15. August gelesen[35], und es ist offensichtlich, dass Teuschlein dies tat. Davon zeugen die ausführlichen handschriftlichen Notizen im Exemplar seiner Bibliothek im Vergleich mit den ebendort auffindlichen handschriftliche Vorarbeiten[36]. In ihnen finden sich wörtlich übereinstimmende Passagen, die Teuschlein dann in sein Druckexemplar handschriftlich eintrug – augenscheinlich, um sie in seiner Vorlesung vorzutragen. Ein längerer Einschub zur Logik als Wissenschaft von den Begriffen in der handschriftlichen Ausarbeitung zeigt, dass Teuschlein sich intensiv mit der Definition der Grammatik als logische Disziplin im Rahmen der spätscholastischen Wissenskonzeption auseinandersetzte.

Auch auf das Titelblatt der Studienanleitung des Heiligen Basilius (mit der Vorrede des Humanisten Leonardo Bruni) trug Teuschlein die Zuordnung der Poesie zur „nova logica" ein[37]. Die Marginalien in der Aufmunterung an die Gläubigen des spätantiken Autors Sedulius (Exhortatorium ad fideles)[38] enthalten neben Textverweisen auch passende Gebete und theologische Erklärungen. Unter den poetischen und studienanleitenden Schriften wurden besonders die Ausgaben Leipziger Kollegen wie Caspar Güttel, Gregor Breitkopf und Johannes Honorius Cubitensis reichhaltig kommentiert.

Ein weiterer Aspekt des akademischen Profils Teuschleins ist sein von der Luther'schen gnadentheologischen Wende noch unberührter Augustinismus. 1517 ließ er in Nürnberg einen

---

33 Vgl. Negwer 1909, S. 47–69; Bünz 2009, S. 228f.

34 Teuschlein 1510.

35 Zarncke 1861, S. 480 Nr. 1, 490 Nr. 2.

36 StA Rothenburg, RKB, WD 73 (1) und (2).

37 StA Rothenburg, RKB, WD 1 (2). Zu den Drucken der Programmschrift des Basilius vgl. Toepfer 2008.

38 StA Rothenburg, RKB, WD 1 (10).

von ihm verfertigten Index zu der elfbändigen Augustin-Ausgabe drucken, die 1505/06 in Basel in der Offizin Amerbach erschienen war. Die gesamte Ausgabe ist vollständig in seiner Bibliothek erhalten und liefert ausgezeichnete Einblicke in seine Arbeitswerkstatt[39]. Da diese Tätigkeit aber nicht in die universitäre Laufbahn Teuschleins fiel, bleibt sie hier unberücksichtigt.

Zusammenfassend lässt sich beobachten, dass Teuschlein ein großes Interesse an Studienanleitungen, Poesie, Brief- und Schreibkunst zeigte, die als neue humanistische Fächer neben dem scholastischen Betrieb an Sonn- und Feiertagen gelesen wurden[40]. Auch die Verwendung der neuen, italienischen Aristoteles-Ausgaben verweist auf den Einfluss des Humanismus. Am stärksten sticht jedoch sein Grammatiklehrbuch heraus, eine Donat-Edition samt Kommentar, das in Abgrenzung zu zeitnah erschienenen modistischen Grammatiken die Befähigung des Menschen zu Wissenschaft, Sozialität und Dialog an den Anfang der Überlegungen über Grammatik als logische Disziplin stellt. Teuschlein interpretiert in seinen Kommentaren zuerst die Quelle, mag er sich auch in weiteren Ausführungen in den Tiefen der spätscholastischen Begriffsphilosophie und Lehre von den Signifikaten verlieren. Sein Ausgangspunkt ist neu und humanistisch. Letztlich strebte er aber über den Vorlesungsbetrieb im üblichen scholastischen Rahmen eine Karriere als Kleriker an.

3. Mutmaßungen über Teuschleins akademische Kontakte

Auch wenn Teuschlein die Donat-Ausgabe verantwortete und somit einen Ausweis seiner Gelehrsamkeit lieferte, ist er nicht unter den 74 Leipziger Gelehrten aufgeführt, die ein 1515 angelegter Katalog der Lehrer der Universitäten Leipzig, Wittenberg und Frankfurt an der Oder auflistet[41]. Da kein Briefwechsel Teuschleins mit dem universitären Milieu überliefert ist, können über seine akademischen Beziehungen nur Mutmaßungen angestellt werden. Zu seinen Lehrern gehörten laut Selbstauskunft Paulus Schiller aus Plauen, Magnus Hundt und Martin Meyendorn alias Hirßberg[42]. Während seines Leipzigaufenthalts waren noch der berühmte Konrad Wimpina (um 1460–1531), der entscheidend an der Universitätsreform von 1502 mitwirkte und dem erst 1503 nach 23 Jahren Studium und Lehre das theologische Doktorat verliehen wurde[43], und Hieronymus Dungersheim (1465–1540) aktiv, fränkischer Landsmann aus Ochsenfurt, der ebenfalls zwanzig Jahre bis zum Doktorat in Siena (1504) brauchte, nach seiner Rückkehr aber zum Vizekanzler der Universität (1508/09) und Propst des Großen Kollegs (1507–15) aufstieg[44]. Unter dessen verzeichneten Promovenden befindet sich Teuschlein nicht.

---

39 StA Rothenburg, RKB, Th 258a–i.
40 Zarncke 1861, S. 490 Nr. 2; Bünz 2009, S. 184f.
41 Scriptorum centuria 1660.
42 Hein 2009, S. 110, 112.
43 Negwer 1909, S. 72–92; Erler 1895, Bd. 1, S. 320 B 31 und Bd. 2, S. 17; Bünz 2009, Bd. 1, S. 228f.; Hein 2009, S. 113f.
44 Freudenberger 1988, S. 14–29; Hein 2009, S. 91; Bünz 2009, Bd. 1, S. 230–232.

Als Kollegen und Kommilitonen wirkten im Leipzig Teuschleins der spätere Anführer des Thüringer Bauernheeres Thomas Müntzer[45], der St. Galler Christoph Schappeler, der 1525 die Reichsstadt Memmingen wegen angeblicher Verwicklungen in den Bauernkrieg verlassen musste, der Logiker Gregor Breitkopf und der spätere lutherische Prediger von Eisleben Caspar Güttel, der am selben Tag wie Teuschlein, am 28. Juni 1506, Cursor wurde[46]. Mit Nicolaus Fabri alias Grunnenbergk scheint Teuschlein im Oktober 1508 zusammen nach Wittenberg gegangen zu sein[47]. Dort traf er auf den Dekan Johannes Staupitz, den Landsmann Martin Pollich von Mellerstedt, auf den Nürnberger Humanisten Christoph Scheurl (immatrikuliert 1506)[48] und eben auf Karlstadt und Luther.

Ob Teuschlein Verbindungen zu seinen ehemaligen Lehrern und Kommilitonen aufrechterhielt, wie es in gelehrten humanistischen und theologischen Netzwerken üblich war, kann aufgrund der fehlenden Korrespondenz nicht eruiert werden. Teuschleins Buchbesitz kann Einflüsse andeuten. Bis 1520 finden sich Drucke, die die vorreformatorische Marienfrömmigkeit und Gebetspraxis abbilden. Sie werden dann vollkommen von der neuen, gnadentheologischen Bibelauslegung Luthers, Melanchthons, Bugenhagens und Ökolampads verdrängt[49]. Die 95 Thesen liegen in der Basler Ausgabe[50] mit einer handschriftlichen Widmung, jedoch nicht von Luthers Hand, vor. Von einer persönlichen Verbindung zu den Reformatoren ist aber nicht auszugehen, da die Bucherwerbungen ohne handschriftliche Zueignungen nicht Ausdruck von Kontakten, sondern der theologischen Neuausrichtung sind.

4. Andreas Bodenstein von Karlstadt in Rothenburg und seine Verbindungen zu Johannes Teuschlein

Andreas Bodenstein von Karlstadt vertrat seit seiner reformatorischen Konversion durch Neulektüre Augustins gemeinsam mit Luther vehement die neue Gnadentheologie. Beide traten zusammen auf der Leipziger Disputation 1519 auf und bekämpften gemeinsame Feinde. Während Luthers Wartburg-Aufenthalts führte Karlstadt Mess- und Gemeindereformen in Wittenberg durch, die zu ihrer Entzweiung führten. Nach zwischenzeitlichen Vermittlungsversuchen und Ausweichen Karlstadts nach Orlamünde führte das Jenaer Gespräch zwischen ihnen am 22. August 1524 zu einer neuen Eskalation. Um Karlstadts Einfluss auf Teuschlein und die Rothenburger Entwicklung im Jahr 1525 beurteilen zu können, seien an dieser Stelle die grundlegenden Prinzipien seiner Theologie zusammengefasst.

An erster Stelle ist die Bildtheologie anzuführen. Karlstadt vertrat die Auffassung, dass sakrale Bilder aus den Kirchen entfernt werden

---

45 Zu dieser Koinzidenz vgl. Bubenheimer 1989, S. 59 Anm. 116.
46 Hein 2009, S. 85, 102f.
47 Hein 2009, S. 96; AAV Bd. 1, Sp. 25a.
48 AAV Bd. 1, Sp. 20a.
49 StA Rothenburg, RKB, Th 540, 693, 751 XLVII und LXI, 761, 796.
50 StA Rothenburg, RKB, Th 752 XLVII (7). Zu der Ausgabe vgl. Benzing 1989, Bd. 1, S. 16 Nr. 89, der allerdings den Standort Rothenburg nicht nachweist.

müssten, da sie deren zentrale Aufgabe, die in der Verehrung Gottes bestehe, beeinträchtigten[51]. Grundlage ist eine mystische Gelassenheitstheologie, die den Christen auffordert, alle materiellen, aber auch auf das Eigene gerichteten seelischen Dinge zu lassen („gelassen"), um sich auf die Liebe zu Gott und Christus zu konzentrieren[52]. Das bedeutet aber nicht, dass Karlstadt alles Äußere und den Aufbau eines Gemeinwesens vernachlässigte; ganz im Gegenteil. Maßgeblich war er an der Abfassung der Wittenberger Stadtordnung beteiligt, die eine geordnete, von städtischen Behörden vorgenommene Abschaffung der Bilder und Altäre und damit verbunden der Pfründen und Benefizien forderte[53]. Aufgrund dessen musste das Armenwesen auf eine neue Grundlage gestellt werden mit einem Gemeinen Kasten unter städtischer Aufsicht, in den alle Kircheneinnahmen flossen. Aus diesem Kasten wurden Stadtarme, arme Schulkinder und in Not geratene Handwerker, denen zinslose Kredite garantiert wurden, versorgt, doch sei letztlich jeder zur Arbeit verpflichtet. Bettelei sei verboten, jede Stadt habe nur ihre Armen zu versorgen – diese Maßnahme galt als Abwehrriegel gegen Mendikantenorden, aber auch gegen durchs Land ziehende Bettler.

Aus dem Gelassenheitskonzept entwickelte Karlstadt die Vorstellung einer in der „Schule Gottes" erworbenen inneren Geistheiligung – der gelassene Gläubige kann auf dem Grund seiner Seele die Stimme Gottes erkennen, was einer radikalen Laientheologie die Tür öffnet[54]. In seiner Gemeinde in Orlamünde gab sich der Prediger Karlstadt als neuer Laie, Bauer und „Bruder Endres", der Bibellesungen (*lectiones*) und Bibelgespräche (*collationes*) mit den Laien pflegte, die so weit ertüchtigt wurden, selbstbewusst in ein Streitgespräch mit Luther bei dessen Visitation vor Ort am 24. August 1524 zu treten[55].

Schon zu Weihnachten 1521, während Luthers Aufenthalt auf der Wartburg, teilte Karlstadt in Wittenberg das Abendmahl in beiderlei Gestalt aus[56]; eine Praxis, die Luther zwar vordem selbst vertrat, nun aber, nach Rückkehr von der Wartburg, in den Invocavitpredigten explizit unter dem Verweis auf die Schonung der Schwachen als zu frühzeitige Reform ablehnte[57]. In der zweiten Hälfte des Jahres 1524 entwickelte Karlstadt eine Kritik am Konzept der Realpräsenz Christi im Abendmahl und wandte sich gegen das Prinzip des fremden Glaubens der Paten, der die Grundlage der Kindertaufe darstellte[58]. Damit rüttelte Karlstadt an Grundfesten auch der lutherischen Bewegung. Luther drängte auf Entsetzung Karlstadts vom Pfarramt in Orlamünde, Herzog Johann von Sachsen jedoch wegen einer als Aufruhr wahrgenommenen Gefahr

---

51 Hierzu zuletzt KGK Bd. 5, Nr. 219, S. 122–124.
52 Vgl. KGK Bd. 6, Nr. 241, S. 92–98.
53 Vgl. KGK Bd. 5, Nr. 219, S. 124–126, 128f.
54 Vgl. KGK Bd. 6, Nr. 239, 17–20; Nr. 241, S. 94f., 98f.
55 Zu den Formen der Bibellektüre und -arbeit vgl. KGK Bd. 7, Nr. 250, S. 10; zum Orlamünder Gespräch vgl. Nr. 267, S. 191–194.
56 Vgl. KGK Bd. 4, Nr. 210, S. 726–729.
57 Vgl. WA Bd. 10.III, S. 43,5, 47,4–6.
58 Vgl. KGK Bd. 7, Nr. 278, 279, 280.

auf Landesverweisung, die am 18. September 1524 ausgesprochen wurde. Am 26. des Monats verließ Karlstadt das Land[59].

Wann Karlstadt das erste Mal nach Rothenburg kam und Teuschlein traf, ist nicht genau zu bestimmen. Dass sich beide noch aus Wittenberger Zeiten kannten, belegt Teuschleins Aussage im Verhör vor seiner Hinrichtung. Auf die Frage, ob er – gegen das Edikt der Reichsstadt Rothenburg[60] – Karlstadt beherbergt und beköstigt habe, bejaht Teuschlein dies, denn jener sei ihm damals in Wittenberg auch Gastgeber gewesen[61]. Neben den Verhörprotokollen und Urfehden bilden einige Briefe, die Rothenburger Bauernkriegschronik des antireformatorischen Stadtschreibers Thomas Zweifel und die Chronik des Kaplans Michael Eisenhart die Quellengrundlagen für Aussagen über Karlstadts Aufenthalt und dessen Einfluss in der Stadt und auf Teuschleins Theologie[62].

Am ausgiebigsten äußerte sich der Franziskaner Johannes Schmid, der sog. blinde Mönch, in seinen Verhören zu Karlstadts Aktivitäten in Rothenburg. Er sei erstmals zu St. Laurentius 1524, also um den 10. August, in Begleitung eines Predigers Martinus aus Mainbernheim in Rothenburg gewesen. Ehrenfried Kumpf habe Schmid nach den beiden geschickt, die er im Haus Teuschleins antraf[63]. Kumpf entstammte einem Patriziergeschlecht und war eine der einflussreichsten Personen in Rothenburg; er war Pfleger des Franziskanerklosters, der Wolfgangskirche, der Jakobskirche und der Kapelle zur Reinen Maria[64]; durch die beiden letzten Ämter hatte er unmittelbar mit Teuschlein zu tun[65]. Etwa zwei Wochen später sei Karlstadt erneut in Kumpfs Haus gewesen und habe über theologische Fragen disputiert, sei dann aber weitergezogen[66]. Schließlich sei er zur Zeit des neuen Mostes, also im Oktober oder November, zum dritten Mal nach Rothenburg gekommen und im Deutschordenshaus beköstigt worden, wo er und Teuschlein mit dem örtlichen Deutschenordenskomtur Caspar Christian disputierten[67]. Später habe Karlstadt bei Kumpf im „clain stublin" verborgen gelebt[68], vermutlich zur Zeit des gegen seine Beherbergung gerichteten Ediktes[69].

Schmids Erinnerungen sind detailreich. Aus ihnen ist zu schließen, dass Karlstadt Teuschlein gleich bei seinen ersten Rothenburg-Aufenthalten aufsuchte und Kumpf sein Türöffner in die

---

59 Vgl. KGK Bd. 7, Nr. 271, S. 249–257.

60 Das Edikt wurde am 27. Januar 1525 erlassen; vgl. Baumann 1878, S. 17–20. Neu ediert in: KGK Bd. 8.

61 StA Nürnberg, Reichsstadt Rothenburg 338, fol. 71r: „Karlstats halben hab den von dem es es Jm verpoten sein worden behauset und beherbergt hat Jm essen und trincken geben / dann er hat es Jm zu wittemberg auch gethan".

62 Eisenhart war Kaplan am Heilig-Blut-Altar St. Jakob in Rothenburg; vgl. Borchardt 1988, Bd. 2, S. 779f. Er wirkte also in unmittelbarer Nähe Teuschleins.

63 StA Nürnberg, Reichsstadt Rothenburg 338, fol. 77r.

64 StA Rothenburg R 393, fol. 71, 76v; R 361, fol. 90r; vgl. Borchardt 1988, Bd. 2, S. 771–773, 775.

65 Teuschlein war 1512–25 als Prediger an St. Jakob, zugleich Kaplan am Leonhardsaltar der Marienkapelle; vgl. Borchardt 1988, Bd. 2, S. 781.

66 StA Nürnberg, Reichsstadt Rothenburg 338, fol. 77v.

67 Borchardt 1988, Bd. 2, S. 767.

68 StA Nürnberg, Reichsstadt Rothenburg 338, fol. 77v–78r; vgl. Vice 1995a, S. 155; Vice 1995b, S. 78.

69 S.o. Anm. 60.

Rothenburger Gesellschaft war. Was die genauen Daten betrifft, scheint Schmid aber, vielleicht angesichts der peinigenden Verhörsituation, ungenau gewesen zu sein. Denn Karlstadt kann kaum um Laurentius (10. August 1524) und erneut vierzehn Tage später in Rothenburg gewesen sein, da er am 14. August aus dem fast 300 Kilometer entfernten Orlamünde einen Brief an Herzog Johann von Sachsen schrieb[70] und am 22. August mit Luther das berühmte Jenaer Gespräch abhielt. Nachweislich hat er aber um den 26. September nach seiner Ausweisung Sachsen verlassen und sich auf den Weg nach Zürich und Basel gemacht, wo er Mitte Oktober ankam. Auf dieser Route könnte er Anfang Oktober Rothenburg besucht haben, zum „neuen Most", wie Schmid sagte, doch wird dies kaum Karlstadts dritter Aufenthalt in der Stadt gewesen sein, sondern vermutlich sein erster. Auf diesen Besuch bezieht sich wohl auch der Heidelberger Universitätslehrer Martin Frecht, wenn er am 10. November von Karlstadts Ankunft in Heidelberg nach vorherigem Besuch Rothenburgs berichtet[71]. Denn es erscheint ganz abwegig, dass Karlstadt nach Stationen in Basel, Zürich und Straßburg (Ende Oktober) mit dem Umweg über Rothenburg nach Heidelberg reiste. Nachweislich befand er sich Ende November bzw. Anfang Dezember in Schweinfurt und Kitzingen[72]. Danach hat er zum zweiten Mal Rothenburg besucht, jedoch wieder nur für eine kurze Zeitspanne[73].

Schon im Dezember hatte Markgraf Kasimir von Brandenburg-Ansbach ein Dekret erlassen, das Unterstützung für Karlstadt unterbinden sollte[74]. Jede Hilfe konnte für seine Förderer und auch für die Stadt Rothenburg eine Gefahr bedeuten. Daher ist Karlstadt noch im Dezember 1524 in Begleitung von Ehrenfried Kumpf von Rothenburg nach Crailsheim und Nördlingen zu den Stadtpredigern Adam Weiß und Theobald Billican gereist, nicht erst im Februar 1525, wie bislang angenommen[75]. Dies konnte Wolfgang Huber bei seinen Nachforschungen für die Karlstadt-Edition jüngst rekonstruieren[76]. Die Reisen sind durch Zweifels Bericht und einen Brief eines unbekannten Autors bezeugt[77], ihr Zeitpunkt im Dezember ergibt sich aber aus dem an Melanchthon gerichteten Bericht des Bamberger Humanisten Joachim Camerarius von Anfang Januar 1525, über den Luther am 22. Januar 1525 Georg Spalatin und damit den kursächsischen Hof informierte[78]. Nach einem

---

70 Vgl. dazu KGK Bd. 7, Nr. 265, S. 175–179.

71 Veesenmeyer 1827, S. 182–185; Ludwig 1999, S. 286f. Jetzt neu ediert: KGK Bd. 7, Beilage zu Nr. 279, S. 639–641.

72 Vgl. KGK Bd. 7, Nr. 281 und 282, S. 664, 667f., 682; TMA 3, 198f. Nr. 129; Barge 1905, Bd. 2, S. 298; Demandt/Rublack 1978, 285 Nr. 74.

73 Vgl. Barge 1905, Bd. 2, S. 298f. mit Anm. 4; Schattenmann 1928, S. 50f.

74 Schornbaum 1934, S. 1f., Nr. 1 und 3; vgl. Barge 1905, Bd. 2, S. 243f.

75 Zur Annahme einer Reise Karlstadts nach Nördlingen im Februar 1525 vgl. Barge 1905, Bd. 2, S. 250f. und 311f. mit Anm. 25; Simon 1980, S. 80f. Zur Biographie Billicans (um 1493–1554) vgl. Simon 1980.

76 Eine ausführliche Darlegung erfolgt in KGK Bd. 8, Nr. 287 (erscheint voraussichtlich 2025).

77 Zur Reise nach Crailsheim vgl. Baumann 1878, S. 17; Brief eines Unbekannten [Johann Agricola?] an einen (ebenfalls nicht ermittelten) Adressaten „Reusch" in: Brecher 1872, S. 398–410.

78 Luther an Spalatin (WA.B 3, 426,20): „Ioachimus noster scribit, Carlstadium concessisse Nordlingam". Der Brief des Camararius erreichte Melanchthon am 19. Januar 1525 und ist nicht erhalten, wurde aber am 22. Januar beantwortet; vgl. MBW 1, Nr. 371.

Brief Billicans an Weiß vom 11. Februar 1525 hatte Karlstadt – wohl in dieser Zeit – vermutlich auch in den Kirchen in der Umgebung Nördlingens gepredigt[79].

Ende Dezember oder im Januar 1525 scheint Karlstadt dann das dritte Mal nach Rothenburg gekommen zu sein, wo er dem Anführer der städtischen Opposition, dem Ritter Stefan von Menzingen, vorgestellt wurde[80]. Seine Anwesenheit wurde publik, woraufhin der bischöflich-würzburgische Rat Eucharius Steinmetz erwirkte, dass der Rothenburger Stadtrat am 27. Januar 1525 ein Edikt erließ, das jeden bannte, der Karlstadt Unterschlupf gewährte oder beköstigte, und den Verkauf seiner Bücher, die Verbreitung seiner Lehre und die Predigt seiner Worte verbot[81]. Nach den neuesten Erkenntnissen scheint Karlstadt dennoch Rothenburg nicht verlassen zu haben, sodass die Behauptung Ehrenfried Kumpfs vom 26. März 1525, Karlstadt habe seit dem Edikt vom 27. Januar Rothenburg nicht verlassen, doch keinem Irrtum zu unterliegen scheint[82]. An diesem Tag, zwei Tage nach der Usurpation der Stadtregierung durch Menzingen und der Einsetzung eines Bürgerausschusses[83], brachte Kumpf Karlstadt zum Rathaus und machte seine Anwesenheit in der Stadt öffentlich[84].

Bis Mitte Mai blieb Karlstadt in Rothenburg, nun bei dem Schneider Philipp Schleyt[85], und nutzte die neue Öffentlichkeit. Er verließ die Stadt am 15. Mai mit einer Delegation um Kumpf, die zum Bauernlager in Heidingsfeld aufbrach[86]. Vorher hatte er einen Brief an den dort versammelten Bauernhaufen geschickt, in dem er die Bauern mit Verweis auf die Überhebung und Gottesstrafe alttestamentlicher Figuren wir Nebukadnezar und Moab warnte[87]. Karlstadt vertrat stets die These der Gewaltlosigkeit des Reichs Gottes[88], und bereits als Prediger der Orlamünder Gemeinde hatte er Thomas Müntzer und den Allstedtern brieflich am 19. Juli 1524 ein Defensivbündnis verweigert, da ein solches den Willen Gottes missachte und ein zu großes Vertrauen auf die menschliche Kraft setze[89]. Es widersprach Karlstadts Konzept der Gelassenheit. Diese Haltung steht konträr zu der Kumpfs, der in der Bauernerhebung ein Werk

---

79 Vgl. Simon 1980, S. 80: „Clam reptat per ecclesias, neque fidei neque honestatis publicae rationem habens (…)."
80 Vgl. Vice, Kumpf, S. 158.
81 S.o. Anm. 60.
82 Der Bericht über Karlstadts heimlichen Aufenthalt bei Kumpf nach dem Verhör von Menzingens: StA Nürnberg, Rothenburg Bauernkriegsakten, RA 338, fol. 67r; vgl. Barge 1905, Bd. 2, S. 310f.
83 Baumann 1878, S. 55f.; vgl. Vice 1995a, S. 159.
84 Baumann 1878, S. 92f.; vgl. Vice 1995a, S. 160. Der Bericht über Karlstadts heimlichen Aufenthalt bei Kumpf nach dem Verhör von Menzingens: StA Nürnberg, Rothenburg Bauernkriegsakten, RA 338, fol. 67r; vgl. Barge 1905, Bd. 2, S. 310f.
85 StA Nürnberg, Rothenburg Bauernkriegsakten, RA 333/1, fol. 189r-v; vgl. Vice 1995a, S. 155; Vice 1995b, S. 61.
86 Baumann 1878, S. 365f.
87 Karlstadt thematisierte das Misstrauen der Bauern, das sein Brief erzeugte, in seiner im Sommer des Jahres 1525 seine Rückkehr nach Wittenberg vorbereitenden, apologetischen Schrift „Entschuldigung des falschen Namens des Aufruhrs". Sie wird neu ediert in: KGK Bd. 8.
88 So in seinem Traktat „Das Reich Gottes leidet Gewalt" vom August 1521; neu ediert: KGK Bd. 4, Nr. 191, S. 257–293.
89 Vgl. KGK Bd. 7, Nr. 262, S. 153–165.

Gottes sah und seine Begeisterung über die vermeintliche göttliche Unterstützung bei der Einnahme von Burgen durch die Bauern äußerte[90]. Überlegungen und Positionen dieser Art können allein durch eine Fehl- oder Überinterpretation der Karlstadt'schen Theologie entstanden, nicht aber ihr Ausfluss gewesen sein.

Schon auf dem Weg nach Heidingsfeld wurde Karlstadt informiert, dass er – vermutlich – aufgrund seiner gewaltfreien Positionen im Bauernlager nicht willkommen sei[91]. Nach Rückkehr nach Rothenburg gelangte eine Petition von 150 Bürgern gegen ihn und die Durchsetzung seiner Abendmahlslehre an den Rat und den Bürgerausschuss. Karlstadt nahm dazu Stellung[92]. Zusammen mit Menzingen machte er sich bald darauf zum Landtag nach Schweinfurt auf, der jedoch aufgrund der verheerenden Niederlage der Bauern in der Schlacht von Königshofen am 2. Juni abgebrochen wurde[93]. Brieflich teilte Karlstadt mit, dass er nicht mehr nach Rothenburg zurückkehren und sich zu seiner Mutter nach Karlstadt am Main begeben werde[94]. Nach einer Irrfahrt reiste er letztlich über Frankfurt am Main mit Luthers Erlaubnis nach Wittenberg[95].

5. Karlstadts Einfluss auf Teuschlein und in Rothenburg

Was Karlstadt in der Zeit seiner sichtbaren Präsenz in Rothenburg betrieb, lässt sich anhand einiger Verhörprotokolle und Befragungen erahnen. Ihm war in erster Linie an Ausbreitung seiner als wahr betrachteten Lehre in Druck- und Predigtform gelegen. Kumpf übergab dem Schnelldorfer Buchführer Lienhart Götz einige Karlstadt-Traktate und Geld mit der Bitte, diese in Augsburg drucken zu lassen. Götz ging auch in Schleyts Haus und sprach mit Karlstadt über den Druck und Verkauf der Traktate[96]. Kumpf schickte zudem Diener zum Verkauf von Karlstadt-Traktaten nach Nürnberg, doch hatte der dortige Stadtrat schon im November 1524 begonnen, dessen Abendmahlsschriften zu unterdrücken und deswegen den Drucker Hieronymus Hölzel im Dezember 1525 arretiert[97].

Gleich nachdem Kumpf der Öffentlichkeit auf dem Rothenburger Rathaus Karlstadts Aufenthalt offenbart hatte, begann dieser mit der Ausbreitung seiner Lehre. Schon am 7. April 1525 musste er in einer Supplikation an den Gemeindeausschuss gegen den Vorwurf eines Rates Stellung nehmen, er habe gegen Artikel über Fleisch und Blut Christi gepredigt.[98] In der

---

90 Baumann 1878, S. 393f., 409–411, 415f.; vgl. Vice 1995a, S. 171. Kumpf beteiligte sich an Überlegungen, alle Burgen und Schlösser zu zerstören; vgl. Vice 1995a, S. 169f.
91 Baumann 1878, S. 368; vgl. Vice 1995a, S. 168f.
92 Baumann 1878, S. 370–374.
93 Vice 1995b, S. 83.
94 Vgl. StA Nürnberg, Rothenburg Bauernkriegsakten, RA 338, fol. 87v.
95 In Frankfurt verfasste Karlstadt seine Entschuldigungsschrift; s.o. Anm. 87.
96 Vgl. Franz 1929, S. 268f.
97 Vgl. Osiander 1975, Bd. 1, S. 267–282; Soden/Knaake 1867, Bd. 2, S. 129f., 132; Barge 1905, Bd. 2, S. 241f. In diesem Zusammenhang wurde am 2. Mai 1525 Kumpfs Diener in Nürnberg festgenommen; vgl. Pfeiffer 1968, S. 79.
98 StA Nürnberg, Fürstentum Ansbach, Geheimes Archiv, Religionsakten 47/13b, fol. 27r–28v. Druck bei Baumann 1878, S. 161–163.

Woche nach Ostern predigte er eine ganze Woche in oder vor der Franziskanerkirche,[99] am 17. und 19. April nachweislich über das Abendmahl, und mehrfach griff er die römische Messe und ihre Zeremonien an[100]. Während der Predigt am 17. April traf ein Mandat des Bürgerausschusses ein, das ihn aufforderte, in seinen Auslegungen bei den vier Kirchenvätern zu verbleiben, um weitere Spannungen in der Stadt zu verhindern. Daraufhin habe Karlstadt geantwortet, dass er keine älteren Kirchenväter als Moses und die Propheten kenne, er also das biblische über das patristische Auslegungsprinzip stelle.

Karlstadts Predigten scheinen bei den Armen populär gewesen zu sein, von denen ihn laut Schmids Verhör einige ansprachen, mit der Obrigkeit stärker ins Gericht zu gehen – auch dies ein Hinweis auf Karlstadts distanzierte Haltung gegenüber Rebellion[101]. Von einem Besuch einer Karlstadt-Predigt berichtete der Teppichweber Jacob Beckel in seiner Befragung, in der er freimütig bekennt, mit dessen Ansichten zum Abendmahl übereinzustimmen[102]. Beckel erklärte weiterhin, im Sinne von Karlstadts Laientheologie mit dem Leinenweber Engelhart Goppolt Gottes Wort diskutiert zu haben und auf einer Versammlung mit Schmid gewesen zu sein, wo eine Bibelstelle (Joh 6) diskutiert worden sei[103]. Versammlungen dieser Art erinnern an Karlstadts Orlamünder *lectiones*, die gleichberechtigten Bibeldiskussionen mit Laien[104]. Um (vergeblich) sein Leben zu retten, behauptete Schmid allerdings, „Karlstatish matery" über Joh 6 nur gepredigt zu haben, weil Kumpf und Ickelsamer ihn dazu aufgefordert und neue Benefizien versprochen hätten[105]. Karlstadt hatte in seinen Schriften vom Herbst 1524 diese Bibelstelle zentral verwendet, um die Realpräsenz Christi im Abendmahl zu bestreiten[106]. Nachweislich hat Schmid am 31. Mai in einer Predigt vor dem Bauernhaufen südwestlich von Rothenburg eine Sakramentsvorstellung mit Absage an die Realpräsenz verbreitet[107].

Wenn in des Schulmeisters Valentin Ickelsamer am 25. Mai 1525 veröffentlichtem Traktat „Ein ernstlich und wunderlich Gesprech zweyer Kinder mit Einander" das Gotteswort auf Deutsch unterrichtet wird, bis der Heilige Geist so reich in den Gläubigen wirke, dass sie begännen, sich gegenseitig selbst zu unterrichten[108], folgt er Karlstadts Konzept der inneren Heiligung. Zugleich sind viele Diskussionen über die Frage von

---

99 StA Nürnberg, Rothenburg Bauernkriegsakten, RA 338, fol. 79v–80r; Franz 1987, S. 355,6–12.
100 Baumann 1878, S. 599f.; vgl. Vice 1998, S. 65.
101 Vgl. StA Nürnberg, Rothenburg Bauernkriegsakten, RA 338, fol. 86r: „[...] so sey das gemain pofel zu Im komen haben In darumb angeredt und gesagt er sollt die obern und gewalltigen auch anregen und nit also heucheln." Vgl. auch Baumann 1878, S. 146.
102 StA Nürnberg, Rothenburg Bauernkriegsakten, RA 338, fol. 184r–189v; vgl. dazu Vice 1995b, S. 80; Vice 1998, S. 65.
103 StA Nürnberg, Rothenburg Bauernkriegsakten, RA 338, fol. 184r, 189v.
104 S.o. Anm. 55.
105 StA Nürnberg, Rothenburg Bauernkriegsakten, RA 338, fol. 81r, 84v–85r; vgl. Vice 1995a, S. 162. Karlstadt besuchte Schmid zusammen mit Kumpf am 12. Mai 1525 im Franziskanerkonvent.
106 Vgl. KGK Bd. 7, Nr. 276, S. 394, 410; Nr. 277, S. 439f., 475f.; Nr. 278, S. 529, 580, 582; Nr. 279, S. 624.
107 StA Nürnberg, Rothenburg Bauernkriegsakten, RA 338, fol. 84v–85r; Baumann 1878, S. 545f.; vgl. Vice 1995a, S. 162; Vice 1995b, S. 82.
108 Vice 1995b, S. 80.

Steuern und Zehnten überliefert[109]. Kumpf unterstützte die Einrichtung eines Gemeinen Kastens zur Armenhilfe[110], dem 100 Gulden als Grundfinanzierung eingelegt und vakante Benefizien inkorporiert werden sollten[111]. Diese Forderungen stimmen frappierend mit Karlstadts Neuordnung des Armenwesens und daraus folgenden Klauseln der Wittenberger Stadtordnung überein[112]. Dennoch ist sein Anteil an den Rothenburger Verordnungen schwer zu bestimmen – es war einfach ein generell erläutertes Thema. Keiner der befragten Bauern äußerte sich zu Karlstadts Theologie; allein Kilian Weidner nannte einige seiner Unterstützer: Stefan von Menzingen, Ehrenfried Kumpf, Jos Schad, Bruder Georg und einen Weber beim Schloßtor (Engelhart Goppelt)[113]. Teuschlein war nicht darunter.

Der hatte bekanntlich bereits 1522 begonnen, lutherisch zu predigen[114], und radikalisierte sich bis 1524 so weit, dass er schon vor Karlstadts Ankunft die Zahlung von Zehnt und Klauengeld sowie Ohrenbeichte und Sakramentsweihe ablehnte[115]. Dem Rat missfiel dies, sodass er Teuschlein am 14. Oktober 1524 beurlaubte, doch missachtete dieser die Entlassung und predigte weiter[116]. Stattdessen wuchs sein Anhang, der Laie Ickelsamer predigte im Barfüßerkloster, auch Diepold Peringer, ein frei umherziehender Prediger, der vorher in Nürnberg als „Bauer von Wöhrd" aufgetreten war, predigte in der Stadt, andere sprachen zum gemeinen Kirchenvolk auf dem Markt[117]. Die (auch) von Karlstadt vertretenen laien- und geisttheologischen Elemente sind unübersehbar. Auch die Unterbrechung der Messopferfeier und die – geordnete – Entfernung von Marienbildern durch Kumpf und Heinrich Christ im April 1525 werden unter seinem Einfluss erfolgt sein[118]. Zwar behauptete Teuschlein in den Befragungen, gegen Karlstadts Predigten gewesen zu sein[119], der Teppichweber Jakob Beckel aber gab an, von Teuschlein gehört zu haben, dass die traditionelle Ansicht des Sakraments häretisch sei[120]. Teuschlein kann sich

---

109 Beckel nahm in Ickelsamers Haus an Beratungen über Abgaben teil; vgl. StA Nürnberg, Rothenburg Bauernkriegsakten, RA 338, fol. 185v; siehe auch Baumann 1878, S. 138. Andere Beratungen beschlossen, die Weizensteuer abzuschaffen und die Weinsteuer zu senken (StA Nürnberg, Rothenburg Bauernkriegsakten, RA 338, fol. 189r–v; vgl. Vice 1995b, S. 82).

110 Borchardt 1988, Bd. 1, S. 212, 557; Bd. 2, S. 947; vgl. Vice 1995a, S. 164.

111 StA Nürnberg, Rothenburg Bauernkriegsakten, RA 338, fol. 85v–86v; vgl. Vice 1995a, S. 164.

112 S.o. Anm. 53.

113 StA Nürnberg, Rothenburg Bauernkriegsakten, RA 338, fol. 81r, 130r; vgl. Vice 1995a, S. 163,

114 Vgl. Borchardt 1988, Bd. 1, S. 725.

115 Vgl. Kolde 1901, S. 61; Baumann 1878, S. 87. Teuschlein selbst identifizierte den Beginn des Aufruhrs mit den Aufforderungen der Bauern in Brettheim und Ohrenbach an ihn, von der Kanzel gegen die neue Steuer des Klauengelds anzureden, die Kumpf als Stadtbeamter im Einklang mit den Ratsentscheidungen einsammeln sollte; vgl. Franz 1987, S. 355,29–356,5; Borchardt 1988, Bd. 1, S. 369f.

116 Vgl. Kolde 1901, S. 62.

117 Baumann 1878, S. 11.

118 Vgl. Borchardt 1988, Bd. 1, S. 727f.; Baumann 1878, S. 596–599.

119 StA Nürnberg, Rothenburg Bauernkriegsakten, RA 338, fol. 79v–80r; vgl. Franz 1987, S. 355,6–12.

120 StA Nürnberg, Rothenburg Bauernkriegsakten, RA 338, fol. 186v–187r; vgl. Vice 1995a, S. 161.

Abb. 22 a: Das einzige authentische Porträt aus Karlstadts Todesjahr 1541.

von Karlstadt-Werken mit handschriftlichen Einträgen Teuschleins konnten bisher in keiner Bibliothek nachgewiesen werden. Es befinden sich aber sechzehn Luther-Werke in Teuschleins überlieferter Sammlung, neben Auslegungen biblischer Bücher Texte zum neuen Sakraments- und Messverständnis, der christlichen Freiheit und den Missbräuchen der Papstkirche, viele mit handschriftlichen Bearbeitungsspuren. Ganz ohne Karlstadt-Lektüre kann Teuschlein anhand von Luthers Schrift „De abroganda missa" eine antiakademische Haltung entwickelt haben. Dort unterstrich er die Passagen, in denen Luther Universitäten unterstellte, unter dem Deckmantel des göttlichen Namens Heuschrecken zu produzieren, die alle Katheder und Verwaltungen besetzen würden[121]. Möglicherweise hatte Teuschlein wie auch andere süddeutsche reformorientierte Theologen bis zu Luthers publizistischer Kampagne gegen Karlstadt in der Schrift „Wider die himmlischen Propheten" den zunehmenden Dissens der beiden Reformatoren kaum zur Kenntnis genommen. Die Ausführungen des frühen Luther zum Priestertum aller Gläubigen und zur Austeilung des Abendmahls in beiderlei Gestalt standen in dieser Ablehnung auf die römische Messopfer-Vorstellung bezogen haben, intensive Diskussionen über die Abendmahlsfrage werden aber im Austausch mit Karlstadt stattgefunden haben.

Teuschleins Bibliothek lässt keine Spuren von Karlstadts Wirken erkennen – in ihr findet sich nicht eines seiner Werke. Doch kann er selbst vor seiner Verhaftung etwaige Exemplare vernichtet haben, oder aber sie wurden anschließend beschlagnahmt, vernichtet, möglicherweise transferiert. Exemplare

---

121 Luther, Martin: De abroganda missa. Wittenberg 1522, fol. L1r–L2r, StA Rothenburg, RKB, Th 752 LXI (5).

für sie im Einklang mit Karlstadts Laien- und Sakramentstheologie. Im Herbst 1524 jedoch müssen dessen Ablehnung von Realpräsenz und Kindertaufe die Gegensätze offenbart haben. Die Radikalisierung der Reformtheologie Teuschleins setzte lange vor Karlstadts Rothenburg-Aufenthalt ein, doch werden gemeinsam geführte Diskussionen und die Werkrezeption die Vorstellungen von einer bilderfeindlichen Laientheologie, einer neuartigen Gemeindeverfassung und eines gegen die Realpräsenz gerichteten Sakramentsverständnisses geschärft haben.

Exkurs:
Zu den überlieferten Karlstadt-Porträts

Das einzige als authentisch verifizierte Bildnis Andreas Bodensteins von Karlstadt finden wir auf einem anlässlich seines Todes am 24. Dezember 1541 erstellten Gedenkblatt (Bubenheimer 1988, Sp. 655; Bubenheimer 1989b, S. 131; Bubenheimer 2001, S. 18–20). Es handelt sich um einen Holzschnitt mit Gedichten seines ältesten Sohnes Adam Bodenstein (1528–1577) und des Basler Humanisten Heinrich Pantaleon auf den Verstorbenen. Karlstadt ist im Dreiviertelprofil

Abb. 22 b, c: Doppelporträt eines Mannes und einer Frau (nach Lucas Cranach d.Ä., 1522), von A. Zorzin als Hochzeitsporträt Karlstadts und seiner Frau Anna von Mochau gedeutet.

als älterer Mann, barhäuptig, mit gestutztem Vollbart und faltendurchfurchter Stirn, in edler Gelehrtentracht dargestellt: Er trägt ein Wams, aus dessen Halsausschnitt ein Hemd mit Krause ragt, darüber eine Schaube mit aufgestelltem Pelzkragen, aus der weite Ärmel herausschauen. Das Buch in der Rechten ist Kennzeichen seiner Gelehrsamkeit. Tatsächlich könnten die deutlichen Alterszüge Karlstadt kurz vor seinem Tod im Alter von 55 Jahren wirklichkeitsnah wiedergeben, wie es sein Sohn Adam im Gedicht betont. Das Gedenkblatt ist in nur einem Exemplar unikal überliefert; es befindet sich eingeklebt auf der Innenseite des hinteren Buchdeckels einer 1520 in Lyon gedruckten Bibel (UB Bern, MUE Hospinian 7:2).

Dem Kupferstich aus der Porträtsammlung der UB Basel (Falk 176), der bis zur Entdeckung des Gedenkblatts als einzige Karlstadt-Abbildung galt, ist eine nachträglich im 17. Jahrhundert erstellte Legende aufgeklebt. Vermutlich handelt es sich nicht um eine authentische Karlstadt-Darstellung (Bubenheimer 1989b, S. 131).

Schließlich deutete jüngst Alejandro Zorzin das Doppelporträt eines Mannes und einer Frau aus der Werkstatt von Lucas Cranach d. Ä., heute aufbewahrt in der National Gallery in Washington (Acc. 1959.9.1-2), als Abbildungen von Andreas Bodenstein von Karlstadt und Anna von Mochau anlässlich ihrer Hochzeit am 19. Januar 1522 (Zorzin 2014 und Zorzin 2020). Neben der immanenten Datierung auf das Jahr 1522 im Bildfeld links oben weist Zorzin – auch der unterschiedlichen Bildmedien eingedenk – auf physiognomische Ähnlichkeiten des porträtierten Mannes mit der Abbildung auf dem Gedenkblatt hin und stellt die Möglichkeit einer bildlich festgehaltenen „Entklerikalisierung" zur Diskussion: In Ausarbeitung einer dezidierten

Abb. 22 d: Ein vermutlich nicht authentisches Karlstadt-Bildnis, nachträglich im 17. Jahrhundert mit einer Legende versehen.

Laientheologie wollte Karlstadt den Graben zwischen Kleriker und Laienprediger auch bildsymbolisch überwinden. Das Doppelporträt zeigt vor einem monochrom grün gehaltenen Hintergrund einen deutlich jüngeren, glatt rasierten Mann mit schwarzer, breiter Haube, edlem Hemd, schwarzem Wams mit weit geschlitzten Ärmeln und braunem Überwurf sowie eine junge Frau in Robe mit Haube und goldener Brosche. Es ist die Darstellung eines urbanen Bürgerpaares.

Gerhard Simon

Johannes Teuschleins gedruckte Schriften

Der römische Historiograph Publius Cornelius Tacitus (um 58 – um 120) pflegte seinen Werken markante Maximen voranzustellen, von denen das im Proömium der sog. *Annalen* formulierte „*tradere ... sine ira et studio*", also etwa „ohne Parteilichkeit das Für und Wider berichten", die bekannteste ist (*Annales* 1,1)[1]. Auch am Anfang der Historien und der Biographie des Agricola hat sich Tacitus ähnlich geäußert. Er bekennt sich damit zu einer vorurteilsfreien, nicht interessengeleiteten, nach Möglichkeit objektiven Darstellung der Geschehnisse seiner Zeit.

Auch wenn manche Literaturwissenschaftler die genannte Formulierung für einen bloßen Topos oder gar eine *captatio benevolentiae* hielten, so ist sie doch als Maxime geeignet, wenn gerade umstrittene und zu ihrer Zeit und noch heute problematische Persönlichkeiten oder Entwicklungen in ihrem Werdegang, ihrer Entstehungs- und Entwicklungsgeschichte dargestellt und verstanden werden sollen.

Im Falle des Rothenburger Stadtpredigers Johannes Teuschlein (ca. 1485–1525) ist eine genauere Untersuchung deshalb angebracht, weil er an keinem seiner verschiedenen Wirkungsorte allein gehandelt hat, weil er nach Art der Humanisten gut vernetzt war und offenbar leicht Anhänger und Unterstützer fand. Und auch deshalb, weil die schwankende Haltung, die Orientierungslosigkeit und das Suchen nach Betätigungsfeldern möglicherweise nicht nur die Biographie Teuschleins kennzeichnen, sondern, wenn auch nicht immer in so krasser Form, als Zeitmerkmale angesehen werden können, die sich mehr oder weniger ausgeprägt bei manchem Zeitgenossen der ersten Hälfte des 16. Jahrhunderts finden lassen.

Teuschleins privater Bücherbestand

Durch günstige Umstände ist uns Teuschleins ungewöhnlich umfangreiche, private Bibliothek weitgehend erhalten geblieben (Heischmann 1974, bes. Sp. 1609–1826: Johannes Teuschlein und seine Bibliothek)[2]. Für das Rothenburger Rechnungsjahr 1537 findet sich der Hinweis, dass die Stadt von der Bürgerin Barbara Schaffheuser „die bucher Herrn Doctor Johann Deuschl seligen" für 21 Gulden und 1 Ort gekauft hat (RStA R 524, Stadtrechnungen 1530–1549). Dies geschah auf Vermittlung des humanistisch gebildeten und protestantisch gesinnten M. Johannes Hornburg, der 1537 Mitglied des Inneren Rates geworden war. Wie Teuschleins Bücher in den Besitz von Barbara Schaffheuser gelangt sind, ist nicht bekannt. Jedenfalls ist es durch diesen Kauf möglich, Teuschleins Lektüren

---

1 Eigentlich: *Ab excessu divi Augusti*. Der fortlaufende Text ist auch ohne die Lektüre der Anmerkungen verständlich. Diese dienen nur den Nachweisen im Detail und zur Vertiefung.

2 Für freundliche Hilfe bei der Literaturbeschaffung danke ich Frau Ingeborg Falk von der Universitätsbibliothek Freiburg im Breisgau.

sowohl während des Studiums in Leipzig als auch während seiner Wittenberger, Windsheimer und Rothenburger Zeit noch heute genau einzugrenzen und seinen geistigen Werdegang und Hintergrund zu erhellen.

Teuschlein, eine „der interessantesten Persönlichkeiten der Rothenburger Geschichte" (Heischmann 1974, Sp. 1609), war ein fleißiger Leser. Mehrfach bat er den Rat, seine vertraglichen Verpflichtungen zugunsten von mehr Lesezeit für wissenschaftliche Studien zu reduzieren – immer ohne Erfolg. Möglicherweise ist dies der Grund, weshalb die breit gestreute, umfangreiche Lektüre in einem auffallenden Missverhältnis zur Hervorbringung eigener gedruckter Texte stand. Somit gehört Teuschlein zur bekannten Spezies derer, die über der ausgedehnten Lektüre fremder Werke die Abfassung eigener zurückgestellt haben, sei es wegen der Schwierigkeit der ins Auge gefassten Stoffe, sei es wegen zu hoher Ansprüche an sich selbst. Auch dass er mit einer abgeschlossenen Arbeit zu spät kam, musste Teuschlein im Falle seines Index zu Hieronymus erleben.

Die Bücher aus dem Besitz Teuschleins selbst und die reichen Interlinearnotizen, Glossen und beigelegte Kommentare auf Zetteln lassen sowohl seinen Studiengang als auch die Interessen und Grundlagen der späteren Jahre gut erkennen. In den ersten Leipziger Jahren stand die Beschäftigung mit antiken Autoren im Mittelpunkt: von den Grammatikern die *Ars minor* des Donat, die Teuschlein später selbst bearbeitete, und deren Kommentatoren, Alexander von Villedieu und Arnold Wostefeld. Teuschlein besaß lateinisch-deutsche Wörterbücher sowie einen Leitfaden des Schreibens und Redens, verfasst von dem Humanisten Antonius Mancinellus. Die antiken Autoren im Bereich der Dichtung und Historiographie waren durch Terenz, Vergil, Cicero, Horaz, Sueton und Florus vertreten. Weitere humanistisch gesinnte Autoren, die das Erbe der Antike wiederentdeckt hatten, waren Petrarca, Aeneas Silvius Piccolomini, Heinrich Bebel, Jakob Wimpfeling, Hermann von dem Busche, der ein Loblied auf Leipzig und seine Mädchen gedichtet hatte. Dazu gehörte auch der Ingolstädter Philologe und Dichter Jakob Locher, genannt Philomusus (Musenfreund), mit dem Teuschlein seit der Leipziger Zeit bekannt war und der drei Gedichte zu dessen Augustin-Index beisteuerte.

Im Bereich der Dialektik und der Philosophie orientierte sich Teuschlein an Aristoteles, dazu kommen Werke des Boethius wie *De consolatione philosophiae* (Trost der Philosophie).

Den Übergang zum Studium der Theologie markieren die Werke von Albertus Magnus. Das zeigt, dass Teuschlein in der *via antiqua*, also im theologisch-philosophischen Realismus unterrichtet wurde. Erst in Wittenberg lernte er den Nominalismus durch Werke von Johannes Gerson und Gabriel Biel kennen. Der Einfluss der Mystik scheint gering gewesen zu sein. Hier sind *De imitatione Christi* des Thomas von Kempen und *De victoria verbi Dei* des Rupert von Deutz zu nennen.

Neben wenigen kirchenrechtlichen Schriften, darunter eine von Sebastian Brant herausgegebene Dekretalensammlung, besaß Teuschlein auch eine Ausgabe des berüchtigten Hexenhammers *(Malleus maleficiarum)* der Dominikaner Heinrich Kramer und – möglicherweise – Jakob Sprenger.

Auch medizinische Literatur, z.B. von dem Leipziger Arzt Simon Pistor *Wider die pestilenz*, und enzyklopädische Werke fehlten in Teuschleins Privatbibliothek nicht.

Mit der Übernahme der Predigerämter in Windsheim und Rothenburg schaffte sich Teuschlein Predigtsammlungen an, so von Bernhard von Clairvaux, Bonaventura, Johannes von St. Geminian, Vinzenz Ferrer, Petrus Geremia, Michael von Ungarn, Johannes Raulin und Georg Morgenstern. Im Werk *Opus aureum super evangeliis totius anni* des Antonius de Ghlislandis wurden Anweisungen zur Ausarbeitung der sonntäglichen Predigten gegeben.

Seine reformatorischen Schriften soll Teuschlein vor dem Würzburger Dom gekauft haben. Fünfzehn Schriften Luthers, die sich im Besitz Teuschleins befanden, sind noch erhalten. Es handelt sich u.a. um die 95 Thesen gegen den Ablass *Disputatio pro declaratione virtutis indulgentiarum* (auf dem Titelblatt ist vermerkt „*Pro doctore Frickenhausen concionatori Erithropolis Tuberanae*" – „Für (den) Doktor (aus) Frickenhausen, Prediger in Rothenburg (an der) Tauber"), *De captivitate Babylonica ecclesiae praeludium*, *De liberalitate Christiana*, Auslegungen von Bibeltexten und zum Sakramentsverständnis. Wegen des Bezugs zu Ingolstadt über Jakob Locher und wegen der räumlichen Nähe zu Nördlingen ist es nicht verwunderlich, dass Teuschlein auch ein Werk des damals noch hoch angesehenen Nördlinger Predigers Theobald Billican (ca. 1495–1554) besaß, der im Jahr 1524 eine öffentliche Auseinandersetzung mit dem Ingolstädter Professor Leonard Marstaller führte (Simon 1980, S. 39–52; Simon 2017, S. 85 und 117). Auffallend ist, dass Werke von Andreas Bodenstein, genannt Karlstadt, in Teuschleins Bibliothek gänzlich fehlen. Dies dürfte daran liegen, dass die in Rothenburg verbotenen Bücher Karlstadts[3] aus Teuschleins Buchbestand möglicherweise entfernt wurden. Weniger das Fehlen von Karlstadts Werken als vielmehr die zahlreichen Bücher Luthers zum Sakramentsverständnis können allenfalls Auskunft über Teuschleins Auffassungen in diesem Bereich geben.

Die Drucke

Wenden wir uns nun den wenigen Druckschriften zu, die Teuschlein im Lauf seines Lebens publizierte und mit denen er seine Interessen und Standpunkte darlegte, mit denen er sich aber auch der öffentlichen Diskussion stellte. Das gedruckte Werk des Johannes Teuschlein ist, bedenkt man die weitreichenden Auswirkungen der Aktionen des Rothenburger Predigers, erstaunlich schmal. Nach bisherigem Kenntnisstand waren es nur vier Druckschriften, zwei lateinische und zwei deutsche, die ihn zum Verfasser haben und die noch dazu, wenn nicht in einer, so doch in nur wenigen Auflagen gedruckt wurden. In zeitlicher Reihenfolge handelt es sich um folgende Texte:

1. Eine Ausgabe der lateinischen Grammatik *Ars minor* des römischen Grammatikers Aelius Donatus (um 310–um 380) mit Erklärungen:
Diffinitiones Donati et auctoris modorum significandi, cum expositionibus earundem et notatis pulcerrimis.
Erstausgabe 1505 (VD16 T 624)[4], zweite Auflage herausgegeben von Lorenz Apel aus

---

3 Die Bemerkung Barges, Karlstadt habe während seines Aufenthalts in Rothenburg hier Bücher drucken lassen (Barge 1905, Bd. 2, S. 316 ff.), ist unzutreffend. Rothenburg ob der Tauber ist Druckort erst seit 1557 (Drucker Albrecht Gros); vgl. Historisches Lexikon Bayerns: Druckorte in Franken, auf: https://www.historisches-lexikon-bayerns.de/Lexikon/Buchdruck_(15./16._Jahrhundert) [12.9.2023].

4 Bezzel, Irmgard u.a. (Red.): Verzeichnis der im deutschen Sprachbereich erschienenen Drucke des 16. Jahrhunderts, hg. von der Bayerischen Staatsbibliothek in München und der Herzog August Bibliothek in Wolfenbüttel. Stuttgart 1983–2007, zitiert als VD16 mit jeweiliger Nummer.

Königshofen, ohne die Widmung an Johannes Stuntzel und die Einleitung:
Diffinitiones editionis Donati mi(n)oris viri clarissimi: et auctoris modoru(m) significa(n)di cu(m) expo(sition)ibus earunde(m) (et) notatis pulcerrimis (VD16 T 625), (= *Ars minor*[5]).

Die mit ähnlichem Titel gedruckten Ausgaben der Jahre 1502 (VD16 D 422), 1504 (VD16 D 423) und 1508 (VD16 D 424) stehen nicht mit Teuschlein in Verbindung[6].

2. Ein Index zur elfbändigen Ausgabe der Werke des Kirchenvaters Aurelius Augustinus, die die Basler Drucker Johann Petri, Johann Amerbach und Johann Froben 1505 und 1506 herausgebracht hatten (VD16 A 4147):
In divi A. Augustini Hyppone(n)sis Ep(iscop)i: Undecim parteis o(mn)i(u)m contentorum Index co(n)summatissimus,
gedruckt in Nürnberg von Friedrich Peypus 1517, verlegt von Anton Koberger (VD16 T 626). Dass der Augustin-Index Teuschleins als angemessene Ergänzung der großen elfbändigen Augustin-Ausgabe angesehen wurde, zeigt die Tatsache, dass er noch heute als Vol. 12 dieser Ausgabe in der Österreichischen Nationalbibliothek in Wien aufgestellt ist[7]. Eine leicht abweichende Ausgabe (VD16 T 627) unterscheidet sich davon nur durch eine Druckermarke auf Bl. ff7v (= *Index*).

3. *Auflosung* (= Beantwortung) *ettlicher Fragen zu lob vnd ere christi Jesu, auch seiner lieben mutter Marie, wider die verstockte[n] plinte Juden, vnd alle die jhenen so sie in jren landen vnd stetten wider recht enthalten füren vnd gedulden, neulich geschehen / D.J.T.F.* [Dr. Johannes Teuschlein von Frickenhausen]. Nürmberg (!), Friedrich Peypus 1520, VD16 T 623 (= *Auflosung*).

4. *Eyn Sermon wyder die vnzymliche vn[d] vnordeliche Tragung d[er] zypffelbiredt vnder [während] dem heiligenn Gotlichen ampt zu Rottenburgk auff d[er] Tauber. jm xxj. Jar Gescheen.* [Nürnberg, Friedrich Peypus 1521], VD16 T 628 (= *Sermon*).

Zu 1.: Die Bearbeitung der *Ars minor* des Donat

Vom Leben des römischen Grammatikers und Rhetoriklehrers Aelius Donatus (um 310–um 380) wissen wir kaum etwas. Sein bekanntester Schüler war der heilige Hieronymus, der seine bei Donat erworbenen verfeinerten Kenntnisse der Syntax und Grammatik in seine bis heute maßgebliche lateinische Übersetzung der Bibel, der sog. *Vulgata* (Gryson 2007), eingebracht hat. Die lateinische Grammatik, die in einer kürzeren – *Ars minor* – und in einer längeren Fassung – *Ars maior* – vorliegt, ist nur eines von mehreren erhaltenen Werken des antiken Gelehrten Donat, jedoch das am meisten rezipierte. Zwar handelte es sich nicht um eine ausschließlich genuine Schöpfung des Autors, der sich auch auf Zeitgenossen wie Flavius Sosipater Charisius und Diomedes Grammaticus bezog, doch entwickelte es sich gleichwohl zum Standardwerk der Spätantike, des Mittelalters und sogar der frühen Neuzeit. Dies trifft besonders auf den Abriss der Wortartenlehre, die sog. *Ars minor* (Schönberger 2008) zu, die sich

---

5   Die *Ars minor* des Donat war das erste Buch überhaupt, das Johannes Gutenberg gedruckt hat. Allein im 15. Jahrhundert gab es ca. 360 gedruckte Ausgaben dieser lateinischen Grammatik; https://en.wikipedia.org/wiki/Editio_princeps [12.9.2022].

6   Freundlicher Hinweis von Harald Bollbuck.

7   Sign. 79.N.8.(Vol12) ALT PRUNK.

an Anfänger wendet, während die umfangreichere *Ars maior* den Komplex der Syntax thematisiert und sich an Fortgeschrittene richtet. Viele Gelehrte arbeiteten mit diesem Werk im Schul- und universitären Lehrbetrieb. Aus dem Umgang mit diesem Lehrbuch entstanden zahlreiche Bearbeitungen, in die die Erfahrungen der praktischen Arbeit als Ergänzungen oder Korrekturen einflossen.

Bereits im 15. Jahrhundert, seit der Erfindung des Buchdrucks, erfreute sich die *Ars minor* des Donat großer Beliebtheit, wie die 95 Ausgaben belegen, die der Inkunabelkatalog für den deutschen Sprachraum nachweist[8]. Die Edition und Bearbeitung der Grammatik hielt bis über die Mitte des 16. Jahrhunderts an.

Ein gutes Beispiel für die Beliebtheit der Donat-Grammatik und die lang anhaltende Nachfrage nach diesem Unterrichtswerk sind die Bearbeitungen von Luthers Philosophielehrer, Bartholomaeus Arnoldi (um 1465–1533). Dieser brachte etwa gleichzeitig mit Teuschlein im Jahr 1505 an seinem Wirkungsort Erfurt seine erste Bearbeitung heraus (VD16 A 3703). Schon 1508 folgten drei weitere Auflagen, die in Erfurt, Köln und Leipzig erschienen (VD16 A 3705, A 3707, A 3708). Alle weiteren Auflagen wurden ebenfalls in Erfurt gedruckt, nämlich in den Jahren 1509 (VD16 A 3710), 1511 (VD16 A 3712), 1513 (zwei Ausgaben, VD16 A 3713; A 3714) und schließlich 1517 (VD16 ZV 774).

Über den Anlass dieser ersten Publikation Teuschleins gibt seine Widmungsvorrede an den „hochgelehrten Mann Johannes Stuntzel aus Kitzingen, seinem liebenswerten Nachbarn" nähere Auskunft. Dieser lässt sich unter der Namensvariante Hans Stüntzel von 1500 bis 1522 als Großhändler (Melber) und vermögender Grundbesitzer sowie als Ratsherr in Kitzingen nachweisen (Bátory 1982, S. 727–729)[9]. Demnach unterrichtete Teuschlein Stuntzels Sohn im Lateinischen. Der Lehrer gibt genaue Auskunft über seinen pädagogisch-didaktischen Ansatz: Er wolle gemäß der Lehre des Heiligen Thomas (von Aquin) mit dem Schüler gewissermaßen erst durch Bächlein und nicht sofort ins Meer steigen, also durch Leichteres zu Schwierigerem fortschreiten. Der Pariser Scholastiker Hugo von St. Victor (um 1097–1141) ermahne in seiner Wissenschaftssystematik *Didascalicon de studio legendi* (Anleitung zum Studium des Lesens und Auslegens), dass nur geringe Fortschritte macht, wer die Kleinigkeiten gering schätzt. Wer das Alphabet, also die Sprache verachtet, wird sich unter den Grammatikern keinen Namen machen. Und da Plinius der Jüngere in der Vorrede zu seiner Naturgeschichte festgestellt habe, dass kein Buch so schlecht sei, um nicht irgendeinen Nutzen daraus zu ziehen, habe er, Teuschlein, sich entschlossen, gemäß seiner bescheidenen Geistesgaben eine Fassung der *Ars minor* des Donat zu erstellen, die für Stuntzels Sohn als Unterrichtswerk dienen

---

8   Inkunabelkatalog INKA, auf: http://www.inka.uni-tuebingen.de/cgi-bin/inkunabel?sbibliothek=alle&form=voll&titel=Ars+minor&sperson=Donatus&stkz=jede&sort=&sbubi=&sdrucker=&sprovenienz=&sjahr=&ssignatur=&snachweis=&naw=GW&skyriss=&snummer=&sinkanum=&searchs=&digi= [13.1.2022].

9   Die Widmungsanrede bei Teuschlein lautet übersetzt (alle Übersetzungen dieses Beitrags vom Verfasser G. S.): „Den hochgelehrten Mann Johannes Stuntzel, Mehlhändler von Kitzingen, seinen liebenswürdigen Nachbarn, grüßt herzlich Baccalaureus Johannes Teuschlein Heroltensis von Frickenhausen". Für Unterstützung bei der Identifizierung von Johannes Stuntzel/Hans Stüntzel danke ich der Leiterin des Stadtarchivs Kitzingen, Frau Doris Badel M. A. Zum Begriff Melber/Mehlhändler vgl. Wagner/Klepsch 2008, S. 370.

solle. Er hoffe auf die Zustimmung Merkurs, des Langfingers, wenn er sich Donat zu eigen mache. Dabei handle es sich, wie er ehrlicherweise betont, nicht um eine reine Eigenleistung, sondern um Vorarbeiten, die von seinen eigenen Lehrern zusammengestellt und allgemein anerkannt seien, die er nun in einem Band gesammelt vorlege und Stuntzel, einem Mann von hoher Bildung, widme[10].

Von Donats *Ars minor* hat Teuschlein, wie andere Bearbeiter, die Lehrform von Frage und Antwort übernommen, welche auch für andere Schulbücher der Zeit kennzeichnend war. Auf eine präzise gestellte Frage folgt jeweils die richtige Antwort. Diese Frühform des in den 1970er-Jahren beliebten programmierten Lernens eignet sich besonders gut zum Auswendiglernen. Auf die meist kurze Frage gibt es auch nur eine, oft ebenso kurze Antwort. Dabei ist die Kenntnis der fortschreitend geforderten Antworten jeweils Voraussetzung zur Beantwortung der folgenden, auf dem bisher Erarbeiteten aufbauenden Fragen. Auf diese Weise wird das grammatikalische Wissen mit jeder Frage und Antwort um einen Baustein erweitert, bis eine umfassende Kenntnis der grammatikalischen Regeln erreicht ist.

Bekanntlich bedienten sich auch die Katechismen der Reformationszeit dieser Lehrform. Luther sah in der Methode von Frage und Antwort den besten Lernerfolg gewährleistet[11]. Anders aber als bei den Katechismen der Reformationszeit, in denen der Unterrichtende den Schüler examiniert, stellt in der Donat-Grammatik von Teuschlein der Schüler die Fragen, auf die der Lehrer zunächst kurz, dann aber in einer ausführlichen Darlegung antwortet. Der Schüler ist jeweils mit einem hochgestellten D für Discipulus, der Lehrer durch ein hochgestelltes M für Magister bezeichnet. Eine typische Sequenz hat dann folgende Form. Auffällig dabei sind die im Übermaß gebrauchten Abbreviaturen, die den Einsatz des Buches durchaus erschwert haben dürften:

[D]Casus noim qt sunt [M]Sex [D]qui [M]Ntus gtus dtus accus vtus abla.

Scias q casus aliter hic sumitur qz in logica[12]. (Zu lesen ist nach Auflösung der Abbreviaturen: „*Casus nominum quot sunt? Sex. Qui? Nominativus, Genitivus, Dativus, Accusativus, Vocativus, Ablativus. Scias quoque casus aliter hic sumitur atque in logica*")[13].

Bedenkt man zusätzlich zu dieser Frage-Antwort-Form die Tatsache, dass das Lehrbuch

---

10 Die einschlägigen Stellen lauten im Original (Abkürzungen sind aufgelöst): „*Humanissimo viro Joanni Stuntzel Melberensi de Kitzingen, affini suo peramando … in mentem mihi venit: iuxta divi Thomae doctrinam per rivulos et non statim in mare eundum et per faciliora in difficiliora deveniendum esse … Quare Hugo in didascalion dixit: Paulatim perficit, qui minima contemnit. Si enim alphabetum contempsisses, inter grammaticos nomen non haberes … Plinius solebat dicere in prologo naturalis historiae: Nullum librum esse adeo malum, ut non in aliqua parte prosit … occuponem propitium* („möge uns der Langfinger (= Merkur) günstig sein"; Anrufung Merkurs bei Aneignung fremden Eigentums) *duxi in illius (Donats) traditione filium tuum primum esse erudiendum … familiarem Donati introductionem pro mei ingenui tenuitate non quidem a me noviter confictam, sed a praeceptoribus meis studiose collectam et acceptam comportavi ac in unam collecturam redegi, quam tuae humanitati dedico*" (*Ars minor* 1505, A1v).

11 Vgl. WA 19, S. 76 (Deutsche Messe): „… nicht alleine also, das sie (sc. die Kinder) die Worte auswendig lernen noch reden wie bisher geschehen ist, sonder von Stück zu Stück frage und sie antworten lasse, was ein jegliche bedeute, und wie sie es verstehen."

12 Ars minor, Biijr.

13 Schüler: „Wie viele Fälle gibt es?" Lehrer: „Sechs." Schüler: „Wie heißen sie?" Lehrer: „Nominativ, Genitiv, Dativ, Akkusativ, Vokativ, Ablativ. Du musst auch wissen, dass hier der Begriff Fall anders verwendet wird als in der Logik …"

bereits in lateinischer Sprache abgefasst ist, also solide lateinische Sprachkenntnisse des Lesers voraussetzt, so wird deutlich, dass diese Lehrbücher nicht zum Selbststudium der Schüler, sondern als didaktische Hilfen für den mündlichen Unterricht der Lehrkraft gedacht waren. Andernfalls ergäbe sich das Paradox, dass der Schüler ein Lehrbuch verwenden müsste, das in einer Sprache verfasst ist, die er ja gerade erst erlernen soll. Eine weitere Verständnishürde, heute wohl noch mehr als damals[14], bietet die typographische Gestaltung, bei der aus Gründen der Kürze und damit der Kosten auf zahlreiche Abbreviaturen (Auflösungen z.B. bei Lehmann 1929, Winiarczyk 1995, Cappelli 1928, Walter 1752, Nachdr. 1972) zurückgegriffen wurde, die sich dem damaligen, im Idealfall geübten Verwender von selbst erschlossen haben.

Die Heimatverbundenheit Teuschleins drückt sich in den Beispielen aus, die er unter der Überschrift *„Regulae qualitatis propriae – Regeln der besonderen Eigenschaften der Nomina"* aufführt. Für alle Beispiele gilt das Schema:

Omnia nomina ... vt ... sunt propriae qualitatis –
Alle Begriffe ... wie ... haben besondere Eigenschaften (hinsichtlich des Genus):
Virorum (von Männern) *vt* (wie) *Joannes* (Johannes)
Alle Begriffe von Männern wie Johannes haben besondere Genus-Eigenschaften. Es folgen:

Mulierum (von Frauen) *Barbara*
Regionum (von Ländern) *Bohemia* (Böhmen)
Provintiarum (von Gebieten) *Franconia*
Civitatum (von Städten) *Ochsenfurt*
Villarum (von Dörfern) *Frickenhausen*
Montium (von Bergen) *Ethna* (Ätna)
Fluviorum (von Flüssen) *Mogenus*[15] (Main)
Desertorum (von Wüstenbewohnern) *Heremita* (Einsiedler)[16]

Der enge Bezug zu Franken ist insofern angemessen, da das Unterrichtswerk, wie oben dargelegt, durch einen Kitzinger Schüler veranlasst war.

Vergleicht man Teuschleins Bearbeitung der Donat-Grammatik, die nur zwei bekannte Auflagen zeitigte (1505 und 1510), mit den Überarbeitungen anderer Gelehrter, dann muss die Wirkung als eher bescheiden eingestuft werden. So erlebte die Bearbeitung des zeitgenössischen Nördlinger Humanisten und Reformators Theobald Billican mindestens sieben Auflagen[17], die auch noch nach seinem Tod in Königsberg und Krakau gedruckt wurden[18]. Dieses Werk wurde immer weiter verbessert. So enthielten die ersten Auflagen 21 vertonte Horaz-Oden (zu dieser musikgeschichtlichen Neuerung Tröster 2019, Kap. 10) zur Unterrichtung der Jugend (*„ad iuventutem exercendam"*), die späteren einen Anhang für solche Schüler, die Gedichte schreiben wollten (*„libellus eiusdem carmina scribere incipientibus perquam utilis"*)[19].

---

14 Hinweise zur Auflösung von Abbreviaturen (Suspension und Kontraktion), Ligaturen (Zusammenschreibung) und Glyphen (definierte Sonderzeichen oder Buchstaben, die ein Zeichensatz in mehreren Formen enthält) nicht nur der Hand-, sondern auch der frühen lateinischen Druckschriften bei Bischoff 2009.

15 Klassisch wäre Moenus.

16 Ars minor, Bir.

17 De partium orationis inflexionibus aliisque adcidentibus ac syntaxi earundem Theobaldi Billicani. Modo undeviginti odarum Horatianarum ad iuventutem exercendam facti. Augsburg, Simprecht Ruff, 1526, VD16 G 1564 und weitere Ausgaben.

18 Simon 1980, S. 222–224, Nr. 10a–10g.

19 Z.B. Ausgabe 1567, gedruckt in Krakau von Nikolaus Scharffenberg, Exemplar in Lublin/Polen, auf: https://dlibra.kul.pl/dlibra/publication/2169 [13.12.2023].

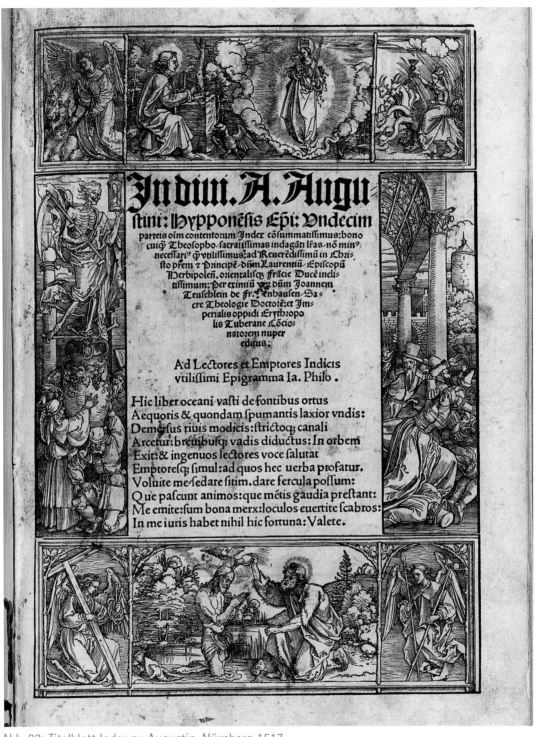

Abb. 23: Titelblatt Index zu Augustin, Nürnberg 1517.

Zu 2.: Der *Index* zu den Werken Augustins

Der von Johannes Teuschlein erarbeitete *Index* zur Gesamtausgabe der Werke des Kirchenlehrers Aurelius Augustinus stellte für den akademischen Betrieb ein Hilfsmittel bereit, dessen Bedeutung nicht unterschätzt werden darf (Zedelmaier 2016, S. 180–183). Nicht nur zum Eigenstudium, sondern auch für akademische Streitgespräche und öffentliche Disputationen spielten derartige Zusammenstellungen bei der Erschließung größerer Textcorpora eine unverzichtbare Rolle[20]. So versuchte etwa Luthers Doktorvater Andreas Bodenstein von Karlstadt zunächst, dessen reformatorisch-theologische Ansätze mit Augustin-Stellen zu widerlegen.

Teuschleins *Index* zu Augustin erschien mit einem besonders aufwendigen Bildschmuck.

Die recht detailliert gestalteten Titelseiten des *Index* zeugen von Teuschleins hoher Selbsteinschätzung zu dieser Zeit. Das erste Titelblatt rahmt ein aus vier Blöcken gedruckter Rand, der Hans Springinklee (um 1490–um 1540) zugeschrieben wird[21]. In der oberen Bildleiste sieht man von links das Tier der Apokalypse mit dem Engel, der den Schlüssel hält; in der Mitte Johannes auf Patmos mit einer Erscheinung der Jungfrau und des Kindes; rechts die Frau der Apokalypse, die auf dem siebenköpfigen Tier reitet. Unten in der Mitte ist die Taufe Jesu abgebildet, flankiert von Engeln, die die Leidenswerkzeuge der Passion (arma Christi) halten. Auf der linken Seitenbegrenzung erscheint der Tod als Skelett mit einer Sense. Er steht auf einer Amphore und hält eine Sanduhr. Das Gegenstück rechts bildet eine vor dem Tod fliehende Menschengruppe. Von diesen Bildelementen werden der Titeltext und ein Empfehlungsgedicht eingerahmt: „*In diui A. Augustini ... Jndex co(n)summatissimus ...*"[22].

Ein weiterer Titelholzschnitt auf der Rückseite zeigt folgende Szene: Der Bischof von Würzburg, Lorenz von Bibra, thront in der Mitte mit Mantel und Mitra. Ihm überreicht, rechts kniend und mit wallendem Haupthaar, „*Doctor Ioannes Teuschlein*" (so die Bezeichnung darunter) sein Werk, den *Index* zu Augustin. Links ist der Schwertträger des Bischofs zu sehen, rechts ein Kaplan. Der Text darunter lautet: „*Herbipolis sola iudicat ense et stola*" – „Würzburg urteilt allein durch das Schwert und die Stola". An der Wand ist das Wappen von Lorenz von Bibra angebracht, oben erscheinen als Halbfiguren der Heilige Kilian, die Jungfrau Maria mit dem Kind und der Heilige Laurentius.

Auf dem Titelblatt fügt Teuschlein ein Epigramm von „Ia. Philo." ein. Dahinter verbirgt sich der mit Teuschlein befreundete humanistische Dichter Jakob Locher (1471–1528), der wegen seiner Dichtkunst den Beinamen Philomusus, Freund der Musen, erhalten hatte. Er war 1497 in Freiburg von König Maximilian I. zum Poeta laureatus gekrönt worden:

Ad Lectores et Emptores Indicis
vtilissimi Epigramma Ia. Philo.

Das in Hexametern abgefasste Epigramm (mit anschließender Übersetzung) lautet:

Hic liber oceani vasti de fontibus ortus
Aequoris & quondam spumantis laxior undis:
Demersus rivis modicis: strictoque canali
Arcetur: brevibusq(ue)vadis diductus: In orbem
Exit: & ingenuos lectores voce salutat
Emptoresque simul: ad quos haec verba profantur

---

20 Noch heute greift die Patristik auf derartige Hilfsmittel zurück; z.B. Dekkers 1995.
21 So in der Beschreibung des Exemplars im Britischen Museum, London, Museumsnummer 1895-0122.7659.
22 VD16 T 626. Der Positiv „consummatus" bedeutet bereits „vollkommen". Teuschlein steigert weiter zum Superlativ „*consummatissimus*".

„Volvite me, sedare sitim, dare fercula possum
Que pascunt animos: que me(n)tis gaudia prestant
Me emite: sum bona merx: loculos evertite scabros
In me iuris habet nihil hic fortuna. Valete".[23]

Dieses Buch, einem weiten und einst
  schäumenden Ozean gleich,
ist entstanden aus den Quellen, nun aber
  ruhiger in seinen Wellen,
fließt es hinab zwischen beschaulichen
  Ufern, wird in festem Kanal
beschränkt und durch kurze Furten
  durchzogen. In die Welt
geht es nun hinaus und grüßt die
  interessierten Leser mit seiner Stimme,
und auch die Käufer, an die folgende Worte
  gerichtet sind:
„Lest mich, ich kann euren Durst stillen und
  Nahrung geben,
den Geist zur Weide führen und dem
  Verstand Freuden bereiten.
Kauft mich, ich bin ein guter Kauf. Dreht
  eure schmutzigen Geldbeutel um!
Gegen mich hat das Schicksal hier keine
  Macht mehr. Lebt wohl!"

Noch interessanter ist die zweite Beigabe, die Teuschlein seiner Indexarbeit vorausschickt. Es handelt sich um ein eigenartiges Gebet an Augustin, das die Persönlichkeit und Denkwelt des Rothenburger Predigers plastisch hervortreten lässt. Besonders bemerkenswert ist die Todesfurcht und Todesahnung, die sich dann im Juli 1525 furchtbar bewahrheiten sollte.

Oratio ad divum Aurelium Augustinum, Hypponensem Episcopum, patronum Doctoris Frickenhausen:

Felix anima, qu(a)e terreno resoluto corpore libera c(a)elum petit, secura est et tranquilla, non timet hostem neque mortem. Habet enim semper pr(a)esentem cernitque indesinenter pulcherrimum dominum, cui servivit, quem dilexit et ad quem tandem l(a)eta et gloriosa pervenit. Felix ergo semperque felix. O pater Augustine, qui iam pertransisti huius mortalitatis pelagus: et pervenire meruisti ad portam perpetu(a)e quietis, securitatis et pacis. Ubi deus ipse vere cibus, plena satietas, (a)eterna mansio: summa beatitudo (a)etern(a)e l(a)etiti(a)e, salus (a)eterna, indeficiens virtus et vita immortalis. Socii tui tecum l(a)eti. Semper namque gratulantur de visione dei. V(a)e misero: qui non sentio quod sentis: nec ibi sum – tu es: in loco refrigerii, lucis et pacis. Tu es ubi esse tuum non habebit mortem, nosse non habebit errorem, amare non offensionem, gaudium tuum non habebit m(a)erorem. Ego humilis tuus in valle lachrymarum, in regione umbr(a)e mortis. Nescio finem meum, nescio, si dignus sim amore vel odio neque scio quando de corpore egrediar. Quare tremens et pavens quotidie mortem expecto, qu(a)e ubique mihi minatur. Diabolum suspectum habeo, qui ubiq(ue) insidiatur. Timeo et pavesco ultimam discussionem et iram districti iudicis. Ne pro peccatis mittat in iehennam ignis. Tu igitur pulcherrima porta, qua(e) in magnam surrexisti altitudinem, adiuva me vile pavimentum longe inferius iacens, da manum et erige iacentem super pedes. Qui meruisti consors fieri supernorum civium, et perfrui (a)etern(a)e claritatis gloria, ora pro me ad dominum: ut sic tuis precibus meritisque adiutus salva nave et integris mercibus pervenire merear ad portum perpetu(a)e salutis et quietis et continu(a)e pacis et nunquam finiend(a)e securitatis. Amen.
Largire clarum vespere.

---

23 Teuschlein, Index, Aijr.

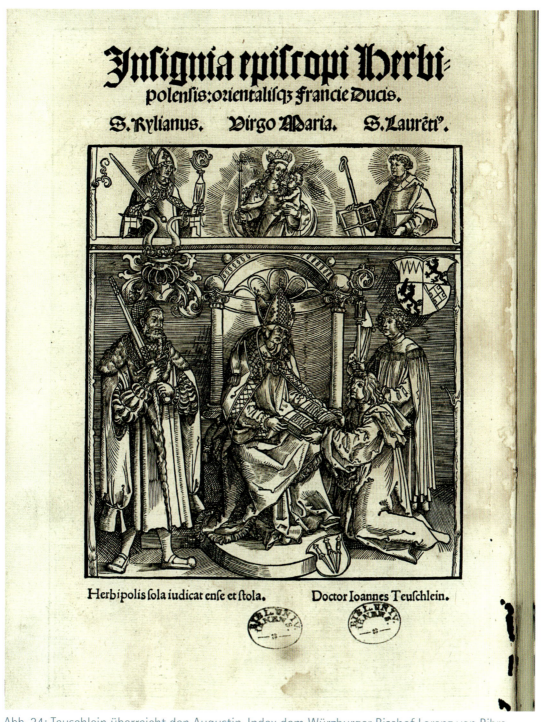

Abb. 24: Teuschlein überreicht den Augustin-Index dem Würzburger Bischof Lorenz von Bibra, Rückseite des Titelblattes (das einzig erhaltene Bild Teuschleins).

Übersetzung:
> Gebet zum seligen Aurelius Augustinus, Bischof von Hippo, den Schutzheiligen des Doctors aus Frickenhausen (= Teuschlein):
> Die glückliche Seele, die vom irdischen Körper gelöst frei zum Himmel strebt, ist sicher und ruhig und fürchtet weder Feind noch Tod. Denn sie hat immer vor sich und sieht unaufhörlich den wunderbarsten Herrn, dem sie gedient, den sie geliebt hat und zu dem sie endlich froh und ruhmreich gelangt ist. Sie ist glücklich und wird es immer sein. O Vater Augustinus, der du bereits das Meer dieser Sterblichkeit überwunden hast und der du es verdient hast zum Tor der ewigen Ruhe, der Sicherheit und des Friedens zu gelangen, wo Gott selbst wahrhaft Speise ist, wo ohne Hunger dauernde Bleibe ist, dazu größte Glückseligkeit, ewige Freude und ewiges Heil, nie verlöschende Tugend und unsterbliches Leben. Deine Gefährten sind glücklich zusammen mit dir. Immer freuen sie sich über den Anblick Gottes. Wehe mir Elendem, der ich nicht fühle, was du fühlst. Und ich bin nicht dort – du bist es: am Ort des Trostes, des Lichts und des Friedens. Du bist, wo dein Sein keinen Tod haben wird, wo Wissen ohne Irrtum, Liebe ohne Beleidigung, deine Freude ohne Trauer sein wird. Ich Geringer bin der Deine im Tal der Tränen, im Land des Todesschattens. Ich kenne mein Ende nicht, ich weiß nicht, ob ich Liebe oder Hass verdiene, und ich weiß nicht, wann ich meinen Körper verlassen werde. Deshalb erwarte ich zitternd und bebend täglich den Tod, der mich überall bedroht. Argwöhnisch sehe ich den Teufel, der mir überall nachstellt. Ich fürchte und ängstige mich vor dem Jüngsten Gericht und dem Zorn des strengen Richters, dass er mich für die Sünden in die Feuerhölle schickt. Du also, (gleichsam) schönster Zugang (d.i. Augustin als Mittler zu Gott), der du in große Höhe emporgestiegen bist, hilf mir, der wie wertloses Pflaster viel tiefer am Boden liegt, reiche mir die Hand und stelle den Liegenden wieder auf die Füße. Der du es verdient hast, Genosse zu sein der himmlischen Bürger und die Herrlichkeit der ewigen Klarheit zu genießen, bitte für mich beim Herrn, dass (auch) ich es verdiene, unterstützt durch deine Fürbitten und Verdienste, auf sicherem Schiff und mit unbeschädigter Ladung in den Hafen des ewigen Heils, der Ruhe, des dauernden Friedens und der nie endenden Sicherheit einzulaufen. Amen.
> Schenke (uns) helles Licht am Abend.

Eine ganz ähnliche Arbeit wie der Augustin-Index, nämlich ein solcher zu den Werken des Hieronymus, die im Manuskript abgeschlossen war, kam nicht zum Druck. Seit 1516 war nämlich in Basel bei dem Drucker Johannes Froben die große Hieronymus-Ausgabe erschienen, die Erasmus von Rotterdam als erste Kirchenväter-Edition besorgt hatte. Mit Erasmus hatte der Basler Reformator Johannes Ökolampad schon am *Novum instrumentum omne*, der ersten griechischen Druckfassung des Neuen Testaments, zusammengearbeitet. Nun erstellte er als neunten Band der Hieronymus-Ausgabe einen Gesamtindex, der 1520 ebenfalls in Basel erschien (VD16 H 3482)[24]. Mit Rücksicht

---

24 Index In Tomos Omnes, Operum Divi Hieronymi cum interpretatione nominum Graecorum & Hebraeorum, ... per Ioann. Oecolampadium. Basileae, Johannes Froben, 1520. Zu den verschiedenen Hieronymus-Indices, von denen hier der hier genannte als erster, sozusagen als offizieller, im Rahmen der Erasmus-Edition erschien; vgl. Dill, Ueli: Prolegomena zu einer Edition von Erasmus von Rotterdam. „Scholia in Epistolas Hieronymi". Band 1. Basel 2004, S. 499–508.

auf den angesehenen Gelehrten und wohl auch in realistischer Einschätzung der eigenen Arbeit sowie der Marktsituation verzichtete Teuschlein darauf, sein eigenes Werk zum Druck zu geben[25].

Zu 3.: *Auflosung*

Zweifellos ist Teuschleins judenfeindliche Haltung, die verstärkt seit 1519/1520 zutage tritt, ein ganz wesentlicher Teil seines Wirkens. Um die Eigenart seines Denkens und Argumentierens, das vor allem in seiner Judenschrift fassbar wird, besser zu verstehen, muss sie auf ihre Voraussetzungen hin befragt und in ihrer Eigenart dargestellt werden[26].

Zwei Faktoren haben die Verbreitung und Verfestigung antijüdischer Ideen verstärkt und gefördert. Seit der Erfindung des Buchdrucks mit beweglichen Lettern Mitte des 15. Jahrhunderts wurde die neue Technik sehr bald von Autoren in Dienst genommen, die hier schnell eine neue Möglichkeit sahen, ihre Ansichten bekannt zu machen[27]. Dies geschah oft im Stil der Flugblätter der Zeit durch die Verbindung von Text und Bild, sodass die Leser und Betrachter gewissermaßen zu Augenzeugen der Darlegungen und Behauptungen gemacht wurden.

Antijüdische Schriften und Predigten waren seit dem Hochmittelalter verbreitet. Im 16. Jahrhundert bezog man sich immer wieder auf die Klassiker antijüdischer Apologetik, z.B. auf den ehemaligen Rabbiner und Konvertiten Paulus von Burgos (um 1352–1435), den Franziskaner Nikolaus von Lyra (um 1275–1349), den Dominikaner Raymundus Martinus (1220–1285), auf Alphonso de Spina (gest. 1491) und den ebenfalls vom Judentum zum römischen Katholizismus konvertierten Victor von Carben (1422–1515). Die gängigen Vorwürfe gegen die Juden fasste der Franziskaner Alfonso de Spina im Jahr 1460 in seinem *Fortalitium fidei contra ludeos saracenos aliosque christianae fidei inimicos* (Bollwerk gegen die sarazenischen Juden und andere Feinde des christlichen Glaubens)[28] zusammen: Leugnung des trinitarischen Gottes, der Messianität Jesu, der Jungfräulichkeit Marias, der Inkarnation sowie das Festhalten an religiösen Praktiken des mosaischen Gesetzes wie der Beschneidung. Als literarische Darstellungsform wird nun nicht mehr, wie im Mittelalter meist üblich, der Dialog, sondern der Traktat gewählt. Hier konnten die Autoren, unter denen sich viele Geistliche und Universitätstheologen befanden, ihre Rolle als kenntnisreiche und damit fast unangreifbare Experten deutlicher herausstreichen. Die behauptete Kompetenz wurde z.B. dadurch demonstriert, dass die herangezogenen Bibelstellen im Text oder in Randglossen angegeben waren. So musste etwa die Scheidung des Lichts von der Finsternis als Zeugnis für die Verworfenheit der Juden herhalten, wenn Teuschlein zu der Stelle (Gen 1,4b) anmerkte, die Juden seien durch das Dunkel, die Christen durch das Licht bezeichnet[29]. Gerne werden auch hebräische Begriffe eingestreut, die die Quellen- und Sprachkenntnis des Autors belegen sollen. Teuschlein zitiert

---

25 Teuschleins im Jahr 1519 abgeschlossenes Manuskript mit dem Titel *Omnium operum Divi Eusebii Hieronymi Stridonensis Index* ist noch in Rothenburg vorhanden (Sign. WD 106).

26 Vgl. Abb. 17. Im Folgenden stütze ich mich vor allem auf de Boer 2018.

27 Als einer der Ersten hat auf diese problematische Facette in der Geschichte der Druckkunst aufmerksam gemacht Oberman 1983.

28 Mehrfach gedruckt, z.B. Nürnberg 1494, GW 1578.

29 Teuschlein, Auflosung, Cijv.

sogar in lateinischer Umschrift den Beginn eines ins Hebräische übersetzten Gebetes, das Petrus Nigri in eine antijüdische Schrift eingefügt hatte[30].

Neben den theologisch begründeten Vorwürfen wurden den Juden bestimmte Eigenschaften zugeschrieben und vorgeworfen. Am häufigsten werden sie als „verstockt", „blind" und „halsstarrig" gekennzeichnet[31]. Als Inbegriff der jüdischen „Verstocktheit" und als verderblichste Schrift des Judentums galt seit der Pariser Verbrennung von 1242 vor allem der Talmud, denn darin werde vor allem die christenfeindliche Haltung der Juden begründet. Dazu kommen zwei mittelalterliche jüdische Polemiken mit antichristlicher Tendenz, die meist ohne Kenntnis der Textgrundlage immer wieder phantasievoll „zitiert" wurden: Das Nizzahon (Berger 1979) und die Toledot Jeschu (Schäfer 2014), eine jüdische Sagensammlung aus dem 8. Jahrhundert zum Leben Jesu. So wurden häufig, auch von Teuschlein[32], Schmähungen zitiert, die gemäß beiden Schriften gegen Christus und Maria ausgestoßen wurden.

Von den Eigenschaften, die den Juden zugeschrieben wurden, war es nicht weit zu den ihnen unterstellten bösen Absichten: Sie wollten angeblich den Christen auf jede erdenkliche Weise schaden. Ausführlich wurde der Wucher als eine Praxis behandelt, mit der die Juden den Christen Schaden zufügen wollten. Besonders die Schwächsten seien vom Wucher bedroht, dem „außzieher des bluts der armen", wie Teuschlein formuliert[33]. Der jüdische Christenhass zeige sich auch in der pflichtvergessenen Handlungsweise jüdischer Ärzte an christlichen Patienten. Teuschlein stellt demgegenüber die christliche Arglosigkeit heraus: „Sie (die Juden) schaden uns an unserem Leib, etwa mit ihrer Arznei, denn soweit es ihnen möglich ist, bemühen sie sich, die Christen umzubringen mit ihren Verfluchungen und Arzneien. Deshalb verbietet das heilige geistliche Recht, dass kein Mensch eine Arznei von den Juden nehmen soll, unter Androhung des Banns. Auch bitten sie Gott, dass er die Christen strafen möge mit Hunger, Krieg und Pestilenz"[34]. Der Ingolstädter Professor, päpstliche Nuntius und Luther-Gegner Johann Eck erwähnt neben vielen anderen Stereotypen in seiner antijüdischen Schrift[35] ebenfalls den Vorwurf, dass jüdische Ärzte ihre christlichen Patienten vergifteten. Die Juden seien undankbar, da sich die Christen ihnen gegenüber mehr als großzügig gezeigt hätten. Sie durften nach Ecks Ansicht als Knechte des Kaisers Schutz und Schirm genießen und frei unter den Christen leben. Dass die Freiheit allein schon durch die Kennzeichnungspflicht der Juden durch gelbe Flecken und Ringe (Osiander 2001, S. 26f.) stark eingeschränkt war und dass die Judenpogrome seit dem Ende des 11. Jahrhundert überaus zahlreich waren, wurde dabei übersehen.

---

30 *„Jeschua hanotri hunneni maher adonai"* (Teuschlein, Auflosung, Bijr); und: Nigri, Petrus: Contra perfidos Iudaeos de conditionibus veri messiae. Esslingen 1475, iv. Vgl. dazu Witte/Piger 2012, S. 147.

31 So auch im Titel von Teuschleins Schrift „… wider die verstockte(n) plinte Juden …" Auch bei Luther sind diese Begriffe in seinen Äußerungen über Juden konstitutiv; vgl. Hortzitz 2005, S. 243–248.

32 Auflosung, Ciijv.

33 Auflosung, Aiijv.

34 Auflosung, Cijv.

35 Ains Juden büechlins verlegung: darin ain Christ gantzer Christenhait zu schmach will, es geschehe den Juden unrecht in bezichtigung der Christen kinder mordt. Ingolstadt 1541 (VD16 E 383).

Besonders perfide war der Vorwurf des Ritualmords (Lotter 1998, S. 253–259) der Juden an christlichen Kindern, die sich mehrfach zugetragen hätten, so z.B. 1475 in Trient. Als einer von wenigen stellte sich der Nürnberger Reformator Andreas Osiander in einem umfangreichen „Gutachten zur Blutbeschuldigung"[36] diesen Verdächtigungen entgegen. Als in der Nähe von Eichstädt ein toter Junge aufgefunden wurde, verbreiteten sich Gerüchte, dass es sich hier um einen von Juden begangenen Ritualmord handle. „Osianders Schrift ist … weit mehr als eine Widerlegung der Ritualmordbeschuldigungen, sie ist eine klare Stellungnahme gegen die grundsätzliche Judenfeindschaft und damit für ihre Zeit einzigartig"[37]. Wegen seiner Schutzschrift musste sich Osiander, dem wegen seines Interesses für die hebräische Sprache und Mystik selbst jüdische Wurzeln nachgesagt wurden, von Johann Eck als „judenvatter" denunzieren lassen. Eck versuchte, eine Wahlverwandtschaft zwischen reformatorisch-lutherischer Theologie und Judentum zu konstatieren (Hägler 1992, S. 9). Vorwürfe gegen die Juden schienen dann besonders plausibel, wenn sie von Autoren erhoben wurden, die ihre jüdische Herkunft hinter sich gelassen hatten und wie Paulus von Burgos oder Victor von Carben zur römischen Kirche konvertiert waren.

Teuschleins Schrift gegen die Juden erschien mit dem Schlussvermerk: „Gedruckt in der keiserlichen Statt Nürnberg durch Friedrich Peypus und seliglich vollendet am 26. Januar des Jahres, da man zählt nach Christi unseres lieben Herrn Geburt M. D. XX"[38]. Für den Druck durchgesehen wurde der Text von Magister Peter Chalybs[39]. Die Schrift trägt den Titel: *Auflosung* (= Beantwortung) *ettlicher Fragen zu lob und ere christi Jesu, auch seiner lieben mutter Marie, wider die verstockte(n) plinte Juden und alle, die jhenen, so* (= die) *sie in iren landen und stetten wider recht enthalten* (= beherbergen), *führen und gedulden, neulich geschehen.*

Als Anlass für seine Ausführungen gibt Teuschlein an, einer seiner guten Freunde habe ihm „ettliche Fragen am Tag des heiligen Himmelsfürsten und Apostels Matthäus der minderen Zahl des neunzehnten Jahres (= 21. September 1519; Grotefend 1984, S. 23) zugeschickt" mit der Bitte um Beantwortung. Schon Theodor Kolde (Kolde 1901, S. 14) und nach ihm auch Otto Clemen (Clemen 1905, S. 83) wollten in diesem Fragesteller Balthasar Hubmaier erkennen. Es ist jedoch unwahrscheinlich, dass gerade Hubmaier, an dessen Handeln gegenüber den Regensburger Juden sich ja Teuschlein eng orientierte, in die Rolle eines belehrungsbedürftigen Fragestellers geschlüpft sein soll. Vielmehr wird man annehmen dürfen, dass es sich bei dem „guten Freund" um ein *alter ego* Teuschleins handeln wird, das allein zu dem Zweck eingeführt wurde, um Teuschleins Haltung gegenüber den Juden darlegen und begründen zu können, um so die Voraussetzung für entsprechende Maßnahmen des Rates und der Bevölkerung zu schaffen. Der gesamte Text orientiert sich neben biblischen und historischen Bezügen sehr stark an der Sprache des

---

36 Edition und Einleitung von Keyser 1988, S. 216–248. Neuerdings auch in heutigem Deutsch: Morgenstern/Noblesse-Rocher 2018.
37 Osiander 2016/17, S. 7–22, hier S. 7.
38 Um der besseren Lesbarkeit willen werden Zitate aus Teuschleins deutschen Schriften dem heutigen Sprachgebrauch angenähert wiedergegeben.
39 P. C. M. Revidebat; Auflösung der Initialen gemäß VD16 T 623.

Volkes, indem immer wieder drastische Bilder, Sprichwörter und sprichwörtliche Redensarten eingestreut sind. Auf diese Volksnähe ist ein Gutteil der rhetorischen und daraus folgend der demagogischen Wirkung gegründet. Der Verfasser zeigt sich hier nicht als abgehobener Gelehrter (obwohl auch für den Gebildeten die Stellenangaben geliefert werden), sondern als Mann aus dem Volk, der wusste, wie geredet und gedacht wird und wie demzufolge argumentiert werden muss. Nach Anrufung der trinitarischen Personen erklärt sich Teuschlein zur Beantwortung (Auflosung) der Fragen bereit, „obwohl ich auch ohnedies, wie bekannt, sehr beschäftigt bin, weshalb mir die Erfüllung dieses Wunsches keine kleine Last bedeutet." Kokett reiht sich der Verfasser in die tierischen Sprachrohre Gottes ein, wenn er fortfährt: „O Herr, der du alle Tiere mit Lobpreis erfüllst (Ps 148,10[40]), der du das Maul der Eselin Bileams aufgetan hast, dass sie redet zum Lob deines Namens (Num 22,28), Herr, öffne du auch meine Lefzen ... Mit der aufgewendeten besonderen Mühe will ich nichts anderes als Gottes Ehre sowie deiner und anderer Menschen Seligkeit gesucht haben" (Aijr).

Die **erste Frage** befasst sich mit der Marienverehrung. Wie kann es sein, dass trotz regelmäßig durchgeführter Rituale und Gottesdienste Maria den Fluss ihrer gnadenreichen Wunderwerke verschließt? Aus Orten, an denen wenige Wunderzeichen beobachtet werden, ziehen die Menschen dann zu anderen Stätten, die sich zahlreicher Wundererscheinungen rühmen können.

Teuschlein **antwortet**, dies liege offensichtlich an der fehlenden Andacht und besonders an der mangelhaften Gebetspraxis der Gläubigen, die wiederum in zu geringer Liebe zu Maria begründet sei. Durch andächtiges, vor allem anhaltendes Gebet lasse sich eine Änderung herbeiführen. Schon Thomas von Aquin habe den Nutzen des Gebetes deutlich beschrieben. Voraussetzung aber ist die Liebe, denn die „Liebe macht schwere Dinge leicht". Als Beleg führt Teuschlein hier den römischen Dichter Horaz an, der den Kaufmann lobe, weil er aus Liebe zu seinem Handelsgeschäft die Strapazen der weiten Einkaufsreisen auf sich nehme[41].

Schuld seien aber auch die Juden, die beim Ave-Maria-Läuten sagten, „man läute jetzund der Thula Glocken." Thula aber bedeute nichts anderes als Hure (Aiiijr). Weitere Lästerungen anzuführen wolle er sich hier sparen. Weil aber Fürsten und Städte solche „lesterer und plutsauger gedulden, schützen, beschirmen und beweilen (manchmal) mehr vertrags geben dan den christen, vergönnen auch ihnen ohn sonderlichs offens zeichen[42] under den christen zu

---

40 In der Randglosse fälschlich angegeben: Ps 144.

41 Bei Horaz gilt der Kaufmann, im Gegensatz zu Teuschleins Meinung, gerade nicht als identifikationswürdige Lebensalternative. Horaz übt deutlich Kritik an diesem Beruf: „*Caelum, non animum mutant, qui trans mare currunt*" (epist. 1,11,27). Zum Vorbild wird der Kaufmann, der, um Gewinn zu machen, mutig in die Welt hinausgeht, oder auch der Forscher, erst in Konrad Celtis' Amores *(CONRADI CELTIS PROTVCII || PRIMI INTER GERMANOS IM=||PERATORIIS MANIBVS POE=||TE LAVREATI QVATV=|| OR LIBRI AMORVM ||...* Nürnberg 1502; VD16 C 1911), wo es heißt: „*Nam veluti variis mercator querit in oris/ Divitias: et opes in sua tecta ferens/ Sic tacitas cupiens naturae noscere causas/ Ipse petas varias in tua lucra plagas ...*" (a.a.O., 4,1,11–14). Hier polemisiert Celtis implizit gegen Horaz; vgl. Blänsdorf 2000, S. 298. Teuschlein wird dieses vielgelesene Werk des Celtis aus seiner Studienzeit gekannt und hier mit Horaz' Position verwechselt haben.

42 Im Jahr 1511 hatte der Rothenburger Rat zwar den Juden das Tragen von Abzeichen auferlegt, doch scheint diese Verpflichtung in der Praxis nicht immer durchgesetzt worden zu sein; vgl. Kolde 1901, S. 12.

geen, so will sie (Maria) die menschen solchs orts nit ehren noch iren dienst zu der seligkeit annehmen, dann die Juden verwüsten in ire gute werck gegen got und seiner lieben mutter Marie". Den für solche Duldung verantwortlichen Ratsherren drohe höllische Pein (ebd.)[43].

Frage 2 konkretisiert die erste: Warum ist in vielen Städten des Reichs der Brunnen auch der *göttlichen* Gnade, der bisher so reichlich und wunderbar geflossen, nun versiegt?

Darauf **antwortet** Teuschlein mit einem Zitat aus Ps 36,7: *"Iudicia dei abyssus multa"*[44] (Bijv) – "die Urteile Gottes sind wie eine abgründige Tiefe". Derjenige sei Gottes oder göttlicher Gnade nicht würdig, der um des zeitlichen, vergänglichen und verfluchten Gutes willen „die verstockten wucherische hund" duldet, „die das blut christi also unbarmhertziglich etwa auß seinem leib gezogen haben durch geißlung, schlahung, creützigung und krönigung", und dies immer noch tun, wie wir es vielfach erfahren haben. So ist es zu unserer Zeit geschehen mit den märkischen Juden, die vor wenigen Jahren „das hochwirdig löblich sacrament, unser aller trost und speiße, also zerstochen und zerhawen haben, wie dann in truck zu derselben zeit ytzo im jar ist ausgangen"[45], welche verstockte plinte hund in der gefencknuß bekanten, wie sie einander die particekel zugesendet hetten, auch wie sie in kurtzen jaren syben christen kinder mit nadeln und messern gestochen, gemartert und getödt"(ebd.)[46]. Am Karfreitag hätten die Juden eine Figur aus Ton gemacht und diese am Sabbat gegeißelt, gekrönt, an ein Kreuz genagelt und mit einer Lanze die Seite geöffnet. Da Maria dies nicht länger dulden wollte, erschien sie einem Geistlichen dieses Ortes, beklagte sich über die Juden, die dort lebten, und erreichte, dass die Christen sofort die Juden überfielen. Sie fanden die Tonfigur, angenagelt an ein Kreuz, mit blutfarbigen Wunden. Da bekehrten sich viele Juden, aber jeder bekomme seinen Lohn.

Hier wird also, und Teuschlein erwähnt dies mit offensichtlicher Genugtuung, Maria selbst zur Anklägerin und Zeugin, gegen die jede Verteidigung nutzlos gewesen sein muss. Die Perfidie der Vorwürfe besteht also darin, dass es demgegenüber keine Entschuldigung, Erklärung oder Unschuldsbekundung geben konnte.

Die **dritte Frage** befasst sich mit dem Wucher. Wenn dieser sowohl den Christen als auch den Juden verboten ist, wie kommt es dann, dass Fürsten und Städte von Juden und anderen Menschen Geld und Steuern nehmen und es zulassen, dass in ihren Herrschaftsbereichen Wucher getrieben wird? Bekanntlich straft Gott wegen dieser großen Sünde die ganze Kommune (Biiijr).

Teuschlein **antwortet** darauf, dass Menschen und Städte, die derartige Verfehlungen nicht abstellen, in ewiger Verdammnis sind,

---

43 Ein ähnlicher Gedanke wird in der Toleranzschrift von Johannes Reuchlin: Ratschlag, ob man den Juden alle ihre Bücher nehmen, abtun und verbrennen soll. Tübingen 1511, erwähnt und zurückgewiesen; Reuchlin 2022, S. 8–9.

44 Im Text ohne Stellenangabe.

45 Ganz offensichtlich haben die über derartige Ereignisse verbreiteten Flugschriften eine gewaltige Breitenwirkung erzielt, die nicht nur zur Urteils-, besser Vorurteilsbildung, sondern auch zur Nachahmung anregten. Ohne diese Beispiele aus der jüngsten Vergangenheit wären Teuschleins Äußerungen kaum erklärbar.

46 Hier nimmt Teuschlein Bezug auf den sog. märkischen Hostienschändungsprozess in Berlin vom Jahr 1510, bei dem 39 märkische Juden wegen Hostienfrevels und Kindsmords zum Feuertod verurteilt wurden. Zwei weitere starben, nachdem sie sich hatten taufen lassen, durch das Schwert; vgl. Ackermann 1905, S. 167–182, 286–299.

besonders wenn sie verhindern, dass bereits gezahlte Zinsen nicht von der Darlehenssumme abgezogen werden dürfen. Damit bezog Teuschlein in einer Frage, die aktuell in Rothenburg diskutiert wurde, eindeutig Stellung. Grundsätzlich werden Juden von ihm als unnütze und sittengefährdende Schmarotzer bezeichnet, wenn er fortfährt: „Sie sind auch wenig nutz der gemein in beschützung der stett, verfechtu(n)g des vatter lands wache(n) un(d) andern stucken, sein auch nit in der arbeit mit den me(n)sche(n). Sie wircken auch yetzund nichtzit dienstlich (nichts Nützliches), weder weltlichen noch geistlichen nutz, fressen dennoch nach lust"(ebd.). Mancher Handwerker lässt Juden für sich arbeiten und vernachlässigt dadurch sein eigenes Gewerbe, „ligt tag un(d) nacht bey de(m) wein un(d) jm luder (pflegt ein leichtsinniges Leben)". Gäbe es die Juden mit ihrem Wucher nicht, so würden sich die Handwerker mehr um ihr Geschäft, ihre Frau und die Kinder kümmern. Überhaupt gäbe es ohne Juden nicht so viele Arme in der Gemeinde, denn es sei offensichtlich, dass Orte und Städte, in denen keine Juden wohnen, an Gut und Ehre zunähmen.

Frage 4 beschäftigt sich konkret mit dem Problem, ob weltliche oder geistliche Richter zuständig sind, wenn gezahlte Wucherzinsen zurückgefordert und wieder erlangt werden sollen.

Teuschlein, der sich auch in juristischen Fragen für kompetent hält, **meint dazu**: Wenn weltliche Richter säumig sind, so sollen geistliche Richter den Prozess führen, dazu unter Androhung des Banns allen Christen verbieten, so lange Gemeinschaft mit den Juden zu haben, bis diese den empfangenen Wucher zurückgezahlt haben (biiijv).

Bei **Frage 5** wundert sich der Fragesteller, warum die Juden, die seit den römischen Kaisern Titus und Vespasian, auch von vielen anderen Fürsten und Städten, zuletzt durch den Ausweisungsbeschluss des Rothenburger Rates auf Lichtmess (2. Februar) 1520 so viel Ablehnung erfahren hätten, nicht unter den Heiden, sondern unter den Christen leben wollten.

Teuschleins überraschende **Antwort** lautet: Weil die Juden nirgends solche Güte und Liebe erfahren wie bei den Christen. Von den Heiden seien sie verfolgt und getötet worden und hätten sich deshalb zu den Christen geflüchtet, wo sie auch anfangs arbeitsam gewesen seien (Cijr).

Denn als die Habsucht im Geistlichen und Weltlichen noch nicht so groß gewesen sei wie heute und als zeitliche Güter noch gering geschätzt wurden, durften Juden keinen Wucher treiben. Jetzt aber, da alle Stände sich der teuflischen Habsucht schuldig gemacht haben, sei es besser, „das wir sie vo(n) uns weysen dan gedulde(n)" (ebd.). Die Glocke sei nun gegossen, das Fleisch siede, man müsse nun den Schaum abschöpfen, der neue Wein sei nun rein geworden, und die Hefe müsse davon getrennt werden. Deshalb sei es nun an der Zeit, sie hinauszuwerfen. Einer, der mit Ruß oder Druckerschwärze umgehe, macht sich schwarz, und wer es mit einem alten Kessel zu tun habe, beschmutze sich (Cijv)[47].

In **Frage 6** erkundigt sich der fragende Freund, welche Rechtfertigungsgründe für die Vertreibung von Juden es geben mag.

Teuschlein sieht die **Antwort** in fünf „Büchern" gegeben. Zunächst im „Buch der Natur". Wie jedes Tier liebe auch der Mensch seinen Nutzen und vermeide das Schädliche. „Nun

---

47 Die Häufung von Sprichworten und sprichwörtlichen Redensarten zeigt deutlich Teuschleins Volksnähe und verweist auch in der Erwähnung der Weinherstellung auf seine unterfränkische Herkunft.

seind uns die juden schedlich an leib, gut, und das meher ist, an der sele. darumb verweisest tu sie billich" (Cijv).

Sodann stehe das auch geschrieben „in dem weltlichen und lehenbuch (= Buch der Belehrung), welches buch ist das gemelde." Denn wie der Gelehrte in dem Buch der Schrift lese, so lese der Laie in den Gemälden. An den Gerichtsgebäuden vieler Städte sei bildlich dargestellt, wie Gotteslästerer zu behandeln seien, vor allem, dass sie vertrieben werden[48]. Wenn man Christen gegenüber so verfahre, warum dann nicht auch gegenüber Juden (Ciijr)?

Und das dritte Buch sei das Alte Testament. Im ersten Kapitel der Genesis lesen wir: „got habe abgesondert das liecht von der finsternuß. wir christen sein das liecht[49], erleuchtet durch den christlichen glauben, ir wart vorzeiten finsternuß, jetzund aber das liecht. Die Juden seind die finsternuß von wegen der unwissenheit. darumb vermant uns Paulus und spricht: *Geet auß mitten von in und werdet abgesondert von inen*[50]; *ir solt nit berüren alles, was ir ist, das ir nit mit verderbet in iren sünden"* (ebd.)[51].

Viertens zeige das Buch der menschlichen Sitten, dass ein guter Hausvater alles Schädliche von den Seinen fernhalte (Ciijv).

Und schließlich zeige das Buch der Exempel, wie mit den Juden andernorts verfahren wurde. Am Beispiel von „Nürmberg, Augspurgk und Regenspurgk" (Ciijr) könne und solle man sich orientieren.

Zuletzt wird **siebtens** die **Frage** gestellt, mit welchen Mitteln man die bei geistlichen und weltlichen Fürsten und Städten ganz „eingewurzelt(en)" Juden „ausreuten" könne. Die Kirche sei jetzt so eigenständig, dass man der Juden nicht mehr bedürfe wie früher, etwa zum Verständnis des Leidens Christi.

Teuschlein **antwortet** mit Mt 17,21:[52] „Dieses teuflische Geschlecht wirdt anders von euch nicht vertrieben, als durch das Fasten und das Gebet" (Ciiijr). Fasten, so erklärt Teuschlein, sei die Enthaltung von jüdischem Geld. Das Gebet sei an Maria zu richten, damit sie helfe, ihre, ihres lieben Sohnes und unsere Feinde zu vertreiben (Cvr).

Teuschlein schließt mit der Bemerkung, nach der Vertreibung der Juden dürfe man sich von Maria und ihrem lieben Sohn, auch vom Märtyrer Sankt Sebastian ein langes Leben erhoffen, um die Sünde zu büßen, und nach diesem elenden Leben dürfe man darauf hoffen, das ewige zu erlangen (Cvv).

Diese Schrift Teuschleins muss unmittelbar nach dem Beschluss des Rothenburger Rats vom 7. November 1519, die sechs jüdischen Familien auszuweisen, verfasst worden sein. Wie auch in der Schrift erwähnt, war als Termin des Abzuges ausgerechnet das Fest der Maria Immaculata, also der „Reinen Maria", der 2. Februar 1520 festgelegt. Zur Verehrung der Reinen Maria wollte Teuschlein, wie in Regensburg, die Synagoge umwidmen, nachdem eine entsprechende Änderung bei der Kobolzeller Marienkapelle im Sommer 1519 nicht gelungen war.

---

48 Ciijr: „Nun findest du in etlichen stetten an den gerichts orten gemalt, wie man den gots lesterer die zungen zu (= aus) de(m) nacke(n) rauß reißt, darnach die stat verbeut."

49 Soweit ich sehe, handelt es sich hier um eine spezielle Deutung der Stelle Gen 1,4 durch Teuschlein, wie sie sonst in der antijüdischen Polemik nicht verwendet wird.

50 2 Kor 6,17.

51 Apk 18,4, im Text ohne Stellengabe.

52 Fälschlich ist angegeben Mk 10; Ciiijr.

Die Bedingungen des Ratsbeschlusses können kaum als „human" (so Schnurrer 2012, S. 53) bezeichnet werden. Allein schon die Terminierung für den Auszug, das Fest der Reinen Maria am 2. Februar 1520, muss als besondere Härte angesehen werden, macht dieser Termin doch klar, in welche Richtung die Entwicklung laufen sollte. Der Rat beachtete aber eigene Bedingungen nicht mehr, dass etwa die Juden ihre Forderungen bis dahin noch geltend machen durften. Vielmehr ließ man den Mob, angestachelt durch Teuschlein, einfach agieren. Obwohl es den Bürgern bei Strafandrohung verboten war, die Juden zu betrüben oder zu belästigen oder sie mit Worten oder tätlich, heimlich oder offen, in ihren Häusern oder auf den Straßen zu beleidigen oder zu bekümmern, goss Teuschlein, wie wir gelesen haben, weiter Öl ins Feuer.

Um seine Haltung zur zentralen Frage des Zinses einordnen zu können, muss hier etwas weiter ausgeholt werden. Im Mittelalter bildete das Verbot des Zinses (lat. *faenus/fenus*) und daraus folgend des Wuchers (lat. *usura*) ein zentrales Thema der kirchlichen Ethik (Le Goff 2008). Es gibt kaum eine Synode oder ein Konzil des Mittelalters, das sich nicht mit diesem Problem beschäftigt hätte. Die Regelungen hatten enorme Auswirkungen auf die Mehrheitsgesellschaft der Christen, die Minderheit der Juden und das Verhältnis beider Gruppen zueinander[53]. Der biblische Befund belegt, dass zwar nur an wenigen Stellen, dennoch aber deutlich ein Verbot des Zinsnehmens ausgesprochen wird. Es handelt sich um vier alttestamentliche Stellen und um einen neutestamentlichen Text:

Ex 22,24 verbietet die Zinsnahme von Juden untereinander. Diese Maxime wurde auch von Christen im Mittelalter übernommen.

Lev 25,35–37 gebietet die Unterstützung des Notleidenden ohne Zins und den Verkauf von Speise ohne ungebührlichen Aufschlag oder Gewinn.

Dt 23,20 erlaubt, bei Wiederholung des Zinsverbots unter Glaubensgenossen, die Zinsnahme von Ausländern.

Ps 15,1–5 antwortet auf die Frage, wer im Zelt Gottes wohnen dürfe: „Wer untadelig lebt und tut, was recht ist, ... wer sein Geld nicht auf Zinsen gibt."

Lk 6,34f. fordert dazu auf, zu geben und zu verleihen, ohne etwas dafür zu erwarten.

Seit der Alten Kirche gilt demnach der Wucher und auch schon der einfache Zins als Sünde und als Hindernis für die Seligkeit. Schon Papst Leo I. (um 400–461) prägte die Formel: *„Fenus pecuniae funus est animae"* – „Des Geldes Zinsgewinn ist der Seele Tod". In Verkennung der wirtschaftlichen Entwicklung des Mittelalters verschärften die kirchlichen und weltlichen Autoritäten das Zinsverbot theoretisch. Zins wurde dem Diebstahl gleichgesetzt und stellte somit einen Verstoß gegen das siebte Gebot dar. In der Praxis konnte dieses Postulat nie aufrechterhalten werden. Je höher der Rang der Zinsnehmer war und je größer die Summen, die benötigt wurden, desto selbstverständlicher wurde Geld gegen Zinsen verliehen. Kein durch Landsknechte finanzierter Krieg, kein großes Bauvorhaben, keine Hofhaltung kam ohne Darlehen und Zinswirtschaft aus. Geldgeber im großen Stil waren die Banken christlicher Inhaber. „Aufgenommen waren etwa allein bei der Medici-Bank in Florenz, die damals Lorenzo il Magnifico leitete (1449–1492), ... insgesamt vermutlich mehr als 25000 Pfund, was fast an ein Jahresbudget der englischen Krone heranreichte"[54]. Die

---

53 Privatrechtliche Aspekte des Problems skizziert Horn 1992, S. 99–114.
54 Fried 2008, S. 167ff.

Rechtsgelehrten zeigten sich erfinderisch in der Umgehung des Zinsverbots durch abenteuerliche Konstrukte. Meist wurde der Zins einfach anders benannt und so verschleiert. Häufig beschränkte man sich darauf, die für heutige Verhältnisse immens hohen Zinssätze nach oben zu begrenzen. Dadurch stellte sich häufig die Frage, wo geduldeter Zins endete und Wucher begann. Die Zinsfrage war kein rein deutsches Problem, sondern ein übergeordnetes der abendländischen Christenheit. In Italien, Frankreich und England herrschten diesbezüglich gleiche Verhältnisse. Die kirchlichen Zinsverbote wurden von den Predigern anhand von Beispielsammlungen, den sog. *Exempla*, erläutert und verbreitet.

Da jedoch weder der Fernhandel noch der lokale Kleinhandel ohne Zinswirtschaft aufrechtzuerhalten waren, wurde von Papst Alexander III. den Juden gestattet, maßvoll Geldgeschäfte zu betreiben. Bereits das Vierte Laterankonzil (1215) verbot für den Fall, dass Christen von Juden unmenschlich behandelt werden, dass also Juden überzogene Zinsen verlangen, jeden Handel zwischen Juden und Christen, bis Wiedergutmachung geleistet ist. Obwohl nun die Kleinkredite – und nur diese – häufig in jüdischen Händen waren, und obwohl diese Kredite die lokale Wirtschaft ermöglichten, wurden Juden durchgehend als unliebsame Konkurrenz empfunden, deren Möglichkeiten auf verschiedene Weise immer wieder eingeschränkt wurden. Dazu gehörten nicht nur antijüdische Äußerungen wie die von Johannes Teuschlein, sondern auch schwerwiegende Pogrome zulasten der jüdischen Mitbürger. Allein in Rothenburg kamen beim sog. Rintfleisch-Pogrom im Jahre 1298 insgesamt 469 namentlich genannte Opfer zu Tode (Steffes-Maus 2014, S. 14).

Bei Teuschleins Äußerungen zum Zins, die man kaum Argumentation nennen kann, fällt auf, dass weder auf die einschlägigen biblischen Stellen noch auf die theologiegeschichtlichen oder gar zivilrechtlichen Aspekte eingegangen wird. Teuschleins Sätze bewegen sich allein im Rahmen der damals aktuell in Rothenburg vorgetragenen Forderung, dass die von Juden gewährten Darlehen vor deren Abzug aus der Stadt ohne Zinsen zurückgezahlt werden sollen bzw. dass bereits gezahlte Zinsen auf die noch zu leistende Rückzahlung angerechnet werden müssen. Und dies alles, wie gesagt, ohne Rücksicht auf die ökonomische Wichtigkeit von solchen Darlehen für die kleinstädtische Wirtschaft. Teuschlein kann somit kaum als eigenständiger Ideologe antijüdischer Polemik angesehen werden. Seine Thesen sind weder originell noch neu. Dennoch kann eine unreflektierte Übernahme von gesellschaftlichen Vorurteilen nicht als intellektueller Ausweis angesehen werden. Im Gegenteil: Teuschleins Wirken hat ganz wesentlich dazu beigetragen, dass der Rothenburger Mob die Juden terrorisierte und schließlich vertrieb. Auch lässt sich bei Teuschlein ein fehlendes Verständnis für wirtschaftliche Abläufe erkennen. Vor allem wird von ihm übersehen, dass der rechtliche Status und die ökonomische Tätigkeit der Rothenburger Juden damals abgesichert waren, was zu großen juristischen Spitzfindigkeiten führte, um dennoch der Ausweisung den Schein des rechtlich Korrekten zu geben. Auch wenn die Verantwortung für die getroffenen Maßnahmen letztlich beim Rat mit seinen Juristen und Ratgebern lag, so ist doch festzuhalten: Teuschleins antijüdische Agitationen verstärkten die judenfeindliche Stimmung der Bevölkerung. Unter diesem Eindruck glaubte der Rat, die Ruhe nicht anders wiederherstellen zu können als mit dem Beschluss, die Juden auszuweisen.

Die Umwandlung von Synagogen in Marienkapellen gehörte nicht zum reformatorischen Handlungsprogramm. Die meisten Umwandlungen zwischen 1349 und 1520 fanden im 14. und 15.

Jahrhundert statt[55]. Mit seiner antijüdischen Agitation, die auf praktischen Vollzug abzielte, handelte Teuschlein zweifellos außerhalb des reformatorischen Konsenses. Zu dieser Zeit, 1520/21, vertrat er in der Messe noch den Gedanken der „Wandlung" bei der Eucharistie (Transsubstantiation) und setzte sich somit auch hier in einen Gegensatz zur evangelisch-reformatorischen Theologie Wittenberger und süddeutscher Prägung. Dies wird in der folgenden Schrift deutlich.

Zu 4.: *Sermon*

Kurz nach der *Auflosung*, seiner Schrift gegen die Juden, ließ Teuschlein Anfang des Jahres 1521, wieder[56] bei dem renommierten Nürnberger Drucker Friedrich Peypus, eine wohl noch im Jahr 1520 gehaltene Predigt erscheinen unter dem Titel: *Eyn sermon wyder die vnzymliche vn(d) vnordeliche Tragung d(es) zypffelbiredt vnder dem heiligen Gotlichen ampt zu Rottenburgk auff d(er) Tauber, jm xxj Jar Gescheen. Largire Clarum Vespere* (= *Sermon*).

Diese seltene[57] und bisher kaum ausgewertete letzte Druckschrift Teuschleins ist in mancherlei Hinsicht besonders interessant. Einerseits wird ein neues, wie sich zeigen wird, später sehr populäres Thema angegangen, nämlich die Frage der Kleidung und der Mode in ihrem Bezug zum gottesdienstlichen Handeln und zur christlichen Lebensführung überhaupt. Sodann ist von Interesse, ob die für die letzten Jahre seiner Tätigkeit behauptete Hinwendung zu reformatorischem Gedankengut hier einen Anhalt finden kann. Und schließlich ist zu fragen, ob Teuschleins Ideen hinsichtlich angemessener Kleidung eine feststellbare Wirkung zeitigten. Das für Teuschlein typische Motto „Largire..." („Schenke helles Licht am Abend")[58] ist auch im *Index* zu Augustin und mehrfach in der *Auflosung* zu finden, hier meistens am Ende

---

55 Siehe Beitrag von Hedwig Röckelein in diesem Band, Anm. 8 und 9.

56 Auch der *Index* wurde von Peypus gedruckt, ebenso die *Auflosung*.

57 Meines Wissens haben sich nur Exemplare in München, Kraków (Biblioteka Jagiellońska, Sign. Cu 7360), Wolfenbüttel (Herzog August Bibliothek), Zwickau (Ratsschulbibliothek) und Rothenburg o.d.T. (Stadtbibliothek) erhalten.

58 Das Zitat geht zurück auf einen altkirchlichen, dem Kirchenvater Ambrosius zugeschriebenen Hymnus:

Rerum, Deus, tenax vigor,
immotus in te permanens,
lucis diurnae tempora
successibus determinans.

Largire clarum vespere,
quo vita numquam decidat,
sed praemium mortis sacrae
perennis instet gloria.

Praesta, Pater piissime,
Patrique compar Unice,
cum Spiritu Paraclito
regnans per omne saeculum.

Online auf: https://gregorien.info/chant/id/8873/13/de [18.9.2023].

Abb. 25: Titelblatt des Sermon gegen das Tragen der Zipfelhauben im Gottesdienst (1521).

Abb. 26: Hans Sebald Beham, Monatsbild Mai und Juni, 1540: Bauer mit Zipfelbirett (Zweiter von links.)

der Antwort Teuschleins auf die anonymen Fragen. Das Motto taucht also in allen theologischen Schriften Teuschleins auf, während es in der Bearbeitung der lateinischen Grammatik *Ars minor* des Donat keinen Grund gehabt hätte.

Der Titel der Schrift ist etwas irreführend. Birette[59] oder Barette (Foltin 2006, S. 124–131) waren im 15. und 16. Jahrhundert als Kopfbedeckungen von Geistlichen und Gelehrten verbreitet. Albrecht Dürer, der sich wegen seiner kunsttheoretischen Arbeiten auch als Gelehrter verstand, hat in seinem Selbstporträt in venezianischer Tracht aus dem Jahr 1498 (heute im Museo del Prado in Madrid[60]) ein besonders aufwendiges Exemplar dargestellt (Eberlein 2014, S. 36–38). Wie die weiteren, im Text verwendeten Synonyme zeigen, handelt es sich bei der titelgebenden Kopfbedeckung um die unaufwendige Zipfelhaube oder Zipfelmütze, die vom einfachen Volk im Alltag getragen wurde und die in der Regel bei Frauen unter dem Kinn mit einem Band festgehalten wurde. In Rothenburg hatte es sich offenbar eingebürgert, dass Männer und Frauen diese Hauben auch während

---

59 Zum Begriff „biret" vgl. Grimm, Jacob und Wilhelm: Deutsches Wörterbuch, online, unter diesem Stichwort auf: https://woerterbuchnetz.de/?sigle=DWB&lemid=B07447 [5.11.2023].

60 Vgl. Schnabel, Norbert: Seht her, ich bin ein Künstler! – Albrecht Dürers Selbstbildnis in Madrid, 2020, auf: http://syndrome-de-stendhal.blogspot.com/2013/01/seht-her-ich-bin-ein-kunstler.html.[10.7.2023].

der Gottesdienste trugen. Was Teuschleins besonderen Widerstand hervorrief, war die Tatsache, dass die Männer diese Haube nicht einmal während der Wandlung abnahmen.

Teuschlein setzt ein mit einer Paraphrase von 1 Kor 10,31-33, eine Stelle, die sich gedanklich durch den ganzen Text zieht und auf die er auch in der Schlussbemerkung wieder verweist: „Ihr lieben Kinder, alles was ihr tut, sei es beim Essen oder beim Trinken oder bei etwas anderem, wie man es nennen mag oder soll: Tut das alles in der Absicht, dass Gott dadurch gelobt und gerühmt werde, dass ihr dadurch Gott annehmbar werdet und dass der Nächste gebessert werde"[61]. Die ebenfalls einschlägigen Stellen Röm 12 und 2 Kor 8,21 werden lateinisch zitiert, was ein Hinweis auf einen von Teuschlein verwendeten Vulgata-Text sein könnte: *„providemus (enim) bona non solum coram Deo[62], sed etiam coram hominibus"*, wobei Teuschlein noch ein *„omnibus"* vor *„hominibus"* einfügt: „(Denn) wir achten darauf, dass es redlich zugehe nicht allein vor Gott (dem Herrn), sondern auch vor allen Menschen". Aber der böse Geist bemühe sich bei uns nochmals, so der Prediger, wie er das vor vielen Jahren schon einmal getan hat, den Ruhm und die Ehre Gottes und der Menschen Seligkeit zu behindern. Mit dem bösen Geist ist, wie eine Randglosse belegt, „Der teuffell" gemeint (dies ist für die Wirkungsgeschichte des Textes von Bedeutung). Er „bemuet sich, dy menschen zu hintere(n) yn d(er) ere gottes"[63]. Als Vorbild wird auch Salomo hingestellt, der trotz all seiner Pracht vor Gott auf die Knie gefallen sei und die Hände erhoben habe (1 Kön 8,22;54). So wie sich zur Zeit viele Dinge ändern in der Welt, so haben sich nun auch einige unterstanden, während der Wandlung[64] des hochwürdigen Sakraments in der Kirche anwesend zu sein „midt yren zypfelhauben", eher aber Narrenhauben, weil sie nach weibischer Art unter dem Kinn gebunden sind[65]. Dies verstößt zunächst gegen die guten Sitten. Man soll sich an die Lehren der Eltern und der Schulmeister erinnern, die uns in guten Sitten unterwiesen haben. Wenn man schon die Respektspersonen ehren soll, um wie viel mehr dann das heilige Sakrament in der Kirche oder auf der Gasse. Deshalb: „Steh auf, entblöße dein Haupt gegen Gott dcinen Herrn, und bleib nicht bedeckt stehen wie ein gemalter Götze". Sodann verstößt das Haubentragen gegen Gottes Ehre. Sie werden getragen, obwohl keine Gebrechen erkennbar sind, schon gar nicht bei den Jungen, sondern man trägt die Hauben aus Hoffart und Übermut, so als wären sie aufgenagelt. Aber selbst denen, die „blöden (= schwachen) Haupts" sind, ist die

---

61 Sermon, Aiv: „Ir lieben kinder, alles was ir thut, es sey midt essen oder trincken oder gleich w(a)s anders, wy ma(n) ß nennen magk oder soll, das alles thut, yn solcher meynu(n)ge, das gott do durch gelobt vnd glorificirt, yr dodurch gott genem vn(d) der nechst gebessert werde".

62 Im griechischen Neuen Testament steht *„ἐνώπιον Κυρίου"* – „vor dem Herrn".

63 Sermon, Aijr.

64 Offenbar hat Teuschlein das reformatorische Abendmahlsverständnis Ende 1520 und Anfang 1521 nicht geteilt und nicht praktiziert. Somit ist ein zentraler Teil der reformatorischen Theologie, das Sakramentsverständnis, nicht in Teuschleins Gottesdienstpraxis integriert. Die lutherischen Theologen haben ihre Abendmahlslehre allerdings erst Mitte der 1520er-Jahre systematisch publiziert, beginnend mit dem Syngramma Suevicum von Johannes Brenz und anderen im Oktober 1525 (gedruckt im Januar 1526), also nach Teuschleins Tod.

65 Die hier angesprochenen Modefragen werden, besonders für süddeutsche Reichsstädte, illustriert durch das sog. Trachtenbuch des Matthäus Schwarz (1497-1574), des Oberbuchhalters von Jakob Fugger dem Reichen (1459-1525); vgl. dazu Rublack/Hayward 2015.

Abb. 27: Illustration zu Sebastian Brants Narrenschiff, 1494 (Albrecht Dürer zugeschrieben). Die Zipfelhaube wird zur Narrenkappe, wer sie im Gottesdienst trägt, versündigt sich gegen den Gekreuzigten, so Teuschlein.

kurze Abnahme während der Wandlung zuzumuten. Das verlangt auch die Heiligkeit der Stätte und die Rücksicht auf den Nächsten. Man soll nicht zum „strauchstein" (Stein des Anstoßes) für andere werden. Wer aber die Haube aufbehält, handelt nicht anders als die „schnöden und lesterlichen juden", denen Alte und Junge bei dieser Unsitte durch die Eingebung des bösen Geistes, also des Teufels, nachfolgen (Bir).

Wenn Teuschlein das Tragen der Zipfelmützen im Gottesdienst als Werk des Teufels bezeichnet, so steht er damit am Anfang einer ganzen literarischen Gattung, die im 16. Jahrhundert geradezu aufblühen sollte, der sog. Teufel(s)bücher. Vor allem der evangelische Theologe und Reformator Andreas Musculus (1514–1581) hat

Abb. 28: Andreas Musculus, Vom Hosen Teuffel, 1556.

mit sehr erfolgreichen Publikationen auf diesem Gebiet Unsitten seiner Zeit angeprangert. Die Themen, die Musculus und seine Nachahmer (Grimm 1960, S. 513–570) aufgriffen, scheinen unerschöpflich. Es handelt sich bei dem angeprangerten Fehlverhalten nicht nur um Modetorheiten, sondern auch um Verstöße gegen religiöse Grundsätze, etwa das Gebot, dem Nächsten kein Ärgernis zu geben. Titelbeispiele wären der „Zauberteufel", der „Kleiderteufel", der „Hoffartsteufel", der „Hosenteufel", der „Saufteufel" (Stambaugh 1970–1980) u.Ä.

Auch ein Rothenburger hat noch im 17. Jahrhundert die von Teuschlein mit seiner Schrift vom damals noch nicht so genannten „Mützenteufel" eröffnete Anklage fortgesetzt, nämlich der Superintendent Johann Ludwig Hartmann mit seinem Buch *Alamode-Teufel: Nach der heutigen Hoffarth in Kleydern, Haaren, Schmincke, Entblößen etc. Mannigfaltigkeit und Abscheulichkeit; Der Entschuldigungen Nichtigkeit und Abstellung Nothwendigkeit, vorgestellt von Johanne Ludovico Hartmanno, der Heil. Schrifft Doctorn.*

Rothenburg ob der Tauber 1675[66]. Hier wurde Teuschleins theologisch begründete Kritik in eine eher weltliche Abrechnung mit dem Zeitgeschmack weiterentwickelt bzw. abgeschwächt. Somit ist Teuschleins Name auch mit der Geschichte der Mode und ihrer Kritik verbunden, ein angesichts seiner selbstgewissen Persönlichkeit als humanistischer Gelehrter doch eher überraschender Befund.

Von einem weiteren gedruckten Werk, für dessen Herausgabe sicher Teuschlein verantwortlich war, wie schon Schnurrer zutreffend vermutete (Schnurrer 1980a, S. 467f.), muss hier noch die Rede sein, nämlich vom sog. Mirakelbuch, das die Wunder verzeichnete, die an der Kapelle der Reinen Maria geschahen. Es erschien 1520 unter dem Titel: *Hiernach sein begriffen die gros=∥sen wunderzaichen so geschehen sein ∥ vñ noch teglich geschehen durch ∥ die Rayn Maria die mueter ∥ gottes zu Rotenburg ∥ auff der Tauber ∥xx. Jar* (= 1520; VD16 G 3464)[67]. Bereits vor dem Zweiten Weltkrieg gehörte es unter der Signatur Yg 7056 zur Rara-Sammlung der Preußischen Staatsbibliothek in Berlin. Im Zuge kriegsbedingter Bestandsverlagerungen wurde das Buch in das schlesische Schloss Fürstenstein verbracht. Von dort kehrte es nicht mehr nach Berlin zurück. In einem internen Verzeichnis konnte jedoch ermittelt werden, dass sich die Schrift jetzt in der Biblioteka Jagiellońska Kraków (Polen) befindet[68]. Somit scheint das Exemplar in Krakau das einzig nachweisbare zu sein. Dank der freundlichen Unterstützung der Mitarbeiter dieser Bibliothek[69] konnte das seit Langem als verschollen geltende und nicht mehr auffindbare Buch wieder eingesehen und ausgewertet werden.

Außer dem Titeltext erscheint ein Holzschnitt, der Maria mit dem Kind zeigt. In einem Spruchband ist zu lesen *„TV ES SINGVLARIS VIRGO PVRA"* („Du bist die einzigartige reine Jungfrau"), wobei die Buchstaben S und N, wohl infolge eines Versehens des Holzschneiders, seitenverkehrt wiedergegeben sind. In einer Art Predella, auf der das Marienbild aufruht, liest man: *„Maria mater gratie, largire clarum vespere"* („Gnadenreiche Mutter Maria, schenke klares Licht am Abend"). Die zweite Zeile ist Teuchleins Motto in all seinen theologischen Schriften und ein klarer Beleg für seine Verfasserschaft.

Der gesamte Text ist, was bisher nicht bekannt war, in Paarreimen nach dem Schema a,a,b,b abgefasst. In einer kurzen Vorrede beteuert der Verfasser, der sich hier als „armen dichter" bezeichnet, dass die zahlreichen Heilungswunder, die nachfolgend berichtet werden, nicht von ihm erfunden seien („Ist nit erlogen, was ich sag"*)* und dass es zahlreiche Zeugen der Geschehnisse gebe: „Was wunder groß sy (Maria) hat getan … Zu Rotenburg yetz in der stat, Manch christen mensch gesehen hat". Danach werden 37 Heilungswunder[70] von Krankheiten oder Unfallverletzungen berichtet, die infolge von Anrufungen der Reinen Maria zu Rothenburg und damit verbundenen Gelöbnissen beobachtet wurden. Wie im Johannesevangelium werden diese Heilungen jeweils „zaichen" genannt

---

66 VD 17 – 1:075568D.

67 Dort ohne Standortangabe. Da der Druck lange nicht auffindbar war, hat man vermutet, es könnte sich auch um ein handschriftliches Manuskript handeln.

68 Freundliche Auskunft durch Frau Eva Rothkirch, Staatsbibliothek Berlin – Preußischer Kulturbesitz, vom 18.9.2023.

69 Mein besonderer Dank gilt den Herren Dr. Jacek Partyka und Adam Szcepaniec für ihre Kooperation.

70 Drei weitere an der Kapelle der Reinen Maria geschehene Wunder wurden durch den Nürnberger Sänger Kun(t)z Haß überliefert; s. Beitrag von Hedwig Röckelein in diesem Band, Anm. 9–13.

Abb. 29: Titelblatt des sog. Mirakelbuchs von Johannes Teuschlein, 1520.

Abb. 30: Balthasar Hubmaiers Wunderbuch, 1520 (Bayerische Staatsbibliothek München, Rar 4541).

ist: Genannt werden in der Regel: Der Name und der Herkunftsort der geheilten Person, Art und Schwere des Leidens, die Anrufung der Reinen Maria, oft verbunden mit einem Gelübde für eine Opfergabe oder eine Wallfahrt, die spontan oder nach Erfüllung des Gelübdes eingetretene Heilung, die Bekräftigung der Wahrhaftigkeit des Geschehens durch Teuschlein, die große Zahl von Zeugen, gelegentlich Angabe eines Datums. Für alle Begebenheiten behauptet Teuschlein das Vorliegen schriftlicher Berichte. In einer „Beschlußredt" berichtet der Verfasser, die Wunder hätten eingesetzt am Sonntag nach Epiphanias[71], „Da man die Synagog verspert". Noch einmal versichert zum Schluss Teuschlein die Wahrheit des Berichteten: „Vnd sag das auff mein Ayd warhafft, Oder mein Seel werdt ewig gstrafft". Lügen wären gerade hier fehl am Platz: „Die rayn Maria nit begert, Das sy mit liegen[72] werdt geert".

Zur Verdeutlichung soll hier exemplarisch ein „Wunderbericht" wiedergegeben werden:

und gezählt. Im Titel lautet der Begriff „wunderzaichen". Ohne dass bei jedem Bericht alle folgenden Merkmale auftauchen, so folgt doch die Beschreibung des Geschehens weitgehend dem literarischen Vorbild, wie es in den Evangelien zu lesen

Das Dridt zaichen [3].
Furpaß so solt jr mercken schlecht[73]:
Von langen Staynach[74] ein Steynmetzknecht,
Hanns metzner, *wardt gehawen hye*
In ain bayn, hart oben dem knye.

---

71 Der 6. Januar 1520 war ein Dienstag, der folgende Sonntag war also der 11. Januar 1520.
72 Lügen.
73 leichtverständlich
74 Langensteinach, 17 km nördlich Rothenburg.

Do jm die wunden gehaylet wardt,
 Ser must er hyncken auff der fart⁷⁵.
Dasselbig werdt wol Jar vnd tag,
 Het auch keyn rwe, so thut er sag.
Er lag, gieng, stündt, seß, mich verstee,
 Am selben payn het er groß wee,
Also das er sich da vermaß
 Im wider auff zu etzen das⁷⁶.
In solchen viel jm in sein syn,
 Da die Juden all warn von hyn,
Wie er ain bild solt machen lan
 Zu lob Maria vnd jrem Son,
So wurdt er an seym payn gesundt.
 Ein solchs verhieß er jr zu stundt.
Ließ schnitzen Maria figur,
 Hat an jrm arm jr kindt gantz pur.
Zuhandt⁷⁷ jm all sein wee verschwandt
 Vnd wardt gerad. Das selb pild standt
Hawß eynig⁷⁸ vor der Synagog,
 Von menigklich geeret hoch.
Yetz im altar, geert altag,
 Ist als⁷⁹ geschehen, wie ich sag.

Beim Abfassen des Mirakelbuchs orientierte sich Teuschlein bis in die Titelformulierung hinein wieder an seinem Vorbild Balthasar Hubmaier, der bereits am 25. März 1519 die Sammlung der angeblichen Wunder bei dem Gnadenbild der Schönen Maria in Regensburg dem Rat vorgeschlagen, sie selbst überprüft und ebenfalls 1520 veröffentlicht hatte⁸⁰.

Die judenfeindlichen Formulierungen der *Auflosung* wiederholt Teuschlein auch im Mirakelbuch und gibt sich auch dadurch als dessen Verfasser zu erkennen, so z.B. im 28. zaichen:

Sein fraw⁸¹ rufft an die raynen mayd
Zu Rotenburg ja in der stat,
 Da sy sonderlich wonung hat,
Yetzundt geert an dysem endt,
 Da sy vormals ist offt geschent
Von der verfluchten Judischheyt.

Der Zulauf zur Rothenburger Marienkapelle scheint beträchtlich gewesen zu sein. Die Menschen kamen nicht nur aus dem näheren Umkreis, sondern sogar aus den Haßbergen (Riedbach; 4. „zaichen") und dem Odenwald (aus Höchstädten, heute Stadtteil von Bensheim an der Bergstraße; 37. „zaichen"). Die zahlreichen Namensnennungen bieten reiches Material für prosopographische Forschungen, die beschriebenen Verletzungen und Krankheiten lassen sich soziologisch und medizinhistorisch untersuchen. Somit ist Teuschleins Wunderbuch nicht nur eine wertvolle Quelle für spezifische Elemente der Volksfrömmigkeit und der theologischen Position seines Autors zur damaligen Zeit Ende 1520, sondern es spiegelt auch unterschiedliche Facetten der Stadtgeschichte zu seiner Entstehungszeit.

---

75 auf dem Weg, beim Laufen

76 dass ihn das auffressen werde

77 sogleich

78 einige Häuser

79 so

80 Vgl. Micus 2020, S. 137–152. Das Buch erschien 1520 in Nürnberg unter dem Titel *Jn disem buchlein || seind begriffen die wunderbarlichen || zaychen/ beschehen zu Regenspurg zu der schönen || Maria der mutter gottes.|| Nürnberg: Hieronymus Höltzel 1520* (VD16 W 4622).

81 Die Frau von Leonhart Scheffer aus Igersheim.

Clag etlicher brüder: an alle christen von der grossen vngerechtikeyt vnd Tirannei/ so Endressen Bodenstein von Carolstat yzo vom Luther zů Wittenberg geschit.

Valentinus Ickelschamer zů Rotenburg vff der thawber.

Horst F. Rupp

Valentin Ickelsamer und seine Schrift „Clag etlicher brüder ..." – eine wichtige Rothenburger Stimme zu Zeiten des Bauernkriegs

1 Einleitung

Betrachtet man sich die Rothenburger Geschichte und das „Personal", das diese Geschichte mit geprägt hat, im Überblick, so ragen einige Personen bzw. Namen über alle anderen hinaus. Über die Stadt bzw. Region hinaus hat etwa Rabbi Meir ben Baruch (ca. 1220–1293) gewirkt, der „Maharam" von Rothenburg, wie er auch genannt wurde. Er war zwar kein gebürtiger Rothenburger, aber sein Name ist untrennbar mit der Stadt ob der Tauber verbunden. Er war in seiner Zeit, also im 13. Jahrhundert, eine der wichtigsten Größen des europäischen Judentums, den man etwa in religiösen und auch rechtlichen Auseinandersetzungen in jüdischen Gemeinden anfragte und dessen Antworten, „Responsen", wie sie genannt wurden, auf diese Anfragen autoritative Geltung beanspruchten und von den jüdischen Menschen und Gemeinden auch zugesprochen erhielten. Mit in diese Kategorie überregional bedeutsamer Persönlichkeiten gehört mit Sicherheit auch Valentin Ickelsamer, auch wenn man sich häufig in Rothenburg selbst dieser Bedeutsamkeit oft nicht bewusst war bzw. auch ist. Anders als Meir ben Baruch liegen seine familiären Wurzeln in Rothenburg bzw. seiner Landwehr, wie das Herrschaftsgebiet der Tauberstadt genannt wurde. Er ist eine der zentral bedeutsamen Persönlichkeiten der Anfänge der deutschen Muttersprachen-Didaktik. Er war Zeitgenosse Martin Luthers, mit diesem seit seiner Studienzeit an der Universität in Wittenberg auch persönlich bekannt. Hatte Luther mit seinen Schriften, speziell auch mit seiner Übersetzung der Bibel ins Deutsche, die Form der früh-neuhochdeutschen Sprache grundlegend geprägt, so lässt sich in Bezug auf Ickelsamers Wirken feststellen, dass er kongenial zu Luther mit seinen sprachanalytischen und -didaktischen Schriften die didaktische Vermittlung der deutschen Muttersprache revolutionierte, was eine Art „kopernikanische Wende" auf diesem Feld verkörperte.

Wir wollen nachfolgend ein knappes Lebensbild Ickelsamers entwerfen, natürlich, wie es unser thematischer Rahmen nahelegt, mit einem Schwerpunkt auf seiner frühen Zeit. Dabei fokussieren wir uns vor allem auf sein Wirken in der ersten Hälfte des dritten Jahrzehnts des 16. Jahrhunderts, also auf die Zeit, in der er zusammen mit Johannes Teuschlein und Andreas Bodenstein, genannt Karlstadt, in die Rothenburger Stadtgeschichte während der Bauernkriegswirren verstrickt war. Im Kontext unserer Thematik interessiert also weniger der für seine überregionale Bedeutung wichtige sprachanalytische bzw. -didaktische Bereich seines Wirkens, sondern wir werden uns beschäftigen mit seiner Parteinahme für Karlstadt, für die Sache der Bauern bzw. der vom Stadtregiment ausgeschlossenen städtischen Handwerker- bzw. Unterschichten. Bedeutsam sind in diesem Rahmen natürlich auch seine religiös-theologischen und seine ethischen Vorstellungen.

2 Leben Valentin Ickelsamers bis zum Bauernkrieg

Träger des Namens Ickelsheimer bzw. Ickelsamer (bzw. auch verschiedener weiterer Schreibvarianten dieses Namens) – der sich vermutlich von dem zwischen Uffenheim und Ochsenfurt gelegenen Ortschaften Ober- bzw. Unterickelsheim ableitet – tauchen in der Rothenburger Landwehr in dieser Zeit gehäuft auf, speziell im Kontext der Bauernkriegsgeschehnisse. Damals wurden nämlich verschiedene Träger dieses Namens sozusagen „aktenkundig", wie etwa die Bauernkriegsschrift von Thomas Zweifel ausweist (vgl. das Register zur Schrift von Zweifel in Baumann 1878, S. 693 und Schnurrer 2010b, 1). Nicht klar aus den uns vorliegenden Quellen zu erheben ist, ob es sich bei Valentin Ickelsamer um ein in Rothenburg geborenes Stadtkind handelt, oder ob er eben auch in diesem nördlich von der Stadt Rothenburg liegenden Gebiet geboren wurde und dann als Kind bzw. Jugendlicher an die Rothenburger Lateinschule kam, wie dies wohl bei manchem begabten Landkind geschah.

Da es keine schriftlichen Aufzeichnungen zu ihm aus seinen frühen Lebensjahren gibt, kennen wir also weder seinen genauen Geburtsort noch auch sein genaues Geburtsdatum und können nur vermuten, dass er um das Jahr 1500 geboren wurde. Dies ergibt sich aus dem ersten gesicherten Datum seiner Biographie. Dabei handelt es sich um den Immatrikulationseintrag zum Wintersemester 1518 an der Universität Erfurt, wo er als aus Rothenburg

Abb. 31 a: Friedrich Herlin, Flucht nach Ägypten, 1462, mit einer Ansicht Rothenburgs, der Heimatstadt Herlins.

Abb. 31 b: Ansicht Rothenburgs,
Ausschnitt aus Friedrich Herlin, Flucht nach Ägypten, 1462.

stammend verzeichnet wurde („de Rothenburgia"). Die Ende des 14. Jahrhunderts begründete Universität Erfurt ist eine der ältesten in Deutschland; sie war eine Hochburg humanistischer Studien, die gerade auch von Rothenburger Bürgern gerne besucht wurde. Mehrere aus Rothenburg stammende Gelehrte waren in leitenden Funktionen an der dortigen „Alma Mater" tätig. In der vermuteten Ausbildung an der Rothenburger Lateinschule scheint Ickelsamer eine absolut profunde Einführung in die Grammatik, die Syntax, die Etymologie usw. der lateinischen Sprache erhalten zu haben, was dann auch die elementare Voraussetzung dafür war, dass er dieses am Lateinischen erworbene sprachliche Instrumentarium später einsetzen konnte, um die deutsche Muttersprache auf dieser Grundlage zu analysieren und eine neue Methode der vertieften Aneignung der Muttersprache zu kreieren.

Wie alle Studienanfänger in dieser Zeit musste er in Erfurt die untere Fakultät, die sog. Artistenfakultät durchlaufen, deren Curriculum die septem artes liberales konstituierten, die sich wiederum aus dem Trivium (Grammatik, Rhetorik und Dialektik) und dem Quadrivium (Mathematik, Arithmetik, Geometrie und Musik) zusammensetzten. Bis zum Ende des Sommersemesters 1520 währte dieser erste Studienabschnitt Ickelsamers, dann wird ihm nämlich in Erfurt der akademische Grad des „baccalaureus artium" testiert. Mit diesem Abschluss konnte er seine Studien nun an einer anderen Universität fortsetzen. Er entschied sich für die relativ junge, erst 1502 gegründete Universität Wittenberg, die jedoch gerade in dieser Zeit in ganz Europa richtiggehend Furore machte und eine große Anzahl Studierender anzog. Dies hing natürlich mit der von Martin Luther und seinen Mitstreitern wie Philipp Melanchthon und Andreas Bodenstein von Karlstadt in diesen Jahren initiierten neuen religiösen Bewegung zusammen, die in einen grundlegenden Konflikt mit der römischen Kirche geriet, die ja lange Zeit die maßgebliche Größe auch im Bereich der Bildung gewesen war. Luther „re-formierte" das (Lehr-)Gebäude der christlichen Religion, indem er die die Gläubigen im Blick auf das Leben nach dem Tode ängstigenden (Gerichts-) Elemente aus der Religion weitgehend eliminierte und die frohe Botschaft von dem den Menschen liebenden Gott verkündete, die er als das eigentliche und zentrale Glaubenszeugnis der biblischen Schriften festmachte. Diese religiös-theologische Sichtweise hatte er sich in harten Glaubenskämpfen zu eigen gemacht und ebenso mutig wie auch trotzig gegenüber den kirchlichen wie dann auch den weltlichen Autoritäten vertreten. Dass diese frei machende Botschaft wie auch die hinter dieser Botschaft stehende Person den jungen Ickelsamer faszinierte und in ihren Bann zog, ist wohl ohne große Phantasie nachvollziehbar. Da stand er in dieser Zeit jedoch nicht alleine – wohl keine andere Person der Zeit zog so viel Aufmerksamkeit und Bewunderung auf der einen wie aber auch ebenso konsequente Ablehnung auf der anderen Seite auf sich wie der Wittenberger Augustiner-Mönch.

Ickelsamer hat in seiner Wittenberger Zeit sowohl Luther wie auch dessen Mitstreiter hautnah erlebt; sein weiteres Leben zeigt sich von diesen Begegnungen nachhaltig beeindruckt und geprägt. So war ganz sicher auch Luthers reformatorisches Bildungsdenken von nicht geringem Einfluss auf Ickelsamers weiteren Lebensweg. Luthers diesbezügliche Aussagen etwa in seiner Schrift von 1520 „An den christlichen Adel deutscher Nation von des christlichen Standes Besserung" klingen wie die Vorwegnahme dessen, was Ickelsamer dann geradezu kongenial in seinem beruflichen Leben umsetzte: „Fur allen dingenn solt in den hohen unnd nydern schulen die furnehmst und gemeynist lection sein die heylig schrifft, unnd den jungen knaben das Evangely, Und wolt got, ein yglich stadt het auch ein maydschulen, darynnen des tags die meydlin ein stund das Evangelium horetenn, es were zu deutsch odder latinisch!" (WA 6, S. 461; vgl. dazu auch Rupp 1994, S. 33–41). Und Ickelsamer hat während seiner Wittenberger Zeit eben auch die Kontroversen Luthers mit Karlstadt etwa im Frühjahr 1522 miterlebt, als Luther seinen Wartburg-Aufenthalt unterbrach, um in Wittenberg den vorandrängenden Karlstadt zu zügeln (Looß 1991, S. 3; siehe auch unten) – offenbar stand er dabei eher auf Karlstadts denn auf Luthers Seite. Auch andere Wittenberger Erfahrungen scheinen ihn nicht unbedingt für Luthers Person und Positionen eingenommen zu haben. So spricht er z.B. in seiner „clag"-Schrift von einer Art „Zwangspromotionen", die Luther durchgeführt habe, offensichtlich um ihm gegenüber loyale Personen zu protegieren.

Ickelsamer kehrte wohl Anfang 1524 in seine Rothenburger Heimat zurück, heiratete Margarethe Popp, Tochter des angesehenen und vermögenden Rothenburger Bürgers Georg Popp, und errichtete dort eine Deutsche Schule (vgl. dazu Rupp 1999), die nicht im Auftrag des Rats der Stadt oder kirchlicher Instanzen ihr Curriculum umsetzte, sondern seiner privaten Initiative entsprang. Um seine Vorstellungen von Schule und Unterricht in Rothenburg realisieren zu können, versuchte er auch, vom Rat der Stadt Räume im sog. Bruderhaus anzumieten (Looß 1991, S. 3), in dem aufgrund der religiösen Entwicklungen zu dieser Zeit jedoch nicht mehr sehr viele Brüder lebten (zum sog. Dritten Orden, den Terziaren in Rothenburg, Borchardt 1988, Bd. 1, S. 215–219). In Rothenburg entwickelte er dann offensichtlich sehr erfolgreich die Grundzüge seiner neuen Methode des vertieften Erwerbs der deutschen Muttersprache, die er später in seinen sprachanalytischen und -didaktischen Schriften darstellte und die seinen über seine Zeit hinausgehenden Ruhm begründen sollte. Ickelsamers pädagogische und didaktische Intentionen erschöpften sich jedoch nicht in dieser sprachlichen und sprachdidaktischen Dimension. Über diesen von ihm eher als instrumentell verstandenen Kompetenzen schwebten für ihn mit Sicherheit religiöse und ethische Intentionen im Blick auf die Bildung seiner Schüler, ganz wie dies ja Luther selbst auch verstanden wissen wollte: schulische und speziell sprachliche Bildung im Dienste religiöser Zielsetzung. Wie stark er selbst durch die religiösen Fragen umgetrieben wurde, lässt sich etwa aus der von Zweifel in seiner Chronik gebotenen Information entnehmen, dass Ickelsamer bei den Rothenburger Franziskanern viel besuchte Predigten hielt (Zweifel in Baumann 1878, S. 11; vgl. auch Borchardt 1988, Bd. 1, S. 212).

Dass sich sein Leben jedoch nicht in den ruhigen Bahnen eines angesehenen Lehrers und Bürgers der Reichsstadt an der Tauber abspielte, dies sollte dann den sich gerade in dieser Zeit anbahnenden aufregenden und aufgeregten Zeitläuften geschuldet sein und wiederum sehr eng verbunden sein mit den Kontakten, die er während seiner Studienzeit speziell in Wittenberg geknüpft hatte. Just nämlich in den Monaten nach seiner Rückkehr in seine Heimatstadt Rothenburg schaukelten sich im Deutschen Reich und speziell auch in seiner Heimatregion soziale Konflikte auf, die ein ganzes Stück weit auch religiös fundiert und motiviert waren, zumindest auch auf dem Hintergrund der religiösen Fragen der Zeit gesehen und verstanden werden können. Luthers Theologie, sein mutiges Auftreten gegenüber der römischen Kirche und den staatlich-obrigkeitlichen Instanzen bewegte(n) die Leute in Deutschland auf eine bislang noch nicht da gewesene Weise. Die von ihm und seinen Mitstreitern vertretene Botschaft

Abb. 32 a: Christophorus-Fresko in der Herrgottskirche Creglingen mit Stefan von Menzingen (unten links) und seiner Frau Margarete als Stifter-Figuren.

vom liebenden Gott befreite wohl viele Menschen aus den Ängsten, von denen sie als Folge der von der Kirche vertretenen Botschaft des richtenden Gottes umgetrieben wurden, der die Menschen im endzeitlichen Gericht für ihre Sünden bestrafen werde. Und nicht wenige münzten diese religiöse Botschaft Luthers dann auch in soziale Forderungen um, die sich gegen das, so wie sie es verstanden, von der Kirche und den obrigkeitlichen Instanzen praktizierte System der gesellschaftlichen Unterdrückung und Ausbeutung wandten. Auf diesem Hintergrund sind dann auch die Ereignisse zu sehen, die sich 1524/25 in weiten Regionen Deutschlands, vom Bodensee über Schwaben, das Hohenlohe-Fränkische bis hin nach Thüringen abspielten. Und eines der Zentren des sich aufschaukelnden bäuerlichen Aufstandes war in diesen Monaten das Gebiet der Reichsstadt Rothenburg, die sog. Landwehr; und auch auf die Stadt selbst griffen diese sozialen Unruhen über (wir bieten an anderer Stelle dieses Bandes eine etwas detailliertere Darstellung der Ereignisse, was deshalb hier nicht wiederholt werden muss).

Ickelsamer hatte nach seiner Rückkehr nach Rothenburg offensichtlich sehr schnell auch Anschluss an die Rothenburger Kreise gewonnen, die diesen neuen religiösen und gesellschaftlichen Entwicklungen offen gegenüberstanden. Hier wären natürlich der Prediger Johannes Teuschlein, mit dem ihn ja u.a. auch von beiden gemachte Erfahrungen in Wittenberg, speziell wohl auch mit dem fränkischen Landsmann Andreas Bodenstein, genannt Karlstadt, verbanden. Weiterhin gehörte zu diesem Kreis Ehrenfried Kumpf, der Alt-Bürgermeister und an sich Vertreter der Rothenburger „erbarkeit", der jedoch aus vermutlich religiösem Impetus die herrschenden Machtverhältnisse nicht nur in der Stadt hinterfragte. Ebenfalls zu nennen sind hier der Rektor der Rothenburger Lateinschule

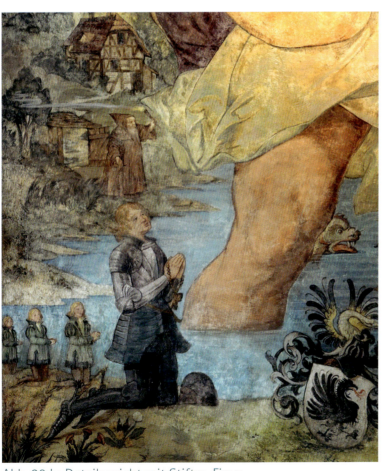

Abb. 32 b: Detailansicht mit Stifter-Figur Stefan von Menzingen.

Wilhelm Besmaier sowie einige Vertreter des geistlichen Standes wie der blinde Franziskaner-Mönch Johann Schmid, auch „Rotfuchs" genannt, und der Komtur des Deutschordens Kaspar Christian, der erst während des Jahres 1524 von seinem Orden von Münnerstadt nach Rothenburg delegiert worden war. Neben einigen Vertretern aus der Handwerkerschicht wie z.B. dem Tuchscherer Philipp Schleyt ist hier vor allem auch noch Stefan vom Menzingen zu nennen, ein niederadliger Ritter, der lange Jahre in Diensten des Markgrafen von Ansbach etwa als Amtmann in Creglingen tätig war, eine Rothenburger Bürgertochter aus der „erbarkeit" geheiratet hatte, jedoch im Zwist mit den Vertretern dieser Führungsschicht in der Stadt wegen steuer- und vermögensrechtlicher Fragen lag. Er sollte sich dann in den sich abspielenden innerstädtischen Auseinandersetzungen als Sprecher der gegen den Rat agierenden Dissidenten profilieren, die den sog. Ausschuss bildeten, das mit dem Rat konkurrierende Gremium, dem auch Ickelsamer angehörte.

Und eine besondere Note erhielt diese Entwicklung in der Stadt durch die Ankunft von Andreas Bodenstein, der wegen der Konflikte mit Luther zuerst aus Wittenberg und dann auch aus Sachsen insgesamt weichen musste, wobei der sächsische Kurfürst alle anderen Herrschaften in Deutschland warnte, Karlstadt Zuflucht zu gewähren. Auf seiner dann einsetzenden Odyssee verschlug es Karlstadt für einige Monate während des Höhepunktes des sozialen Aufruhrs in die Reichsstadt an der Tauber. Durch die schon vorher bestehenden Kontakte sowohl zu Johannes Teuschlein wie aber eben auch zu Valentin Ickelsamer lag es für ihn offensichtlich nahe, sich nach Rothenburg zu wenden, wo er als Verfemter hoffte, Aufnahme und Zuflucht zu finden. Und er sollte sich auch nicht getäuscht haben. Der oben genannte Kreis empfing ihn anscheinend mit offenen Armen, speziell Ehrenfried Kumpf wie aber auch Johannes Teuschlein und Valentin Ickelsamer fühlten sich ihm engstens verbunden und setzten sich in Rothenburg mit allem Nachdruck für den vertriebenen und heimatlos gewordenen Karlstadt und auch seine religiös-theologischen Vorstellungen ein. Diese Verbundenheit ergab sich für sie zum einen wohl aus persönlichen Gründen, da sie ihren fränkischen Landsmann in seiner bescheidenen, unprätentiösen und bodenständigen Art sehr schätzen gelernt hatten, wie aber auch aus inhaltlichen, theologisch-ethischen Gründen, da ganz offensichtlich die von ihm vertretenen religiös-theologischen und ethischen Gedanken sie überzeugt hatten.

Karlstadts Kontroverse mit Luther hatte verschiedene Ursachen. So hatte er zum einen während Luthers durch Kirchenbann und Reichsacht erzwungener Abwesenheit auf der Wartburg notgedrungen in Wittenberg die Führung übernommen. Er erwies sich dabei als deutlich ungeduldiger und vorwärtsdrängender, als dies bei Luther der Fall war. So beseitigte er in der kirchlichen Praxis Wittenbergs eine ganze Reihe von liturgischen und sonstigen römischen Konventionen, etwa durch die Einführung der deutschen Sprache und die Aufhebung des Messopfers im Gottesdienst, wobei er sich in Übereinstimmung mit Luther wähnte. Luther aber sah sich aus seiner Sicht im Frühjahr 1522 veranlasst, seinen Wartburg-Aufenthalt abzubrechen, die Dinge in Wittenberg zu beruhigen und eine ganze Reihe der von Karlstadt eingeführten Reformen wieder rückgängig zu machen, was diesen richtiggehend vor den Kopf stieß. In dieser Auseinandersetzung liegt wohl der Ursprung der Entzweiung beider Reformatoren. Es zeigten sich in der Folgezeit dann aber auch auf dem Feld der theologischen Lehre tiefere Risse und Dissense zwischen Luther und Karlstadt. So deuteten sie das Abendmahlsgeschehen sehr unterschiedlich; während Luther von der Realpräsenz Christi im

Abendmahl ausging, war dies für den in diesem Kontext eher rational ansetzenden Karlstadt ein römisches Relikt in Luthers Theologie. Und ganz ähnlich gravierende Unterschiede bestanden in der Sicht der Stellung der Laien in der christlichen Gemeinde bzw. dann auch im strittigen Umgang mit den Bildern, den Karlstadt als „Abgötterei" ablehnte, was Luther deutlich zu weit ging. Da Luther das Ohr des sächsischen Landesfürsten hatte, verwundert es nicht, dass er sich mit seinen Auffassungen durchsetzte und Karlstadt weichen und Orlamünde, wo er seit dem Herbst 1523 eine Pfarrerstelle innehatte, verlassen musste (Ausweisungsdekret aus Sachsen vom 18. September 1524). Im August 1524 war es in Jena und dann in Orlamünde noch zu theologischen Disputationen zwischen Luther und Karlstadt gekommen, die jedoch zu keiner inhaltlichen Annäherung oder gar Aussöhnung führten. Luthers Positionen wurden insbesondere von den ganz in Karlstadts Geist selbstbewusst argumentierenden Orlamünder Gemeindegliedern deutlich zurückgewiesen – wodurch sich Luther nun düpiert sah. Und so verschärfte sich entgegen den Erwartungen der Ton ab dann noch einmal zwischen beiden. Zeitweise ohne seine Frau Anna von Mochau, die er

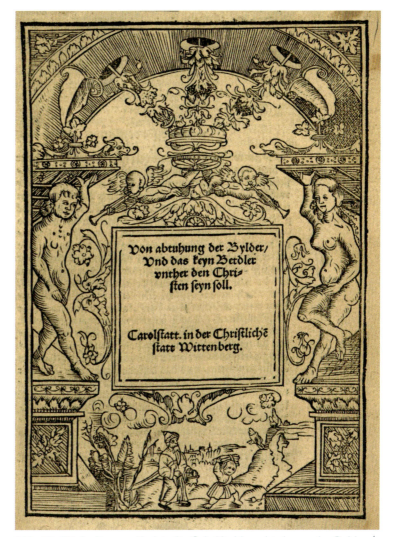

Abb. 33: Titelseite von Karlstadts Schrift „Von abtuhung der Bylder / Und das keyn Betdler unther den Christen seyn soll" (1522) (Bayerische Staatsbibliothek München, 4 Polem. 534).

im Januar 1523 unter Absage an das priesterliche Zölibatsgebot geheiratet hatte, und ohne die sich einstellenden Kinder, befand sich Karlstadt in der Folgezeit auf der Flucht. Die nachfolgenden Monate, ja Jahre waren dann eine unglückliche Abfolge von Annäherung und Abstoßung zwischen Karlstadt und Luther, von Versuchen

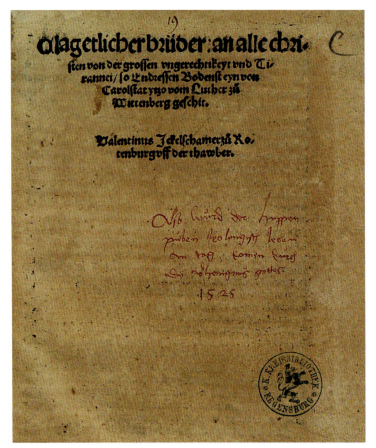

Abb. 34: Titelblatt von Ickelsamers Schrift „Clag etlicher brüder ...", 1525 (Staatliche Bibliothek Regensburg, 999/4Theol.syst.749(1,).

der erneuten Versöhnung und dem Scheitern all dieser Versuche, von brieflichem Friedensangebot und gedruckter Widerrede gegen die theologischen Thesen des jeweils anderen, flankiert von Versuchen beider Seiten, die Obrigkeiten, insbesondere diejenige in Sachsen, auf die eigene Seite zu ziehen. Dabei wurde Karlstadt immer wieder verdeutlicht, dass Luther sozusagen am längeren Hebel saß.

Deutlich mehr Anklang als in Wittenberg und Sachsen fand Karlstadt im fränkischen Rothenburg mit seinen Auffassungen, zumindest im Kreis der städtischen Dissidenten um Teuschlein, Ickelsamer und Ehrenfried Kumpf. Neben dem ihm schon seit 1508 durch seine universitären Promotionen bekannten Teuschlein verband ihn mit dem ehemaligen Wittenberger Studiosus Ickelsamer eben auch noch eine zweite Person mit Rothenburg, weshalb es wohl nicht verwundert, dass Rothenburg für ihn zu einem exponierten Anlaufpunkt nach seiner Flucht aus Sachsen wurde.

Luther und Karlstadt trugen ihre theologischen Kontroversen dann in der Folgezeit literarisch aus. So sandte Luther Anfang 1525 zwei Schriften aus, die sich mit den von ihm so genannten „Schwärmern" beschäftigten, wobei neben Müntzer ganz exponiert Karlstadt mit diesem „Etikett" von ihm belegt wurde. Die erste dieser Schriften unter dem Titel „Widder die hymelischen propheten von den bildern und Sacrament etc." erschien am Neujahrstag 1525, die zweite Ende Januar 1525. In der ersten Schrift setzt er sich mit Karlstadts Verwerfung der Bilder sowie verschiedener Zeremonien auseinander, was er so keineswegs gelten lassen will; auch geht er auf die Vertreibung Karlstadts ein, die er hier ausdrücklich befürwortet. Die zweite Schrift handelt vor allen Dingen die Sakramentsfrage ab; hier lehnt Luther scharf und deutlich Karlstadts Auffassung des Abendmahls ab und begründet seine eigene Sicht.

Als Karlstadt Ende Februar Luthers Schrift zu sehen bekommt, ist er maßlos enttäuscht, nachdem er kurz zuvor an Luther ein

Versöhnungsschreiben gerichtet hatte. Umso harscher formuliert er daraufhin seine eigene Antwort an Luther, die er ebenfalls in mehrere in Rothenburg geschriebene Schriften fasst. Die erste trägt den Titel „Erklerung des x. Capitels Cor. 1. Das brot das wir brechen: Ist es nitt ein gemeinschaft des Leybs Christi. Antwurt Andresen Carolstats: auf Luthers schrift. Und wie Carolstat widerrieft" (= im Sinne von „widersprechen"). Eine zweite, den „ernsten Christen, meinen geliebten Brüdern zu Rothenburg an der Tauber" gewidmet, trägt den Titel „Von dem Newen und Alten Testament. Antwurt auff disen spruch. Der Kelch das New Testament in meynem blut ... wie Carolstat widerrieft". Essenziell geht es ihm dabei um das Verständnis des Abendmahlsgeschehens, das er wie Luther als zentral in ihrer hartnäckig und unversöhnlich geführten theologischen Kontroverse ansah. Nur nebenbei: Die Differenzen im Abendmahlsverständnis stellen dann ja auch in der Folgezeit das unüberwindliche Hindernis einer Einigung der deutschen mit den schweizerischen Protestanten dar, geographisch verortet also zwischen Wittenberg und Zürich bzw. dann auch Genf. Damit befinden wir uns jedoch zeitlich jenseits des hier interessierenden Geschehens. Wo sich Karlstadt selbst in diesem Streit verortete, das bleibt unzweifelhaft; nicht grundlos zieht es ihn dann später in Richtung der Schweizer Eidgenossenschaft, wo er schließlich als „Bruder im Geiste" hochwillkommen war.

Überlagert wurden in diesen Wochen und Monaten wie andernorts so auch in Rothenburg diese religiös-theologischen Konflikte eben durch die politischen Geschehnisse, sprich den bäuerlichen Aufstand gegen die herrschenden gesellschaftlichen Verhältnisse in Staat und Kirche. Die altgläubig-konservativen Kreise versuchten, Luther und seine Anhänger für die gesellschaftlichen Unruhen verantwortlich zu machen, was natürlich für die neue Bewegung eine nicht geringe Gefahr bedeutete. Luther selbst wies mit seinen Fingern in Richtung der Schwärmer, die seine religiös-theologische Botschaft von dem Gott, der den Menschen liebt, fehlinterpretiert und daraus eine weltlich-politische Botschaft gemacht hätten. Und so ergab sich mehr oder weniger zwangsläufig eine Allianz zwischen Luther und seinen Anhängern auf der einen und jenen Fürsten auf der anderen Seite, die zwar eine Reform der kirchlich-religiösen, jedoch keinen Umsturz der gesellschaftlich-politischen Verhältnisse wünschten. Dies ist der zu sehende größere religiöse und politische Kontext zum Verständnis der dann ablaufenden Geschehnisse.

Luther distanzierte sich in aller Entschiedenheit von den von ihm als „Schwärmer" bezeichneten Geistern wie Thomas Müntzer und Karlstadt. Dabei nutzte es Karlstadt auch überhaupt nichts, dass er selbst sich ganz klar von Müntzer und dessen Denken und Handeln distanziert hatte. Schon in einem Brief aus Orlamünde vom 19. Juli 1524 hatte er ein Zusammengehen mit Müntzer und einen Einsatz von Waffen und Gewalt zur Durchsetzung der eigenen Vorstellungen als nicht christlich abgelehnt. Feinere Differenzierungen waren jedoch in dieser extrem aufgeladenen und angespannten gesellschaftlichen Situation offenbar kaum mehr möglich.

Und diese aufgewühlte Stimmung zwischen den Parteiungen zeigte sich dann auch in einer Schrift, die von Valentin Ickelsamer zur Verteidigung des väterlichen Freundes Karlstadt in den Märztagen des Jahres 1525 verfasst und in die Welt – „an alle christen"! – gesandt wurde. „clag etlicher brüder: an alle christen von der grossen ungerechtikeyt und Tirannei, so Endressen Bodensteyn von Carolstat yetzo von Luther zuo Wittenbergk geschicht". Karlstadt hatte ja selbst schon auf Luthers Schrift(en) gegen die Schwärmer und speziell gegen ihn selbst geantwortet, nun greift aber auch noch einer der Rothenburger Verbündeten Karlstadts zur Feder und kontert Luther, wobei er klar darauf hinweist, dass er im Namen „etlicher brüder", also nicht nur als Einzelperson, hier spricht. Es wird sich bei dem mit „etliche(r) brüder" umschriebenen Kreis um die Gruppierung handeln, die oben mit den Namen Teuschlein, Ehrenfried Kumpf, Stefan von Menzingen und anderen gekennzeichnet wurde.

Bei dieser Schrift handelt es sich um Ickelsamers erste bekannte Publikation, und sie beschäftigt sich nicht mit den Themen, für die sein Verfasser dann in den nachfolgenden Jahrhunderten Berühmtheit erlangen sollte, nämlich der Grammatik und Didaktik der deutschen Muttersprache. Der Text ist auch keine theologische Kontroversschrift. Theologische Themen werden zwar an verschiedenen Stellen explizit angesprochen (so etwa die Beichte, der Streit um die Bilder, das Verhältnis von christlichem Glauben und Werken und auch das Abendmahl), es bleibt jedoch klar, dass der Verfasser keine fachtheologische Auseinandersetzung führen will. Die Schrift fällt wohl unter die Rubrik „Flugschriften" (vgl. auch Enders 1893; die nachfolgenden Zitate aus der „clag"-Schrift alle nach Enders 1893, S. 41–55), wie sie gerade in den Zeiten der Reformation populär wurden. Dieses Format erlebte als ein Produkt des Gutenberg-Zeitalters in diesen Tagen eine Blütezeit als wirksames Mittel zur schnellen Verbreitung und Propagierung der eigenen Ideen in der Auseinandersetzung mit Gegnern. Dabei bediente man sich sprachlich eher derb-volkstümlicher denn elaborierter Formulierungen [im Text dann von V. I. selbst als „ungeschickt und on alle zierde der rede" (S. 43) charakterisiert]. Valentin Ickelsamers Schrift lässt sich diesem Genre zweifellos zurechnen. Und noch eine Beobachtung zum Charakter dieser Schrift ist hier anzuführen: Ickelsamer kleidet seinen Text an verschiedenen Stellen in die Form eines bekenntnishaften Gebetes. So spricht er mehrmals Gott direkt an: „Ach vater inn himmeln ..." (S. 50), „Hör himmel und erden ..." (S. 53), „Erkenn herr got im himmel ..."(ebd.). Und auch den Schlussakkord setzt er mit der „Amen"-Formel (S. 55). Dieser Gebrauch der Gebetsform für seine Schrift, die Anrede und Anrufung Gottes, bringen nochmals auch den absoluten religiös-ethischen Anspruch des Autors auf den Punkt.

Der Verfasser erweist sich in dieser Schrift aber auch als ein gelehriger Schüler Luthers: Er zeigt wie dieser keine Angst und Scheu vor großen Namen. So wie der kleine Augustiner-Mönch M. L. 1521 in Worms aufrecht, furchtlos und unbeugsam vor Kaiser und Reich stand, so steht nun der kleine Rothenburger Schulmeister V. I. vor Gott und der Welt gegen den inzwischen groß gewordenen Wittenberger Reformator M. L. auf, den er mehrmals mit dem Papst vergleicht (etwa gleich im ersten Absatz, S. 42: „... daß sunderlich D. Luther nach dem babst schmecke in seinem schreiben ..."), und scheut sich nicht, seine Sicht der Dinge frank und frei kundzutun und den scheinbar übermächtigen Luther harsch zu kritisieren, ihn abzukanzeln und mit sehr persönlichen Invektiven geradezu zu überziehen. Und er beruft sich als Legitimation für sein Handeln auf genau das, was Luther mit seinem Wirken allen gläubigen Christen vermittelt hatte: „... weil uns das Evangelium freyheit zu glauben, und gewalt zu urteyln gibt ..." (S. 44). Und in einer weiteren Hinsicht erweist sich V. I. in seiner „clag"-Schrift als gelehriger Schüler, vielleicht auch schon als kongenialer Widersacher von M. L.: Die von ihm verwendete Sprache ist ähnlich bildhaft-anschaulich, ja auch derb, wie diejenige von M. L. Da ist die Rede davon, dass Luther seinen Gegnern „in die Wolle greift" (S. 44), dass er „sein Mütchen kühlen" (ebd.) wolle, dass einem anderen „an den Zopf gegriffen wird" (S. 47), dass er M. L. sein

„Wittenbergisch gottloses Leben nit gar in den Busen schieben wolle" (S. 49), dass M. L. seine Gegner und Feinde „über die kalte Klinge hupfen ließ" (S. 53) u.v.a.m.

Die von V. I. eingenommene Argumentationsposition erhellt aus dem Text dann recht klar, und zwar schon im Titel der Schrift: Er greift frontal Luther in Wittenberg an („... von der grossen ungerechtickeyt und Tirannei, so Endressen Bodensteyn von Carolstat yetzo von Luther ... geschicht"), wobei es ihm eben nicht primär um theologische Inhalte zu tun ist, sondern ihm geht es vor allem um die menschlich-ethische Seite des Verhaltens der beiden vorgestellten Protagonisten.

Da ist auf der einen Seite der auf Betreiben Luthers aus Sachsen vertriebene, verfolgte und damit heimatlos gewordene Karlstadt, dem die ganze Sympathie, ja Empathie des christlich motivierten Verfassers gehört. Ickelsamer preist den verfolgten „bruoder" Karlstadt geradezu in den höchsten Tönen: „man gottes" (S. 53), „eyn nidriger und zerschlagener christ (welcher alleyn eyn christ ist) ..." (S. 46), als „frummen und tewren christen" (S. 49), der durch „christliche demütikeyt" (S. 43) ausgezeichnet ist. Aber es wird auch klar: Diese Schrift ist nicht in erster Linie eine Eloge auf den guten Bruder Karlstadt. Nein, vorrangig geht es dem Verfasser dieses Textes um die Charakterisierung des Gegenentwurfs zu Karlstadt. Und dieser Gegenentwurf ist jener als neuer Papst gezeichnete gnadenlose, unchristliche, ja teuflische M. L. aus Wittenberg, der Verursacher der Not des Karlstadt, der ihn aus Sachsen vertreiben und verjagen ließ, ihn dadurch von Frau und Kind getrennt hat und ihm darüber hinaus auch noch maßlose Schriften wie diejenige gegen die „himmlischen Propheten" hinterhersandte [da ist allenthalben z.B. von „Scheltworten" (S. 42), „Lästerei", ja „Teufelei" (S. 43) und „gifftigen Schreiben" (S. 50) die Rede]. M. L. ist der Negativ-Held dieser Schrift, er ist der geradezu bösartige Täter, dem das als absolut gut charakterisierte arme Opfer Karlstadt gegenübergestellt wird. Und an diesem M. L. lässt V. I. nun kein gutes Haar, wobei für ihn auch klar ist, seine, Ickelsamers, Schrift könne Luther „nitt als seer schaden, als dir dein eygens trotzigs büchlin wyder die Hyml. Prophet schadet" (S. 42). Dabei hatte Ickelsamer diesen M. L. ursprünglich sehr geschätzt, ja geliebt (S. 44: „... wie lieb ich dich gehabt ..."), als er während seiner Studien in Wittenberg weilte (S. 48: „... bin eyn weil eyn Wittenberger student gewest ..."). Aber schon bald änderte sich die Sichtweise auf M. L. – vielleicht nicht zuletzt durch die Ereignisse im März 1522, als Luther Karlstadt in die Schranken wies und die von diesem in Wittenberg veranlassten Reformen großenteils wieder rückgängig machte. V. I. hält nun diesem M. L. eine ganze Reihe von Verfehlungen schon zu seiner eigenen Zeit in Wittenberg vor, wie er sie selbst erlebt und erfahren hat. Eine knappe, sehr unvollständige Auswahl solcher Vorhaltungen sei hier angeführt: So kreidet er M. L. an, dass er andere – wie z.B. den König von England und „andere der gleichen unchristliche Bischoffen" (S. 44) – in seinen Schriften heruntergemacht habe, und zwar nicht „auß lieb gottes ..., sunder ich meynte ye, es were ein teyl umbs mütle zuokülen zuothuon" (ebd.); es ging M. L. also nicht darum, aus den anderen bessere oder überhaupt Christen zu machen, sondern er wollte die anderen „allein mit scheltworten umb werffen" (S. 44). Oder: Für ihn residiert M. L. in Wittenberg „... auff dem pfuolmen ... in den gemalten stüblein (dann du wilt ye gemalten götzische bildniß bei dir haben ...)" (S. 46), trägt offensichtlich „... silberne und güldene spangen auff dem gürtel ... und auff der taschen, ... grosse sack ermel von kostlichem tuoch an den röcken ..." (ebd.). Und dieser M. L. möchte, dass – anders als es einem rechten Christen geziemt –, jeder Prediger „zweyhundert gülden" (ebd.), also eine ganz und gar nicht geringe Entlohnung erhalte, dafür „daß er predig" (ebd.). Nicht jedoch finde M. L. – anders eben als „bruoder Endres", wie dieser in Orlamünde und auch Rothenburg angesprochen wurde – Gefallen an der Lebensart der armen Leute, der Bauern, die „… im veracht sein, und nit gefallen …" (ebd.): „Solts darzuo noch eyn schand und unrecht sein, mit den eynfeltigen und armen bauren eyn grawen rock tragen? Welche christliche demütikeyt du dem Carolstat hones weise, unnd als eyn heuchlerische gleisnerei ungetreulich fürwirffst." (S. 43) Stattdessen verkehre M. L. lieber mit Leuten, die sich gegenseitig mit „wirdige doctores und magistri nostri" (S. 43) anredeten und treibe insgesamt ein „gotloß und toll Wittenbergisch leben" (S. 48). M. L. habe sich auf diese Weise vom Leben der einfachen Leute entfernt, und diese einfachen Leute hätten dies inzwischen auch bemerkt. So berichtet V. I. von einem Leipziger Kaufmanns-Knecht, den er im Hause Dr. Pirckheimers in Nürnberg gesprochen habe, der ihm klar gesagt habe (jetzt in direkter Anrede an M. L.): „… er hielt nichts von dir, du künst die lauten wol schlagen, und trügst hembder an mit bendlein …" (S. 48). Eine solche Charakterisierung von M. L. erinnert natürlich in ihrer Diktion auch an Thomas Müntzers schon 1524 erschienene Streitschrift gegen Luther: „Hochverursachte Schutzrede und Antwort wider das geistlose, sanftlebende Fleisch zu Wittenberg".

Diese Invektiven und noch vieles anderes, was hier jedoch aus Platzgründen nicht angeführt werden kann und soll, bringen nun V. I. dazu, diesen M. L. als die leibhaftige Verkörperung eines Unchristen zu brandmarken. Vollkommen decouvriert als ein solcher Unchrist habe sich aber nun M. L. mit seiner Haltung Karlstadt gegenüber, wie er sie in seinen jüngsten Schriften wider die himmlischen Propheten offenbart habe: Er habe, anders als etwa Jesus und die Apostel mit ihren Gegnern umgegangen seien, „gantz bücher vol lester wort" (S. 45) geschrieben: „… es war auch nit hui und trotz, iagten (sc. Jesus und die Apostel) auch nie keyn auß dem land." (ebd.) Karlstadt aber habe er, M. L., bei den sächsischen und den anderen Fürsten, Herrn und Städten als Schwärmer und Aufrührer verleumdet und die Obrigkeiten veranlasst, ihn in keiner Weise in ihrem Herrschaftsgebiet zu dulden, sondern ihn als Heimatlosen zu verjagen, ja ihn gar umzubringen. Dies ist in den Augen Ickelsamers und der Brüder, in deren Namen er spricht, eine schreiende Ungerechtigkeit, die weder Gott noch die Menschen dulden sollten und werden: „Wann du eynen bruoder, ob er schon irre, unnd etwas vermuot were, mit eynem guoten gewissenn im land umb kanst jagen, und das christlich sein soll, so sag und bekenn ich frei, daß ich inn allen christlichen stücken irr, und daß ich dir mit dißem schreiben gewalt und unrecht thuo." (S. 50) Und diese schreiende Ungerechtigkeit, die M. L. zu verantworten hat, führt nun V. I. sogar dazu, Gott, der sich offensichtlich von M. L. abgewandt hat, zu bitten, diesen M. L. zu verderben, auch wenn er das „mit weynendem hertzen" (S. 42) tut: „… dann ich mercke schier, daß sich gott beraten hat dich zuoverderben, darfür ich yn mit weynendem hertzen bitt." (ebd.)

Die „clag"-Schrift von Valentin Ickelsamer, die dieser ja explizit nicht als Einzelperson in die Welt hinausgehen lässt, sondern die er im Namen „etlicher brüder" verfasste, ist damit ein schlagender Beleg für eine in diesen Tagen des Frühjahrs 1525 sich abzeichnende Entwicklung: War Martin Luther nach der Publikation seiner 95 Thesen 1517 und dann mit nochmaligem Rückenwind durch seinen mutigen Auftritt vor Kaiser und Reich auf dem Wormser Reichstag 1521 in Deutschland zu einer bewunderten Identifikationsfigur, zum Helden nicht weniger Leute geworden – zumindest des reformzugewandten Teils der Gesellschaft, insbesondere auch vieler einfacher Menschen –, so zeichnete sich in diesen Frühjahrstagen des Jahres 1525 ein Meinungsumschwung bei vielen Menschen in Deutschland ab: Luther hatte sich offenbar mit seinem Lebensstil, auch seinen politischen, gesellschaftlichen und theologischen Positionen – etwa mit seiner von ihm biblisch begründeten Obrigkeitslehre, wonach jede Obrigkeit, auch eine schlechte, von Gott eingesetzt und von den „Untertanen" zu erdulden sei – von einem nicht geringen Teil seiner ursprünglichen Anhängerschaft entfremdet und entfernt. Dies führte innerhalb der neugläubigen Bewegung auch zu Streit, Spaltungen und Trennungen, auch wenn dann in der Folgezeit immer wieder Versuche unternommen wurden, eine Trennung und Aufspaltung dieser Bewegung, was ja immer auch eine Schwächung bedeutete, abzuwenden und zu verhindern. Dies gelang jedoch trotz vielfacher Anläufe dazu nicht auf Dauer.

Mit seiner in den März-Tagen des Jahres 1525 entstandenen „clag"-Schrift mischte sich Ickelsamer offensiv, ja auch aggressiv in die religiösen und politisch-gesellschaftlichen

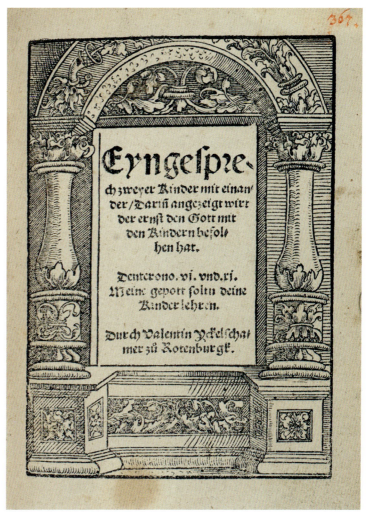

Abb. 35 a: Titelblatt von Ickelsamers Schrift „Eyn gesprech zweyer Kinder ...", 1525.

Auseinandersetzungen dieser Tage ein. Und diese Einmischung praktizierte er zu dieser Zeit auch in anderer Hinsicht. Er wurde in den sich in diesem Frühjahr als Oppositionsgremium zum Rat der Reichsstadt ob der Tauber konstituierenden Ausschuss gewählt, und er war auch Mitglied verschiedener städtischer Delegationen, die mit den Bauern über die Bedingungen eines Zusammenschlusses verhandeln sollten.

Aber im Hinblick auf alles, was uns über Ickelsamer an Informationen vorliegt, müssen wir vermuten, dass diese aufregenden und aufgeregten Auseinandersetzungen nicht unbedingt das Feld waren, in dem er sich bewegen und profilieren wollte. Wir nehmen an, dass er sich zu solchen Aktionen vielleicht eher widerwillig „überreden" ließ. So „versteckt" er sich – auch wenn er auf dem Titelblatt als Autor firmiert – ja in seiner „clag"-Schrift gleichsam hinter dem Rücken „etlicher" Brüder – so jedenfalls intoniert er den Titel dieser Schrift.

Und vielleicht hat er diese Aufgabe der Abfassung einer Verteidigungsschrift für den „Bruder Endres" und einer Anklageschrift gegen Luther, den er – auch in seinen Schwächen – neben Karlstadt als Einziger aus diesem Kreis persönlich kannte, als eine Art Auftragsarbeit des Rothenburger Dissidenten-Kreises übernommen. Da saß man in den Häusern der Mitglieder zusammen, diskutierte die aktuellen Fragen und Ereignisse und fasste vielleicht den Entschluss zur Abfassung dieser Schrift gemeinsam, vielleicht dann in Gegenwart, gar unter Beteiligung Karlstadts, der ja zu dieser Zeit in Rothenburg präsent war. Und wollte man spekulieren, so muss man hier fragen: Was lag unter diesen Umständen näher, als den offensichtlich sprachlich-rhetorisch äußerst begabten Schulmeister Ickelsamer zu beauftragen, diese Schrift im Namen der „Brüder" abzufassen und in die Welt „an alle Christen" hinausgehen zu lassen?! Gesichertes Wissen liegt uns zu den Hintergründen dieser Schrift jedoch nicht vor.

Allerdings zog sich Ickelsamer dann in den folgenden Wochen und Monaten mehr und mehr von der öffentlich-politischen „Bühne" zurück. Wir haben jedenfalls keine Informationen vorliegen, dass er weiterhin in führender gesellschaftlich-politischer Funktion im Rahmen des sozialen Aufstandes tätig gewesen wäre. Auch Zweifel berichtet uns nichts in dieser Richtung. Vielleicht schreckten ihn als eher irenisch-pazifistischen Geist die blutigen Geschehnisse und Gewaltaktionen sowohl der Bauernhaufen wie auch vonseiten der Fürsten und Herren ab, sodass er sich eingestehen musste, dass dies nichts war, was in seinen Augen erstrebenswert gewesen wäre.

Wir haben jedenfalls Informationen vom Mai 1525, die eine solche Entwicklung bei Ickelsamer nahelegen können. Und auch sein weiterer Lebensweg, soweit er uns überhaupt bekannt ist, könnte in diese Richtung weisen. In diesem Monat, also noch während des Höhepunktes der politisch-gesellschaftlichen Unruhen in Franken und in seiner Heimatstadt Rothenburg, publiziert er eine weitere Schrift, die nun fast gar nichts spüren lässt von dem, was sich da draußen im realen gesellschaftlich-politischen Leben an Ungutem gerade abspielte. Die Schrift trägt den Titel „Eyn gesprech zweyer Kinder mit einander/Darin angezeigt wirt der ernst den Gott mit den Kindern befolhen hat." (vgl. dazu auch Barge 1905, Bd. 2, S. 323f. und Looß 1991, S. 10f.).

Es handelt sich bei der Schrift um einen Katechismus, der in Form eines Zwiegesprächs zweier Kinder zentrale Glaubensinhalte vermitteln möchte. In der Vorrede der Schrift spricht Ickelsamer den Nürnberger Buchführer Caspar Weidlin, der den Kontakt zum Drucker Georg Erlinger herstellte, direkt als „Christlichen lieben bruoder" an. Der Dialog der beiden Kinder, Johann und Jacob, handelt dann von den Absichten Gottes mit den Kindern. Barge hat darauf aufmerksam gemacht (Barge 1905, Bd. 2, S. 323, bes. Anm. 42), dass anscheinend durchaus historische Rothenburger Personen hier als handelnde Figuren erscheinen, nämlich Jacob, der Sohn des Jacob Krebs, seines Zeichens Feldhüter in Rothenburg, der zweimal in Thomas Zweifels Bauernkriegschronik erwähnt wird (Zweifel in Baumann 1878, S. 324 und 341), sowie Johann, Sohn des Schusters Bürkle. Vermutlich waren beide Schüler in Ickelsamers Rothenburger

Schuleinrichtung. Jacob gibt in dem Dialog den Part des eher Unwissenden und Fragenden, Johann übernimmt die Rolle des Wissenden und Belehrenden, der deutliche Züge eines altklugen Knaben trägt. Über weite Strecken wird mit Belegstellen aus dem Alten wie auch dem Neuen Testament Gottes Stellung zu den Kindern erläutert bzw. es wird eine klare ethische Weisung für die Kinder erteilt, die insgesamt allerdings recht wenig von der reformatorischen Botschaft der frei machenden Liebe Gottes zu den Menschen erahnen lässt. Sehr viel eher ist da von Gottesfurcht, vom Zorn Gottes, von der Bestrafung ungehorsamer Kinder u.Ä. die Rede. So wird etwa gleich eingangs der Schrift vom Propheten Elias erzählt (vgl. 2 Kön 2,23–24), der von Knaben verspottet wird. Zur Bestrafung verflucht Elias die Kinder, und infolge dieser Verfluchung werden 42 Kinder von zwei Bären getötet – eine absolut grausame biblische Erzählung, die nicht eben die Botschaft vom liebenden Gott kommuniziert, sondern die auf die Furcht vor dem strafenden und grausamen Gott abhebt, wobei jedoch die Strafe Gottes in keinem Verhältnis zu dem Vergehen der 42 Kinder zu stehen scheint – zumindest empfinden wir Heutigen mit unseren religiös-ethischen Maßstäben dies wohl so.

Aber: Daneben gibt es natürlich auch positive ethische Botschaften in dieser kleinen Schrift Ickelsamers, so z.B. die Aufforderung zur christlichen Nächstenliebe, auch wenn dies wiederum stark imperativisch gestaltet daherkommt, als klare Gebots-Ethik. Die Eltern und die Schulmeister haben den Kindern die Gebote Gottes zu übermitteln, dies ist ihr vorrangiges „Erziehungs-Geschäft", so wichtig auch das Erlernen der elementaren Kulturtechniken von Lesen, Schreiben und Rechnen sein mag. Aber dadurch kann auch „dem laydigen geytz und aller boßheit und hoffart" Vorschub geleistet werden, wenn Lesen, Schreiben und Rechnen die Hauptziele der elterlichen wie auch der schulischen Erziehung sind. So erweist sich also auch hier wieder, dass für Ickelsamer Schule, Erziehung und Bildung religiös-ethisch zu fundieren sind, eine allein profane Zielsetzung als Legitimation für Schule und Erziehung nicht ausreichend ist.

Und: An einigen wenigen Stellen blitzen dann doch auch noch in der kleinen Schrift umrisshaft die drängenden Konflikte der Zeit auf. So setzt sich Ickelsamer in einer kontrovers-theologischen Passage mit den altgläubigen frommen Werken auseinander. Er handelt hier von den „nerrischen, unnutzen, fruchtlosen, und lieblosen ja gotlosen wercken, damit man lange zeit umbgangen ist, als wallen und lauffen zu den heiligen, kerzen auff stecken, glocken lewten, kirchen stifften, und wz des Bebstlichen gaugelwercks mer ist". Stattdessen soll der religiös-ethische Maßstab so aussehen: „... er sihet, das er sich nach Cristo mit seynen wercken halte. Liebe got, volge got, suche wa dem nechsten und den armen zu helffen sey. Speyse den hungerigen, decke den nackenden, tröst den traurigen, veranttworte und vertedinge (sic) den unschulgigen (sic), weise den jrrenden, verzeihe dem der jn beleydigt hat, und thuo in summa, was der werck der barmhertzikeit ymmer mag sein." Lässt sich hier neben den kontroverstheologischen Anklängen auch zumindest in Ansätzen Ickelsamers Aufruf erkennen, sich um den unschuldig verfolgten Karlstadt zu kümmern, so gibt er auch noch an anderer Stelle des Textes eine indirekte Stellungnahme zum gerade in diesen Wochen des Frühlings 1525 „akuten Fall Karlstadt", wenn er ein zu meidendes ethisches Verhalten folgendermaßen schildert: „wer schreiet nicht, er ist ein ketzer, man soll yn verjagen, an keynem ort leyden, verprennen ..." Aber insgesamt kann man wohl daraus, dass sich Ickelsamer in diesen Tagen mit einer eher „Politik-abstinenten" Thematik beschäftigt, schließen, dass er der chaotischen, mit Krieg,

Gewalt, Blutvergießen u.Ä. verbundenen gesellschaftlich-politischen Zeitereignisse überdrüssig geworden ist und sich daraus zurückzieht auf seine ihn eigentlich interessierenden religiös-ethischen und auch schulisch-erzieherischen Themen.

3 Weggang aus Rothenburg: Der heimatlos Gewordene wird zum innovativen Sprachforscher und Sprachdidaktiker

Vielleicht hat er bei der Abfassung der Schrift auch schon geahnt, dass die Sache der Bauern verloren war. Er scheint sich im Laufe der folgenden Wochen, vermutlich im Juni 1525, aus seiner Heimatstadt Rothenburg verabschiedet zu haben, unter Zurücklassung seiner Frau, die ihm erst später nachfolgt, wie auch seiner Habe. Vermutlich war ihm da (noch) nicht bewusst, dass es ein Abschied für immer von seiner Rothenburger Heimat sein sollte. Und als der Ansbacher Markgraf Kasimir in Rothenburg einzieht, taucht sein Name natürlich auf der Liste der Aufrührer und Mitglieder des Ausschusses auf, seine Habe wird vorerst inventarisiert und konfisziert, er selbst zu einer Strafe von 20 Gulden verurteilt, die jedoch im Vergleich zu dem, was anderen auferlegt wurde, sich relativ gering ausnimmt. Man sah ihn in Rothenburg offensichtlich nicht als einen exponierten Scharfmacher und Rädelsführer an, nahm ihm vielleicht sein primär religiös-ethisch motiviertes Engagement für die Sache der Bauern wie auch diejenige Karlstadts ab. Ehrenfried Kumpf etwa, der sich ebenfalls abgesetzt hatte, wurde mit einer Geldstrafe von 400 Gulden belegt.

Über Valentin Ickelsamers weiteres Schicksal sind wir nur relativ unzureichend unterrichtet. Ähnlich wie sein Vorbild Karlstadt führt er ab dann als heimatlos Gewordener ein sehr unstetes Leben. Er wendet sich zuerst nach Thüringen, lebt in Erfurt und in Arnstadt. Dort ist er jeweils auch in seinem eigentlichen Metier als Schulmeister tätig. Aber die Sieger im Bauernkrieg vergessen nicht, wofür Ickelsamer sich ursprünglich in Rothenburg engagiert hatte: Noch im Jahr 1530 wird auf Veranlassung des sächsischen Kurfürsten Johann durch den Grafen Günther von Schwarzburg seine Auslieferung verlangt und dabei explizit auch auf seine Verfasserschaft der „clag"-Schrift Bezug genommen, womit man ihn offensichtlich in das Lager der Schwärmer und Aufrührer einordnete. Er sollte durch die Prediger Friedrich Mykonius/Gotha (1490–1546) und Justus Menius/Erfurt bzw. ab 1528 Gotha (1499–1558) streng verhört werden (Barge 1905, Bd. 2, S. 324). Menius hatte sich schon 1527 bei Luther für Ickelsamer verwandt; aber ähnlich wie bei Karlstadt gelang keine dauerhafte Aussöhnung (dazu auch Looß 1991, S. 13).

Nach einer Zwischenstation in Straßburg (Schnurrer 2010b, S. 11) taucht er vermutlich ab 1530 in Augsburg auf, wirkt etwa als Erzieher in der Kaufmannsfamilie Rem. Die Stadt Augsburg gewährte ja in diesen Jahren, ähnlich wie Straßburg, nicht wenigen religiösen Dissidenten Zuflucht. Aus dieser Zeit datieren dann auch seine Kontakte zu weiteren Vertretern des linken bzw. auch täuferischen Flügels der Reformation, etwa zu Caspar Schwenckfeld und Sebastian Franck, denen er sich in verschiedenen, jedoch nicht in allen Hinsichten verbunden fühlte (Looß 1991, S. 14ff.). Ickelsamer war offensichtlich niemand, der sich mit Haut und Haaren einer religiösen Gruppierung zugehörig fühlen konnte – vielleicht standen dem auch seine Erfahrungen während des Bauernkriegs in Rothenburg entgegen. Er war eher ein Einzelgänger, der sich – zumindest in diesen Jahren – aus den Zwisten und Streitigkeiten der

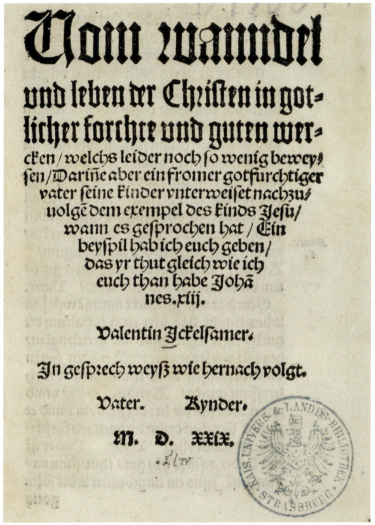

Abb. 35 b: Titelblatt von Ickelsamers Schrift „Vom wanndel und leben der Christen ...", 1529.

ihm schließlich zur eigentlichen Berufung wird und was dann seinen über die nachfolgenden Jahrhunderte fortdauernden Ruhm begründen sollte: Er wird in seiner Nach-Rothenburger Zeit zum Verfasser von sprachanalytischen und sprachdidaktischen Texten, die, wie oben schon zum Ausdruck gebracht, eine Art „kopernikanische Wende" auf diesem Feld verkörpern (dazu etwa Giesecke 1992 und 2004; Ludwig 2000). Schon kurze Zeit nach seinem Weggang aus Rothenburg erscheint „Die rechte weis / aufs kürtzist lesen zu lernen / wie das zum ersten erfunden / und aus der rede vermerckt worden ist / sampt einem gespräch zweyer kinder / aus dem wort Gottes" (vermutlich Erfurt 1527; 2. erweiterte Auflage Marburg 1534).

Nebenbei: Besonders beachtenswert ist hier sicherlich, dass Ickelsamer auch in dieser Publikation der religiösen Erziehung

Welt heraushalten und seine eher mystisch angehauchte Religiosität weltabgewandt und zurückgezogen für sich im kleinen Kreis praktizieren wollte.

Und: Die Praxis des Schulehaltens – grundgelegt in seiner nur kurz währenden Rothenburger Schulmeisterzeit – und das theoriegeleitete Nachdenken darüber ist das, was

einen exponierten Stellenwert einräumt, in diesem Kontext nun sogar exemplifiziert am Dialog zweier Mädchen, Anna und Margarete. Die Entwicklung seiner Vorstellungen und Ideen in der Form des Zwiegesprächs ist ein von Ickelsamer immer wieder praktiziertes Format, wie wir oben schon in seiner Schrift „Eyn gespräch zweyer Kinder mit einander ..." sehen konnten und wie er es dann auch später noch zur Anwendung brachte, etwa in „Vom wanndel und leben der Christen in gotlicher forchte und guten wercken ..." (1529).

Abb. 36 a: Titelblatt von Ickelsamers Schrift „Die rechte weis / aufs kürtzist lesen zu lernen ...", 1527 bzw. 1534.

Man kann vermuten, dass sich hier bei ihm als geschultem Didaktiker die Prävalenz der sokratischen bzw. maieutischen vor der dogmatischen Lehrart artikulierte, wie dies dann erst einige Jahrhunderte später im aufklärerischen Zeitalter benannt wurde – auch hier scheint er seiner Zeit voraus gewesen zu sein (vgl. dazu Rupp 2004). Und, worauf Sigrid Looß hingewiesen hat: Ickelsamer erweist sich in seiner Schrift „Die rechte weis ..." auch wieder „als getreuer Schüler Andreas Karlstadts", indem er wie dieser „den Gedanken der Wiedergeburt, der Abtötung des alten inneren Menschen und seine Heiligung durch den Geist Gottes in den Menschen ... prononciert vertreten hat" (Looß 1991, S. 13). 1534 erschien dann als weitere wichtige sprachanalytische bzw. sprachdidaktische Schrift seine „Teutsche Grammatica, darauß einer von im selbs mag lesen lernen ..."

Und damit zurück zu Ickelsamers sprachgeschichtlicher Bedeutung: Fundamental geschult an der Form der lateinischen Sprache, analysiert er in seinen Schriften die so ganz anders geartete deutsche Muttersprache und entwirft ein vollkommen neues Konzept der Analyse und des vertieften Erlernens dieser Muttersprache, das sich dann eben nicht mehr orientierte an der lateinischen (Kunst-) Sprache, sondern sich der von Kindheit an praktizierten, lebenden, gesprochenen deutschen (Mutter-) Sprache zuwandte, die in den Schulen zu lehren sei. Er geht dabei, was eine in seiner und für seine Zeit ganz außergewöhnliche Leistung verkörpert, empirisch-analytisch vor, wendet sich ab vom stumpfsinnigen Erlernen der Buchstaben, wie es beim Latein-Unterricht praktiziert wurde, seziert stattdessen die Bildung der Laute beim menschlichen Sprechakt in Mund, Nase und Rachen und baut dann darauf den (Erst-)Lese- und Schreibunterricht auf – ein Vorgehen, wie es bislang vor ihm niemand vorgeschlagen hatte. Und er hält diese vollkommen neue Methode – Gott sei Dank! – auch in Publikationen fest. Denn: In seiner Zeit und auch noch lange danach scheint man sich der extraordinären Bedeutung dieser sprachanalytischen und sprachdidaktischen Methode (noch) nicht bewusst gewesen zu sein – sie gerät praktisch über Jahrhunderte in Vergessenheit. Eine Ausnahme von dieser „Regel" stellt aber doch schon zu Ickelsamers Lebzeiten der Jurist und Grammatiker Ortolph Fuchsberger (ca. 1490–ca. 1541) dar, der schon 1533 in seiner in Augsburg und Zürich erschienenen Schrift „Ain gründlicher klarer anfang

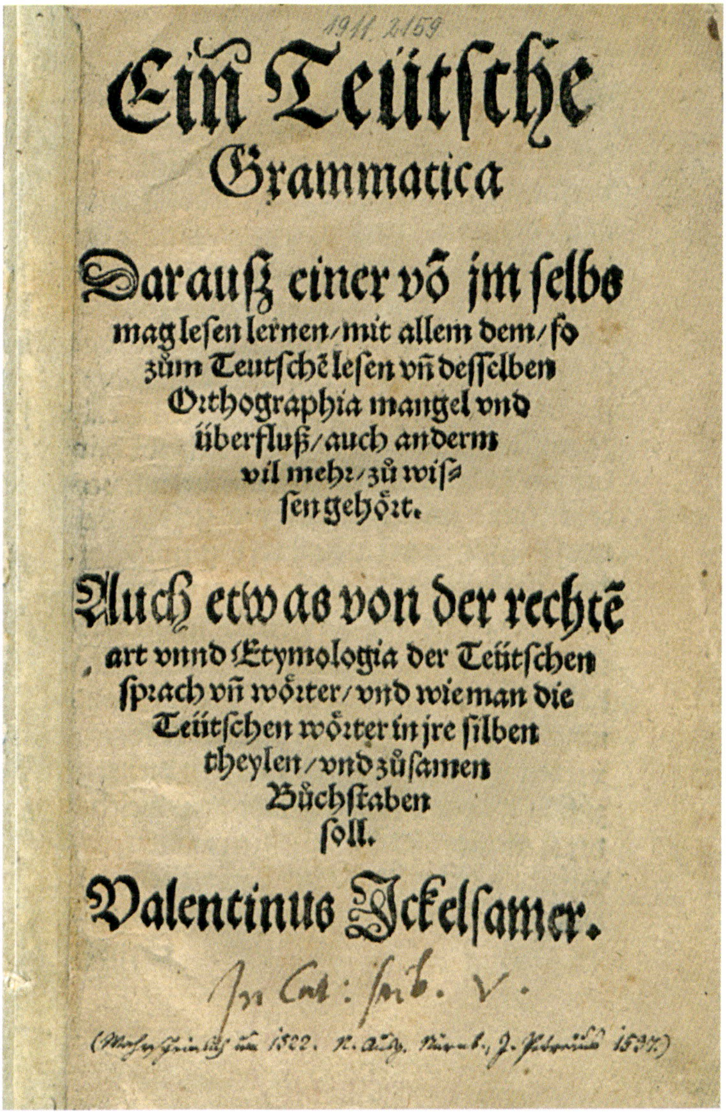
Ein Teütsche Grammatica

Darauß einer võ jm selbs mag lesen lernen/mit allem dem/so zům Teutschē lesen vñ desselben Orthographia mangel vnd überfluß/auch anderm vil mehr/zů wissen gehört.

Auch etwas von der rechtē art vnnd Etymologia der Teütschen sprach vñ wörter/vnd wieman die Teütschen wörter in jre silben theylen/vnd zůsamen Bůchstaben soll.

Valentinus Ickelsamer.

Abb. 36 b: Titelblatt von Ickelsamers Schrift „Ein Teutsche Grammatica", 1534/35 und 1537.

der natürlichen und rechten kunst der waren Dialectica" formuliert hatte: „Dann wer hat vor Valentin Ickelsamer ye ain teutsche Grammatica gelernet? kainer." Aber erst in der ersten Hälfte des 19. Jahrhunderts – durch Heinrich Stefani (1761–1850) mit der von ihm praktizierten „Lautier-Methode" – werden dann wieder vergleichbare Methoden kreiert, die auf ähnlich hohem Reflexions-Niveau beim Erwerb der grundlegenden Kulturtechniken des Lesen- und Schreiben-Lernens in der Muttersprache vorgehen. Und nochmals später, erst gegen Ende des 19. und dann im 20. Jahrhundert wird man sich dessen bewusst, dass ja da schon einmal jemand war, der dies so konzipiert und auch praktiziert hat. So wird man neu auf diese in seiner Zeit absolut innovativen Erkenntnisse und Errungenschaften Valentin Ickelsamers aufmerksam, lernt seine die Zeiten überdauernden phänomenalen sprachwissenschaftlichen und sprachdidaktischen Leistungen neu zu schätzen. Sie waren und sind offensichtlich so tragfähig, dass sie noch in unserer Zeit Verwendung finden können, etwa im Rahmen von Alphabetisierungskampagnen, die in der zweiten Hälfte des 20. Jahrhunderts bis in die Gegenwart hinein von internationalen Organisationen in der sog. Dritten Welt angewendet wurden und noch werden (Giesecke 2004, S. 21).

Ickelsamers Spur in der Geschichte verliert sich jedoch in den späten Dreißiger-, Vierzigerjahren des 16. Jahrhunderts. Die Informationen zu seiner Vita fließen da nur noch spärlich. So publiziert er etwa noch einen Trostbrief Caspar Schwenckfelds, den dieser ihm während einer schweren und lange währenden Krankheit hatte zukommen lassen (Looß 1991, S. 16). In diesem Brief sieht er auch nochmals Grundzüge seiner eigenen Religiosität und Theologie auf den Punkt gebracht. Es ist eine „Theologie des Leidens und der Vorherbestimmtheit, in die der Mensch mit seiner ‚Weltklugheit' … nicht eingreifen kann" (ebd., S. 17). Diese Sicht auf die Welt und das Leben bietet auch für sein eigenes Leben und Schicksal ein treffendes und aussagekräftiges Interpretationsmuster an.

Zum Schluss: So wenig wir um seine genaue Herkunft wissen (s.o.), so wenig wissen wir auch, wann genau Valentin Ickelsamer diese Welt verlassen hat, in und an der er, wie hier aufzuzeigen war, nicht wenig gelitten hat, die er jedoch auch mit Ideen und Konzepten bereichert hat, die seiner Zeit ganz offensichtlich weit voraus waren.

Ulrich Wagner

Rothenburg im Bauernkrieg 1525 – Verlauf und Quellen

A. Zum Verlauf

Dem Bauernkrieg von 1525, der „Revolution des gemeinen Mannes" (Blickle ²1983, S. 12–22), gingen bereits mehrere Erhebungen der Untertanen voraus. Bereits 1476 kam es durch die Predigten des Pfeifers von Niklashausen, dessen Forderungen teilweise mit den späteren Zwölf Artikeln der Aufständischen übereinstimmten, im Taubertal zu Unruhen. 1502 erhoben sich im Bistum Speyer die Bauern, ein Aufstand, der vom Pfalzgrafen bei Rhein niedergeschlagen wurde, 1514 empörten sich jene in Schwaben in der Bewegung des „Armen Konrad". In Franken begann die Erhebung 1524 im Hochstift Bamberg, der eigentliche Aufruhr setzte im März 1525 in der Rothenburger Landwehr, dem Territorium der fränkischen Reichsstadt, ein. Von hier weitete er sich rasch in die benachbarten Gebiete aus (Wagner 2004, S. 40).

Eine zunehmende, durch Kriege und Fehden verursachte Steuerlast verschärfte zu Beginn des 16. Jahrhunderts die Spannungen zwischen dem Rothenburger Rat einerseits sowie der städtischen Bürgerschaft und den bäuerlichen Hintersassen andererseits. Dem Äußeren Rat mit vierzig Patriziern stand der Innere Rat mit ursprünglich zwölf, dann seit der Handwerkerrevolte von 1451 und der Verfassungsreform von 1455 mit sechzehn Mitgliedern gegenüber. Zünfte wurden verboten, die Hälfte des Gremiums sollte ein Handwerk ausüben, was in der Praxis nicht umgesetzt wurde, der patrizische Charakter des Stadtregiments blieb erhalten. Bei den Patriziern handelte es sich um eine zahlenmäßig sehr begrenzte Schicht vermögender Grundbesitzer, die vom Pachtertrag ihrer Güter lebten und mit ihren landwirtschaftlichen Erzeugnissen Handel trieben. Einzelne residierten gleichsam wie Landadlige auf ihren festen Sitzen außerhalb der Stadt. Auf der anderen Seite standen die große Zahl der Handwerker, die im Nebenerwerb vom Ackerbau lebten, und jene, die als reine Bauern arbeiteten und verwandtschaftliche Beziehungen zum Landvolk hatten (Franz 1965, S. 178). So war es naheliegend, dass der Druck der Handwerker zu Beginn der Erhebung dazu führte, dass sich die Stadt mit den Bauern verbündete (Borchardt 2006, S. 455).

Durch lutherische Geistliche, insbesondere Dr. Johannes Teuschlein, Ratsprediger und Führer der reformatorischen Partei, war unter den Einwohnern Rothenburgs bereits vor den Aufständen eine antijüdische Stimmung entfacht worden. Am 2. Februar 1520 verließen nach der Plünderung der Synagoge, in die vierhundert Rothenburger gewaltsam eingedrungen waren und ein Marienbild aufgestellt hatten, die sechs noch verbliebenen jüdischen Familien die Stadt (Winterbach 1905, S. 52, Zweifel in Baumann 1878, S. 10). Teuschlein forderte vom Rat, die Synagoge in eine Kapelle „Zur Reinen Maria" umzugestalten und einen Teil des jüdischen Friedhofs als Gottesacker weihen zu lassen. Dies geschah durch den Würzburger Weihbischof Johann von Plettenberg (Zweifel in Baumann

1878, S. 10). Da Teuschlein durch seine auch gegen den Rat aufhetzenden Reden bereits im Oktober 1524 beträchtlichen Zulauf hatte, wies der Äußere Rat den Inneren Rat an, Teuschlein aus dem Amt des Predigers zu entlassen. Aus Furcht vor der Öffentlichkeit wagte der dies allerdings nicht.

Eine weitere Ursache für die Unruhen lag nicht zuletzt in den Predigten des Dr. Andreas Bodenstein, genannt Karlstadt, der nicht nur gegen den Wucher der Juden, sondern gegen die Sakramente und die Bilderverehrung der Altgläubigen hetzte. Er war vom Kurfürsten Friedrich von Sachsen aus dessen Land gejagt worden und über Heidelberg, Schweinfurt und Kitzingen im Dezember 1524 nach Rothenburg gelangt (Franz 1965, S. 177). Trotz eines Ausweisungsdekrets des Rates vom 27. Januar 1525 konnte er sich versteckt in der Reichsstadt halten und starken Einfluss auf die reformatorische Bewegung nehmen (Bubenheimer 1991, S. 58). In engem Kontakt stand er zu Johannes Teuschlein, dem früheren Bürgermeister Ehrenfried Kumpf, dem Deutschordenskomtur, dem blinden Mönch Hans Schmid und dem Adligen Stefan von Menzingen. Obwohl ein Dekret des Markgrafen Kasimir vorlag, Karlstadt festzunehmen, deckten Teuschlein, Kumpf und andere diesen. Der Stadtschreiber Thomas Zweifel wandte sich an den Rat, damit Karlstadt nicht weiter in Rothenburg untergebracht und versorgt werde, dennoch wurden dessen Thesen hier nach wie vor verbreitet und niedergeschrieben. Unter dem Einfluss des Ehrenfried Kumpf ging der Rat nicht dagegen vor.

Am 15. März 1525 machte der Reichsritter Florian Geyer, im Dienst des Markgrafen Kasimir und nach der Begegnung mit Luther von der evangelischen Lehre durchdrungen, später Ratgeber und Kriegsrat des sog. Hellen Haufens, in der Jakobskirche die Zwölf Artikel der Bauernschaft publik und forderte, dass sich die Gemeinde mit den Bauern verbündete. Allein das Evangelium und das Wort Gottes sollten gültig sein. Die Einwohner sollten keine Renten und keine Gülten mehr bezahlen. Nicht nur in Rothenburg, sondern auch anderwärts sympathisierten in den kleineren Reichsstädten die Ackerbürger mit der Bevölkerung auf dem Land.

Die Reichsstadt verfügte über ein beträchtliches Landgebiet mit 163 Dörfern und 40 Burgen, die sog. Landwehr. Aus Ohrenbach, einem Dorf dieser Landwehr, zog am 23. März 1525, verstärkt durch Bauern aus Brettheim (Franz 1965, S. 178f.), eine dreißig Mann starke bäuerliche Abordnung mit Pfeifen und Trommelschlag in

Abb. 37: Markgraf Kasimir von Brandenburg-Ansbach (* 1481, † 1527).

die Reichsstadt, beschimpfte den patrizischen Rat und verkündete ihre Forderungen. Die Geistlichen sollten Bürgerpflichten übernehmen, die hohen Abgaben zurückgeführt, die Leibeigenschaft abgeschafft und die Äcker und Wälder allgemein genutzt werden. Die Adligen sollten ihre Schlösser abbrechen und ihren bevorrechtigten Status verlieren (im Detail formuliert bei Fries 1883, S. 179f.; vgl. auch Franz 1965, S. 182f.). Der Rat stand selbst unter Druck, denn unter Führung des Stefan von Menzingen hatten sich Handwerker und einfaches Volk gegen ihn erhoben. Der Rat sandte Gebotsbriefe in die Landwehr und forderte die Dorfmeister auf, die sich formierenden Haufen nach Hause zu schicken und weitere Zusammenrottungen zu verhindern. Noch am 24. März 1525 bildeten der Äußere und der Innere Rat zwangsweise einen Ausschuss von 36 Personen, der dann später auf 42 Personen erweitert wurde (Quester 1994, S. 236) und der das Stadtregiment

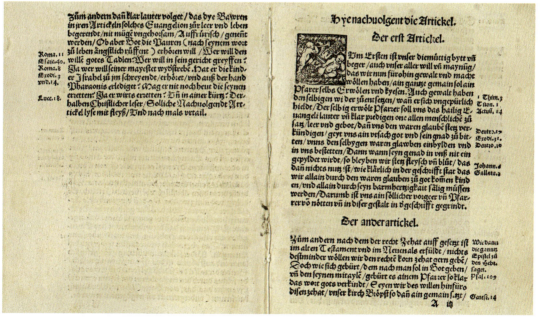

Abb. 38 a und b: Titelblatt der Zwölf Artikel sowie die Eingangs-Artikel, erstmals gedruckt in Memmingen 1525.

Abb. 39: Bildersturm in einer Kirche. Johann Knobloch d.Ä., Straßburg 1525.

übernahm (Franz 1936, S. 133). Der Würzburger Historiker Lorenz Fries zitiert in seiner Bauernkriegschronik ein Schreiben seines Fürsten Konrad von Thüngen vom 16. April 1525, in dem dieser davon ausgeht, dass sich in der Rothenburger Landwehr 3000 Bauern formiert und den Rothenburger Stadtrat gezwungen hätten, die Stadtherrschaft an die Gemeinde abzutreten (Fries 1883, S. 116f.).

Seit dem 14. April wurden in Rothenburg keine Messen mehr gelesen, selbst Frauen bewaffneten sich, plünderten die geistlichen Häuser und beschlagnahmten Wein und Getreide (von Winterbach 1905, S. 56; Eisenhart in Baumann 1878, S. 600). Der blinde Mönch Hans Schmid, genannt Rotfuchs, bezeichnete am Pfingstsamstag die Sakramente als Abgötterei und Ketzerei, man segnete weder das Pfingstfeuer noch das Taufwasser (Eisenhart in Baumann 1878, S. 598). Am 18. April verfügte der Ausschuss, dass die jungen Priester sich Frauen nehmen sollten und dass ihre Pfründen drei Jahre weiter ausbezahlt würden. Bei alten Priestern sollte sich nichts ändern. Gleichzeitig versuchten Jugendliche am Altar „unser frauen" das Altarbild herauszuwerfen, was fromme Altgläubige jedoch mit Gewalt verhinderten (Eisenhart in Baumann 1878, S. 599).

Während der alte Rat noch beim Markgrafen Kasimir von Brandenburg um Hilfe nachgefragt hatte – die Stadt stand unter Schutz und Schirm des Hohenzoller'schen Fürsten (Fries 1883, S. 14) –, zwang ihn nun der Ausschuss, sich für die Bauern, ihre Brüder, zu erklären. Am 4. Mai 1525 wurde dem Markgrafen abgeschrieben, damit wechselte die Stadt offensichtlich die Seiten. Am 9. Mai verhandelte eine Gesandtschaft von 22 Vertretern Rothenburgs mit dem Hellen Haufen der Aufständischen über den Anschluss (Franz 1968, S. 363). Als Ende Mai im Bauernrat vor Würzburg beschlossen wurde, zur Vermittlung einen Landtag in Schweinfurt anzusetzen und die Fürsten und die Reichsstädte einzuladen, verwies der Ochsenfurter Stadtschreiber Johann Fischer insbesondere auf den Würzburger Bischof und sein Kapitel. Hierauf antwortete der Rothenburger Ehrenfried Kumpf, inzwischen Würzburger Schultheiß: „der bischove und capitel gehörten nit in das spil" (Fries 1883, S. 301).

Ab Mitte Mai lieferte Rothenburg für die Belagerung der Marienburg Geschütze, Pulver und hundert Steine nach Heidingsfeld. Um den 20. Mai traf in Rothenburg vom Heidingsfelder Lager die Warnung ein, dass die Truppen des Schwäbischen Bundes nach der Weinsberger Bluttat die dortige Stadt niederbrennen wollten. Die Brüder in der Landwehr, vor allem in

Ohrenbach und Brettheim, sollten sich gegen einen Angriff rüsten und weitere Befehle erwarten. Nach der Zerstörung der Stadt Weinsberg zogen die Reiter und Fußsoldaten des Obersten Feldhauptmanns Jörg Truchsess, verstärkt durch pfälzische Kontingente, zügig Richtung Würzburg. Trotz Artilleriebeschuss durch die Geschütze der Bauern vom Bergrücken bei Königshofen aus gelang es ihnen am Freitag vor Pfingsten, die Tauber zu überqueren. Ihre Reiterei, das sog. Rennfähnlein, rückte auf die Wagenburg der Aufständischen vor, zerschlug diese und trieb die Bauern in die Flucht. Etwa 4000 Aufständische wurden erstochen oder erschlagen. Am 3. Juni versuchten Hauptleute aus Würzburg, in Rothenburg weitere Söldner anzuwerben, was der Rat nur bei den sog. freien Knechten, die nicht im Sold standen, erlaubte. Zudem forderten sie, Geschosse, Kriegswagen, Handbüchsen, lange Spieße und Hellebarden nach Heidingsfeld zu schicken, um die aufständischen Bauern zu retten. Dies geschah nicht. Am folgenden Tag wurde in der zweiten Schlacht bei Giebelstadt südlich von Würzburg das Ersatzheer der Aufständischen völlig vernichtet. In Rothenburg ordnete der Rat an, keine Flüchtigen, die mit Vieh, Schmuck, Hausrat und Bargeld ankamen, in die Wirts- oder Bürgerhäuser der Stadt aufzunehmen. Sie sollten außerhalb der Mauern bleiben.

Bereits nach der ersten Niederlage der Bauern bei Königshofen am 2. Juni war das Rothenburger Kontingent mit Bürgern und Bauern aus Stadt und Landwehr, ohne sich am Kampf beteiligt zu haben, nach Rothenburg zurückgekehrt. Beim Stadtrat bat man um Vermittlung, doch dieser verwies auf den Markgrafen und den Bundeshauptmann Jörg Truchsess, zu dem eine Abordnung mit dem Stadtschreiber Thomas Zweifel gesandt wurde (von Winterbach 1905, S. 56). Eine Bitte des Rates an den Markgrafen in Uffenheim um Verzeihung wurde abgeschlagen, er müsse erst mit den Hauptleuten und Räten des Bundes verhandeln (Zweifel 1878, S. 464). Eine Rothenburger Abordnung mit dem Stadtschreiber Thomas Zweifel ritt in das Lager der siegreichen Fürsten in Heidingsfeld, bekannte sich zur Verantwortung der Stadt, entschuldigte sich und bat um Gnade (Zweifel in Baumann 1878, S. 470f.). Es folgten längere Verhandlungen, ursprünglich sollte jedes Rothenburger Haus mit 8 Gulden, eine beträchtliche Summe, geschatzt werden. Rat und Gemeinde hätten sich dem Aufruhr angeschlossen, gegen die kaiserliche Majestät, die Fürsten des Reichs, gegen den Landfrieden und die Reichsordnung gehandelt. Sie hätten die Rebellen mit Personal, Geschützen, Pulver und Geschossen unterstützt. Schließlich gelang eine Ermäßigung. Der vom Obersten Feldhauptmann unterschriebene Vertrag vom 11. Juni 1525 legte fest, dass innerhalb der Ringmauer jedes der 527 Häuser als Plünderungs- und Brandschatzung 7 Gulden, insgesamt jedoch 4000 Gulden zu bezahlen hatte, die Stadt sollte 100 Zentner Pulver liefern. Die Geldübergabe war innerhalb von zwei Wochen vorzunehmen (Zweifel in Baumann 1878, S. 485f.).

Zwischen dem 12. und 14. Juni meldeten sich verschiedene Bürger bei den Bürgermeistern, um bei der Nördlinger Messe ihrem Handel und ihrem Gewerbe nachgehen zu können. Dies war vorgeschoben, wurde aber erlaubt. Viele Bürger zogen ohne Genehmigung weg. Zweifel schreibt, dass keiner von ihnen zurückkam, denn es war ihnen klar, dass ihnen als am Aufruhr Beteiligten eine Bestrafung drohte (Zweifel in Baumann 1878, S. 490f.). Auch Ehrenfried Kumpf, ehemaliger Bürgermeister, und über dreißig weitere Einwohner setzten sich ab (Eisenhart in Baumann 1878, S. 616). Am 16. Juni begannen die neuen Steuereinzieher, darunter Stefan von Mentzingen, die Schatzung der 7 Gulden, egal ob von Reich oder Arm, einzuziehen. Jene, die nicht zahlen konnten, wurden aufgefordert, mit Weib und Kind die Stadt zu verlassen. Da der Aufruhr von den ärmeren Schichten ausging, waren die Vermögenden nicht bereit zu helfen. Viel Ärger erregte, dass Stefan von Mentzingen, der selbst als Aufwiegler und Redner den Aufstand angeheizt hatte, als Steuereinzieher auftrat (Zweifel 1878, S. 507). Als bekannt wurde, dass sich dieser, der noch Anhang in der Stadt hatte, mit seinem Pferd aus dem Staub machen wollte, ließen ihn Bürgermeister und Rat gefangen setzen. Am 22. Juni schrieb Markgraf Kasimir an Bürgermeister und Rat, die Ehefrau Mentzingens habe bei ihm protestiert, ihr Mann sei verhaftet worden. Da dieser Diener des Fürsten sei, sollten sie ihn freilassen. Die Stadt lehnte ab und wandte sich an Jörg Truchsess, der einer weiteren Haft zustimmte. Bürgermeister und Rat sollten zudem versuchen, auch den entwichenen Karlstadt festzunehmen.

Der in seine alten Rechte eingesetzte Rat der Stadt ließ den katholischen Gottesdienst wieder einführen und die Aufwiegler einkerkern, mehrere Dörfer der Landwehr wurden gebrandschatzt. Markgraf Kasimir als Exekutor des Bundes zog am 28. Juni mit 500 Pferden, 1000 Knechten zu Fuß, 200 Wagen in die Stadt und positionierte seine besten Geschütze auf dem Marktplatz (Eisenhart in Baumann 1878, S. 607), sandte 500 Mann in die Dörfer Ohrenbach und Brettheim, die Ursprungsorte der Empörung, und ließ diese ausplündern und niederbrennen.

Am 30. Juni 1525 mussten in Gegenwart des Markgrafen, des Hans von Seckendorff und des Erbmarschalls Joachim von Pappenheim alle Einwohner auf dem Marktplatz erneut den Untertaneneid schwören. Die namentlich aufgerufenen Aufrührer hatten in den sog. Zirkel, einen von Kriegsknechten und Reitern eingeschlossenen Ring, zu treten, zehn Bürger wurden

Abb. 40: Der Rothenburger Marktplatz als Hinrichtungsstätte.
„Prospect des Rothenburger Marcktes gegen Mittag" (nach von Winterbach, 1905).

enthauptet, darunter der ehemalige Schulrektor Wilhelm Besmeier, magister artium, als letzter Hans Kumpf, Vikar am Nikolausaltar in der Pfarrkirche. Am folgenden Tag wurden weitere fünfzehn Personen geköpft, nämlich der Junker Stefan von Mentzingen, der Prediger Dr. Johannes Teuschlein, der blinde Franziskanermönch Rotfuchs, der stehend sterben wollte, was misslang, zuletzt ein Landsknecht. Wie der Chronist Eisenhart vermerkt, starben sie alle ohne Beichte und Sakrament (Eisenhart in Baumann 1878, S. 609; Franz 1926, S. 340 im Detail, indes mit falscher Datierung). Zur Abschreckung ließ man die Leichen den ganzen Tag auf dem Markt liegen. Auch in Rothenburg fanden sich unter den Aufständischen mehrfach Pfarrer, entlaufene Mönche, Prädikanten der neuen Lehre sowie Gastwirte, die eine bedeutende Rolle für die Erhebung spielten, sowie vereinzelt auch Adlige. Florian Geyer wurde am 9. Juni 1525 nachts durch zwei Knechte Wilhelm von Grumbachs im Gramschatzer Wald nördlich von Würzburg erstochen (Franz 1968, S. 366.).

Außer der Brandschatzung hatte Rothenburg in der Exekution reichsstädtische Gebietsverluste hinzunehmen. Größere Teile der reichslehnbaren Aischgüter, darunter Schloss und Herrschaft Endsee, mussten abgetreten werden. Weiter ließ der Rat noch zwölf Aufrührer enthaupten, verschiedene auspeitschen sowie der Stadt und des Landes verweisen (von Winterbach 1905, S. 58). Doch wuchs beim Rat wie auch beim Adel die Einsicht, dass es nach der Hinrichtung der eigenen Bauern schwierig war, neue zu bekommen.

Beim Speyerer Reichstag im Januar 1526 wurde per Dekret verboten, die bisherigen bäuerlichen Lasten zu erhöhen. Die Obrigkeiten sollten den kaiserlichen Landfrieden sichern und weitere Empörungen verhindern. In verschiedenen Denkschriften wurde angeregt, die Leibeigenschaft aufzuheben, die Frondienste zu kürzen, die Pfarrer sorgfältiger auszuwählen, die Zahl der Klöster zu verringern und das Pfründenwesen neu zu organisieren (Aulinger 2011, S. 91–94). Der Reichstag überließ den Reichsständen die Gestaltung der künftigen christlichen Ordnung. Dies ermöglichte die Durchführung der lutherischen Reformation, die von Nürnberg bereits 1525 eingeführt wurde. Mit Ausnahme von Schweinfurt und Rothenburg, wo die Katastrophe von 1525 die Altgläubigen nochmals zur vorübergehenden Herrschaft brachte, folgten die fränkischen Reichsstädte zügig. Der Versuch insbesondere der bäuerlichen Aufständischen, sich in den formierenden Territorialstaaten der Neuzeit als Stand zu etablieren, war gescheitert.

B. Ausgewählte Quellen

Nr. 1
1525 März 1–15
Uneinigkeit unter den Rothenburger Geistlichen

Johannes Newkaim, Deutschordenskomtur und Pfarrer zu Rothenburg, predigte gegen die lutherischen Lehren und gegen Dr. Johannes Teuschlein, „bestellter" Prediger zu Rothenburg, und gegen den sog. blinden Mönch, Hans Schmid, Bruder des Franziskanerklosters, der diese ebenfalls vertrat. Die Deutschordensherren und große Teile der Priesterschaft blieben beim alten Glauben, die Lutheraner hatten indes Anhänger im Konvent des Deutschen Ordens. Aufgrund der Auseinandersetzungen löste Deutschmeister Dietrich von Cleen den Altgläubigen Johannes Newkaim ab, ersetzte ihn durch Kaspar Christian, Ordenspfarrer zu Münnerstadt, und präsentierte ihn in Würzburg. Diesen lehnte jedoch der dortige Fiscal Kaspar Pfister anfangs ab, da Christian der neuen Lehre anhinge, investierte ihn dann doch, nachdem 20 Gulden Präsentationsgebühr bezahlt worden waren. Damit war der neue lutherische Pfarrer und Prediger ordentlich investiert (Zweifel in Baumann 1878, S. 8f.).

Nr. 2
1525 März 20–26
Johannes Teuschlein wird zur Rechtfertigung nach Würzburg zitiert.

Teuschlein sollte beim Würzburger Fiscal Rede und Antwort über seine Predigten und seine Lehre stehen. Mit einem Knecht und Pferden des Rats ritt er nach Würzburg und fragte den Weihbischof Johannes Plettenberger und den Domprediger, die ebenfalls der neuen lutherischen Lehre zugewandt waren, um Rat. Diese rieten ihm, sich nicht zu rechtfertigen und keinen Gehorsam zu leisten, er solle weiter das reine Wort Gottes predigen und keine Strafe fürchten. Daher ging er nicht zum Fiscal, ritt vielmehr zurück nach Rothenburg, informierte den Rat und predigte weiter mit aufrührerischen Thesen, nämlich niemand solle mehr Opfergeld zahlen, die neue Klauensteuer, den Zehnten oder andere Abgaben leisten, und wiegelte die Rothenburger Einwohner gegen den Rat auf (Zweifel in Baumann 1878, S. 9f.).

Nr. 3
1525 März 25
Klageschrift der Hauptleute des Hellen Haufens an Ausschuss und Rat der Stadt Rothenburg

Die Abgaben seien sehr hoch, sie stünden gegen das Wort Gottes.

Hauptrecht, Handlohn und Steuern würden übermäßig auf den Bauern lasten. Besonders schwer seien das Klauengeld (eine Viehsteuer), das Bodengeld und das Ungeld. Die Leibeigenschaft sei durch teuflische List eingeführt worden, seien sie doch alle zusammen eine christliche Gemeinde. Beschwerlich sei der große und kleine Zehnt, den die Geistlichen einnehmen, ohne selbst zu arbeiten: „wer aber nit arbeit, der nyeß auch nichtz". Abgeschafft werden soll der neue Zoll.

Jene in den Dörfern, die Abgaben verweigern, würden vom Stadtrat als meineidig gescholten, dies sei Unrecht (Zweifel in Baumann 1878, S. 76–78).

Nr. 4
1525 April 12
Auflistung der Beschwerden, die in einer neuen Ordnung geändert oder abgeschafft werden sollen.

Von der jährlichen Steuer soll die Hälfte gelöscht werden, es sei denn, dass in Notfällen Rat und Gemeinde Zuschläge bewilligen. Die alte Nachsteuer, der 5. Pfennig, soll aufgehoben sein. Das Bodengeld soll künftig völlig entfallen, das letzte Bodengeld soll noch bis zum kommenden St. Michelstag, den 29. September, in der Münze bezahlt werden. An der Mehlwaage sollen künftig nur noch 2 Pfennige von 1 Malter Korn genommen werden. Hieraus soll die Waage weiter finanziert werden.

Es folgen Regelungen für Metzger, Gerber, Schuster und Bäcker. Das Vieh der Gemeinde kann um die Stadtgräben und um die Tore, die nicht verschlossen sind, frei grasen. Keinem Bürger soll bei Nacht ohne gravierenden Vorfall seine Rüstung abgenommen werden.

Aus der Gemeindekasse in der Steuerstube sollen weiter unbefristetes Zinsgeld, Leibgeding, Dienstgeld, soweit urkundlich belegt, ausbezahlt werden.

Das Bündnis mit dem Markgrafen soll weiterhin nach Inhalt und Buchstaben eingehalten werden.

Den Färbern soll das Wolle-Färben neu taxiert werden. Die Einfuhr von Waren der Bürger ist zollfrei, Ausfuhrgüter aus der Stadt an Fremde sind zu verzollen. Jeder Wirt kann künftig zwei verschiedene Weinsorten ausschenken. Krämer und andere Bürger dürfen bei der Jahrmesse in ihren Häusern Waren anbieten. Sie müssen kein Stadtgeld entrichten. Bürgerliche Hüter haben im Herbst auf dem Wochenmarkt bei Wolle in den ersten drei Stunden freien Vorkauf. Danach ist der Markt insgesamt frei. Das gleiche Recht haben auch die Färber, die flämische Wolle anbieten.

Die leer stehenden Höfe und Häuser in der Stadt, die nicht bewacht werden, sind künftig vom neuen Rat zu verwenden. Wenn arme und reiche Bürger auf Feldzug gehen, soll der neue Rat die Vollmacht haben, zu taxieren. Beide sollen gleich behandelt werden. Die Holznutzung ist besonders bei Holzmangel vom neuen Rat zu bewilligen. In der Stadt ansässige Bürger, die mit Handlohn, Hauptrecht und dergleichen belastete Güter haben, sollen ihren Lehensherrn keine Abgaben mehr leisten, sondern allenfalls 2 Viertel Wein entrichten.

Den Geistlichen in der Stadt wird kein Zehnt mehr geleistet. Wer jemanden in Gärten, Wiesen, Äckern, Wäldern außerhalb der versteinten Wege schädigt, hat 1 Gulden Strafe zu entrichten, die zur Hälfte an den Rat und zur Hälfte an den Geschädigten zu bezahlen sind. Der neue gewählte Rat soll entscheiden, wie künftig mit den von Komtur und Pfarrer Kaspar Christian über die Hintersassen zu Detwang ausgeübten Gerichtsverfahren umzugehen ist. Ausschuss und Gemeinde haben alle Dinge, die für den gemeinen Nutzen bedeutsam sind, in Kraft zu setzen. Es soll jedoch niemand benachteiligt werden (Zweifel in Baumann 1878, S. 179–182).

Nr. 5
1525 April 14, Karfreitag
Aufrührerische Predigten

Am Karfreitag wird in den Rothenburger Kirchen weder gesungen noch gelesen, nur Dr. Johannes Teuschlein predigt. Er schmäht Kaiser, König, Fürsten sowie geistliche wie weltliche Herren, denn sie behinderten das freie Wort Gottes (Eisenhart in Baumann 1878, S. 598).

Nr. 6
[1525 April 15]
Die städtischen Geistlichen wenden sich der neuen Lehre zu.

Seit dem 27. März 1525 werden in keiner Rothenburger Kirche Messe, Vesper, Complet, Mettin oder anderes gefeiert. Alle Gottesdienste stehen still, in der Karwoche vom 9. bis 15. April wird keine Passion gelesen, keine Taufe ausgeführt und niemandem die Kommunion gereicht, es sei denn heimlich. Der Pfarrer und Komtur Kaspar Christian äußert in seiner Predigt am Palmtag (9. April), er sei nicht mehr sicher, was er vom Sakrament halten solle. Dr. Karlstadt habe ihn, dann auch Dr. Johannes Teuschlein und den blinden Mönch „irrig und abfellig" (Zweifel in Baumann 1878, S. 258) gemacht, sodass diese im Sinne Karlstadts predigten. Dies hätte bei der Bevölkerung zu großer Verachtung, zu Spott und zur Missachtung des Heiligen Sakraments geführt, so als dieses durch die Gassen zu Kranken getragen worden sei. Dabei sei es zu Verfluchungen und Gotteslästerungen gekommen. Mit Steinen habe man nach den Priestern geworfen, die das Allerheiligste trugen, und dies nicht nur in den Gassen und am Marktplatz, sondern auch aus etlichen Häusern.

Nr. 7
1525 April 27
Musterung und Rüstung

Am Donnerstag nach Quasimodogeniti veranlassen Bürgermeister, Rat und Ausschuss, da die Bauernschaft damit droht, Rothenburg anzugreifen und zu erobern, mit allen städtischen Knechten und Bürgern eine Musterung mit Harnisch und Kriegsrüstung durchzuführen. Es kommen 550 Personen, 250 Bürger fehlen, obwohl sie angeschrieben wurden. Es erscheinen auch etliche Priester, so Hans Waltmann, Kaplan im Spital, Andreas Walz und andere, alle gut gerüstet mit Harnisch und Waffen. Jene Geistlichen, die ohne Harnisch und Waffen kommen, werden verpflichtet, sich solche zuzulegen (Zweifel in Baumann 1878, S. 256f.).

Nr. 8
1525 April 30, Ansbach
Der Markgraf ist gewillt, Verstärkung zu schicken.

Markgraf Kasimir von Ansbach teilt Bürgermeistern und Rat von Rothenburg mit, dass er damit einverstanden ist, ihnen auf ihre Kosten 200 Knechte und einen Büchsenmeister abzuordnen. Da er aber noch nicht über genügend zusätzliche Knechte verfügt und die restlichen sowie den Büchsenmeister zurzeit nicht entbehren kann, wird es noch einen kurzen Aufschub geben (Zweifel in Baumann 1878, S. 268f.).

Nr. 9
1525 Mai 4
Dem Markgrafen wird abgesagt.

Der Rothenburger Rat Lorenz Denner (Innerer Rat) wird zu den Rothenburger Gesandten nach Ansbach geschickt. Zusammen mit dem Gesandten Bürgermeister Jörg Bermeter teilt er Markgraf Kasimir den Beschluss von Innerem Rat, Äußerem Rat und Ausschuss mit, dass der Markgraf weder selbst noch mit Soldaten zu Ross oder zu Fuß in die Stadt Rothenburg eingelassen werde. Der Markgraf zeigt hierauf großes Missfallen und Entsetzen. Stefan von Menzingen sagt zu, in der Stadt Rothenburg zu vermitteln. Allerdings reitet Menzingen später zum Hellen Haufen (Taubertaler Haufen), verschenkt ohne Wissen von Bürgermeister und Rat samtene Messgewänder und sagt zu, die Stadt Rothenburg zum Anschluss an die Bauern zu bringen (Zweifel in Baumann 1878, S. 276f.).

Nr. 10
1525 Mai 14
Beauftragte des Hellen Haufens teilen dem Rat ihre Forderungen mit.

Am Sonntag Cantate erscheinen im Auftrag des Hellen Haufens vor dem Inneren und Äußeren Rat sowie dem Gemeindeausschuss Florian Geyer, Hans Bezold, Schultheiß zu Ochsenfurt, Linhart Denner, Pfarrverweser zu Leuzenbrunn, Linhart Prenk, genannt Grosslinhart, von Schwarzenbrunn, und Sebastian Rab, Steinmetz von Gebsattel, früher Werkmeister der Stadt Rothenburg. Florian Geyer teilt Folgendes mit:

Hauptleute, Räte und Ausschuss der Bauernschaft zu Heidingsfeld hätten sie beauftragt, sie für die Christliche Bruderschaft zu gewinnen. Sie sollen als ihre Brüder in ihre Einung eintreten und diese bei der Umsetzung, der

Abb. 41: Siegel des Hellen Haufens. Über dem Bundschuh, dem Symbol des Aufstandes, Pflugschar, Gabel und Dreschflegel, die Werkzeuge der Bauern (nach Gropp, 1748).

„handhabung" des Evangeliums unterstützen. Das göttliche Wort soll ohne Zusätze gepredigt werden, sämtliche Steuern, Dienste und Fronen sind aufgehoben, bis zu einer Reformation werden keine Zinsen, Gülten, Renten, Handlohn, Hauptrecht oder Zehnten mehr geleistet. Rat der Stadt, Ausschuss und Gemeinde sollen festlegen, welche Steuern noch zur Erhaltung der Stadt eingezogen werden sollen. Der Rat der Stadt bleibt im Amt. Alle geistlichen Güter kommen in Verwaltung des Rats, ein Teil soll an die Untertanen ausgegeben werden. Der Klerus soll so viel erhalten, dass er hieraus sein Leben fristen kann. Rat und Ausschuss sollen die Artikel der Bruderschaft annehmen, sich dieser verpflichten, sodass sie von dieser Schutz und Schirm, Hilfe und Beistand erhalten. Alle Schlösser, Wasserhäuser und Festungen, aus denen die Untertanen belastet wurden, sollen abgerissen oder ausgebrannt werden, dortige Geschütze sind der Bauernschaft zu übergeben. Geistliche und weltliche Personen, Adlige und Nichtadlige, sollen sich künftig, wie jeder Untertan, an das Bürgerrecht und an das Bauernrecht halten. Alle Adligen sollen geistliche und adlige Güter insbesondere von Personen, die gegen die Bauernschaft gehandelt haben, dieser übergeben. Die neue Ordnung, die von Gelehrten der Heiligen Schrift aufgerichtet wird, soll künftig jeder geistliche und weltliche Untertan beachten.

Nr. 11
1525 Mai 15
Lieferung von Kriegsmaterial nach Würzburg

Morgens um 5 Uhr wird angeordnet, drei Wagen mit Pulver und steinernen Geschossen sowie zwei Geschütze mit Kriegsgerät ins Lager des Hellen Haufens zu führen. Ehrenfried Kumpf, Georg Spelt der Jüngere und mehrere Bürger und Bauern reiten mit den Wagen und den Geschossen aus der Stadt, begleitet von Hans Bosle, einem Kessler als Büchsenmeister, der in Würzburg beim Beschuss der Schanzen erfolgreich trifft (Eisenhart in Baumann 1878, S. 604).

Nr. 12
1525 Mai 18
Die Bauern zu Neustadt fordern personelle Verstärkung und Pulver.

Die Hauptleute der Bauernschaft zu Neustadt an der Aisch schreiben an Bürgermeister, Rat und Gemeinde zu Rothenburg, dass sie an Mannschaft noch gering, nämlich unter 2000 Mann stark seien und zurzeit die Feinde um sie herumstreifen würden. Da Rothenburg sowohl ihnen wie auch dem Hellen Haufen verpflichtet sei, bitten sie ohne Verzug um Verstärkung der Mannschaft und um 4 Zentner Pulver auf eigene Kosten.

Rothenburg antwortet, dass sie selbst zu wenige Leute hätten, um gegen den Schwäbischen Bund anzutreten, zudem hätten sie zahlreiche Büchsen, Steine, Pulver und Gerätschaften bereits an den Hellen Haufen in Würzburg abgetreten, sodass sie ihrem Wunsch nicht nachkommen können (Zweifel in Baumann 1878, S. 392f.).

Nr. 13
1525 Mai 16–19, Würzburg
Die Rothenburger Gesandten berichten über die Vorgänge in Würzburg.

Ehrenfried Kumpf und Jörg Spelt teilen Bürgermeister und Rat zu Rothenburg mit, dass sie am 14. Mai die Rothenburger Geschütze über Röttingen und Giebelstadt nach Heidingsfeld geführt hätten. Durch den Bruch von Rädern seien sie einen Tag in Röttingen aufgehalten worden, ein Wagner und ein Schmied hätten diese dort ausgebessert. Der Helle Haufen habe sich über die Geschütze sehr gefreut. Kumpf sei in den obersten Rat von acht Personen gewählt worden.

Hinsichtlich der Marienburg würde der Bote Thomas Dischinger mündlich berichten. Inzwischen sei mit den Geschützen gewaltig auf das Schloss (Marienberg) geschossen worden. Die Odenwälder Bauern würden fleißig graben (Unterminierung des Marienberges) und bäten um Verstärkung. Sollte diese kommen, würde die Burg bald erobert sein. Kumpf und Spelt seien auch vor den Würzburger Rat gebeten worden, man habe einen halben Tag beraten, ob und auf welche Weise das Schloss zu stürmen sei. Es sei berichtet worden, dass die bündischen Truppen den Weinsberger Haufen überfallen würden. Alle Burgen sollten zerstört, ausgebrannt und abgerissen werden. Sie würden ein Verzeichnis jener Schlösser mitschicken, die bereits verbrannt wurden. Der Rat antwortet, dass er 20 Zentner Pulver an den Hellen Haufen liefern würde (Zweifel in Baumann 1878, S. 393–397).

Nr. 14
1525 Mai 19
Rothenburg sagt weitere Geschützkugeln und Pulver zu.

Bürgermeister und Rat zu Rothenburg teilen den Räten und Hauptleuten des Hellen Haufens zu Heidingsfeld mit, dass ihr Schreiben um Unterstützung eingegangen sei. Sie erhalten (zusätzlich) die erwünschten Geschosse, 100 eiserne Steine, passend zu den Rothenburger Geschützen. Sie sollen einen Fuhrmann mit Karren schicken, um diese abzuholen. Wegen des Pulvers seien die Pulvermacher angewiesen worden, dieses schnell herzustellen. Den Stellvertreter des Stadtschreibers, Valentin Denner, können sie indes nicht abgeben, zumal dieser selbst nicht gewillt sei, den städtischen Dienst zu verlassen (Zweifel in Baumann 1878, S. 391).

Nr. 15
1525 Juni 5–7
Niederlage der Bauernhaufen / Gnadengesuch an Markgraf Kasimir

In Rothenburg wird bekannt, dass die Bauerntruppen in den Schlachten von Königshofen und Giebelstadt am 2. und 4. Juni 1525 völlig besiegt und die Belagerung der Würzburger Marienburg abgebrochen wurde. Die Stadt sendet am 6. Juni zwei Vertreter zum Markgrafen mit der Bitte um Nachsicht, am 7. Juni Erasmus von Mußloe, Konrad Eberhard und Thomas Zweifel an den Bund, um Gunst und Gnade zu erlangen (Eisenhart in Baumann 1878, S. 606).

Nr. 16
1525 Juni 11
Vertrag des Jörg Truchsess mit der Stadt Rothenburg

Der Oberste Feldhauptmann des Schwäbischen Bundes teilt schriftlich mit, dass die Stadt Rothenburg sich dem Aufruhr der Bauernschaft anschloss, sie mit Geschützen und Pulver, Rat und Hilfe unterstützte und damit gegen die Goldene Bulle und den kaiserlichen Landfrieden handelte. Er komme nun der Stadt nach Verhandlungen mit ihren Bevollmächtigten Erasmus von Mußloe, Konrad Eberhard und ihrem Stadtschreiber Thomas Zweifel entgegen. Bürgermeister und Rat sorgen dafür, dass als Brand- und Plünderungsschatzung jedes Haus innerhalb der Ringmauer mit 7 Gulden angeschlagen wird, diese Schatzung soll in einer Summe, nämlich mit 4000 Gulden, bezahlt werden. Zusätzlich sind zwei Mal 50 Zentner gutes, gekörntes Pulver zu liefern, wobei die zweiten 50 Zentner mit jeweils 10 Gulden pro Zentner verrechnet werden können. Die Gelder sind ihm oder seinem Beauftragten innerhalb von vierzehn Tagen zu übergeben. Der aufständischen Bauernschaft darf keine Hilfe und kein Rat mehr geleistet werden. Jörg Truchsess bekräftigt dieses Schreiben vom 11. Juni 1525 mit seinem Sekretsiegel und seiner eigenhändigen Unterschrift (Zweifel in Baumann 1878, S. 485f.).

Nr. 17
1525 Juni 28
Geständnis des Geistlichen Johannes Teuschlein

Doktor Johannes Teuschlein („Dewschel") gibt in seinem Geständnis („Urgicht") zu, dass er mit Karlstadt zusammengearbeitet, ihm Unterkunft und Verpflegung geleistet hat und dass er ein Anhänger von dessen Thesen gegen die Sakramente und die Heilige Messe war. Letztere habe auch er verworfen und entsprechend gepredigt. Häufig habe er in seinen Predigten hinsichtlich der Juden und der neuen Lehre gegenüber dem Rat und anderen Obrigkeiten aufhetzend („hessig") gesprochen. Da sie das Wort Gottes verfälschten, habe er sie als Schalke, Bösewichte und Buben gescholten. Damit habe er das Volk gegen Rat und Obrigkeit aufgebracht. Dies sei öffentlich bekannt und belegt im Geständnis des Menzingers, des blinden Mönchs und in seinem eigenen, auch wenn er jetzt einige Punkte, nämlich dass er sich eine Frau genommen habe, ablehnt und nicht klar bekennt (Zweifel in Baumann 1878, S. 545; Franz 1968, S. 355f.).

Nr. 18
1525 Juni 30
Vertrag der Stadt mit Markgraf Kasimir und Erbmarschall Joachim von Pappenheim

Früh morgens fordern die Stadtknechte von Haus zu Haus alle Bürger auf, sich sogleich auf dem Markt in einem Ring zu versammeln, der von Reitern und Landsknechten eingeschlossen wird. Dort lässt der markgräfliche Hofmeister Hans von Seckendorff-Aberdar den Aufruhr schildern und die Vergehen gegen die kaiserliche Majestät, den Landfrieden und die Ordnung des Reiches vortragen. Dann wird folgender Vertrag vorgelesen, der mit dem Obersten Feldhauptmann Jörg Truchsess ausgehandelt worden ist.

Alle Verpflichtungen gegen die kaiserliche Majestät, die Bürgermeister, den Inneren und den Äußeren Rat der Stadt mit Leistung von Zins, Gült, Steuer, Zehnt und sonstigen Diensten treten in vollem Umfang wieder in Kraft. Noch vorhandenen Aufrührern darf keine

Unterstützung mehr geleistet werden. Alle Bürger und ihre Knechte haben ihre Harnische, Spieße, Hellebarden, Degen und langen Messer, Armbrüste und Büchsen mit Zubehör unverzüglich abzugeben, erlaubt sind nur noch Brotmesser. Bürgermeister und die Mitglieder des Inneren und Äußeren Rats sowie die Stadtknechte sind von der Entwaffnung ausgenommen. Entflohene Einwohner dürfen nicht mehr in die Stadt gelassen werden. Dies einzuhalten beschwören die Bürger mit hochgereckten Fingern (Zweifel in Baumann 1878, S. 558f.).

Nr. 19
1525 Juni 30 / Juli 1
Hinrichtungen auf dem Marktplatz

In Gegenwart des Markgrafen Kasimir, des Hans von Seckendorff-Aberdar und des Erbmarschalls Joachim von Pappenheim schwören alle Einwohner auf dem Marktplatz dem Reich und dem Bund den Untertaneneid, dann wird das schriftliche Namensverzeichnis der Aufrührer verlesen. Diese müssen in den sog. Zirkel auf dem Markt treten, zehn Bürger werden enthauptet, darunter der ehemalige Schulrektor Wilhelm Besmeier, magister artium, als letzter Hans Kumpf, Vikar am Nikolausaltar in der Pfarrkirche. Zur Abschreckung lässt man die Körper den ganzen Tag auf dem Marktplatz liegen.

Am folgenden Tag werden im Zirkel weitere fünfzehn Personen enthauptet, nämlich der Junker Stefan von Menzingen, der Prediger Dr. Johannes Teuschlein, der Wirt von Ohrenbach, der Schmied Kilian von Spielbach, Leonhard Reutner von Ohrenbach, der Wirt Hans Kretzer, der Schuster Burkard Müller, der blinde Mönch, der stehend sterben will, was aber misslingt, die Metzger Sebald Stocklein und Georg Lochner, Peter Laug von Weigenheim, ein Bauer von Entzenweiler, zwei weitere Bauern, zuletzt ein Landsknecht. Auch diese bleiben den ganzen Tag auf dem Markt liegen, abends begräbt man sie auf dem Kirchhof „Zu der raine Margen". Sie sterben alle ohne Beichte und ohne Sterbesakrament, denn keiner von ihnen hat dies gewünscht (Eisenhart in Baumann 1878, S. 608f.).

Nr. 20
1525 Juli 4
Zahlungs- und Lieferungsbestätigung des Marschalls Joachim von Pappenheim

Jedes Haus innerhalb der Rothenburger Ringmauer wird mit 7 Gulden veranschlagt, in einer Summe werden hiermit 4000 Gulden abgerechnet. Die Stadt hat als Ersatz für Plünderung und Brandschatzung 50 Zentner gekörntes Pulver sowie weitere 50 Zentner Pulver zu liefern. Bei den letzteren 50 Zentnern kann jeder Zentner mit 10 Gulden abgelöst werden. Als Termin wird der 11. Juli festgesetzt.

Marschall Joachim von Pappenheim bestätigt, von Bürgermeister und Rat 4000 Gulden, 500 Gulden für die 50 Zentner Pulver, 20 Zentner gekörntes Pulver und 15 Gulden Kanzleikosten für die Urkundenausstellungen erhalten zu haben (Zweifel in Baumann 1878, S. 562f.).

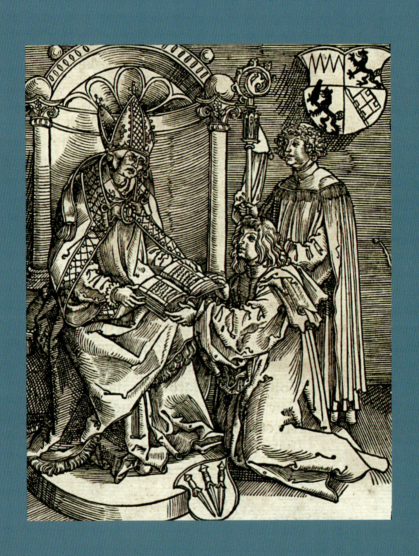

Horst F. Rupp

Der Rothenburger Prediger Johannes Teuschlein (ca. 1485–1525)
im Spannungsfeld von Antijudaismus, Marienfrömmigkeit, Reformation und Bauernkrieg

Wir entwerfen nachfolgend – soweit aus den Quellen möglich – ein Lebensbild Teuschleins in seiner Zeit, das auch auf die bislang geleistete(n) Forschungsarbeit(en) etwa von Baumann mit seiner Publikation der Bauernkriegsschrift des Rothenburger Stadtschreibers Thomas Zweifel bzw. der Chronik des Franziskanermönchs Michael Eisenhart (1878), die Arbeiten von Kolde (1901), Barge (1905), Schattenmann (1928), Schnurrer (1980, 1997, 2002 etc.), Borchardt (1988), Quester (1994) u.a. zurückgreift. Dankbar rezipieren wir hier auch die profunden Forschungen der Mit-Autor*innen in diesem Band.

1 Teuschleins Anfänge:
Von Frickenhausen über Ochsenfurt, Leipzig, Wittenberg und Windsheim nach Rothenburg

Über Teuschleins Biographie vor seiner Rothenburger Zeit ist uns nicht sonderlich viel bekannt.

Um 1480/85	geboren in Frickenhausen am Main, damit Alters- und Zeitgenosse Luthers wie Zwinglis; nähere Umstände der Familie sind nicht bekannt Besuch der Lateinschule in Ochsenfurt
1501/03 bzw. 1505	Studium in Leipzig, wie der Matrikeleintrag der dortigen Universität ausweist (Schattenmann 1928, S. 28 sowie der Beitrag von H. Bollbuck in diesem Band) 11. September 1503: Baccalaureus der Theologie 29. Dezember 1505: Magister 16. Juli 1507: Sententiarius
1508	Oktober: Berufung nach Wittenberg auf eine Professur für Theologie 7. November: Lizenziat der Theologie 11. November: Doktor der Theologie

	Aus dieser Zeit in Wittenberg scheint auch seine Bekanntschaft mit Andreas Bodenstein, genannt Karlstadt nach seinem Herkunftsort, zu resultieren. Dieser hielt sich ab 1505 in Wittenberg auf. Eine persönliche Bekanntschaft aus dieser Zeit mit Luther, der sich noch nicht fest in Wittenberg befand, ist nicht zwingend anzunehmen (hierzu auch der Text von H. Bollbuck in diesem Band).
1511	Aus diesem Jahr stammt eine Nachricht über seine Zeit in der Rothenburg benachbarten fränkischen Reichsstadt Windsheim, wo er offensichtlich im Anschluss an Wittenberg als vom Rat der Stadt bestellter Prediger wirkt. Diese städtische Predigerstelle bestand in Windsheim seit dem Jahr 1421 (Schattenmann 1928, S. 30). Die Reichsstädte waren ja alle in der Zeit bemüht, auch die religiösen Belange in ihrem Herrschaftsgebiet unter ihre Aufsicht zu bekommen. Die Installation städtischer Prediger war ein wichtiger Baustein zur Realisierung dieses Ziels. Personen – wie Priester und Mönche bzw. Nonnen – und Institutionen – wie Klöster, Kirchen und Kapellen mit von der Kirche berufenem Personal – waren den

Abb. 42: Marktplatz Rothenburg ob der Tauber (nach Friedrich Herlin, 1466).

Städten in bestimmter Hinsicht ein Dorn im Auge, waren sie doch von den Pflichten, die für alle anderen Bürger und in der Stadt befindlichen Institutionen galten, ausgenommen, zahlten etwa keine Steuern, unterlagen nicht der städtischen Gerichtsbarkeit und trugen beispielsweise auch nicht ihren Teil zur Verteidigung der Stadt bei.

Durch den Würzburger Domprediger Dr. Johannes Reiss und den bischöflichen Fiskal Dr. Eucharius Steinmetz wird Teuschlein aufgefordert, sich um die Stelle des städtischen Predigers in der benachbarten Reichsstadt Rothenburg zu bewerben, da der derzeitige Stelleninhaber Lic. Georg Naab gedenke, sich zurückzuziehen.

Diese städtische Prediger-Stelle wurde in Rothenburg im Jahr 1468 ganz nach mittelalterlichem Muster gestiftet, erhofften sich doch die Stifter, mit dieser frommen Verfügung Gottes Gnade im Jüngsten Gericht zu erlangen. Andererseits wollte der Rat mit dieser Stelle, die von zwei um ihr Seelenheil besorgten Bürgern – Hans Munsterer und Stephan Scheuch – gestiftet worden war (Kolde 1901, S. 5), die geistliche Versorgung der Rothenburger Bevölkerung sicherstellen. So lässt sich die Installation dieser Stelle also durchaus als Versuch der Freien Reichsstadt interpretieren, in Sachen der Religion die eigene Unabhängigkeit von der Institution Kirche zu behaupten und auszubauen, wie wir dies oben geschildert haben.

Am 2. November 1511 schickt Teuschlein ein Bewerbungsschreiben nach Rothenburg. An dieser zu besetzenden Stelle hatten jedoch auch noch weitere Bewerber ihr Interesse signalisiert (Schattenmann 1928, S. 30). Parallel hatte sich Teuschlein offenbar auch auf eine andere Stelle in Bruchsal beworben; er signalisierte jedoch nach Rothenburg, dass er die dortige Stelle vorziehen würde, wenn man ihn denn berufe.

1512	Im Sommer lädt ihn die Stadt schließlich zu einer Probepredigt ein, die er am 4. Juli, den 4. Sonntag nach Trinitatis, in St. Jakob hielt. Die Stadt behandelte seine Berufung jedoch dilatorisch, was Teuschlein in Windsheim in eine unangenehme Situation brachte. Er war drauf und dran, seine Bewerbung für Rothenburg zurückzuziehen. Erst seine Würzburger Förderer Dr. Steinmetz und Dr. Reiss konnten ihn dazu bringen, seine Bewerbung für Rothenburg aufrechtzuhalten und den dortigen Rat in einem Schreiben um eine baldige Entscheidung zu ersuchen, was Teuschlein schließlich auch mit Datum vom 18. August tat. Mit Hilfe und Fürsprache seiner Würzburger Gönner gelang es, den Rothenburger Rat zu seiner Berufung zu veranlassen. Schon Ende August kann er deshalb persönlich in Rothenburg zu Verhandlungen erscheinen. Man einigt sich schließlich darauf, dass er sein neues Predigeramt in Rothenburg am Gedenktag der heiligen Lucia, also am 13. Dezember des Jahres, antreten sollte.

2 Teuschleins erste Jahre in Rothenburg 1512 bis 1519

Die folgenden Jahre waren in Rothenburg für Teuschlein gekennzeichnet durch verschiedene Konflikte: Zum einen erhob sein Vorgänger auf der Predigerstelle, Georg Naab, erneut und wiederholt Ansprüche auf das Amt, wobei er ins Feld führte, dass ihm Teuschlein versprochen habe, auf das Amt und das damit verbundene Beneficium, d.h. die Pfründe, zu verzichten, sollte Naab es zurückfordern. Dies lehnte Teuschlein jedoch unter etwas fadenscheinigen Gründen ab, indem er sich von dem von ihm gegebenen Versprechen wieder distanzierte. Zum anderen scheint man seitens des Rats der Stadt Rothenburg mit der Amtsführung des neuen Predigers nicht einverstanden gewesen zu sein. Man warf ihm vor, die Kanzel dafür zu missbrauchen, ihm missliebige Personen zu schmähen; weiterhin hielt man ihm eine nachlässige Amtsführung betreffend das Lesen der Messen vor und gedachte schließlich sogar, ihn aus seinem Amt zu entlassen, was prinzipiell durchaus auch in der Macht des Rates gestanden hätte. Offensichtlich hatte man aber bei seiner Bestallung vergessen, dies vertraglich zu regeln. Im Blick auf die vom Rat monierte nachlässige Amtsführung verwies Teuschlein darauf, dass man ihm zugesagt habe, er könne neben seinem aufwendigen Predigeramt dennoch seine wissenschaftlichen Interessen weiterverfolgen – die ihm offensichtlich unverändert sehr wichtig waren (hierzu die Ausführungen von G. Simon in diesem Band zu Teuschleins gedruckten Schriften). Man könnte da natürlich fragen: Schwebte ihm vielleicht nach wie vor eine Universitätskarriere vor, die auf solche Studien und sich daraus ergebende Publikationen aufbaute?! Gesichertes Wissen dazu liegt uns jedoch nicht vor.

Und so wehrte sich Teuschlein über Jahre hinweg erfolgreich gegen seine „Beurlaubung", wobei der Rat sogar versuchte, gegen Teuschlein in Rom einen Prozess anzustrengen, was dieser jedoch ebenfalls abwehren konnte, indem er darauf verwies, dass die Rechtsverfolgung in seinem Falle nicht unmittelbar über Rom zu erfolgen habe, sondern dass zuerst über die nächstinstanzliche kirchliche Stelle, in seinem Falle also den Würzburger Bischof, Recht zu suchen sei, was aber der Rothenburger Rat versäumt habe.

So gelang es Teuschlein schließlich, sich trotz widriger Umstände in Rothenburg auf der städtischen Predigerstelle zu halten. Hilfreich in seinem Falle war es vermutlich auch, dass er als rhetorisch begabter, charismatischer Redner durch seine Predigten offensichtlich eine zahlreiche Anhängerschaft für sich einnehmen konnte, die sich für ihn gegenüber dem Rat verwandte und so seine mit der Zeit nicht unbedeutende Machtposition in der Reichsstadt festigte. Im Blick auf die soziale Herkunft seiner Anhängerschaft wird er sich insbesondere auf Angehörige der städtischen Unterschicht wie auch auf Mitglieder der Handwerkerzünfte gestützt haben, die von einer direkten Mitsprache am Stadtregiment, das in den Händen der sog. erbarkeit, also des städtischen Patriziats lag, ausgeschlossen waren. Mitte des 15. Jahrhunderts, genauer zwischen 1451 und 1455, hatten die Handwerker einmal für wenige Jahre das Regiment in der Reichsstadt mit übernommen, es wurden jedoch nach kurzer Zeit die alten Verhältnisse wieder restituiert (Naser 2016a, S. 133). In der aufgewühlten zweiten bzw. dritten Dekade des 16. Jahrhunderts etablierte sich dann aber auch eine gewisse intellektuelle Führungsschicht in der Stadt, die schließlich auch politisch sehr aktiv werden sollte. Und zu dieser Führungsschicht zählte sich neben anderen ganz sicher auch Johannes Teuschlein – wir werden unten genauer darauf zu sprechen kommen (müssen).

3 Marienverehrung und Judenfeindschaft 1519/20

Historisch konkreter fassbar in Teuschleins Biographie werden erst wieder die Geschehnisse der Jahre 1519/20 (hierzu auch der Beitrag von H. Röckelein in diesem Band). Zum einen sind wir unterrichtet über Aktionen seinerseits, in Rothenburg eine Marienwallfahrt zu installieren. Ursprünglich hatte er sich zur Umsetzung dieses Vorhabens die unterhalb Rothenburgs im Taubertal nahe der Doppelbrücke gelegene Marienkirche zu Kobolzell „ausgeguckt".

Seine mit großem Elan angegangenen diesbezüglichen Bemühungen stießen jedoch weder seitens der dafür zuständigen kirchlichen Behörden in Würzburg noch seitens des Rothenburger Rates auf große Zustimmung. Wäre es nun aber bei Teuschlein alleine bei der von ihm propagierten Marienverehrung geblieben, so hätte dies vielleicht noch ohne größeren „Kollateralschaden" über die Bühnen gehen können. Da diese Aktion im Blick auf die Kobolzeller Kirche jedoch nicht von Erfolg gekrönt war (Schnurrer 1997, S. 410 und Schnurrer 2012, S. 51), war Teuschlein sozusagen auf der Suche nach einem neuen Objekt zur Umsetzung seiner Pläne für eine Marienwallfahrt. Zum (neuen) Objekt seiner Begierde, eine Marienwallfahrt zu installieren, wird die seit Beginn des 15. Jahrhunderts von der Rothenburger jüdischen Gemeinde genutzte Synagoge auf dem lange Zeit in der Stadt als „Judenkirchhof" bezeichneten Areal (Berger-Dittscheid 2010 und 2012, S. 79ff.).

Abb. 43: Marienkirche zu Kobolzell (nach J. L. Schaeffer, Mitte 18. Jahrhundert).

Abb. 44: Michael Ostendorfer, Wallfahrt zur „schönen Maria" in Regensburg, 1520.

Es lag damit vor dem alten Mauerring, also ursprünglich außerhalb der Stadt. Erst Mitte des 14. Jahrhunderts wurde mit dem neuen Mauerring begonnen und damit die Stadt deutlich erweitert. Auf diese Weise gelangten dann auch die (zweite) Synagoge und der „Judenkirchhof" wieder ins Stadtinnere (Naser 2016a, S. 82–135, hier S. 116 mit Tafel 2).

Und hier verknüpft er nun seine Pläne zur Realisierung einer Marienwallfahrt mit einer anderen Bewegung, die schon während der Zeit seit Ende des 11. Jahrhunderts in Europa zu konstatieren war: Es geht um die Stigmatisierung, Ausgrenzung und Verfolgung der Juden. Diese Bewegung setzte massiv ein mit dem Aufruf zum Kreuzzug von Papst Urban II. im Jahr 1095. Als sich die Kreuzzugshorden im darauffolgenden Jahr in Richtung Heiliges Land in Bewegung setzten, stellte man irgendwann fest, dass ja nicht nur im fernen Heiligen Land Ungläubige, Nicht-Christen lebten, sondern dass auch mitten unter den Christen in Europa solche Ungläubige existierten, nämlich die Juden. Dies hatte für die jüdischen Gemeinden Deutschlands verheerende Folgen, wie etwa die sog. jüdischen Memorbücher berichten: Tausende von Juden wurden verfolgt, ausgeraubt und ermordet, ganze Gemeinden vernichtet. In nahezu regelmäßig wiederkehrenden Wellen erschütterten seitdem die Pogrome an den Juden Europa, wobei gerade Tauberfranken nicht selten Ausgangspunkt war: Vom Rintfleisch- (1298) über den Armleder- (1336–1338) und die Pest-Pogrome der Jahre nach 1347/48 bis hin zu den Vertreibungen aus den geistlichen und weltlichen Territorien und den Reichsstädten im 14. und 15. Jahrhundert – immer waren die Vorwürfe und Anschuldigungen die gleichen: Sie reichten von Ritualmord an Kindern über Wucher bis hin zu Brunnenvergiftung (als vermutete Ursache für die Pest), Hostienfrevel und Christusmord. Einen schwereren Vorwurf aber als den Mord am Sohn Gottes konnte man in einer derart religiös geprägten Gesellschaft wie der mittelalterlichen kaum erheben. In diese verhängnisvollen historischen Abläufe reihten sich auch die Rothenburger Geschehnisse zu Beginn des 16. Jahrhunderts ein. Rothenburg beherbergte in seinen Mauern schon sehr lange eine zeitweise sehr große jüdische Gemeinde, die Kahal-Strukturen, d.h. verschiedene differenzierte Ämter und Funktionen, aufwies und die berühmte Rabbiner, wie etwa Rabbi Meir ben Baruch, genannt Maharam, zu ihren Mitgliedern zählte. Meir ben Baruch (ca. 1215–1293) hatte über Jahrzehnte in der Stadt eine Jeschiwa, eine vielbesuchte Talmud-Schule, betrieben und mit seinen Responsen eine überregionale, ja internationale Bedeutung in Aschkenas eingenommen. Dezimiert durch die verschiedenen Pogromwellen nahm die Rothenburger jüdische Gemeinde jedoch immer stärker an Mitgliedern ab, und die allgemeine Stimmung war den jüdischen Familien in Rothenburg zu Beginn des 16. Jahrhunderts nicht wohlgesinnt. Man warf ihnen vor allem Wucher und Ausbeutung der Christen vor. Im Jahr 1511 verhängte der Rat eine Kennzeichnungspflicht für die Juden: Sie sollten für jedermann erkennbar ein farbiges Abzeichen auf ihrer Kleidung tragen.

Mit sozusagen „feinem" populistischem Gespür scheint der Rothenburger Prediger Johannes Teuschlein diese gegen die Juden gerichtete Stimmung unter den Bürgern der Stadt erahnt, aufgegriffen und in seine Predigten eingebaut zu haben. Beispielgebend für die dann im Jahre 1519/20 ablaufenden antijüdischen Rothenburger Ereignisse waren wohl die kurz vorher in Regensburg von dem Geistlichen und Dompredigger Balthasar Hubmaier (geb. ca. 1480 in Friedberg bei Augsburg, hingerichtet 1528 Wien) initiierten Geschehnisse. Hubmaier ließ auf dem Areal, auf dem sich vorher die Synagoge befand, eine Wallfahrtskirche zur „schönen Maria" errichten, die einen eminenten Zulauf zu verzeichnen hatte.

Teuschlein war durch eine ihm zugesandte Schrift des aus Rothenburg stammenden, in St. Emmeram zu Regensburg lebenden Benediktinermönchs Christoph Hoffmann, gen. Ostrofrancus (ca. 1465–1534), darüber unterrichtet worden. Er sollte diese Regensburger Abläufe dann ganz ähnlich in Rothenburg kopieren. Nur nebenbei: Kurz nach Rothenburg spielte sich Vergleichbares dann etwa auch im fränkischen Weißenburg ab. Begünstigt wurden diese Aktionen vermutlich durch die Thronvakanz: Maximilian I. war am 12. Januar 1519 gestorben, und der mutmaßliche Nachfolger, sein Enkel Karl, befand sich außerhalb des Reiches in Spanien, sodass in diesen Monaten der Thronvakanz die Juden nicht uneingeschränkt auf ihren Schutzstatus als kaiserliche Kammerknechte vertrauen konnten.

Insbesondere auf Druck der von Teuschlein mobilisierten Straße hin beschloss der Rat der Stadt Rothenburg am 7. November 1519 schließlich die Ausweisung der nach den verschiedenen Pogromwellen des 14./15. Jahrhunderts ohnehin schon auf sechs Familien geschrumpften jüdischen Gemeinde. Dabei stellte man die Sache nach außen hin so dar, als ob die Juden selbst um ihre „Beurlaubung" nachgesucht hätten – vermutlich um auf keinen Fall mit dem Kaiser und seinen Behörden in Konflikt zu geraten, der ja, siehe oben, offiziell der Schutzherr seiner jüdischen „Kammerknechte" war. Vielsagenderweise und sicherlich nicht absichtslos bis Mariä Lichtmess („Purificatio"), also bis zum 2. Februar des Jahres 1520, sollten alle Juden Rothenburg verlassen haben. Dies war eines der fünf wichtigen, der Gottesmutter Maria gewidmeten Hochfeste mit eigenen Gedenktagen im Jahr: Purificatio (Reinigung oder Lichtmess, 2. Februar – von daher wohl dann auch der Name des von einer Synagoge zur Kirche bzw. Kapelle umgewandelten Gotteshauses „zur reinen Maria"), Annunciatio (Verkündigung, 25. März), Visitatio (Heimsuchung, 2. Juli), Assumptio (Himmelfahrt, 15. August) und schließlich Nativitas (Geburt, 8. September). Wir konstatieren also alleine schon in der Wahl des Ausweisungstermins den engen Konnex zwischen Judenhass und Marienverehrung. Die Setzung dieses relativ langfristigen Termins hat deshalb wohl weniger, wie bisweilen in der Forschung gemutmaßt wurde, mit einer humaneren und großzügigeren Haltung als in Regensburg zu tun. Dort mussten die Juden innerhalb Wochenfrist die Stadt verlassen. In Rothenburg liegen dagegen mit großer Wahrscheinlichkeit religiös-ideologische Motive für diese Terminsetzung vor.

Und: Diese enge Verknüpfung der Komplexe Marienverehrung und Juden(hass) wird auch sehr deutlich in der in den Januarwochen des Jahres 1520 entstandenen Schrift Teuschleins, die unter dem Datum des 26. Januar 1520 bei Friedrich Peybus in Nürnberg erschien: „Auflosung ettli / cher Fragen zu lob vnd ere / christi Jesu / auch seiner lieben muotter / Marie/wider die verstockten plin / te Juden / und alle, die jhe / nen so sie in jren lan / den und stet / ten wi / der recht ent / halten füren und ge / dulden neulich geschehen." (dazu auch die Beiträge von H. Röckelein und G. Simon in diesem Band). Teuschlein legitimiert diese Schrift als Antwort auf sieben ihm von „Freunden und Verwandten" zugegangenen Fragen – ob dies tatsächlich so war oder ob das gleichsam eine fiktive literarische Konstruktion ist, dies lässt sich aufgrund der Quellenlage nicht entscheiden.

Die jüdischen Geschäftsleute Rothenburgs sollten gemäß dem Ausweisungsedikt des Rates zwar das von ihnen verliehene Kapital zurückfordern können, allerdings ohne die aufgelaufenen Zinsen. Der Rothenburger Mob, angestachelt insbesondere durch Teuschleins Predigt-Agitation, wollte jedoch nicht bis Mariä Lichtmess warten – und war wohl auch nicht gewillt, seine Schulden bei den Juden zu begleichen. Um den Jahreswechsel 1519/20 nahmen die verbalen und tätlichen Angriffe auf die Rothenburger Juden zu; der Rat der Stadt wollte oder konnte die von ihm gemachten Zusicherungen betreffend den sicheren Abzug der Juden aus der Stadt nicht gewährleisten. Und so schaukelte sich eine Art Pogrom-Stimmung in der Stadt hoch, mit all den aus solchen Erscheinungen bekannten aggressiv-infantilen und sadistischen Exzessen. Am 8. Januar wurde die Synagoge vom städtischen Mob, der aus mehreren hundert, vorwiegend jungen Personen bestand, angegriffen, geplündert und geschändet. Auf Betreiben Teuschleins wurde sie nun definitiv in eine Marienkapelle umgewandelt; er ließ eine Marienstatue aufstellen und den neuen Namen des Gotteshauses „Kirche zur reinen Maria" „oben in die kirchen" (Zweifel in Baumann 1878, S. 10), wohl über dem Eingang, anbringen. Ursprünglich wollte Teuschlein – wie auch in Regensburg – die Synagoge gänzlich abreißen und einen vollkommenen Neubau errichten lassen. Aber sowohl der Rat der Stadt wie auch die bischöflichen Behörden in Würzburg genehmigten diesen geplanten Abriss nicht, sondern ließen nur einige bauliche Veränderungen zu. Damit ereilte diese zweite Rothenburger Synagoge aber das gleiche Schicksal wie schon die erste Synagoge am ehemaligen Milchmarkt, dem heutigen Kapellenplatz, zu Beginn des 15. Jahrhunderts.

Dass aus ehemaligen Synagogen Marienkapellen wurden – Marienverehrung und Judenverfolgung also engstens miteinander verknüpft sind –, entbehrt nicht einer gewissen „Logik" und ist gerade im süddeutschen Raum an mehr als einem Dutzend Orten geschehen, so etwa in Würzburg, in Nürnberg, in Regensburg und eben sogar zweimal in Rothenburg, aber etwa auch im weit entfernten Köln. Maria steht hier gleichsam symbolisch für die

Abb. 45 a, b: Ekklesia (links mit Monstranz und Kreuzstab) und Synagoga (rechts mit zerbrochenem Stab, verbundenen Augen und Gesetzestafeln) (nach der Darstellung von Konrad Witz, 1435).

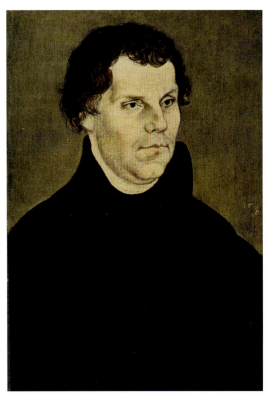 

Abb. 46 a, b: Die Wittenberger Reformatoren Martin Luther (Lucas Cranach d.Ä.) und Philipp Melanchthon (Albrecht Dürer).

triumphierende christliche Kirche, die Ecclesia, und ihren Sieg über die blinde Synagoga, die jüdische Religion, die das in Jesus Christus den Menschen offenbarte Heil nicht erkennt, sondern ganz im Gegenteil den von Gott gesandten Messias ermordet.

Genau dies hatte auch Teuschlein als ebenso glühender Judenhasser wie Marienverehrer im Blick, als er als treibende Kraft der Eliminierung der Rothenburger jüdischen Gemeinde agierte bzw. eben agitierte.

Nach diesen Geschehnissen verließen die letzten Rothenburger Juden fluchtartig die Stadt, sodass tatsächlich an Mariä Lichtmess sich kein Jude mehr innerhalb der Stadtmauern aufhielt. Und nach dem Regensburger Muster ging Teuschlein nun daran, aus der gewaltsam zur Kapelle mutierten Synagoge einen Wallfahrtsort (in Regensburg zur „schönen Maria", in Rothenburg zur „reinen Maria", geweiht am 10. April 1520 von dem nach Rothenburg gebetenen Würzburger Weihbischof Johannes Pettendorfer) für die Gläubigen der näheren und ferneren Umgebung zu machen. Eilig wurde dann auch die weitere bauliche Umgestaltung der Synagoge in eine Marienkapelle in Angriff genommen, indem etwa innerhalb weniger Wochen ein Ostchor angebaut wurde.

Schon bald wurden – ganz nach dem Regensburger „Drehbuch" – Wunder kolportiert – Teuschlein verfasste und publizierte dazu in Versform ein eigenes Mirakelbuch[1] mit insgesamt 37 „grossen wunderzaichen" –, die Gläubigen kamen zuhauf und brachten reiche Gaben und Geschenke, sodass neben dem religiösen „Erfolg" durchaus auch ein solcher wirtschaftlicher Art zu verzeichnen war. Die umfangreichen Inventarlisten der Pilgergaben – von Kleidern über Geld und Geschmeide bis hin zu agrarischen Produkten, ja Tieren – sind im Stadtarchiv Rothenburg erhalten. Der Erfolg der neuen Wallfahrtskapelle traf jedoch nicht überall auf Zustimmung. Die Deutschordensherren, die in der St.-Jakobs-Kirche eine sehr viel ältere Wallfahrt zum Heiligen Blut betrieben, empfanden die neue Marienkapelle als eine unliebsame Konkurrenz, gegen die sie sowohl beim Rat wie auch bei den kirchlichen Instanzen vorgingen. Mit dem erst im Jahr 1505 fertiggestellten Heilig-Blut-Altar von Tilman Riemenschneider wies das imposante zentrale Rothenburger Gotteshaus auch ein äußerst eindrückliches Werk religiöser Verehrung und Anbetung für die Wallfahrer auf. Aber in der ersten Zeit seiner Existenz zog der neue Pilgerort in der gewaltsam zur Marienkapelle umgewidmeten ehemaligen Synagoge derart viele Leute an, dass weder der Rat noch die Kirche dagegen einschreiten konnten oder wollten, da man dann wohl zu Recht Unruhen befürchtete.

Und so lässt sich festhalten: Teuschlein hatte sich in der Stadt auf seiner Predigerstelle nicht nur gegen manch anfängliche Widerstände behauptet, sondern er hatte es geschafft, seine Vorstellungen weitgehend durchzusetzen. Er hatte sich in der Stadt mit seinen Predigten und seinem sonstigen Wirken eine zahlenmäßig sicherlich nicht zu unterschätzende Anhängerschaft geschaffen, er hatte maßgeblich dazu beigetragen, dass die Juden die Stadt verlassen mussten, und er hatte eine Marien-Wallfahrt initiiert, die verheißungsvoll angelaufen war und dann auch in der Folgezeit großen Zuspruch erfuhr. Sein öffentliches Ansehen, an dem ihm vermutlich doch einiges gelegen war, hatte insbesondere bei der städtischen Unter- und Handwerkerschicht eminent gewonnen – wie etwa auch zwei Lieder ausweisen, die sein Handeln in hohen Tönen besingen (von Liliencron 1867, S. 355–358). In einem dieser naiv getexteten Lieder mit dem Titel „Ein new Lied von der stat Rottenburg an der thawber und von vertreibung der Juden do selbst. Im schutten samen thon[2]" gibt sich der Nürnberger Meistersinger Kunz Haß (ca. 1460–ca. 1527) in der letzten Strophe als Verfasser zu erkennen: „Kunz Haß der hat das lied gedicht, / ist nun ein alter man." Es wurde in der Forschung gemutmaßt, dass diese Lieder unter Umständen von Teuschlein selbst in Auftrag gegeben worden seien.

---

1 Man wusste zwar um die Existenz eines solchen Mirakelbuchs, es galt jedoch bislang als verschollen; vgl. Schnurrer 1997b, S. 413f. Gerhard Simon, Autor und Mitherausgeber dieses Bandes, konnte nun das vermutlich weltweit einzige in Bibliotheken noch vorhandene Exemplar von Teuschleins „Mirakelbuch" in der Biblioteca Jagiellońska in Krakau belegen. Siehe dazu den Beitrag von Gerhard Simon in diesem Band; im Anhang bieten wir erstmalig den Text dieses „Mirakelbuchs".

2 Der Vermerk im „schutten samen thon" verweist auf die Melodie, in der das Lied zu singen war. Dem Altgermanisten Horst Brunner verdanke ich den Hinweis auf die Hintergründe zu dieser Angabe: Da nicht für jedes neue Lied auch eine neue Melodie komponiert wurde, griff man bereits bekannte Melodien auf und unterlegte ihnen den neuen Text. Die Melodie im „schutten samen thon" geht offenbar auf ein um bzw. nach 1474 verfasstes Lied des Nürnberger Färbers Hans Kugler auf die Hinrichtung des Bayreuther Wegelagerers und Raubritters Hans Schüttensam zurück, der von eigenen Leuten verraten und 1474 hingerichtet worden war; vgl. auch https://www.geschichtsquellen.de/werk/5188 (Zugriff 03.03.2024).

4 Teuschleins reformatorische Neuorientierung 1521 bis 1523/24

Man hätte nun vielleicht vermuten können, dass er seine weitere Lebenszeit – einigermaßen saturiert von seinem unbestreitbaren Erfolg – als angesehener Prediger in der Reichsstadt an der Tauber verbringen würde. Aber das Leben und die Zeitläufte sahen anderes mit ihm vor. Und hier nun spielen die großen religiösen, gesellschaftlichen und politischen Verhältnisse und Umwälzungen der Zeit, die manche wohl auch als eine Zeitenwende empfanden, in das Leben und das Schicksal Teuschleins hinein. In Wittenberg, das ja in seiner Biographie auch eine nicht ganz unwichtige Rolle gespielt hat, hatte sich in diesen Jahren etwas ergeben, was die politische und religiöse Landschaft nicht nur in Deutschland grundlegend verändern sollte: die von Luther und seinen Mitstreitern, wie Philipp Melanchthon, aber etwa auch Andreas Bodenstein, genannt Karlstadt, mit dem Teuschlein ja während seiner Zeit dort Kontakt hatte, angestoßene Re-Formation der religiösen Verhältnisse, also auf *dem* Gebiet, das auch Teuschlein als sein ureigenstes Wirkungsfeld ansah.

Seit dem Herbst des Jahres 1517, als Luther seine 95 Thesen in die Welt sandte, die die institutionalisierte Religion, sprich die römische Kirche, und ihre Theologie und Dogmatik grundlegend hinterfragten, brodelte es in Deutschland. Die von Luther vertretene Sicht des christlichen Glaubens, die nicht den richtenden und strafenden, sondern den liebenden Gott in Person Jesu Christi ins Zentrum stellte, wurde allerorten heftig diskutiert, sowohl von den gelehrten, wie aber auch von den einfacheren Leuten. Viele von ihnen erlebten diese neue Sicht auf den Glauben als eine Art Befreiung aus den Fesseln, in die sie durch die Institution Kirche und deren angsteinflößende Verkündigung vom Gericht, dem keiner entgehen könne, so lange Jahre gelegt worden waren. Und aufgrund der bestehenden Verbindungen Teuschleins nach Wittenberg verwundert es nun keineswegs, dass auch er diese Ereignisse sehr wach und aufmerksam wahrnahm und verfolgte, sich intensiv mit den von den Wittenbergern vertretenen Ansichten und Thesen auseinandersetzte. Je länger er dies tat, desto überzeugender erschienen sie ihm offensichtlich. Und so scheint sich bei ihm just in bzw. kurz nach der Zeit um die oben geschilderten Ereignisse in der Tauberstadt auch eine Art Neuorientierung bzw. -justierung seines religiös-theologischen Denkens ergeben zu haben, zumindest in bestimmten Punkten. Nicht geändert hat sich wohl seine Sicht auf die Juden, auch wenn wir dazu keine weiteren Informationen mehr haben. Durch die Vertreibung der Rothenburger Juden hatte sich dieses Thema wohl für ihn weitgehend erledigt.

Nicht erledigt war jedoch die Frage der Heiligen- bzw. konkret auch der Marienverehrung. Hier sollte sich für ihn in der Zeit nach der Vertreibung der Juden aus der Stadt, der Umwandlung der Synagoge in einen Marienwallfahrtsort und nach der dezidierten Stellungnahme zur Thematik in seiner im Januar 1520 publizierten Schrift eine durchaus andere, ja geradezu gegenteilige Sichtweise ergeben. Wohl nicht zuletzt veranlasst wurde diese neue Sichtweise durch die einschlägigen Stellungnahmen der Wittenberger Theologie, die die Verehrung der Heiligen und ihre Stellung als Fürbitter für die sündigen Menschen bei Gott, ja als Mittler zwischen den Menschen und Gott, strikt ablehnte. Nach der „neuen", der Wittenberger Theologie, die sich selbst jedoch als die „alte", die ursprünglich biblische Theologie verstand (weshalb der Begriff der „Re-Formation" nach dem eigenen Selbstverständnis eben durchaus zutreffend ist),

Abb. 47 a, b: Mittelalterliche Marienverehrung: „Schutzmantelmadonna" (Enguerrand Charonton, 1452) und „Marienkrönung" (Waltensburger Meister in der Kirche St. Maria und Michael in Churwalden, um 1340).

gab es nur einen einzigen Mittler zwischen Gott und den Menschen, und dies war der von Gott den Menschen gesandte Erlöser und Heiland Jesus Christus. Luther hatte sich etwa 1518 in seinen Dekalog-Predigten „Decem praecepta Wittenbergensi praedicta populo" (auf Lateinisch 1518, auf Deutsch 1520 publiziert) mit der Heiligenverehrung auseinandergesetzt. Und die Wittenberger Theologie propagierte eben diese neue Sicht auf die Heiligen und speziell dann auch auf Maria offensiv. Maria hatte ja in der mittelalterlichen Theologie und Volksfrömmigkeit eine ganz besondere „Karriere" von einer eher randständigen, sehr menschlichen Figur hin zur zentral verehrten, Gott-gleichen Person, zur Gottesmutter („Theotokos – Gottesgebärerin") durchgemacht. So wird sie dann beispielsweise auch in der hoch- und spätmittelalterlichen Ikonographie als die „regina coeli", als die „Himmelskönigin" dargestellt, etwa in den sog. Marienkrönungen, auf Augenhöhe mit ihrem Sohn Jesus Christus. Ganz ähnlich war die Sicht auf Maria beispielsweise in den Darstellungen als sog. Schutzmantel-Madonna.

Und in der geschilderten Weise wurde sie tatsächlich von den Gläubigen auch verehrt und angebetet. Teuschlein hatte exakt diese traditionelle kirchliche Sicht Marias in seinem Handeln und in seiner Schrift vom Januar 1520 transportiert. Zu dieser Zeit hatte er eben ganz offensichtlich noch nicht die neuen Wittenberger Theologoumena im Blick auf die Heiligenverehrung rezipiert.

Hier greift in der Folgezeit dann, angestoßen eben doch, wenn auch mit einer gewissen Verzögerung, durch die Wittenberger Theologie, eine radikale Umwertung der bislang für ihn gültigen Werte. Wir haben bedauerlicherweise keine weiteren expliziten theologischen Schriften aus seiner Feder, mittels deren man diesen „turn" in seinem Denken punktgenau nachvollziehen und veranschaulichen könnte. Aber dass

Abb. 48: Konrad von Thüngen, Fürstbischof von Würzburg (* um 1466; † 1540, reg. 1519–1540), Leihgabe der Stadt Würzburg im Museum für Franken, Würzburg (Inv.-Nr. S. 32801).

diese Wendung bei ihm stattgefunden hat, dies steht unbezweifelbar fest. Es war wohl ein eher evolutionärer Wandel in den Jahren 1521/22/23, den er durchmachte (vgl. dazu etwa auch Borchardt 1988, Bd. 1, S. 725).

Am ehesten greifbar in den Quellen wird diese veränderte Sichtweise bei ihm in den Auseinandersetzungen, die sich um seine Person und sein Wirken in der Tauberstadt zeigten. So gerät er in Konflikt mit dem Deutschordens-Pfarrer an St. Jakob, Johannes Neukauff, und den Mitvikariern. Es ist nicht ganz klar ersichtlich, was der Auslöser dieses Konfliktes war, ob rein persönliche Animositäten eine Rolle spielten, ein gewisser Konkurrenz-Neid, unterschiedliche theologische Positionen oder ... Vermutlich spielte von allem etwas hinein in diese Auseinandersetzungen, war doch Teuschlein schon im Zusammenhang der von ihm initiierten Marien-Wallfahrt bei den Deutschordens-Mitgliedern angeeckt, die natürlich um ihre gewohnten Einkünfte aus der Heilig-Blut-Wallfahrt in St. Jakob durch die Konkurrenz der neuen Marien-Kapelle am „Judenkirchhof" fürchteten.

Die Instanzen, die sich mit diesen Konflikten zu beschäftigen hatten, waren einerseits der Rothenburger Rat, zum anderen aber auch der zuständige Fürstbischof in Würzburg, Konrad von Thüngen (ca. 1466–1540, reg. 1519–1540), wie zum dritten auch die Leitungs-Spitze des Deutschen Ordens.

Der Rothenburger Rat, der ja selbst nicht wenig an seinem Prediger Teuschlein zu bemängeln hatte, schlug sich in diesem Konflikt zumindest partiell auf die Seite Teuschleins, weil er vermutlich hoffte, in diesen Auseinandersetzungen eine Art Hebel zur Durchsetzung der von ihm angestrebten Entscheidungshoheit auch in kirchlichen Dingen auf seinem Herrschafts-Gebiet in die Hand zu bekommen. So forcierte die Stadt diese Auseinandersetzung sogar und forderte vom Deutschen Orden eine vertragsgemäße Abordnung von Priestern nach Rothenburg, die die vereinbarte seelsorgerliche Betreuung der Stadtbevölkerung gewährleisten konnten. Und da der Orden diese Abmachung nicht vertragsgemäß bediente, befand er sich in einer nicht sehr komfortablen Argumentations-Position der Stadt gegenüber. Einige von Teuschleins Vikarier-Kollegen, insbesondere eben der Deutschordens-Komtur Johannes Neukauff (Schattenmann 1928, S. 36ff. und Quester 1994, S. 219ff.), wiederum beschwerten sich, dass dieser seine Messen nicht wie von den Stiftern gewünscht singe und sich auch der deutschen Sprache bei der Abhaltung der Gottesdienste bediene – womit nun erstmals auch sehr deutliche Bezüge zu Positionen der neuen, der Wittenberger Theologie zu konstatieren wären. Sie waren in diesen Zeiten eben nicht nur in Rothenburg bemerkbar, sondern wurden allerorten im Deutschen Reich vehement vertreten. Dies lief so natürlich dann auch auf eine Spaltung der Gesellschaft zu. Einerseits gab es diejenigen, die bei der alten, der vertrauten religiösen Lehre und Praxis bleiben wollten, und andererseits diejenigen, die einen Reformbedarf verspürten, den die Wittenberger Theologie in ihren Forderungen artikulierte. Das Gespräch über (christliche) Religion und Theologie war damit auch aus seiner institutionellen und personellen Begrenzung auf die Kirche und deren Personal befreit worden, war zum Diskussionsgegenstand aller geworden, für die es ja in dieser Teilnahme am Gespräch über die Religion sowohl um ihr diesseitiges Wohl, wie aber auch um ihr jenseitiges Heil ging.

Worauf der Schwerpunkt zu legen war, das sollte in der Folgezeit im Reich heftig umstritten sein, wie sich etwa an den Auseinandersetzungen im Kontext des Bauernkriegs zeigen sollte: Forderten die einen, dass der christliche Glaube auch einschneidende Konsequenzen für das gesellschaftliche Zusammenleben der Menschen haben sollte, so wollten andere wiederum den Zuständigkeitsbereich der Religion vorrangig auf die transzendent-jenseitigen Fragen begrenzt wissen.

In der Stadt konstituierte sich in dieser Zeit eine Gruppierung, die sich intensiv mit den neu aufgetauchten religiösen und gesellschaftlichen Fragen auseinandersetzte. Ihrem innersten Zirkel gehörte auch Johannes Teuschlein an, der sich mit seinen Predigten und seinem sonstigen Wirken eine nicht eben kleine Anhängerschaft erworben hatte, die natürlich auch eine gewisse Machtbasis in der Stadt verkörperte. Auffällig ist aber, dass nun auch verschiedene Laien hier hervortreten. Neben Teuschlein muss eine ganze Reihe von Männern genannt werden, die hier ebenfalls „mitmischten". Natürlich waren verschiedene Kirchenmänner Teil dieser Gruppierung wie etwa der blinde Franziskanermönch Hans Schmid, genannt Rotfuchs. In seiner Person spiegelt sich die Aufnahme des neuen Gedankenguts durch Angehörige des Franziskanerordens. Weiterhin sind hier anzuführen der vom Deutschen Orden erst 1524 als Nachfolger Neukauffs aus Münnerstadt nach Rothenburg entsandte Kaspar Christian (dazu Borchardt 1988, Bd. 1, S. 99). Oder aber auch Laien aus dem Bereich der Schule und Bildung wie der Rektor der städtischen Schule, Magister Wilhelm Besmaier, und der Pädagoge und Didaktiker Valentin Ickelsamer, der seit 1524 in der Stadt eine erfolgreiche private Schule betrieb. Aus den Handwerkerkreisen beteiligte sich der Kürschnermeister Peter Reichart oder auch der Tuchscherer Philipp Schleyt (Zweifel in Baumann 1878, S. 541; Schattenmann 1928, S. 51) an den Diskussionen um die neue Lehre. Und schließlich ist hier zu nennen ein Mitglied der Rothenburger „erbarkeit", nämlich der (Alt) Bürgermeister Ehrenfried Kumpf, der von den neuen Gedanken bewegt wurde und der die bisherige etablierte Machtverteilung in der Stadt hinterfragte, deren substanzieller Bestandteil er ja bislang war. Zu guter Letzt stieß zu dieser Gruppierung auch Stefan von Menzingen, ein niederadliger Ritter und Besitzer eines Gutes in Reinsbürg – gelegen zwischen Wettringen und Brettheim in der Rothenburger Landwehr. Er war lange Jahre in Diensten der Ansbacher Markgrafen etwa als Amtmann in Creglingen gestanden, hatte die vermögende Bürgerstochter Margaretha Prell aus der Rothenburger „erbarkeit" geheiratet und das Rothenburger Bürgerrecht erworben. Er suchte wohl ein Betätigungsfeld, auf dem er sich Ruhm, Ehre und vor allen Dingen öffentliche Aufmerksamkeit verschaffen konnte. Mit der Stadt Rothenburg trug er einen erbitterten Streit um Steuern und Vermögenswerte aus (Schnurrer 2002b, S. 41–72). Man traf sich in den Häusern der bürgerlichen Mitglieder, diskutierte ausgiebig die religiösen und gesellschaftlichen Fragen der Zeit und verstand sich wohl als eine Art Speerspitze der neuen Bewegung(en), die die Gesellschaft umtrieb(en). Und dass hier dann natürlich auch die aktuellen Religionsfragen, wie sie Wittenberg auf die Tagesordnung gebracht hatte, ein zentral wichtiges Thema waren und Teuschlein, der sich ja selbst in Wittenberg aufgehalten hatte, eine der exponierten Ansprech- und Auskunftspersonen war, dies versteht sich fast von selbst.

Auch auf der politischen Bühne des Deutschen Reichs spielten die Religions-Angelegenheiten in diesen Zeiten natürlich eine exponierte Rolle. Mit Luthers Auftreten am Reichstag in Worms im Frühjahr 1521 hatte diese Thematik sozusagen die große Bühne erreicht, und die Forderung nach einem Konzil, das die aufgebrochenen Probleme einer Lösung zuführen sollte, war allenthalben zu hören. Der gegen Luther ausgesprochene Kirchenbann mit der Reichsacht im Gefolge war jedoch nicht konsequent umzusetzen, da zum einen der in seinem Stammland Spanien weilende Kaiser Karl nicht für seine Umsetzung präsent war und er zum anderen auch die Hilfe der Reichsstände für seine weiteren Pläne, etwa im Kampf gegen die Türken benötigte. Und so scheuten sich viele Reichsstände nicht, offen ihre Sympathien für die Wittenberger Theologie und die von ihr vertretenen Reformpläne zum Ausdruck zu bringen. Luthers Landesherr, der sächsische Kurfürst Friedrich III., ist hier an erster Stelle zu nennen.

Aber auch im fränkischen Reichskreis zeigten sich Solidaritätsbekundungen, sowohl in den Reichsstädten wie aber auch in weltlichen Territorien, und sogar die verschiedenen Führungsebenen der römischen Kirche blieben davon nicht verschont. So sympathisierten etwa

Abb. 49: Kurfürst Friedrich III. von Sachsen (* 1463; † 1525) (Werkstatt Lucas Cranach d.Ä.).

Unter den fränkischen Fürsten exponierte sich Markgraf Kasimir von Brandenburg-Ansbach im Sinne der neuen, der evangelischen Lehre. Er ließ im Sommer 1524 als Grundlage für weitere Gespräche und Verhandlungen über die Religionsfragen 23 Artikel ausarbeiten. An verschiedenen Orten wurden auf dieser Basis weitere „Artikel" erstellt, die versuchten, konkrete Vorschläge für die angedachten Reformen zu formulieren, die, so hatte es der in Nürnberg tagende Reichstag in diesem Jahr beschlossen, auf einer für den November des Jahres in den Blick genommenen Versammlung in Speyer dann besprochen, verabschiedet und in Geltung gesetzt werden sollten. Aber es gab natürlich auch an nicht wenigen Orten Vertreter des römisch-kirchlichen Herkommens, die bestrebt waren, die positiven Seiten der traditionellen Lehre und Glaubenspraxis hervorzuheben. Im fränkischen Reichskreis wurden diese traditionsgeleiteten Initiativen von den drei Bischöfen in Bamberg, Würzburg und Eichstätt getragen.

Die aufgewiesenen „Bruchlinien" zeigten sich in diesen Jahren auch in Rothenburg. So werden in dieser Zeit sowohl von der „altgläubigen" wie auch von der „neugläubigen" Seite Positionspapiere erarbeitet, die in der Diskussion der Religions-Angelegenheiten jeweils dezidiert Stellung beziehen. Das von der altgläubigen Partei formulierte Papier trug den Titel „Rotenburgiensium Responsiones über die 23 Artikel nach der alten Materien"; hier werden die bekannten kirchlich-römischen Positionen repliziert, und es wird versucht, dies auch als absolut biblisch fundiert zu erweisen. Von besonderem Interesse in unserem Kontext ist natürlich das aus der reformerischen bzw. reformatorischen Perspektive erarbeitete Konzept, das überschrieben ist mit „Protestation und Schutzrede auf die 23 Artikel nachfolgend" (Abdruck bei Schattenmann 1928, S. 159–177). Wohl zu Recht wird in der bisherigen Forschung davon ausgegangen, dass

der Würzburger Weihbischof Johannes Pettendorfer und verschiedene Würdenträger aus der bischöflichen Verwaltung mit dem neuen Gedankengut, das auf eine Reform sowohl in der kirchlichen Lehre wie auch der Praxis hindrängte. Bei den fränkischen Reichsstädten wuchs Nürnberg in diesen Jahren in eine Führungsrolle hinein. Konsequent ging der Rat der Stadt eine Reform der kirchlichen Institutionen innerhalb seines Herrschaftsbereiches an und bot auch den benachbarten fränkischen Reichsstädten Windsheim, Schweinfurt, Weißenburg und Rothenburg seine Hilfe zur Umsetzung von entsprechenden Reformen an, die diese nicht selten sehr dankbar annahmen.

als eine Art „spiritus rector" hinter dem Text Johannes Teuschlein zu vermuten ist (Kolde 1901, S. 28f.; Barge 1905, Bd. 2, S. 306 und Schattenmann 1928, S. 47). Karlstadt weilte zu dieser Zeit (September/Oktober 1524) zwar noch nicht in der Stadt, sodass seine direkte Beteiligung sicherlich auszuschließen ist; aber dass er mittels seiner Schriften wie vielleicht auch durch briefliche Ratschläge gleichsam indirekt in die Abfassung involviert war, dies scheint uns durchaus wahrscheinlich zu sein, betrachtet man die in der „Protestation und Schutzrede" vertretenen theologischen Positionen. Die beiden Papiere lagen jedoch (noch) nicht, wie ursprünglich intendiert, für einen auf den 12. Oktober 1524 angesetzten Tag von Rothenburg vor, auf dem die Religions-Materie weiter vorangebracht werden sollte. Erst Anfang Februar 1525 konnte die Stadt die Gutachten schließlich nach Nürnberg senden; da jedoch war gleichsam die weitere Entwicklung, insbesondere durch die sich am Horizont abzeichnenden (sozialen) Wirren und Verwerfungen, so weit fortgeschritten, dass diese Positionspapiere keine größere vermittelnde Wirkung mehr entfalten konnten, wenn das denn überhaupt intendiert war. Nachfolgend seien die Eckpunkte der „Protestation und Schutzrede" knapp umrissen.

Formal geht das Papier so vor, dass jeweils zuerst einer bzw. teils auch mehrere der 23 Ansbacher Artikel geboten werden und sodann eine Antwort versucht wird. Die letzten drei der von Markgraf Kasimir beauftragten Ansbacher Artikel werden dabei zuerst mit einer Antwort versehen, da sie als fundamental eingeschätzt werden. Dabei wird zuerst die exponierte und normgebende Stellung der römischen Kirche, des Papstes, der Bischöfe und der Konzilien bestritten und das Wort Gottes, i.e. die Heilige Schrift, als die alleinige Norm für die Christen behauptet. Nicht alleine die Kleriker haben die Macht, über strittige Fragen der Lehre zu entscheiden, sondern „alle christliche gemain haben recht und magt zu entschieden (sic) und irrungen zu urthailn den glawben(dt) und das wort gottes betreffendt" (Schattenmann 1928, S. 164). Sodann folgt ein numerischer Durchgang durch die Ansbacher Artikel, beginnend mit dem ersten Artikel, der sich mit der Siebenzahl der Sakramente befasst, wobei nur zwei davon behalten werden, Taufe und das Sakrament des „prot" (ebd., S. 165). Christus wird als das eigentliche Sakrament verstanden, die Sakramentalien (Tauf-)Wasser und Brot werden nur als „sichtige zeichen" interpretiert. Der zweite Artikel handelt von der Pflicht der Gläubigen, zur Osterzeit die Beichte vor dem Priester abzulegen; auch dies wird als zur Erlangung der Seligkeit nicht nötig zurückgewiesen. Die Antwort auf den dritten Artikel bestreitet die Macht von Papst und Bischöfen, die Sünden der Gläubigen zu vergeben, insbesondere im Tausch gegen materielle Güter. Ebenso wird im Kontext des vierten Artikels der Ablass abgelehnt. In Artikel fünf wird allen Gläubigen zugestanden, das Abendmahl in Gestalt von Brot und auch Wein zu nehmen. Artikel sechs bestreitet die Rechtmäßigkeit der Aufbewahrung der Abendmahlssakramente in Monstranzen und das Herumtragen der Sakramentalien in „zirlichen sacrament häußlein" (ebd., S. 169). Im siebten Artikel werden Vigilien, Seelenmessen und ähnliche Stiftungen als nicht mit dem Wort der Schrift vereinbar abgelehnt. Artikel acht und neun beschäftigen sich mit der Sprache in Gottesdienst und Taufe, und hier wird dann ganz entschieden der Gebrauch „verstendiger sprach", d.h. natürlich der deutschen Muttersprache, eingefordert, denn „sonst ists den laien und unverstendigen khain nutz" (ebd., S. 171). Im zehnten Artikel wird die Ehelosigkeit der Priester, Mönche und Nonnen thematisiert und die Aufhebung des Zölibats gefordert. Artikel elf beschäftigt sich mit der

Frage der Verwandten-Heirat, wobei nicht die kirchlichen, sondern alleine die biblischen Maßgaben als verbindlich eingestuft werden. Der zwölfte Artikel fordert, dass alle Ordensleute die Freiheit haben sollen, sich zu verehelichen. Im dreizehnten Artikel wird „pfaff oder priester" das alleinige Recht abgesprochen, das göttliche Wort zu predigen, denn „alle christen, durch den glawben Christo dem ainigen ewigen priester eingeleibt, seind priester" (ebd., S. 174). Der vierzehnte Artikel versucht, das Verhältnis von Glauben und Werken zu verdeutlichen, wobei zum Ausdruck gebracht wird, dass gute Werke gleichsam zwangsläufig aus dem rechten Glauben folgen. In Artikel fünfzehn wird von der menschlichen Willensfreiheit gehandelt und dabei darauf verwiesen, dass alleine Gott „den willen zum guten und die kraft, dasselbig zu volpringen", wirkt (ebd., S. 175). Artikel sechzehn handelt von der – nicht gegebenen – Notwendigkeit, sich an Maria und die anderen Heiligen als Fürbitter bei Gott zu wenden. „Derhalben rueft Jhesus mit freutlicher (sic) stimme zu uns allen ... kumpt zu mir (nit zu Maria, zu sant Jacob oder sonst zu ainem seligen) ich will euch erquicken und helfen ... Demnach sagt die schrift, das er ain ainiger mittler sei zwischen gott und den menschen ... und dise mittlung ist allain genug allen glawbigen ... Demnach ist es gantz unnoth, ja meher unbillich, uns andere mittler zesuechen und dieselbigen anruefen" (ebd., S. 175). Der siebzehnte Artikel geht auf den Gebrauch der Bilder in der religiösen Andacht ein; dabei wird dieser Gebrauch klar als „abgötterei" (ebd., S. 176) qualifiziert. Im achtzehnten Artikel wird die Notwendigkeit bestimmter Zeremonien in der Kirche wie der Gebrauch von Weihrauch und Weihwasser, das Segnen von Kräutern u.Ä. behandelt und bestritten. Die Artikel neunzehn und zwanzig thematisieren schließlich das Fasten bzw. die Vermeidung von Fleisch, Eiern, Käse Milch u.a.m. als Speise an bestimmten Tagen. Bestimmt werden solche kirchlichen Gebote als nicht mit der Schrift vereinbar zurückgewiesen.

Betrachtet man sich die Spitzenaussagen dieser „Protestation und Schutzrede" im Überblick, so wird recht deutlich, dass sie klar vom Geist der neuen, der Wittenberger Theologie geprägt sind. Weiterhin lässt sich konstatieren, dass zentrale Elemente von Karlstadts Theologie „durchschimmern", so z.B. wenn ganz fundamental die Bedeutung und Macht der Laien hervorgehoben wird, über Lehre und Praxis des Glaubens auf der Grundlage der Schrift zu entscheiden (vgl. die Vorziehung der letzten drei Ansbacher Artikel an den Beginn der „Protestation und Schutzrede"); oder auch im Kontext der deutlichen Ablehnung der Bilder als „Abgötterei" und der Betonung der deutschen Sprache im Gottesdienst. Auffällig ist jedoch auch, dass praktisch keine Linien hin zu sozialen und politischen Forderungen ausgezogen werden; man beschränkte sich exklusiv auf die Religions-Themen.

5 Der Bauernkrieg in Franken und in Rothenburg: Karlstadts Aufenthalt in der Tauberstadt und Teuschleins letzte Monate

Die religiöse und auch politische Entwicklung in der Tauber-Stadt wie aber auch im übrigen Deutschen Reich war jedoch in geradezu rasanter Weise über diese Positionen hinweg gegangen. Und dies hatte nicht zuletzt auch mit der in dieser Zeit geforderten Stellung und Bedeutung der Laien, der einfachen Gläubigen zu tun, wie wir dies oben auch in der „Protestation und Schutzrede" konstatieren konnten. Denn, so schlussfolgerten nicht wenige: Wenn die Laien auf dem Feld der Religion gleichberechtigt mitreden konnten und sollten, weshalb sollte ihnen dies dann auf dem Felde des Politischen und Gesellschaftlichen verwehrt bleiben?

Und hier nun wird das Auftreten eines Mannes in der Tauberstadt von großer Bedeutung für die weitere Entwicklung: Andreas Bodenstein aus Karlstadt. Er war Luthers Doktorvater und ursprünglich in Wittenberg einer der engsten Mitarbeiter, hatte auch in der Zeit von Luthers erzwungener Abwesenheit auf der Wartburg die Führung der neuen Bewegung übernommen, dies jedoch in einer Weise, die nicht Luthers Vorstellungen entsprach. So sah sich etwa Luther veranlasst, seinen Wartburg-Aufenthalt im März 1522 zu unterbrechen, um die eskalierende Situation mit seinen acht sog. Invokavit-Predigten in Wittenberg in ruhigere Bahnen zu lenken, wo der vorwärtsdrängende Karlstadt eine ganze Reihe von Neuerungen in das Gemeindeleben implementiert hatte, so etwa die Abschaffung von Messgewändern, den Gottesdienst in deutscher Sprache, die Darreichung des Abendmahls in beiderlei Gestalt, also mit Brot und Wein auch für die Laien, oder auch die Entfernung der Bilder aus den Kirchen. In der Folgezeit kam es zu weiteren Spannungen zwischen Luther und Karlstadt, sodass Letzterer schließlich aus Wittenberg weichen musste und in Orlamünde eine Pfarrstelle übernahm. Da sich das Verhältnis Karlstadts zu Luther weiter verschlechterte, veranlasste Luther beim sächsischen Kurfürsten schließlich die Ausweisung Karlstadts aus dem Kürfürstentum, womit für diesen und seine Familie eine lange währende Odyssee einsetzte, die ihn eben für einige Zeit auch nach Rothenburg führte, wohin er offensichtlich in Person des Rothenburger Predigers Johannes Teuschlein auch schon länger Kontakte pflegte. Und dass der Aufenthalt Karlstadts in Rothenburg exakt in die Zeit des Bauernkriegs fiel, verlieh dem Geschehen natürlich dann eine besondere Brisanz.

Karlstadt als exponierte und landesweit bekannte Person der neuen religiösen Bewegung nahm von seinem Erscheinen Ende 1524 in Rothenburg bis zu seinem Weggang im Frühsommer 1525 ganz entscheidend Einfluss auf die dortigen Ereignisse. Da jedoch im gesamten Reich bekannt war, dass er im Unfrieden von Luther aus Sachsen geschieden war, scheiden musste – die sächsische Landesherrschaft hatte es nicht versäumt, die anderen Landesherrschaften zu warnen, den unruhigen Geist Karlstadt aufzunehmen –, war es für ihn nicht einfach, einen sicheren neuen Aufenthaltsort zu finden. Auch der Rat der Stadt Rothenburg war nicht erbaut, als ihm bekannt wurde, wer sich nun in seinem Herrschaftsbereich aufhielt. Schon der Würzburger Fiskal Dr. Steinmetz hatte die Rothenburger nachdrücklich gewarnt, Karlstadt aufzunehmen. Und Stadtschreiber Thomas Zweifel war bei einem Besuch in der markgräflichen Verwaltung in Ansbach auf das auch vom Markgrafen übernommene Edikt bezüglich Karlstadts hingewiesen worden, woraufhin auch der Rothenburger Rat tätig wurde und mit Datum vom 27. Januar 1525 seinerseits einen Erlass herausgab, dass es allen Rothenburgern verboten sei, Karlstadt „weder zu hausen, zu herbergen, unterzuschleifen, zu ätzen, tränken oder vorzuschieben, auch seine Bücher, Schriften und Lehren weder feil zu haben, zu verkaufen oder zu kaufen, noch sonst auszuteilen, dero auch an offenen Kanzeln weder zu predigen oder zu verkündigen, heimlich oder öffentlich, in keiner Weis noch Weg" (zitiert nach Schattenmann 1928, S. 51). Per Aushang am Rathaus wurde den Rothenburger Bürgern dieser Erlass mitgeteilt. Allerdings wurde von unbekannter Hand dieser Aushang nach kurzer Zeit wieder entfernt, was erahnen lässt, wie wenig man in bestimmten Rothenburger Kreisen gewillt war, sich an dieses Verbot zu halten. Hier ist natürlich der oben angeführte

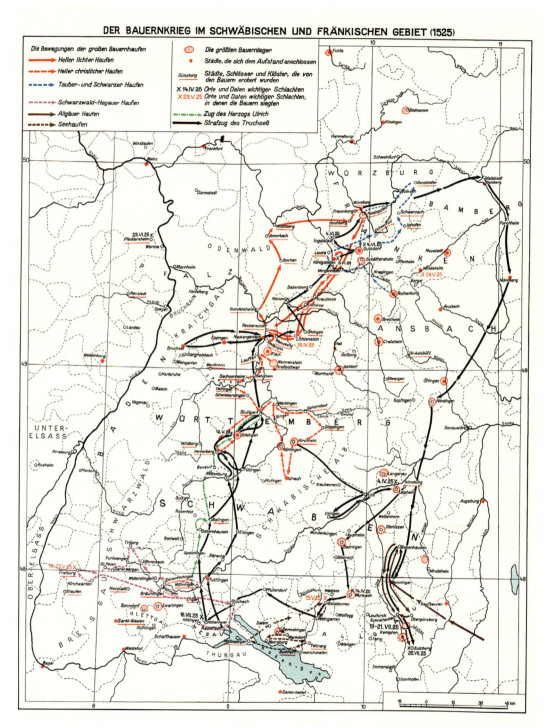

Abb. 50: Der Bauernkrieg im schwäbischen und fränkischen Gebiet.

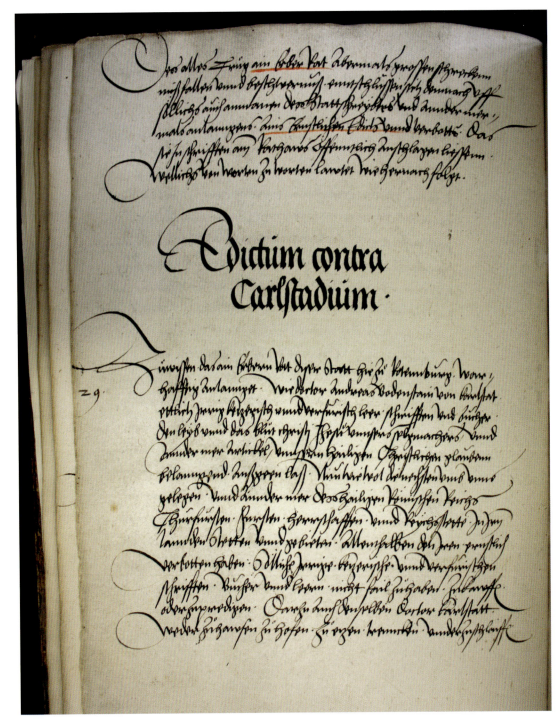

Abb. 51: Dekret des Rothenburger Rats gegen Karlstadt vom 27. Januar 1525 (nach der Bauernkriegsschrift des Stadtschreibers Thomas Zweifel).

„Freundeskreis" zu nennen, der sich um Teuschlein, Ehrenfried Kumpf und andere gebildet hatte und der es sich angelegen sein ließ, sich des heimatlos gewordenen Karlstadt anzunehmen.

Da sich in der Stadt aber hartnäckig das Gerücht hielt, dass Karlstadt sich dennoch hier aufhalte, stellten seine Ratskollegen Ehrenfried Kumpf, dessen Sympathien für Karlstadt durchaus bekannt waren, „ernstlich zu red" (Zweifel in Baumann 1878, S. 21). Aber Kumpf beeidete, dass er seit dem Ratserlass Karlstadt weder gesehen noch beherbergt habe noch auch wisse, wo er sich derzeit aufhalte. Dabei ließ es der Rat dann sein Bewenden haben, ohne genauere Nachforschungen anzustellen. Aber wahrscheinlich war allen Seiten klar und bewusst, dass der Verfemte sich nach wie vor in der Tauberstadt aufhielt und in wechselnden Häusern Unterschlupf fand. Vermutlich im Februar (vielleicht aber auch schon im Dezember 1524; vgl. den Beitrag von H. Bollbuck in diesem Band) weilte er dann vorübergehend in Nördlingen, um den dortigen Prediger Theobald Billican zu besuchen und ihn vielleicht auf seine Seite zu ziehen; ansonsten aber scheint er sich durchgehend in Rothenburg und seiner nächsten Umgebung aufgehalten zu haben.

In Rothenburg selbst war einer der glühendsten Anhänger Karlstadts der Pädagoge und Didaktiker Valentin Ickelsamer. Veranlasst durch Luthers polemische Streitschrift insbesondere gegen Karlstadt „Wider die himmlischen Propheten, von den Bildern und Sacrament" (siehe unten), verfasste Ickelsamer im März 1525 unter dem Titel „Clag etlicher brüder an alle christen von der grossen ungerechtigkeit und tyrannei, so Endressen Bodenstein von Karlstadt jetzo von Luther zu Wittenberg geschicht". Wir gehen an anderem Ort in dieser Publikation darauf ausführlicher ein.

Wohl nicht zuletzt aufgrund der Nachricht, dass sich Karlstadt in Rothenburg aufhalte und dort von Gesinnungsgenossen versteckt gehalten werde, scheint man in diesen Wochen beim Würzburger Fürstbischof Schritte ergriffen zu haben, um diesen Umtrieben mit den der Kirche zur Verfügung stehenden Mitteln Einhalt zu gebieten: Man sprach den Bann über Teuschlein und den Komtur Kaspar Christian aus, der sich als einer der entschiedensten Verfechter der neuen Lehre profilierte. Beide verwahrten sich dagegen, und aufgrund der Fürsprache seiner Ordensoberen wurde der Bann gegen den Komtur auch wieder aufgehoben. Teuschleins Ersuchen an den Rothenburger Rat, dass dieser sich beim Bischof gleichfalls für ihn einsetzen möge zur Aufhebung des Bannstrahls, stieß dort jedoch nicht auf ein positives Echo. In einem ebenso trotzigen wie selbstbewussten Schreiben nach Würzburg beharrte Teuschlein auf der Schriftgemäßheit seines Redens und Handelns und wollte sich nur dem Urteil der christlichen Gemeinde unterwerfen, nicht jedoch den (amts-)kirchlichen Instanzen. Wie selbstbewusst er hier auftrat, lässt sich etwa der Aussage entnehmen, die er seinem Würzburger Widerpart entgegenhielt: „Aus christlicher Gemein und Gewalt hab ich gleich den Befehl von Gott über Dich als Du über mich." (Zweifel in Baumann 1878, S. 23–25, hier zitiert nach Schattenmann 1928, S. 53). Eine Aufhebung des gegen ihn ausgesprochenen Banns gelang aber erst durch die Einschaltung von Komtur Christian und des Deutschmeisters (Zweifel in Baumann 1878, S. 26).

In diesen Wochen gärte es im ganzen Reich, wovon eben auch Rothenburg nicht verschont blieb. Die Religionssachen trieben die Menschen um, man stritt über Verständnis und Gestalt des Abendmahls, das Verhältnis von Laien und Priestern, von Amtskirche und Gemeinde, die Verehrung der Heiligen, über den Umgang mit den Bildern, die Einrichtung eines „gemeinen Kastens" etwa aus kirchlichen Stiftungen und Benefizien zur Fürsorge für die Armen usw. In Rothenburg ging man daran, die eine oder andere gestiftete Messe, etwa die sog. Engel-Messe, nicht mehr zu feiern. Zum Teil auch recht abenteuerliche Gestalten verschafften sich in der Stadt Gehör. So berichtet etwa Thomas Zweifel in seiner Chronik (Zweifel in Baumann 1878, S. 11), dass ein Bauer, „aus dem Rieß" gebürtig, als Prediger in einer Rothenburger Kirche auftreten wollte. Nachdem der Rat das jedoch untersagt hatte, verlegte dieser seine Wirkungsstätte kurzerhand ins Freie, nämlich „uff der schießhutten" vor dem Rödertor. Bei diesem Prediger handelte es sich um den auch anderweitig belegten Diepold Schuster (auch Peringer genannt), ein ehemaliger Mönch, der zuvor schon in Kitzingen

Abb. 52: Rothenburger Landhege (nach Wilhelm Ziegler, 1537).

Abb. 53: Aufständische Bauern mit Bundschuhfahne umzingeln einen Ritter (sog. Petrarca-Meister, 1539).

und Nürnberg aufgetreten war, was ihm auch den Namen „Bauer von Wöhrd", nach einem Nürnberger Vorort, eingetragen hatte (siehe auch Schattenmann 1928, S. 42).

Und nicht wenige zogen dann auch die Linien aus von den Religionsdingen hin zu den gesellschaftlichen und politischen Verhältnissen. Denn, so fragte sich manche(r), wenn alle gleich frei sind, über die Religion mitzureden, weshalb sollte dann der gesellschaftlich-politische Bereich von einer Mitsprache der einfachen Leute ausgenommen sein? Und noch zugespitzter: Weshalb gab es überhaupt gesellschaftliche Hierarchien und Unterschiede, weshalb war der eine frei und übte Herrschaft über die anderen aus, die unfrei und vielleicht sogar leibeigen waren? Weshalb konnten die einen, die privilegiert waren und die Macht in Händen hielten, die anderen mit Abgaben, Steuern und Frondiensten belegen, ja vielleicht über die Maßen belasten? Waren nicht alle Menschen vor Gott gleich? Zumindest ursprünglich gleich von Gott erschaffen? Und waren somit die politischen und gesellschaftlichen Ungleichheiten nicht Menschenwerk, das der Mensch dann eben auch wieder ändern und abschaffen konnte, wenn denn alle guten Willens und christlicher Gesinnung wären? Im Ansatz brachen sich hier egalitäre Denkstrukturen eine Bahn, ursprünglich angestoßen durch Entwicklungen auf dem Feld der Religion.

Solche und ähnliche Fragen hatten sich schon während der vorangegangenen Jahrzehnte und Jahrhunderte in verschiedenen Ländern und Territorien Europas bemerkbar gemacht. Erinnert sei hier beispielsweise nur an die Lollarden-Bewegung in England, an die sog. Grande Jacquerie in Frankreich; auch die Hussiten-Bewegung kann zumindest partiell

Abb. 54 a: Titelseite des Lieddrucks „Die nicklas hausser fart" (1490).

unter diesen Vorzeichen gesehen werden. Und in deutschen Landen sind hier historische Erscheinungen wie der Aufruhr um den sog. Pfeifer von Niklashauen 1476 im Taubertal, der sog. Bundschuh in Südwestdeutschland in den Jahren 1493 bis 1517 oder der „Arme Konrad" in Schwaben (1514) zu nennen – Bewegungen, die ja gar noch nicht so lange zurücklagen und die meist religiöse und politisch-soziale Gedanken miteinander verquickt hatten. Populär auf den Punkt gebracht wurde dieses egalitär inspirierte Denken in dem sinngemäß vermutlich erstmals in England um 1380 geprägten selbstbewussten Sprichwort „Als Adam grub und Eva spann, wo war denn da der Edelmann?" (im englischen Original: „When Adam dalf / and Eva span / who was than a gentilman?").

Und Ähnliches spielte sich in diesen Wochen und Monaten dann wieder in und um Rothenburg, aber auch in anderen deutschen Territorien ab, etwa an der Grenze zur Schweizer Eidgenossenschaft in Stühlingen (dort schon seit dem Sommer 1524, mit wohl auch inspiriert durch die Freiheitsrechte, die sich die Schweizer Eidgenossen erkämpft hatten) oder auch in Thüringen, befeuert durch Thomas Müntzer. Im Februar/März 1525 diskutierte man solche Fragen auch intensiv und erregt in verschiedenen Dörfern der Rothenburger Landwehr.

Die Probleme waren also schon relativ alt (siehe oben), mit der reformatorischen Bewegung aber schien nun für viele ein (neuer) Hebel vorhanden, diese Probleme endlich einer Lösung zuzuführen. Und speziell in den zurückliegenden Jahren war etwa die Steuer-, Abgaben- und auch Fronlast der bäuerlichen Bevölkerung nochmals gewachsen – so hatte z.B. der Rothenburger Rat 1522 ein sog. Klauengeld (eine Steuer auf alles vierfüßige Hornvieh) neu eingeführt oder in diesen Jahren auch eine „Bodensteuer" neu erhoben (eine Getränkesteuer, die pro „Faßboden" eingetrieben wurde; vgl. dazu Quester 1994, S. 174ff.). Dies alles hatte den Unwillen der Betroffenen hervorgerufen. Auf diesem Hintergrund war nun sozusagen hinreichend gesellschaftlicher „Sprengstoff" vorhanden, um tatsächlich eine soziale „Explosion" zu bewirken. Brennpunkte des ursprünglich lokalen Geschehens sollten die Ortschaften Ohrenbach nördlich von Rothenburg, in der sog. Vogtei im Gau, sowie Brettheim im südlichen Teil der Landwehr, dem sog. Zwerchmeier, sein (Huggenberger 2016, S. 217).

Überregional mit motiviert waren diese Initiativen sicherlich auch von den „Zwölf

Artikeln der Bauernschaft (in Schwaben)", die ein sog. Bauern-Parlament in der zweiten Märzhälfte im schwäbischen Memmingen formuliert und in die Welt gesandt hatte. Ergänzt wurden diese „Zwölf Artikel" durch eine „Bundesordnung", die sich in gewisser Weise an den politischen Ordnungsstrukturen der schweizerischen Eidgenossenschaft orientierte. Durch das Medium des Buchdrucks war für eine ungeheuer schnelle Verbreitung und Rezeption dieser Forderungen gesorgt. Man schätzt, dass innerhalb kurzer Zeit mehr als 20 000 Exemplare davon verbreitet wurden. Diese „Zwölf Artikel" bestimmten dann in den folgenden Monaten in nahezu allen Gebieten, wo Unruhen ausbrachen, die Forderungen der Bauern. Das neue Medium des Buchdrucks hatte damit entscheidenden Anteil an den gesellschaftlichen Entwicklungen und deren extrem beschleunigtem Ablauf.

Abb. 54 b: Bericht über den „Pfeifer (bzw. Pauker) von Niklashausen" in der Schedelschen Weltchronik (1493).

Am 21. März 1525 marschierte ein Fähnlein von etwa dreißig Bauern aus Ohrenbach mit Trommeln und Pfeifen in die Stadt, erhob heftige Anschuldigungen gegen den Rat und forderte eine Reduktion der Abgaben- und Steuerlast für die Bauern. Der offenbar verunsicherte Rat, der sich ja schon innerhalb der städtischen Mauern mit widerspenstigen Bürgern konfrontiert sah, wusste nicht so recht, wie er auf diese Ereignisse reagieren sollte. Anders dagegen der Würzburger Fürstbischof Konrad von Thüngen sowie der Markgraf Kasimir von Brandenburg-Ansbach, die natürlich ein Übergreifen der Unruhen auf ihre Territorien befürchteten: Als die ersten Nachrichten von diesen Umtrieben eintrafen, warnte man umgehend die Bauern wie auch die Stadtherrschaft vor einer gewaltsamen Erhebung und Aufruhr und drohte mit harten Gegenmaßnahmen, falls diese Warnungen in den Wind geschlagen würden. Aber zu diesem Zeitpunkt war es für solche Warnungen wohl schon zu spät: In Windeseile verbreitete sich die Nachricht vom Vorgehen der Bauern in der Rothenburger Landwehr. Von Ohrenbach und Brettheim in die umliegenden Dörfer ausgeschickte Werber forderten zum Anschluss an die unzufriedenen und aufrührerischen Bauern auf. Diesen Aufrufen wurde in den Tagen danach auf breiter Front Folge geleistet, sodass sich an verschiedenen Orten der Landwehr große Zusammenrottungen von Bauern bildeten.

In den aufgewühlten Folgetagen und Wochen überschlugen sich dann die eskalierenden Ereignisse, sowohl in der Stadt wie aber auch auf dem Land, und immer wieder auch befeuert durch von außerhalb Rothenburgs und seines Herrschaftsgebiets eintreffende Nachrichten.

Auf einer Wiese bei Insingen bestimmten die Bauern in diesen Tagen ihre Anführer (Schattenmann 1928, S. 56). Und in diesem Moment sprang dann auch der Funke des Aufruhrs auf die Stadt Rothenburg selbst über. Am 24. März ergriff dort Stefan von Menzingen die Initiative. Bei einer von den innerstädtischen Dissidenten unter seiner Führung einberufenen Versammlung wurde ein Ausschuss von 36 Bürgern (später dann wohl auf 42 Bürger aufgestockt; Barge 1905, Bd. 2, S. 340, Looß 1991, S. 8f. und Quester 1994, S. 236) berufen, der von nun an die Geschicke der Stadt mit bestimmen sollte, ohne dass man formal den (Inneren) Rat selbst für abgesetzt erklärte. Die Rivalität zwischen Rat und Ausschuss sollte die Folgewochen in der Stadt prägen. Der Ausschuss ließ die Stadttore besetzen, um auch mit dieser eher symbolischen Aktion seinen Herrschaftsanspruch in der Stadt zu demonstrieren. Und er lässt signalisieren, dass man die Begehren der Bauern, die man als christliche Brüder adressierte, freundlich prüfen wolle.

Neben diesem politisch-sozialen Aufbegehren waren auch auf religiösem Gebiet in der Stadt entsprechende Aktionen zu verzeichnen. So wurden ebenfalls am 24. März bei einer Christusstatue auf dem Friedhof bei der Kapelle zur Reinen Maria Kopf und Extremitäten abgeschlagen. Zwei Tage später, am 26. März, attackierte der Bäcker Christian Heinz bei einer Messe in der alten Marienkapelle den zelebrierenden Priester Christoph Bernrieder und schlug ihm dabei das Messbuch aus den Händen. Und auch der Alt-Bürgermeister Ehrenfried Kumpf, der sich ja auf die Seite der Neuerer und Aufrührer geschlagen hatte, ließ sich offensichtlich von der die Stadt prägenden Erregung anstecken: Am 27. März erhob er sich bei der Messe in der Jakobskirche, trat auf den die Messe lesenden Priester zu, forderte ihn auf, den Altar zu verlassen und warf das Messbuch vom Altar. Damit war das Ende der katholischen Eucharistiefeier in der Reichsstadt markiert.

An diesem Tag erschien Kumpf offensichtlich auch die Gelegenheit günstig, den lange versteckt gehaltenen und verfemten Karlstadt öffentlich zu präsentieren (Zweifel in Baumann 1878, S. 92f.). Kumpf führte Karlstadt vor den Rat, der im Rathaus tagte. Er kündigte ihn als jemanden an, „den ... er zum friden gar dienstlich" erachte und bei dem „gluck und hail" sei (ebd., S. 92). Und er setzte sich dafür ein, Karlstadt Verantwortung bei den nun anstehenden Entscheidungen zu übertragen. Das rief bei seinen Ratskollegen, die ja Karlstadt per Dekret zur persona non grata in der Reichsstadt erklärt hatten, in nicht geringem Maße Erstaunen, ja Verärgerung hervor, nachdem ihnen Kumpf vorher immer versichert hatte, dass sich Karlstadt seines Wissens nicht (mehr) in der Stadt aufhalte. Nun jedoch bekannte er, „das der Karelstat seyder des edicts aus der statt nye komen, sonder allwegen hie zu Rotemburg gewest und haimlich enthalten worden were durch ine und ander christlich bruder", und dass er das nicht leugnen wolle, „wann es vor dem kaiser were, und der henker hinder im stunde, dann er hett an ime als an aim armen, ellenden, verjagten menschen das werk der barmherzigkait umb gottes willen geubt, wer in solichem gott und nit dem menschen schuldig geharsam und sein pflicht zu halten sich schuldig erkennte" (ebd., S. 92). Mehr oder weniger zähneknirschend musste der überrumpelte Rat dieses fait accompli so stehen lassen; niemand aus dem Kreis der „erbarkeit" im Rat hatte offensichtlich die Courage, hier gegenzuhalten, sondern man ließ den Dingen ohne große Gegenwehr einfach ihren Lauf.

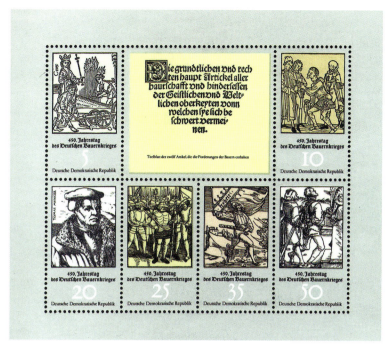

Abb. 55: DDR-Briefmarkenblock 1975 zur Erinnerung an 450 Jahre Deutscher Bauernkrieg.

Neben Teuschlein und dem blinden Mönch beherrschte Karlstadt von da an die Kanzeln der Stadt mit seinen Predigten. Allerdings mischte er nicht, wie von Kumpf gewünscht, direkt bei den nun folgenden politischen Ereignissen in einem größeren Maße und direkt mit. So wurde er z.B. nicht in Gesandtschaften delegiert, die in Verhandlungen mit den Bauern treten sollten, anders etwa als Valentin Ickelsamer. Aber man kann vermuten, dass er aufgrund der engen Verbindungen mit den nun im Sinne der Aufrührer politisch Handelnden dennoch einen nicht geringen Einfluss auf die weiteren Geschehnisse ausübte.

Und unter diesen Weichenstellungen nahmen die Dinge ihren weiteren Lauf. Hitzig wurden in der Stadt die Forderungen der Bauern diskutiert, wie sie in Beschwerde-Artikeln unter Federführung von drei Geistlichen, nämlich der Leuzenbronner Pfarrer Lienhart Denner und Hanns Hollenbach sowie des Tauberzeller Amtskollegen Andreas Neusser formuliert worden waren. Am 29. März kamen 30 Hauptleute der Bauern in die Stadt, um mit dem Ausschuss ihre Beschwerden zu verhandeln, wobei insbesondere die Zehnt- und Gülte-Abgaben thematisiert wurden.

Aufgeschreckt durch die Rothenburger Geschehnisse waren offensichtlich aber auch benachbarte Reichsstädte wie Nürnberg, Dinkelsbühl und Hall. Mit Schreiben vom 28. März wandte sich Nürnberg besorgt an den Rothenburger Rat und schickte am 30. März schließlich auch noch einige Gesandte nach Rothenburg, die mäßigend auf die Entwicklungen einwirken sollten (Schattenmann 1928, S. 58f.). Und am 1. April wandten sich die diversen Gewerke des Rothenburger Handwerks mit ihren umfangreichen Forderungskatalogen an den Rat (Zweifel in Baumann 1878, S. 119ff.). Neben den in nahezu allen Eingaben der Zünfte enthaltenen Forderungen nach einer Reduktion bzw. gar gänzlichen Abschaffung der diversen Steuern und Abgaben finden sich auch solche nach Beseitigung der Leibeigenschaft, der Partizipation aller geistlichen Personen an den Lasten, die alle Bürger zu tragen hatten, von den Finanzen bis hin zur Beteiligung an der Verteidigung der Stadt in den einzelnen stadtteilbezogenen Wachten usw. Und meist werden die vorgetragenen Forderungen auch biblisch legitimiert.

Ermuntert offensichtlich durch diese in seiner Sicht positiven Entwicklungen wandte sich Karlstadt in einem Schreiben an den Rat und den Ausschuss (Zweifel in Baumann 1878, S. 161–163). Er verwies darauf, dass seine Lehre sich unbedingt in Übereinstimmung mit dem göttlichen Wort befinde: „… das mein ler und vorhaben anderst nit gestalt, dann allain christlich und dem hailigen ewangelio, göttlicher ler gemeß ist …" (ebd., S. 161). Zu Unrecht fühlt er sich beim Rat in Misskredit gebracht und erklärt sich bereit, sich jedem Urteil zu unterwerfen, wenn er denn mit Gründen aus dem Evangelium überwunden werde. Er versichert, dem Rat gegenüber ob der ihm zugefügten Unbill nicht nachtragend und rachsüchtig sein zu wollen, und er bittet, ihm in brüderlicher und christlicher Gesinnung Aufenthalt in der Stadt zu gewähren. In seiner Antwort verweist der Rat darauf, dass er hintergangen und belogen worden sei. Karlstadts neue Lehre sei bislang von der Kirche „noch nit approbirt oder zugelassen, sonder dem bißher gehaltem alten geprauch der kirchen offentlich entgegen und wider gewest …" (Zweifel in Baumann 1878, S. 163) und habe beim „gemeinen man" und den „undertanen" zu „uffrur und empörung" geführt. Trotz dieser klaren inhaltlichen und persönlichen Distanzierung des Rats scheut er sich aber dennoch, daraus die Konsequenzen zu ziehen und Karlstadt der Stadt zu verweisen, sondern stellt die Entscheidung darüber dem Ausschuss anheim, der ja inzwischen die Herrschaft in der Stadt ausübe. Und für diesen war die Sache dann klar: Karlstadt sollte in der Stadt bleiben dürfen.

Inzwischen rückten die Karwoche und die Osterfeiertage näher. Klar war offenbar, dass unter den gegebenen Umständen die bis dahin gewohnten kirchlichen Gebräuche und Riten wie die Prozession am Palmsonntag (9. April), die Beichte in der Karwoche, das Austeilen des Sakraments an die Kranken in ihren Häusern u.Ä. nicht mehr ungestört praktiziert werden konnten – und neue kultisch-rituelle Strukturen hatten sich noch nicht gebildet. So lag das religiöse Leben in der Stadt mehr oder weniger brach, sieht man von den Predigten ab, die Teuschlein, Karlstadt und ihre Mitstreiter in diesen Tagen hielten, die jedoch unter den gegebenen kritischen Umständen eher kontroverstheologische und politisch-soziale denn tröstend-erbauliche Inhalte thematisierten.

Zwei kaiserliche Kommissare, die am 11. April in der Stadt eingetroffen waren und Rat und Ausschuss heftig angingen wegen des von ihnen geduldeten Aufruhrs, konnten jedoch mit ihren Argumenten beim Ausschuss, der in diesen Tagen in der Stadt das Sagen hatte, nicht durchdringen. Für den 12. April wurde in der Jakobskirche eine Versammlung der ganzen Gemeinde anberaumt, in der dann die unterschiedlichen Positionen heftig aufeinanderprallten. Stefan von Menzingen, der seine eigene Agenda verfolgte, hielt von der Empore der Stadtkirche herab eine flammende Rede, in der er die Forderungen der städtischen Opposition darlegte und verteidigte und insbesondere auch die religiös-kirchlichen Positionen artikulierte, die darauf hinausliefen, alle geistlichen Personen in der Stadt ins Bürgerrecht aufzunehmen, d.h. ihnen ihre Privilegien im Blick auf die Befreiung von Steuern und Abgaben, ihre juristische Exemption, ihre Freistellung von der Beteiligung an der Verteidigung der Stadt u.Ä. zu benehmen sowie das kirchliche Vermögen in städtisches Eigentum zum Wohle der Allgemeinheit (vgl. den oben angeführten „gemeinen Kasten") zu überführen. Mönche und Nonnen sollten ihre Klausur verlassen, sich verheiraten können, ein bürgerliches Gewerbe erlernen und ausüben. Solche Forderungen fanden die Zustimmung der Mehrheit der in St. Jakob anwesenden Bürgerschaft. Aber es dauerte bis zum 7. Mai, bis der Großteil der Geistlichen den Bürgereid ablegte und so Verzicht leistete auf die bislang genossenen Privilegien.

Karlstadt, Teuschlein, der blinde Mönch und Kaspar Christian setzten sich in den Ostertagen in ihren Predigten mit den Bildern in den Kirchen und Kapellen sowie den Sakramenten, insbesondere dem Abendmahl, auseinander, wobei sie die herkömmliche Lehre als Abgötterei abtaten. Dies führte etwa dann am 2. Osterfeiertag zu einem Bildersturm in der Marienkapelle zu Kobolzell. Einige Müllergesellen drangen in das Gotteshaus ein, demolierten Heiligenstatuen und warfen sie in die Tauber. Als Ähnliches am Folgetag bei einer Predigt Karlstadts auch in der Jakobskirche versucht wurde, konnte es durch das beherzte Eingreifen einiger mutiger Anhänger des herkömmlichen Glaubens gerade noch verhindert werden.

Auch im Rothenburger Herrschaftsgebiet außerhalb der Stadtmauern hatte sich in diesen Tagen die Situation weiter zugespitzt. Marodierende Bauernhaufen zogen durch die Gegend und plünderten und zerstörten Klöster – wie das Prämonstratenserinnen-Kloster Bruderhartmann bei Hausen am Bach (Borchardt 1988, Bd. 1, S. 395–401) oder die Zisterzienserinnen-Abtei Frauental bei Creglingen – und Burgen und Schlösser von Adligen – wie etwa das Schloss in Röttingen (am 22. April durch einen Brettheimer Bauernhaufen). Klöster wie Adelssitze waren in ihrer Sicht offensichtlich Zentren ihrer Unterdrückung und Ausbeutung. Dabei kam es auch zu üblen Gewaltexzessen, die dem Ansehen und der Sache der Bauern, die ja nicht wenige an sich für berechtigt hielten, dann schließlich schaden sollten. Allerdings ist festzuhalten, dass auch die Adligen nicht sehr zimperlich in ihrem Verhalten waren: Ganze Dörfer, die sich dem Aufstand angeschlossen hatten, wurden skrupel- und gnadenlos niedergebrannt und Einwohner getötet. Eine innerstädtische Parallele zu den Plünderungen insbesondere von Klöstern ist in dem von Rothenburger Bürgern, vor allem aus der städtischen Unterschicht, initiierten Sturm der kirchlichen Vorratshäuser in der Stadt zu sehen, bei dem Plünderungen der Getreide- und Weinspeicher stattfanden, wogegen jedoch der Rat schließlich einschritt und die Vorratsspeicher, nachdem er einen Teil der Getreide- und Weinvorräte an die einfachen Bürger hatte verteilen lassen, bewachen und sichern ließ.

Exkurs:
Luthers und Karlstadts literarische Kontroversen im Frühjahr 1525

In diese Situation hinein schrieb Martin Luther, der anfangs den Forderungen der Bauern gegenüber offen war, schließlich zwei Schriften, beide in ihren Spitzenaussagen maßlos: Zu Jahresbeginn 1525 „Widder die hymelischen propheten/von den bildern und Sacrament" und dann folgend auf dem Höhepunkt der gewaltsamen Auseinandersetzungen „Wider die Mordischen und Reubischen Rotten der Bawren". In dieser letztgenannten, im Mai 1525 in Nürnberg gedruckten Schrift rief er die Fürsten und Herrschaften dazu auf, die Aufständischen notfalls zu töten. Dies sei dann auch religiös ein verdienstvolles Werk, da diese sich ja gegen das biblische und damit göttliche Gebot des Gehorsams gegenüber der Obrigkeit vergingen (vgl. etwa Röm 13,1–2, wo Paulus zum Gehorsam der Obrigkeit gegenüber auffordert, da jegliche Obrigkeit von Gott eingesetzt sei). Luther hatte dabei vor allen Dingen den „Schwarmgeist" Thomas Müntzer vor Augen, der in Thüringen den Aufstand der Bauern anführte und religiös-biblisch legitimierte (vgl. hierzu etwa Ebert 1987). Wie Müntzer fiel für Luther jedoch auch Karlstadt unter dieses Verdikt. Vollkommen zu Recht hat man dann folgerichtig in dieser Wendung Luthers einen tiefen Einschnitt in der Geschichte der Reformation ausgemacht. Luther hatte damit die reformatorische Bewegung in die Hand der Herrschenden und Fürsten gegeben, hatte, um seine religiösen Ziele zu retten, eine konsequente Umsetzung dieser religiösen Ziele in den

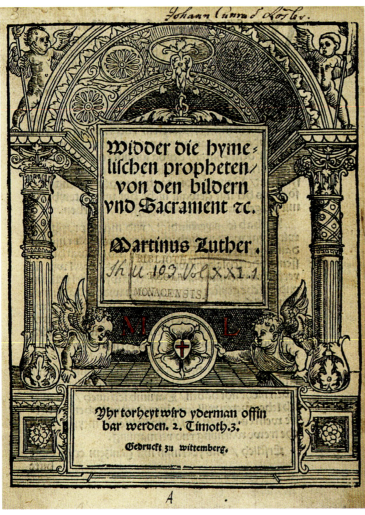

Abb. 56 a: Titelblatt Martin Luther „Widder die hymelischen propheten" sowie „von den bildern und Sacrament" (1525) (Bayerische Staatsbibliothek München, Res/4 Th.u. 103,XXI,1).

politischen Bereich abgewehrt. Dies rettete die Reformation vermutlich als historische Bewegung vor dem Untergang, kostete sie jedoch auch nicht wenige Sympathien bei den einfachen Leuten in den Städten und auf dem Land. Auch der bislang gegebene Einfluss der Laien wurde damit entscheidend zurückgedrängt, dagegen hatten von nun an in der neuen religiösen Bewegung die Fürsten wie auch die in ihrem Auftrag handelnden Theologen die entscheidende Definitions- und Handlungsmacht. Rudimentär bewahrte die Reformation dann aber doch noch auch das eine oder andere politisch zu interpretierende Ziel in ihrem weiteren Vorgehen. So konnte der Bereich der Bildung religiös-theologisch abgesichert werden: Alle Christen, und dies schloss den weiblichen Teil der Menschheit ein, sollten sich in den zu errichtenden Schulen Bildung qua Lesen und Schreiben aneignen, denn, so die religiös-theologisch fundierte Argumentation, sie sollten selbst das Wort Gottes in der Schrift rezipieren können. Diese reformatorisch inspirierte Bildungsbewegung ist ganz zentral mit dem Wirken von Luthers anderem Weggefährten Philipp Melanchthon (1497–1560) verbunden (Rupp 1998). Dass dann auf diesem Weg die Reformation bis in unsere Zeit hinein auch als eine ungeheuer einflussreiche Bildungsbewegung reüssierte, die sich dann unter Umständen auch von den ursprünglich religiös motivierten Anstößen emanzipieren und so im weiteren historischen Fortgang doch auch wieder politisch wirksam werden konnte – dies sei hier nur am Rande erwähnt (Rupp ^{2}1996).

Wider die Mordischen vnd Reubischen Rotten der Bawren.

Psalm. vij.
Seyne tück werden jn selbs treffen/
Vnd seyn mütwill/ wirdt vber jn außgeen.
1525.
Martinus Luther. Wittemberg.

Abb. 56 b: Titelblatt Martin Luther „Wider die Mordischen und Reubischen Rotten der Bawren“ (1525) (Bayerische Staatsbibliothek München, Res/Germ.sp. 671n).

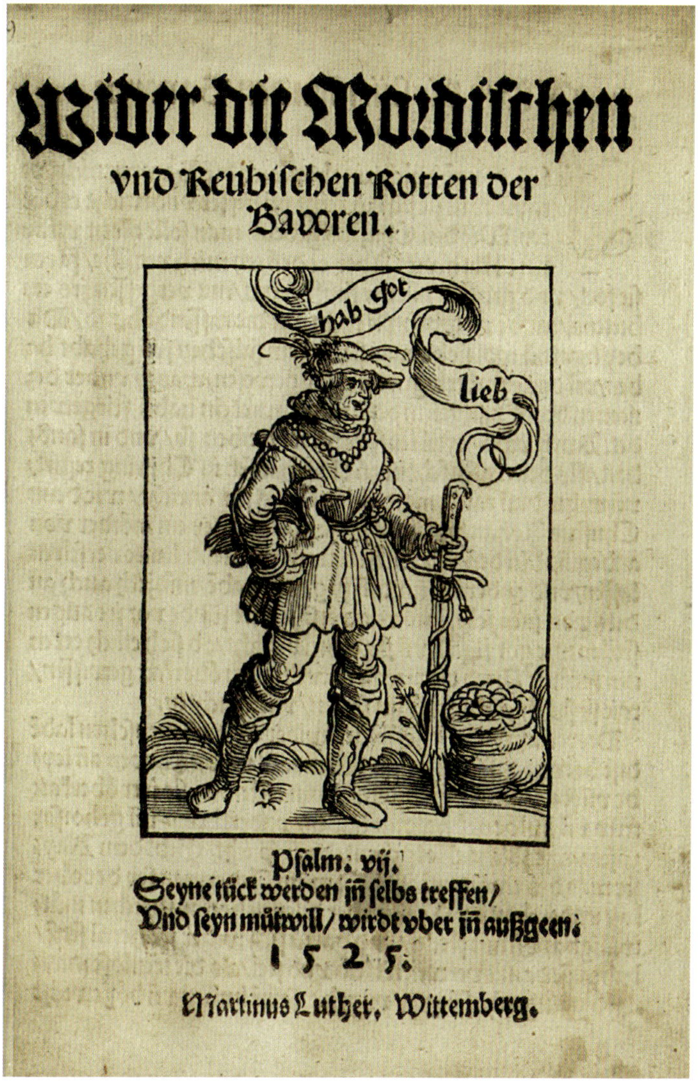

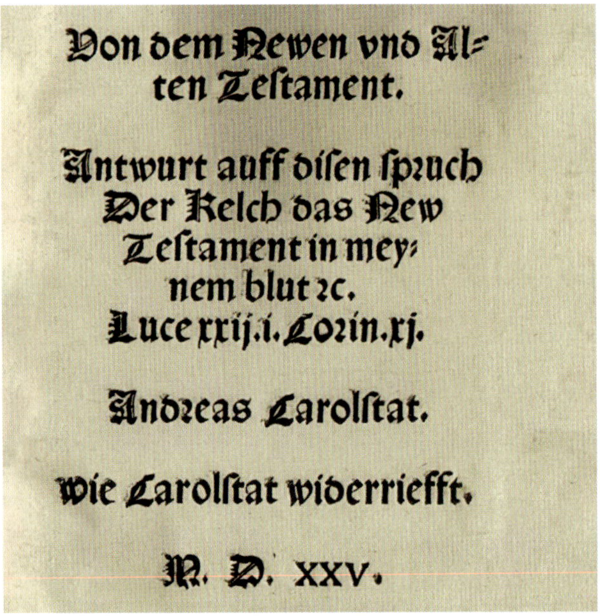

Von dem Newen vnd Alten Testament.

Antwurt auff disen spruch Der Kelch das New Testament in meynem blut ꝛc. Luce xxij. i. Corin. xj.

Andreas Carolstat.

wie Carolstat widerriefft.

M. D. XXV.

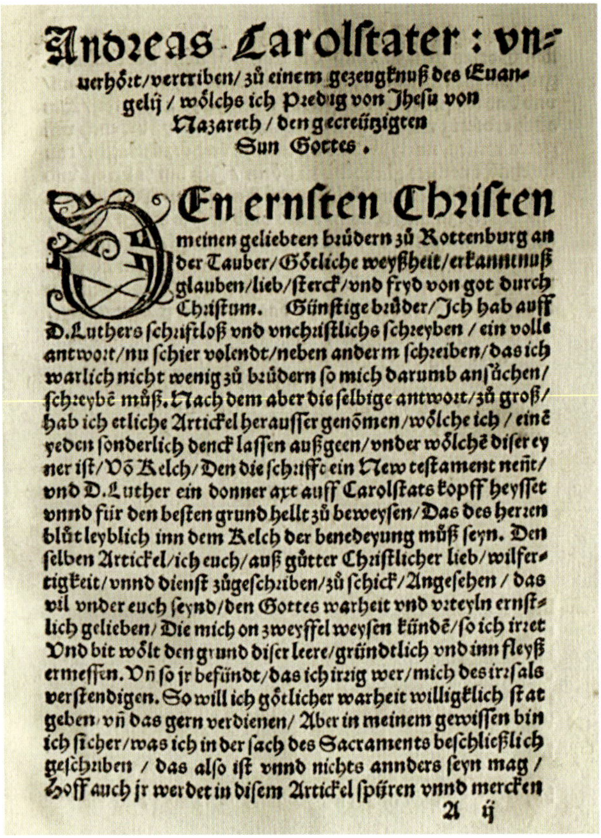

Andreas Carolstater: vnuerhört/vertriben/zů einem gezeugknuß des Euangelij / wölchs ich Predig von Jhesu von Nazareth / den gecreützigten Sun Gottes.

Den ernsten Christen meinen geliebten brůdern zů Rottenburg an der Tauber/Götliche weyßheit/erkanntnuß glauben/lieb/sterck/vnd fryd von got durch Christum. Günstige brůder/Jch hab auff D. Luthers schrifftloß vnd vnchristlichs schreyben / ein volle antwort/nu schier volendt/neben anderm schreiben/das ich warlich nicht wenig zů brůdern so mich darumb ansůchen/ schreybē můß. Nach dem aber die selbige antwort/zů groß/ hab ich etliche Artickel herausser genōmen/wölche ich / einē yeden sonderlich denck lassen außgeen/vnder wölchē diser eyner ist/Vō Kelch/Den die schrifft ein New testament nennt/ vnd D. Luther ein donner axt auff Carolstats kopff heysset vnnd für den besten grund hellt zů beweysen/Das des herren blůt leyblich inn dem Kelch der benedeyung můß seyn. Den selben Artickel/ich euch/auß gůtter Christlicher lieb/wilfertigkeit/vnnd dienst zůgeschriben/zů schick/Angesehen / das vil vnder euch seynd/den Gottes warheit vnd vrteyln ernstlich gelieben/ Die mich on zweyffel weysen künde/so ich irret Vnd bit wölt den grund diser leere/gründtlich vnd inn fleyß ermessen. Vñ so jr befündt/das ich irrig wer/mich des irrsals verstendigen. So will ich götlicher warheit williglich stat geben vñ das gern verdienen/ Aber in meinem gewissen bin ich sicher/was ich in der sach des Sacraments beschließlich geschriben / das also ist vnnd nichts annders seyn mag / Hoff auch jr werdet in disem Artickel spüren vnnd mercken

A ij

Karlstadt setzte sich schon in den März-Tagen von Rothenburg aus kritisch und ebenfalls sehr scharf in mehreren Antwort-Schriften insbesondere mit Luthers gegen ihn gerichteten Schrift „Widder die hymelischen propheten. Von den bildern und sakrament" auseinander. Eine von Karlstadts Gegenschriften – sie trug den Titel „Von dem Neuen und Alten Testament" – widmete er in seinem mit Datum vom 16. März verfassten herzlichen und dankbaren Vorwort den „ernsten Christen, meinen geliebten brüdern zuo Rottenburg an der Tauber", die er als Vertriebener um ihren Beistand und um die Prüfung seiner theologischen Anschauungen ersucht, die er selbst als in Übereinstimmung mit dem Evangelium bezeichnet (Schattenmann 1928, S. 52).

Rothenburg sah sich in diesen Tagen zu einer Entscheidung gedrängt: Wollte man sich auf die Seite der Bauern schlagen und ihnen die Tore der Stadt öffnen, mit allen daraus folgenden Konsequenzen? Oder sollte man diesen Schritt eher nicht tun? Ungewollt wohl gab ein Anerbieten des Ansbacher Markgrafen Kasimir den Ausschlag: Er erbot sich, der Stadt Reiter zu schicken, um sie vor den aufständischen Bauern zu schützen. Für die Stadt tat sich mit diesem Angebot jedoch ein Abgrund auf, der Urängste aktivierte. Denn man mutmaßte dahinter

Abb. 57 a, b: Titelblatt und Vorwort/Widmungsseite von Karlstadts Schrift „Von dem Neuen und Alten Testament", 1525 (Bayerische Staatsbibliothek München, Res/4 J.can.p. 161#Beibd.2).

Abb. 58: Würzburger Festung Marienberg, 1525 von Bauern belagert.

die schon lange seitens des benachbarten Fürstentums befürchtete Absicht, die Reichsstadt zu besetzen, ihr ihre reichsunmittelbare Stellung zu nehmen und sie in das Gebiet des Fürstentums zu inkorporieren. So entschied man sich bei einer für den 11. Mai in die Jakobskirche einberufenen Gemeindeversammlung, insbesondere auf das religiös motivierte Drängen Ehrenfried Kumpfs hin – der die Sache der Bauern für durchaus biblisch legitimiert hielt –, für das vermeintlich kleinere Übel, schlug sich auf die Seite der Bauern und ging ein Bündnis mit ihnen ein (Barge 1905, Bd. 2, S. 349 und Schattenmann 1928, S. 61).

Neben verschiedenen anderen trug auch Teuschlein diesen Beschluss mit, „soverr die bawrn dabey (sc. beim Evangelium) bleyben wöllen, wa sie aber das ewangelium nit annemen, konden sie auch nit bey inen bleyben" (Zweifel in Baumann 1878, S. 327). Zur Übermittlung dieses Beschlusses wurde eine Abordnung der Stadt, der Ehrenfried Kumpf angehörte, nach Heidingsfeld bei Würzburg gesandt, wo sich verschiedene Bauernhaufen inzwischen vereinigt und gesammelt hatten, um die Veste Marienberg zu belagern und zu erstürmen. Diese galt ihnen als zu Stein gewordener Inbegriff des adligen und kirchlichen

Abb. 59: Georg Truchsess von Waldburg-Zeil (* 1488; † 1531).

Unterdrückungssystem. Der Würzburger Fürstbischof selbst hatte sich jedoch schon Anfang Mai in Richtung Heidelberg abgesetzt, er ließ aber eine starke Besatzung in der bischöflichen Festung zurück, die sich ohne Gedanken an eine Aufgabe der stürmischen Angriffe des Bauernheers erwehrte.

Am 15. Mai schließlich wurde in Anwesenheit des Bauernhauptmanns Florian Geyer die Einigung mit den Bauern in der Jakobskirche zu Rothenburg feierlich und offiziell besiegelt. Auch hier fand ausdrücklich die Berufung auf das Evangelium, das Wort Gottes, statt, das einzig und allein Gültigkeit besitzen sollte (Schattenmann 1928, S. 63). Der Rothenburger Gesandtschaft, die die Nachricht von diesem Bündnisschluss ins Lager der Bauern überbringen sollte, gehörte auch Karlstadt an. Bei den Bauern war jedoch das Gerücht gestreut worden, dass Karlstadt kein aufrechter Vertreter der Sache der Bauern sei und dass seine theologischen Positionen in der Auseinandersetzung mit Luther nur zu Streit und Uneinigkeit führen würden. Deshalb sollten er und seine Mitstreiter Rothenburg verlassen, wogegen diese natürlich Sturm liefen und Karlstadts Anhänger in der Stadt mobilisierten. Karlstadt mussten diese Auseinandersetzungen um seine Person und seine Theologie wohl klar gemacht haben, dass seine Position in der Stadt nicht länger haltbar und es für ihn ratsam war, aus der Stadt zu weichen. Eine passende Gelegenheit dazu bot sich, als für den 1. und 2. Juni ein Treffen der Bauernführer in Schweinfurt anberaumt wurde, zu dem Rothenburg Stefan von Menzingen und einen weiteren Gesandten aufbot. Karlstadt schloss sich dieser Delegation an, die Ende Mai die Stadt verließ. Damit endete der Aufenthalt Karlstadts in der Tauberstadt nach einem äußerst turbulent verlaufenen knappen halben Jahr.

Auf den verschiedenen Schlachtfeldern hatte sich indessen – nach anfänglichen Erfolgen – das Schicksal gegen die Bauern gewendet. Rothenburg hatte noch mit der Entsendung von Geschützen und Mannschaften nach Würzburg unter Führung von Ehrenfried Kumpf zur Verstärkung des Belagerungsheeres einen Beitrag zur Durchsetzung der Sache der Bauern leisten wollen. Aber auch das konnte kein den Konflikt wendender Beitrag mehr sein. Schon am 15. Mai – exakt der Tag, an dem man in Rothenburg den Vertrag mit den Bauern besiegelte! – wurde dem thüringischen Bauernheer unter der Führung Thomas Müntzers bei Frankenhausen eine vernichtende Niederlage bereitet. Und auch im Frankenland war den Bauern das Schlachtenglück nicht hold. Als der vorher durch die Niederwerfung der aufständischen Bauern am Bodensee und im Badischen gebundene Jörg Truchsess von Waldburg mit der Heeresmacht des Schwäbischen Bundes sich nach Norden in Richtung Würzburg wandte, um auch da die alte Ordnung wieder herzustellen, geriet Sache der Bauern schnell und endgültig ins Hintertreffen.

Die nicht sonderlich disziplinierten Bauernhaufen waren den professionell ihr Kriegshandwerk verrichtenden Söldnern des Truchsess von Waldburg nicht gewachsen. In zwei Schlachten, am 2. Juni in Königshofen und am 4. Juni in Ingolstadt und Sulzdorf, werden die Bauern vernichtend geschlagen, und auch die fliehenden Bauern werden verfolgt und jeweils einige tausend hingemetzelt. Am 5. Juni erreicht das Fürstenheer Heidingsfeld bzw. Würzburg und stellt auch da die alte Ordnung wieder her.

In Rothenburg weiß man aufgrund der eintreffenden Meldungen von den Schlachtfeldern, dass die Sache der Aufständischen damit verloren war; die Stadt unterwirft sich am 7. Juni und schickt Abordnungen an Markgraf Kasimir und Georg von Waldburg, die um Milde und Gnade flehen. Aufseiten der Fürsten war man jedoch nicht sonderlich gnädig gestimmt. Wohl zu groß war bei ihnen der Schrecken zu Beginn des Aufstandes gewesen, als nicht wenige dachten, dass die Zeit der adligen Herrschaft nun an ihr Ende gelangt sei. Und so übte man nach dem Sieg unbarmherzig Rache an den Unterlegenen, sowohl auf dem Land wie aber auch in der Stadt. Ganze Dörfer wurden niedergebrannt und die Bauern und ihre Familien, von denen man wusste, dass sie sich am Aufstand beteiligt hatten, niedergemacht. In der Rothenburger Landwehr betraf dies natürlich insbesondere die Dörfer Ohrenbach und Brettheim, die am Anfang der Bewegung standen und die Ende Juni dieses Schicksal ereilte (Eisenhart in Baumann 1878, S. 607f.). Aber auch andere Dörfer der Landwehr trifft dieses Schicksal, so etwa Spielbach, Schwarzenbronn und Lichtel. Der Stadt Rothenburg wurde eine Brandschatzung auferlegt: Jeder Haushalt musste 7 Gulden entrichten, sodass insgesamt die immense Summe von 4000 Gulden zusammenkam. Wer diese Summe nicht aufbringen konnte, musste die Stadt verlassen. Dazu musste die Stadt weitere Leistungen erbringen wie etwa die Stellung von Pulver und Munition.

In Rothenburg wurde ab Mitte Juni erstmals nach der mehrmonatigen Unterbrechung wieder die Messe gelesen, u.a. von Michael Eisenhart, dem Priester, der beim alten Glauben geblieben war und der eine Chronik der Ereignisse aus seiner Sicht verfasst hat. Damit war klar, dass auch dieser alte Glaube in der Stadt wieder aufleben und praktiziert werden würde. An eine Reform bzw. gar Reformation war auf längere Zeit nicht zu denken.

Einige aus der Stadt konnten noch die Flucht ergreifen, wie etwa Ehrenfried Kumpf und Valentin Ickelsamer. Beide sollten ihre Heimatstadt nie mehr wieder betreten. Diejenigen, die in der Stadt blieben, mussten mit dem Schlimmsten rechnen. Am 18. Juni wurde Stefan von Menzingen verhaftet, als er aus dem Gottesdienst kam (Zweifel in Baumann 1878, S, 509f.). Als sich Teusclein am 23. Juni in einer Predigt dafür ausspricht, den Verhafteten wieder in Freiheit zu setzen, wird auch er eingekerkert (ebd., S. 519). Zusammen mit Menzingen und dem Blinden Mönch wird er der Folter unterzogen. In der daraus resultierenden „Urgicht" gesteht Teuschlein, dass er mit Karlstadt gemeinsame Sache gemacht habe und Anhänger der von diesem vertretenen religiösen Lehren, etwa im Blick auf das Abendmahl und die Messe, gewesen sei; auch habe er in seinen Predigten das einfache Volk gegen die Obrigkeit aufgewiegelt. Nachfolgend die „Urgicht" Teuschleins in der Version von Thomas Zweifel, der ja ein Interesse daran hatte, Teuschlein, Menzingen u.a. möglichst zu be- und den Rat und die „erbarkeit" zu entlasten: „Der (sc. Teuschlein) hat in seiner urgicht bekennt, das er gemainschaft mit dem Karelstat gehapt, in gehawst, geherbert, geest und getrengkt, seinen argumenten wider das sacrament anhengig gewest, daraus wider das sacrament und wider die mess, die er verworfen, gepredigt, auch zu vil malen etwan der Juden und yetz der newen ler halben sich in seinen predigen hessig wider ain rat und andere höhere oberkait, die er schelk, boswicht und buben, darumb das sie das wort gottes verhinderten, gescholten hett, hören lassen und das gemain volk darmit wider ain rat und die oberkait bewegt, wie dan offentlich am tag ligt und sich aus Menzingers und des plinden munchs und aus seiner selbs urgicht erfyndt und erschaint, wiewol er etlichs dings verlaugnet und nit hat lawter bekennen wöllen." (ebd., S. 545)

Am 28. Juni zieht Markgraf Kasimir mit seiner Streitmacht (Eisenhart in Baumann 1878, S. 607: „500 pferten, tausent knechten zw fuß, 200 wegen, ganz wol gerüst, mit seinem pesten geschoß, welches mitten auf den marckt gefürt wart") in Rothenburg ein, und es wird sehr schnell klar, was nun folgen sollte. Am 30. Juni und am 1. Juli werden die Rothenburger Bürger auf dem Marktplatz versammelt. Sie müssen „erneut den Untertaneneid schwören" (U. Wagner in diesem Band). Und sie werden Augenzeugen, wie am 30. Juni zehn Aufrührer durch den Henker geköpft werden, unter den Hingerichteten der Rektor der Schule Wilhelm Besmaier. Am 1. Juli folgten fünfzehn weitere Hinrichtungen, darunter auch Johannes Teuschlein, der blinde Mönch und Stefan von Menzingen. Sie alle sterben, ohne die Beichte abgelegt und das Sterbesakrament genommen zu haben (Eisenhart in Baumann 1878, S. 609). Markgraf Kasimir hätte seinem alten Gefolgsmann Menzingen offensichtlich gerne dieses Schicksal erspart, auch auf nachdrückliches Bitten und Flehen von dessen Frau. Dies jedoch wollten die Mitglieder der Rothenburger „erbarkeit" nicht zulassen, die in Menzingen, dem wortgewaltigen Sprecher des Ausschusses, ihren Erzfeind ausmachten, den sie keineswegs verschont sehen wollten. Die Leichen der Hingerichteten mussten den ganzen Tag über auf dem Marktplatz liegen bleiben, zur Abschreckung für eventuelle Nachfolgetäter.

Damit war ein erster Anlauf zur Umsetzung religiös-kirchlicher Reformen in der Reichsstadt Rothenburg ob der Tauber in den Wirren des Bauernkriegs gescheitert. Die Verquickung religiöser und politisch-sozialer Absichten hatte sich als nicht durchsetzbar erwiesen, sondern hatte im Gegenteil zum Scheitern geführt. Die alten Eliten in Kirche und Gesellschaft hatten ihre Herrschaft retten können. Es sollte fast zwei Jahrzehnte dauern, bis zumindest religiöse Reformen in einem zweiten Anlauf im Jahr 1544 in der Reichsstadt umgesetzt werden konnten. Dies liegt jedoch jenseits dessen, was hier darzustellen ist.

Blickt man alleine auf das schreckliche und blutige Ende, das Teuschlein und seinen Mitstreitern durch den Ansbacher Markgrafen Kasimir auf dem Rothenburger Marktplatz bereitet wurde, so könnte man vielleicht tatsächlich mit Schattenmann „warme(r) Teilnahme" (Schattenmann 1928, S. 67) aktivieren. Ein derartiges grausames Schicksal und Ende mit Folter und Hinrichtung wünscht man natürlich niemandem. Weitet man jedoch den Blick und schaut

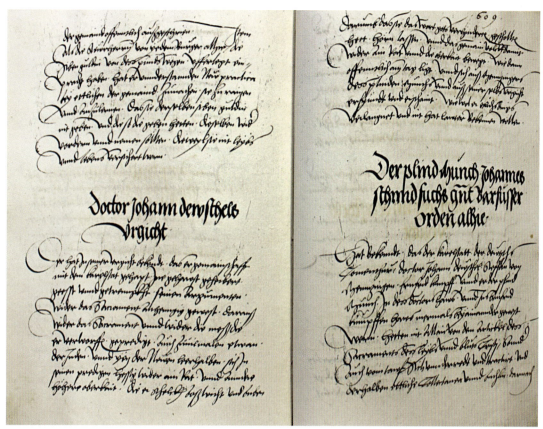

Abb. 60: „Urgicht", d.h. das unter Folter erpresste Geständnis von Johannes Teuschlein (nach der Bauernkriegsschrift des Rothenburger Stadtschreibers Thomas Zweifel).

auch auf Teuschleins vorheriges Wirken, speziell auf seine unmenschlichen Äußerungen und sein eigenes gnadenloses Handeln im Rahmen der von ihm veranlassten Vertreibung der Juden aus der Reichsstadt Rothenburg 1519/20, so ist manche(r) vielleicht eher versucht, von ausgleichender Gerechtigkeit zu sprechen. Oder, wie Ludwig Schnurrer dies angesichts des Faktums formuliert hat, dass Teuschlein nach seinem gewaltsamen Ende auf dem Friedhof bei der zweiten Rothenburger Synagoge, die dann von ihm zur Marienkapelle umfunktioniert worden war, mehr oder weniger einfach nur „verscharrt" wurde: „Fast möchte man es als Ironie des Schicksals bezeichnen, daß der Mann, der Kapelle und Wallfahrt zur Reinen Maria ins Leben gerufen hatte, nun unter so unehrenhaften Umständen am gleichen Ort zur letzten Ruhe bestattet wurde." (Schnurrer 1997, S. 436).

Die Geburt einer neuen Zeit, die wir in etwa ab diesen Ereignissen auch als die Neuzeit bezeichnen, war – um im Bild zu bleiben – mit nicht unerheblichen Geburtswehen verbunden. Leben und Sterben des Johannes Teuschlein, seines Zeichens Prediger in der Reichsstadt Rothenburg ob der Tauber, sind dafür ein sehr aussagekräftiges Beispiel.

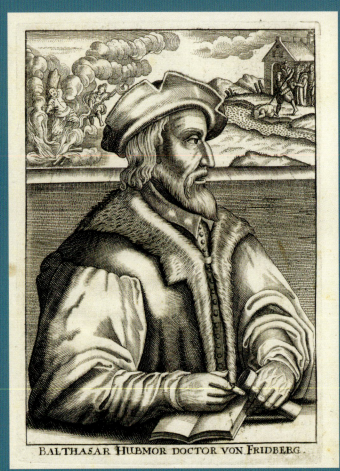

Abb. 61: Balthasar Hubmaier (* um 1485; † 1528)

Gerhard Simon

Johannes Teuschlein – Versuch einer Einordnung

Leben, Wirken und Sterben des Rothenburger Deutschordenspredigers Johannes Teuschlein scheinen auf den ersten Blick als besonders ungewöhnlich aus den durchschnittlichen Biographien der Zeit herauszuragen. In der Tat weist sein Leben einige Besonderheiten und Brüche auf, die in dem gewaltsamen Tod auf dem Rothenburger Marktplatz am 1. Juli 1525[1] gipfelten. Es stellt sich allerdings die Frage, ob in einer Zeit des Umbruchs dieser Werdegang in Verbindung mit seiner Persönlichkeit zwangsläufig war oder ob auch weniger radikale Alternativen gegeben waren, die ein Mann von so ausgeprägtem Selbstbewusstsein, wie Teuschlein es besaß, hätte wählen können. Auf der Suche nach vergleichbaren Gestalten und Lebenswegen lassen sich überraschend viele Parallelen, aber auch andere Wege finden, die auch für den Rothenburger Prediger gangbar gewesen wären. Am Beispiel von fünf zeitgenössischen Lebensentwürfen soll aufgezeigt werden, wie vielfältig die Wahlmöglichkeiten und wie holprig die Biographien von Zeitgenossen mit ähnlichen Professionen in vergleichbaren Situationen waren.

Der um 1485 in Friedberg bei Augsburg geborene **Balthasar Hubmaier**[2], der später auf Teuschlein großen Einfluss ausübte, studierte bei Johann Eck in Freiburg Theologie, war Lehrer an der Lateinschule in Schaffhausen und folgte Eck nach Ingolstadt, wo er als Domprediger und Professor wirkte. 1516 übernahm er die Dompredigerstelle in Regensburg, rief dort zur Verfolgung der Juden auf, forderte den Abbruch des Judenviertels und der Synagoge und wirkte dann auch als Wallfahrtprediger an der neu errichteten Kapelle „Zur schönen Maria". Diesem Vorgehen eiferte Teuschlein in Wort und Tat an seinem Wirkungsort Rothenburg nach. Seit Hubmaier 1521 eine Pfarrstelle in Waldshut angenommen hatte, beschäftigte er sich mit reformatorischen Schriften und nahm mit Zwingli 1523 an der Zweiten Zürcher Disputation teil. Als er in Waldshut die Reformation voranbringen wollte, wurde er vertrieben und kam wieder in Schaffhausen unter. Mittlerweile von Eck in Rom der Häresie bezichtigt, konnte er dennoch in Waldshut die reformatorischen Bemühungen fortsetzen. Nun distanzierte er sich von der in seiner Regensburger Zeit praktizierten extensiven Bilderverehrung und bezeichnete das Niederfallen vor den Bildern bei der Marien-Wallfahrt als Götzendienst (Idolatrie). Angeregt durch den aus Zürich vertriebenen Täufer Wilhelm Reublin lehnte auch Hubmaier nun die Kindertaufe ab und ließ sich an Ostern 1525 selbst taufen. Nach seiner Verhaftung in Zürich konnte er sich 1526 über Konstanz und Augsburg nach Nikolsburg in Mähren zurückziehen. Dort rief er im Gegensatz zum täuferischen Gewaltverzicht dazu auf, der „türkischen Gefahr"

---

1 Erst als Teuschlein in einer Predigt am 23. Juni 1525 gefordert hatte, den gefangen gesetzten Bauernführer Stefan von Menzingen zu befreien, wurde auch er selbst verhaftet. Diese Forderung belegt nicht nur Teuschleins realitätsferne Lagebeurteilung, sondern besiegelte auch sein Schicksal; vgl. Schattenmann 1928, S. 66.
2 Hägele 2010 ff.

bewaffneten Widerstand zu leisten. 1527 wurde er unter dem Vorwurf des Aufruhrs verhaftet, nach Wien gebracht und 1528 dort auf dem Scheiterhaufen hingerichtet. Noch im Trienter Konzil wurde er als Urheber einer Irrlehre (Häresiarch) bezeichnet. Durch seine zahlreichen Schriften wurde Hubmaier zum bedeutendsten Autor der oberdeutschen Täufer.

Andreas Bodenstein von Karlstadt (Merklein 2017), geb. 1486, der Doktorvater Martin Luthers, war ein unterfränkischer Landsmann Teuschleins. Karlstadt und Frickenhausen liegen nur 46 Kilometer voneinander entfernt. Wenn es ein äußeres Kennzeichen gibt, das für Bodenstein als charakteristisch gelten kann, so ist es das meist erzwungene Unterwegssein. Er studierte in Erfurt und Köln und kam 1505 nach Wittenberg. Während einer Italienreise wurde er 1515 in Siena Doktor beider Rechte, weil er in Wittenberg Probst zu werden hoffte und die Promotion als Jurist eine der Voraussetzungen dafür war. Nachdem er zunächst Luther theologisch begleitet und unterstützt hatte, wandte er sich während dessen Abwesenheit auf der Wartburg radikaleren Auffassungen zu, die letztlich zu seiner Vertreibung aus Wittenberg und zu einem unsteten Wanderleben, teils ohne seine Familie, führten. Die folgenden Stationen seines Lebens, von denen der Aufenthalt bei Teuschlein in Rothenburg in unserem Zusammenhang wichtig ist, können hier nicht dargestellt, nur aufgezählt werden. Luther betrieb nach seiner Rückkehr nach Wittenberg ein Predigtverbot für Karlstadt und eine Beschlagnahmung und ein Druckverbot von dessen Schriften. Daher wich dieser nach Orlamünde aus, wo er eine Pfarrstelle antrat. Wegen seines Kontakts zu Thomas Müntzer wurde Karlstadt schließlich im Herbst 1524 aus Kursachsen ausgewiesen. Er reiste nach Zürich und Basel, wo er mit Täufern in Kontakt trat. Über Heidelberg, Schweinfurt und Kitzingen kam er nach Rothenburg, wo er sich längere Zeit aufhielt und Teuschleins Agitationen für die Bauern unterstützte. Schon im Januar 1525 wies ihn der Rothenburger Rat aus, doch Karlstadt tauchte unter. Bereits im Dezember 1524 hatte er das Ries besucht[3]. Der Nördlinger Prediger Billican, der damals auf dem Höhepunkt seiner Einflussmöglichkeiten stand, hatte ihn eingeladen und wollte ihm nach Möglichkeit seine Irrtümer ausreden, was nicht gelang. Stattdessen betätigte sich Karlstadt in den Dörfern des Rieses ringsum. Billican warnte den mit ihm befreundeten Adam Weiß in Crailsheim: „Heimlich schleicht Karlstadt durch die Kirchen, ohne Rücksicht auf den Glauben und den öffentlichen Anstand, ein Gotteslästerer der Freiheit Christi, ein ungetreuer Sachwalter des göttlichen Willens, zum Judentum hinneigend und alte Irrlehren erneuernd"[4]. Wäre man damals in Rothenburg Karlstadts habhaft geworden, so hätte er gewiss das Schicksal Teuschleins geteilt. Im Herbst 1525 kehrte Karlstadt mit seiner Familie nach Kursachsen zurück, in den Geburtsort der Ehefrau Anna von Mochau, die er bereits Anfang 1522 geheiratet hatte. Über Ostfriesland, wo er eine ausgedehnte Wirksamkeit entfaltete, schließlich aber auch von dort 1530 ausgewiesen, reiste er über Straßburg (dort ebenfalls Ausweisung) in die Eidgenossenschaft zurück. Nach Anstellungen in Zürich fand er an der Basler Universität,

---

3 S.o. Beitrag von Harald Bollbuck, Anm. 129–131.

4 Übers. GS; im Original: „*Clam reptat Carolstadius per ecclesias, neque fidei neque honestatis publicae rationem habens, blasphemus in libertatem Christi, praevaricator testamenti dei, in Iudaismum declinans et veteres haereses novans*"; Billican an Adam Weiß, 12.2.1525.

Abb. 62: Jakob Dachser als evangelischer Prediger bei St. Ulrich in Augsburg, 1529.

Interessen als Verbindungsgestalt zwischen der Wittenberger Reformation und den radikaleren Richtungen oberdeutscher und Schweizer Prägung gesehen.

Um 1487 wurde der Täuferführer und evangelische Liederdichter **Jakob Dachser**[5] in Ingolstadt geboren. Sein Leben stellt sozusagen die nach schweren Kämpfen doch noch gelungene Integration einer zunächst randständigen Persönlichkeit in eine der protestantischen Hauptströmungen dar. Dachser studierte zu Beginn Theologie in Ingolstadt, amtierte dann als altgläubiger Priester in Wien und musste von dort 1523 als Luther-Anhänger weichen. Nach seiner Verhaftung in Ingolstadt sah er sich gezwungen, auch Bayern zunächst zu verlassen. Seit 1524 ist er in Augsburg als Täufer bezeugt. Er verfasste 1527 eine kurze Zusammenfassung der täuferischen Lehre[6]. Die darin ohne jede Schärfe vorgetragene Theologie des Täufertums wurde erst spät ihrer religionsgeschichtlichen Bedeutung entsprechend gewürdigt[7]. Im selben Jahr wurde er dort verhaftet und konnte erst 1531 durch einen Widerruf seiner täuferischen Überzeugungen wieder freikommen. Schon während der Haft erschien 1529 sein evangelisches Gesangbuch, das zweite in Augsburg mit vierzig eigenen Psalmen (Tschoch 1994, S. 30–45) 1531

die er 1537 als Rektor leitete, eine letzte berufliche Station. Die Pest beendete sein Leben an Heiligabend 1541. Karlstadt wird heute weniger wegen seines ruhelosen Lebens marginalisiert, sondern vielmehr wegen seiner Fähigkeiten und

---

5 Vgl. Simon 1999, S. 147–150, 155–159.

6 „Ein Göttlich vnnd gründtlich offenbarung von den warhafftigen widerteuffern: mit Göttlicher Warhait angezaigt"; VD16 D 11.

7 Tschoch 1994, S. 30–45.

Abb. 63: Feuertod eines Täufers, 1527, spätere Darstellung.

in einer korrigierten, vermehrten und verbesserten Auflage[8]. Seit 1532 amtierte er als evangelischer Pfarrer an St. Ulrich in Augsburg, wurde aber wegen Ablehnung des Interims 1551 entlassen. Er ging nach Pfalz-Neuburg und starb 1567 als Achtzigjähriger in Manching.

Ganz anders entwickelte sich das Leben des etwa 1495 in Augsburg geborenen Täuferführers und selbsternannten Endzeitpropheten **Augustin Bader** (Schubert 2008), dessen Ende an das Teuschleins erinnert. Bader, ein gelernter Weber und Kürschner, nahm mit seiner Frau Sabina an der Augsburger Täufersynode im August 1527 teil. Nach einer Verhaftungswelle wurde er zum Vorsteher der Augsburger Täufer ernannt, jedoch bald festgenommen. Um einer Ausweisung zu entgehen, schwor er äußerlich dem Täufertum ab, bereitete aber die Brüder und Schwestern auf das von Hans Hut für 1528 vorausgesagte Jüngste Gericht vor. Anfang dieses Jahres musste er dennoch fliehen und zog über Kaufbeuren und Esslingen nach Straßburg. Dort lernte er den Bauernkriegsprediger Oswald Leber kennen, der gemäß jüdisch-messianischen Offenbarungen für das Jahr 1530 die Rückkehr des Messias annahm. Nachdem das Weltende 1528 ausgeblieben war und die Augsburger Täuferführer ein Taufmoratorium beschlossen hatten, erlebte Bader drei Visionen, die ihn zum Propheten der „großen Veränderung" werden ließen, die an Ostern 1530 eintreten sollte. Nach weiteren Reisen sagte er sich im appenzellischen Teufen vom Täufertum los, weil er einen anderen Auftrag von Gott erhalten habe. Bei Ulm und bei Blaubeuren bereitete er sich mit wenigen Anhängern auf die große Veränderung vor. Von Juden in Leipheim und Günzburg ließ er sich den Endzeittermin kabbalistisch bestätigen. Da er sich infolge einer Vision seines Anhängers Gall Vischer als kommenden König sah, ließ Bader sich in Ulm Königsinsignien anfertigen: Dolch und Schwert, beide vergoldet, einen Becher, einen goldenen Gürtel, Krone, Kette und Zepter.

Dann wurden er und seine Anhänger verhaftet und nach Stuttgart gebracht. Obwohl Bader freimütig Auskunft über seine Vorstellungen gab, konnten auch peinliche Verhöre den Verdacht auf allgemeine Umsturzpläne und Aufruhr nicht ansatzweise erhärten. In einem Verfahren, das nicht an religiösen

---

8   VD16 D 2: „... Alles von newem Corrigiert, gemert vnd gebessert".

Vorstellungen interessiert war, sondern allein der Abschreckung politischer Aufrührer dienen sollte, wurden Bader und seine Getreuen in einem fürchterlichen öffentlichen Schauspiel hingerichtet. Bader wurde mit seinem eigenen vergoldeten Schwert in Stuttgart enthauptet. Seine Frau Sabina, die in allen Gefahren treu zu ihrem Mann und ihren Kindern gehalten hatte, starb nach 1547 in Augsburg, wo sie bis zuletzt in die Täufergemeinde eingebunden war.

Ein besonders facettenreiches Leben zeichnet auch den um 1495 in Billigheim in der Pfalz geborenen **Theobald Billican** (Simon 2017, S. 81–130) aus, der viele Jahre in der Riesmetropole Nördlingen wirkte. Auch wenn sein Leben nicht gewaltsam endete wie das Teuschleins, Hubmaiers und Baders, so kann es doch kaum als gelungen bezeichnet werden.

Während seines Studiums in Heidelberg, wo er mit Melanchthon und Brenz freundschaftlich verbunden war, nahm er an Luthers Disputation 1518 teil und wurde dadurch wie viele andere seiner Kommilitonen für die Reformation gewonnen. Nach kurzer Tätigkeit in Weil der Stadt trat er Ende 1522 die neu geschaffene Predigerstelle an St. Georg in Nördlingen an. Er trieb die Reformation durch eine Nördlinger Kirchenordnung, die Renovatio von 1525[9], voran, lieferte sich Auseinandersetzungen mit der nahe gelegenen Universität Ingolstadt, stand in Humanistenmanier in regem brieflichem Austausch mit anderen Gelehrten, trat als erfolgreicher Autor lateinischer Schulbücher hervor und pflegte wissenschaftliche Neigungen wie die Kalendariographie (Simon 2016, S. 109–122). In der Abendmahlsfrage versuchte er, gestützt auf die Kirchenväter, einen eigenen Standpunkt zwischen den Schweizer und den Wittenberger Reformatoren zu finden. Zwischen Andreas Osiander in Nürnberg und Ulrich Zwingli in Zürich entstand eine Debatte darüber, welchem Lager Billican zuzurechnen sei. Von seinen Belehrungsversuchen gegenüber Karlstadt war schon die Rede. Im Bemühen, einen eigenen Standpunkt zwischen den großen Lagern zu finden, und ähnlich wie Teuschlein von hoher Selbsteinschätzung erfüllt, wurde seine Haltung unklar. Nach vergeblichen Promotionsversuchen in Heidelberg und Wittenberg bekannte er auf Druck Johann Ecks zur Überraschung aller auf dem Augsburger Reichstag 1530, er sei nie von der römischen Lehre abgewichen und werde auch künftig dabei bleiben. Seine zweite Ehe wurde gegen Geldzahlung dispensiert. Damit war Billican, in den man große Erwartungen gesetzt hatte, im reformatorischen Lager erledigt. Der Nürnberger Stadtschreiber Lazarus Spengler brachte in einem Brief an den Ansbacher Kanzler Georg Vogler die allgemeine Einschätzung der evangelischen Seite auf den Punkt: „es ist schad fur das gelert mendlein"[10]. Zurückgekehrt nach Nördlingen änderte sich nichts an der Gottesdienstpraxis, ja der Nördlinger Rat verlängerte gar Billicans Vertrag im Jahr 1532 um weitere fünf Jahre. 1535 jedoch reichte er ein Entlassungsgesuch wegen Krankheit ein, übersiedelte mit Frau und drei Kindern wieder nach Heidelberg und nahm dort als 40-Jähriger das Jurastudium auf. Auch in diesem Metier kam er schnell zu Ansehen und fand als Licentiat der Rechte eine Anstellung an der Universität Marburg. Nach der

---

9 Renovatio ecclesiae Nordlingiacensis, VD16 G 1569.
10 Spengler an Vogler, 15.2.1530, zitiert nach Simon 1980, S. 139.

Promotion zum Dr. iur. utr. bekleidete er auch höhere Ämter, hatte eine juristische Professur inne und war 1548 Rektor der Universität. Von Marburg aus beriet er Pfalzgraf Ottheinrich bei der Einführung der Reformation in Pfalz-Neuburg, arbeitete also weiter auch theologisch. Nachdem er in Verdacht geraten war, für die katholische Seite als Informant zu arbeiten, wurde er aus dem Universitätsdienst entlassen und starb 1554 in Marburg.

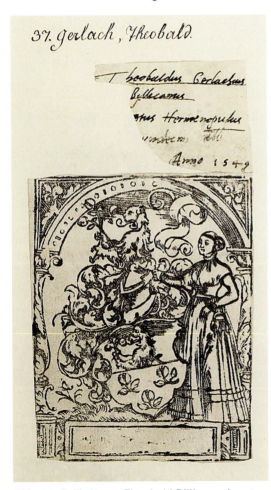

Abb. 64: Exlibris von Theobald Billican, eigentlich Gerlach(er), mit zwei Löwen, dem Wappentier der Pfalz, und drei Granatäpfeln, Zeichen des alttestamentlichen Priesters, 1549.

Man sieht, es gab für ehrgeizige, selbstgefällige und sendungsbewusste Persönlichkeiten vielfältige Möglichkeiten der Entfaltung, die jedoch immer mit dem hohen Risiko des Scheiterns (wie bei Hubmaier und Bader), der Heimatlosigkeit (wie bei Karlstadt und Billican) oder des aufgezwungenen Widerrufs einer Überzeugung (wie bei Dachser) verbunden waren. Verglichen mit den fünf Beispielbiographien erscheint das Leben Teuschleins nicht mehr als besonders herausragend, weder im Positiven noch im Negativen. Er vertrat viele Stereotype und Vorurteile seiner Zeit, versuchte sich in unterschiedlichen Bereichen und scheiterte durch politische Naivität. So kommt es, dass sein Name heute zu Recht mit negativen Aktionen wie dem Antijudaismus und mit einer richtungslosen Wankelmütigkeit verbunden bleibt.

Nach den neueren Forschungen, wie sie auch der hier vorliegende Band bietet, muss das Urteil, das Paul Schattenmann über den Rothenburger Stadtprediger formulierte (Schattenmann 1928, S. 67), deutlich revidiert werden. Trotz seiner hohen wissenschaftlichen Qualifikation und der, wie seine Bibliothek ausweist, weitgespannten Interessen erscheint uns Teuschlein heute vor allem als Propagandist antijüdischer Ideen, die er fanatisch vertrat. Auf diese Weise gewann er nicht nur Einfluss auf die Hörer seiner Predigten, die er geradezu zu aggressivem Vorgehen gegen jüdische Einrichtungen anstachelte, sondern er bestimmte auch das Handeln der städtischen Obrigkeit gegenüber den in Rothenburg lebenden jüdischen Familien mit. Seine Begeisterung für theologische Ideen währte jeweils nur kurz. Teuschleins Marienverehrung ging einher mit antijüdischer Aggression, als deren Folge die Synagoge in eine Wallfahrtskapelle zur Reinen Maria „umgewandelt" wurde. Mit der selbstbewussten Persönlichkeit Teuschleins hatte auch der Rat der Stadt mehrfach Schwierigkeiten, doch konnte eine Trennung von dem eigenwilligen Prediger nicht durchgesetzt werden. Im Gegensatz zu den wissenschaftlichen Studien, zu denen er sich viel Zeit ausgebeten hatte, ist seine literarische Eigenproduktion doch eher bescheiden: Die Bearbeitung einer antiken lateinischen Grammatik als eine erste Fingerübung, wie sie damals viele angehende Gelehrte versuchten; die Fleißarbeit eines Augustin-Index, eine sicher zeitraubende, aber wenig originelle, also epigonenhafte Arbeit; auf wahrscheinlich fiktive Fragen gegebene Antworten, die antijüdische und promarianische Ideologie unter dem Deckmantel theologischer Argumente verbrämen; eine Propagandaschrift gegen das Tragen einer bestimmten Kopfbedeckung während der Messe; und schließlich ein „Mirakelbuch", das die durch die Reine Maria geschehenen Wunderheilungen in Reimform „berichtet", wobei sich Teuschlein wieder ganz am Regensburger Vorbild der Schönen Maria orientiert.

Dass Johannes Teuschlein schließlich mit seinem Denken und Reden eine Grenze überschritt, was nach damaligem Verständnis einem Angriff auf die öffentliche Ordnung gleichkam, musste sein Schicksal besiegeln. Dass er nicht als Einziger davon betroffen war, macht seine Verantwortung und Schuld nicht geringer. Dass er nicht erkennen konnte oder wollte, wohin sein Denken und Handeln führen musste, ist bei einem Mann des Geistes, für den er sich hielt, dennoch erstaunlich.

Hiernach sein begriffen die grossen wunderzaichen so geschehen sein
vñ noch teglich geschehen durch
die Rayn Maria die mueter
gottes zu Rotenburg
auff der Tauber.
Anno.xx. Jar.

Maria mater gratie
largire darum vespere

Gerhard Simon

Edition des sog. Mirakelbuchs (um 1520)

Mit dem sog. Mirakelbuch liegt eine ausgesprochene Rarität vor. Obwohl im Druck von 1520 explizit kein Verfasser erwähnt wird, kann man mit großer Wahrscheinlichkeit davon ausgehen, dass der Text von Johannes Teuschlein verfasst wurde, und zwar in Reimform. Er „berichtet" darin von den „wunderzaichen" an der Kapelle zur Reinen Maria in Rothenburg, die bis zum Jahresbeginn 1520 die zweite Synagoge der jüdischen Gemeinde war und die dann mit der von Teuschlein veranlassten Vertreibung der letzten sechs jüdischen Familien in ein christliches Gotteshaus umgewandelt worden war.

Der von Teuschlein gebotene Inhalt des Büchleins bietet diverse Informationen zum damaligen Leben in und um Rothenburg, die für unterschiedliche Wissenschaftsdisziplinen, etwa die Medizinhistorie oder auch die Volkskunde, von Bedeutung sind; so erfahren wir naturgemäß einiges über die Formen der Frömmigkeit der Menschen; ebenso werden Informationen zu Krankheiten, Gebrechen u.Ä. geboten.

Im Rahmen unserer Forschungsarbeit konnte das lange verschollene Werk (VD16 G 3464, dort ohne Standortangabe) wieder aufgefunden werden. Die Textwiedergabe erfolgt möglichst diplomatisch genau. Lediglich Interpunktion und diakritische Zeichen wurden heutigen Schreib- und Sprachregeln angepasst, zugunsten von Lesbarkeit und Verständlichkeit. Der Abdruck folgt dem einzig bekannten, ursprünglich im Bestand der Berliner Staatsbibliothek befindlichen Exemplar, das sich mit der alten (Berliner) Signatur *Berol. Yg 7056 R* jetzt in der Biblioteka Jagiellońska in Krakau befindet:

[Titel:] *Hiernach sein begriffen die grossen wunderzaichen so geschehen sein vñ noch teglich geschehen durch die Rayn Maria die mueter gottes zu Rotenburg auff der Tauber. Anno. [MD]xx. Jar.*

[darunter Holzschnitt: Maria mit dem Kind, Spruchband:]
TV ES SINGVLARIS VIRGO PVRA

[die Buchstaben S und das N dieser Inschrift spiegelschriftlich, darunter in einer Art Predella:]
*Maria mater grati[a]e
largire clarum vespere*

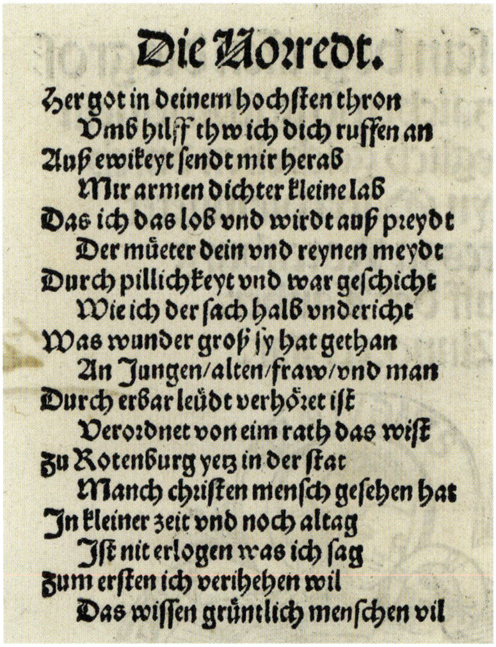
Die Voꝛredt.
Her got in deinem hochſten thron
Vmb hilff thw ich dich ruffen an
Auß ewikeyt ſendt mir herab
Mir armen dichter kleine lab
Das ich das lob vnd wirdt auß pꝛeydt
Der müeter dein vnd reynen meydt
Durch pillichkeyt vnd war geſchicht
Wie ich der ſach halb vndericht
Was wunder groß ſy hat gethan
An Jungen/alten/fraw/vnd man
Durch erbar leůdt verhőꝛet iſt
Veroꝛdnet von eim rath das wiſt
Zu Rotenburg yetz in der ſtat
Manch chꝛiſten menſch geſehen hat
Jn kleiner zeit vnd noch altag
Jſt nit erlogen was ich ſag
Zum erſten ich verihehen wil
Das wiſſen grüntlich menſchen vil

Abb. 65: „Die Vorredt" in Teuschleins Mirakelbuch.

[Aiv:] Die Vorredt.
Her got in deinem hochsten thron,
    Vmb hilff thw ich dich ruffen an.
Aus ewikeyt sendt mir herab
    Mir armen dichter kleine lab,
Das ich das lob vnd wirdt auß preydt
    Der mueter dein vnd reynen meydt
Durch pillichkeyt vnd war geschicht,
    Wie ich der sach halb vndericht,
Was wunder groß sy hat gethan
    An Jungen, alten, fraw vnd man.
Durch erbar leudt verhöret ist,
    Verordnet von eim rath, das wist,
Zu Rotenburg yetz in der stat
    Manch christen mensch gesehen hat
Jn kleiner zeit vnd noch altag.
    Jst nit erlogen, was ich sag.
Zum ersten ich verihehen[1] wil,
    Das wissen grüntlich menschen vil.

1 bekennen.

[Aijr:] Das Erst zaichen [1.]
ZV Rotenburg wol in der stat
    Jörg Heffner da sein wonung hat.
Der hat ein weyb, **Anna** genant,
    Von menigklich wol bekant.
Sy hat die pösen kranckheyt zwar[2]
    Grausam gehabt zway ganntze Jar.
An ainer handt so hefftigklich,
    Darjn hat sy gehabt, sag ich,
Wol hundert locher groß vnd klain.
    Warn all durch biß auff das payn.
Hann auch an jr verzagt furwar
    Vier artzet, sagt sy, in aim Jar.
Jr kayner was so hochgelert
    Oder in künsten sonst vermert,
Das jr wendet solche schwer
    Der kranckheyt groß. Noch hörendt mer:
Het sy keyn rwe, ich euch verkundt,
    Der arm vnd handt het sich entzundt,
Das sy vnd jr eelicher man
    Anderst keyn trostung mochten han,
Dann jr den arm ablösen pald,
    Wolt sy anderst das leben behalt.
Das pracht in bayden schwere peyn.
    In solcher trübsal viel jr ein,
Gelobt, verhieß da auff der stet,
    Dieweyl sy da jr leben het
Zu Rotenburg Maria zart
    All Sambstag thun ein kyrchfart[3]
Mit ainem opffer, das ist war,
    Nach jrem vermögen geben dar.
Der gleichen sy noch mer verhieß,
    Das sy jr kranckheyt bald verließ,
Erstlich ein wichssen[4] handtzeich pring,
    Das sy jr hülff in dyscm ding.

---

2   wahrlich.
3   Wallfahrt, Bittgang.
4   wächsernes, aus Wachs.

[Aijv:] Jn klainer zeyt wart sie gesundt.
    Das ist vil menschen worden kundt.
Vnd wardt entpunden all jr schwer.
    Maria reyn, der gibt sy eer.

    Das Annder zaichen [2.]
Der gleichen hye in dyser stat
    Ein weybßpild da jr wonung hat,
Barbara wolgemutin genant,
    Mit dienst dem **Jachsthaymer** verwandt.
Die was an jren henden zwar[5]
    Erlamet ganntz, sag ich furwar.
Kayner arbayt mocht sy nit pflegen,
    Jrs herren dienst must sy sich verwegen.[6]
Wo das ein endt nit het genomen
    Vor wetag[7] vnd layd lieff sie vmben.
Nyemandt mocht jr keyn hilff nit thon,
    Was als vmb sonst gelaubet schon.
Vier wochen was sy also lam,
    In dem in jren syn jr kam,
Das sy sich solt verheyssen da
    zu der reynen maydt Maria.
Wie wol sie het kayn wonung noch
    Da, das man vor nendt die Synagog,
Sonder dar vor geeret wardt
    Von vilen warlich auff der fart.
Baldt sye ain opffer jr versprach.
    Hort zu, groß wunder do geschach.
Jn ainer nacht wardt sie gesundt
    Hat sy bekendt auß jrem mundt.

---

5 wahrlich.
6 musste darauf verzichten.
7 Schmerz.

Das Dridt zaichen [3.]
Furpaß so solt jr mercken schlecht[8]:
Von langen Staynach[9] ein Steynmetzknecht,
Hanns metzner, wardt gehawen hye
Jn ain bayn, hart oben dem knye.
[Aiijr:] Do jm die wunden gehaylet wardt,
Ser must er hyncken auff der fart[10].
Dasselbig werdt wol Jar vnd tag,
Het auch keyn rwe, so thut er sag.
Er lag, gieng, stundt, seß, mich verstee,
Am selben payn het er groß wee,
Also das er sich da vermaß
Jm wider auff zu etzen das[11].
Jn solchen viel jm in sein syn,
Da die Juden all warn von hyn,
Wie er ain bild solt machen lan
Zu lob Maria vnd jrem Son,
So wurdt er an seym payn gesundt.
Ein solchs verhieß er jr zu stundt.
Ließ schnitzen Maria figur,
Hat an jrm arm jr kindt gantz pur.
Zu handt[12] jm all sein wee verschwandt
Vnd wardt gerad; das selb pild standt
Hawß eynig[13] vor der Synagog,
Von menigklich geert hoch.
Yetz im altar, geert altag,
Jst als[14] geschehen, wie ich sag.

---

8 schlicht, leicht verständlich.
9 Langensteinach, 17 km nördlich Rothenburg.
10 auf dem Weg, beim Laufen.
11 dass ihn das auffressen werde.
12 sogleich.
13 einige Häuser.
14 so.

Das Vierdt zaichen [4.]
Ein wirt, **Hanns Mast** ist er genant,
    Zu Rietpach[15] sytzt er, wol bekant,
Der hat ein kindt alt dreyer Jar,
    das ich euch sag ist offenbar.
Seyt es das leben an sich nam,
    Auff seinen baynen was es lam,
das es auff kaynen fueß nit trat.
    Das menigklich gut wissen hat.
Must ligen, sytzen, allezeyt.
    Solchs seinen eltern pracht groß laydt.
Offtmals das sye versucht han,
    Ob es auff seine fueß wolt stan.
[Aiijv:] Oder[16] es was umb sonst warlich.
    Das kindt der krafft nit het, sag ich.
Wiewol es offt versucht sein macht,
    Das kindt es offt zu fallen pracht.
Jn dem kam den alten in syn,
    Das sy das kindt verlobten hyn
Gen Rotenburg ja auff den plan,
    Da yetzundt loben weyb vnd man
Maria rayn in jr Capell.
    Das thet der vater bald vnd schnell.
Ein opffer er auch mit versprach,
    Das sein kindt kem auß vngemach,
Gen Rotenburg der vater pracht
    Das kindt, als er vor het bedacht.
Sein opffer wolt er an hyn tragen.
    Das kindt begundt zum vater sagen:
Jch pit dich, lieber vater mein,
    Gar fleissig laß mich selb allain,
Auff meinen fuessen yetzo gan,
    Die krafft ich schon empfangen han,
Das ich mag gan allain furwar,
    Das opffer selber tragen zwar[17].

---

15 Riedbach, Landkreis Haßberge, 117 km nordöstlich Rothenburg.

16 aber.

17 wahrlich.

Vnd nam das opffer mit begir,
   Gieng selb allain, gelaubet mir.
Also wardt dyser knab gesundt,
   Lob wir Maria alle stundt.
Solchs han gesehen erber leyt,
   Darbey gewest der selben zeyt.

   Das Funfft zaichen [5.]
Ein schreiner maister, **Hanns** genent,
   Der treibt sein handwerch, er bekent
Jn ainem dorff, das heyst Hengstfeldt[18].
   Was jm geschach ich euch hie meldt.
Es begab sich auff einen tag
   Seiner arbeyt er fleissig pflag,
[Aiiijr:] Wie noch thut pflegen mancher man,
   Der sich zu neren mit eren began.
An ainer wiegen er da macht.
   Mit einem schnitzer vngeschlacht
Stach er sich also hefftigklich
   Jn ainen arm, noch mer sag ich,
Die grossen ader gar entzwey.
   Er sagt, das von jm gangen sey
Ein groß tayl blutes, auff sein ayd,
   Behelt es auch bei der warheyt,
Das er es nit kundt pinden dan,
   So streng das blut thet von jm gan.
Thet im betrüben seinen mut,
   Gedacht, sein sach wirdt lang nit gut,
Jn dem sein hawßfraw sprach zu jm:
   „Mein haußwirdt, du mich recht vernym,
Bald ruff die rayn Maria an,
   Die dir in solchem helffen kan.
Wer sein vertrawen in sy hat,
   Denselben sy nym̄er verlat.
Dein sach mag leichtlich werden gut."
   Erquickt jrm hawßwirt seinen mut.
Die rayn Maria rufft er an,
   Gen Rotenburg wolt er ein gan.

---

18 Hengstfeld, Gemeinde Wallhausen, Landkreis Schwäbisch Hall.

Dahyn wolt er ein opffer pringen,
    Das sy jm hülff in dysen dingen.
Merck, in solchem verheyssen sein
    Befandt er sich, ringert sein peyn
Vnd pandt sein arm in solchem zu.
    Das blut stundt, het von stund an rwe.
Es stundt biß an den dritten tag.
    Dis sein nit meer, was ich euch sag.
Das pandt er von dem arm entplost,
    Sein hertz empfieng vor frewden trost.
Sein wunden was ganntz zugehaylt
    Durch gnad, die jm wardt mitgetaylt
[Aiiijv:] So schnel in einer kleynen zeyt
    Von Maria, der raynen mayd.
Doch thet er als ein piderman,
    Gedacht, was glubnuß er het than,
Vertzug nit lang, macht sich gar trat[19]
    Gen Rotenburg wol in die stat
Zu Maria, der Junckfraw rayn,
    Het jm gehaylt die wunden sein.
Ein wechssen arm, den pracht er dar,
    Der schnitzer steckt darin furwar.
Das er ain solches hat gethan,
    Das wissen grundtlich weyb vnd man.

    Das Sechst zaichen [6.]
Ein pawr, **Hanns Hachtel** ist genant,
    Zu Insingen[20] mit hawß verwandt,
Der hat vil lenger dann zwai Jar
    Gehabt ain lamen arm furwar.
Gen Rotenburg er sich versprach
    Zu der rayn Maria, ich sach.
Mit ainem opffer pracht er schon,
    Das wayß manch frumer piderman.
Zuhandt[21] wardt er frisch vnd gesundt,
    Danckt er der raynen maydt all stundt.

---

19 schnell.
20 11 km südlich Rothenburg.
21 sogleich.

Das Sybendt zaichen [7.]
Zu Sulz im kloster[22], hörendt zu,
  Was ich euch yetzo sagen thu,
Jst ein Abtassin wolbekant,
  Brigitta von Außseß[23] genant.
Die ist gelegen tödtlich schwach.
  Was menschlich augen sy an sach,
Dachten, es wer jr letzter tag,
  Jst nit erlogen, was ich sag.
Es halff keyn gelt, es half kayn kunst,
  Noch kreuter, purgarz[24] vnd nichtz sonst.
[Bir:] Dacht sye an die wunder groß,
  Die beschehen vil an vndterloß
Zu Rotenburg yetzundt alzeyt.
  Rufft fleyssig an die raynen maydt,
Das sy jr hulff in solcher not,
  Das sy wurdt sicher vor dem todt.
Ein opffer sy auch jr versprach
  Von wachs vnd gelt. Glaubt, das ich sag.
Nach dem sy solchs verheyssen het,
  Erhört ist worden jr gebeth
Von got vnd bey Maria reyn.
  Bald endt sich da all jr peyn.
Jn gesundt wardt verkert jr schmertz,
  Des frewdt sy sich größlich von hertz.
Stundt auff, gieng bald auß jrem peth,
  Darin sy lang vertriben[25] het
Jr zeit mit grossem we vnd ach.
  Jm closter giengs in all gemach,
An aller menschen hab allain,
  Empfandt an jr keyn schwer noch peyn,
Jn kleyner zeyt frisch ynd [!] gesundt.
  Solichs ist mir warlich worden kundt,
Durch frum̃, erbar vnd geystlich leydt,
  Die bey jr gwest sindt zu der zeyt.

---

22 Kloster Sulz, heute Ortsteil von Dombühl.
23 Brigitta von Aufseß.
24 Abführmittel.
25 verbracht.

Das Acht zaichen [8.]
Ein man, **Michel Reder** genant,
    Zu Rotenburg gar wol bekant,
Ein kranckheyt hat gehabt an jm
    Ain lange zeyt, als ich vernym.
An ainen bayn, auch an dem hertz,
    Daran geliten hefftig schmertz.
Mocht derselben nit komen ab,
    Es wer vmb sonst oder vmb gab.
Maria rayn, die rufft er an,
    Er wolt jr mit jm pringen schan
[Biv:] Ein opffer, vnuerzogen schnell,
    Jn jr new gebaute Capell.
So bald ein solches er volpracht,
    Wardt er gesundt, als er selb sagt.

Das Newndt zaichen [9.]
Zu Danpühel[26] im dorff, da wandt
    Ein man, ist **Leonhart peck** genant.
Die Frantzosen[27] hat er, vernym,
    Ein lange zeyt gehabt an jm,
Der jm keyn artzt mocht helffen ab,
    Es wer vmb schenck, gelt oder gab.
An seim hyndern vnd an aim payn
    Mit vil löchern, groß vnd klain,
Het grossen wetag, also hert,
    der jm keyn tag wardt nye gewert.
Gen Rotenburg sie [!] sich verhieß
    Zu der raynen Maria sueß.
Der hochgelobten muter zart
    Wolt er außrichten ein kyrchfart,
Mit ainem opffer auch darbey,
    Das sy in macht der kranckheyt frey.
Bald er das glubdnüß hat gethan,
    Halff jm die edel Junckfraw schan.
Am dritten tag wardt er gesundt,
    Das hat er than vil menschen kundt,

---

26 Dombühl.
27 Syphilis.

Da er sein walfart hat volendt.
　　Bey seiner trew ein solchs bekendt.

　Das Zehendt zaichen [10.]
Jörg Schwartz, ein pawerßman, ist frum̃
　　Zu Wildenholz[28] wayß menigklich drum̃.
Der hat ein piderweib genent,
　　Kayn mensch ist da, der sy nit kent.
An Frantzosen ist sy lang gewest kranck.
　　Bald kam jr ein in jren gedanck
[Biir:] Gen Rotenburg solt sy sich versprech.
So wurdt sy gsundt von all jrm prech.
　　Das thet sie mit aim opffer zwar[29],
Wardt frisch vnd gsundt, sag ich furwar.

　Das xj. zaichen [11.]
Oswald Schopff, sag ich, der Junger,
　　Da haym zu kleynen Perenweyler[30],
Den stieß ein solche kranckheyt an,
　　Von dem jm helffen mocht nyeman.
Hat die geliten etlich zeyt,
　　Das wayß man auch wol prayt vnd weyt.
Auff zwayen krucken must er gan,
　　Maria rayn, die rufft er an.
Dass sy jm hülff von solcher peyn,
　　So wolt er mit jm pringen sein
Opffer jr zu der selben stundt,
　　Gehyeß der rayn auß hertzen grundt.
Verzug nit mer, macht sich dar von,
　　Gen Rotenburg, da kam er schon
Jn die Capellen, new gepawt,
　　Als menigklich yetz anschawt.
Sein opffer er auch mit jm pracht,
　　Sprach sein gebet zwar mit andacht.
Nun höret zu, jr Christenleut,
　　Groß wunderwerck ist euch bedeut:

28　24 km südlich Rothenburg.

29　wahrlich.

30　Kleinbärenweiler, Gemeinde Schrozberg, 14 km südwestlich Rothenburg.

Der da auff zwaien krucken kam,
    Von menigklich gesehen lam,
Stundt auff, gieng vmb zu dyser stundt,
    An all seym leib wardt er gesundt.
Bayd krucken bey Maria glan,
    Das hatt gesehen weyb vnd man.

    Das xij. zaichen [12.]
Endres Chunradt einer genant,
    Zu Grünßfeldt[31] in der stat bekant,
[Bijv:] Der ist gewesen ein lamer man
    Auff payden baynen, mercket schan,
Des prauchs der fueß wardt er beraubt,
    Auff krucken must er gan, das glaubt.
Das hat gewert nach seiner sag,
    Der anfangk seydt sant Gilgen[32] tag
Must er zwo krucken nemen an,
    An die, an menschlich hilff nit gan.
Jn solchem grossen wee vnd laydt
    Da rufft er an die raynen mayd.
Verhieß, er wolt nit abelon.
    Auff seinen krucken wolt er gan
Gen Rotenburg ja in die stat,
    Da sy sonderlich wonung hat,
Jn jr new gebaute Capell.
    Darein da stopfelt er so schnel
Er mocht, sein opffer pracht er dar,
    Das er jr het verheyssen zwar.
So bald er da volbracht sein beth,
    Die krucken bayd er von jm thet,
Sprach, sey gelobt, Maria rayn,
    Mir sein gesundt mein fueß vnd payn.
Die krucken hat er ligen lan,
    Gesundt gieng er frölich von dann.
Das ist geschehen, wie ich sag,
    Judica am selben Sontag[33].

---

31 Grünsfeld, 53 km nordwestlich Rothenburg.

32 St. Aegidius, 1. September.

33 Der dem Palmsonntag vorausgehende fünfte Sonntag der Fastenzeit; Osterdatum für das Jahr 1520 ist der 8. April. Die Heilung soll also am 25. März 1520 stattgefunden haben.

Das xiij. zaichen [13.]
Ein Priester, **Conradt Schwartz** genent,
Zu Rotenburg man jn wol kent,
Dyser Priester hat, ich euch sag,
Gehabt so groß vnseglich klag,
Mit grosser gschwulst an ainem peyn,
Rot wie enttzundt, so daucht sein,
An dem so jemerlich gekrenckt
Des gleichen er vor nye gedenckt.
[Biijr:] An solchem wetag er sich legt,
Sein hertz in andacht da bewegt
Zu der raynen Maria zart,
Das sy jm hulff auß dyser fart.
Mit ainer meß er sich versprach
Vnd ainem opffer, ich euch sag.
Ein payn auß wachs er hat gemacht,
Das jm sein gsundt herwider pracht.
Hat das volpracht, wie ich euch sag,
Am Dornstag vor sant Jörgen tag[34].

Das xiiij. zaichen [14.]
Magister **Johan schenck**, priester,
Zu vnnser frawen Vicarier,
Auch zu Rotenburg in der stat,
Jn der alten Capellen drat.
Der ist so schwerlich kranck gelegen,
Das er sich sterbens het verwegen,
Jn seinem leib gehabt solch stich.
Darumb er ließ bewaren sich
Mit dem heyligen sacrament,
Gedacht, es wer sein letztes endt,
Zu handt er sich verloben thet
Der rayn Maria mit gebet,
Mit ainer seligen meß do bey
Das sy in macht der kranckheyt frey.
Bald er jm ein solchs gedacht,
Wart er gesundt, das jm frewd pracht.

---

34 Georgstag ist der 23. April, also war die berichtete Heilung am 20. April 1520.

Das xv. zaichen [15.]
Einer, Chuntz Stainßfelder genant,
 Zu Hegnem[35] ist er wol bekant,
Hat an seim leib hehabt [!] furwar,
 Den Frantzoß Sechs vnd zwaintzig Jar.
Hat jm nyemandt mögen helffen ab,
 Es wer vmb sonst, gelt oder gab.
[Biijv:] Vnd an seim leib in sonderheyt
 Gehabt ain schaden, groß vnd weyt,
Also, das er besorgt dar an
 Die derm auß seinem leib zu gan.
Mit solchem schmertzen groß vmb geben,
 Gedacht, es gult jm da sein leben.
Da viel im ein in sein gemut,
 Das er anrufft Maria gut.
Gen Rotenburg solt er das than,
 So wurdt im geholffen schan.
Wolt auch ein lebendig opffer pringen,
 Verlobt sich auch mit dem geding
Ein solches alle Jar zu than,
 Die weyll im got sein leben gan.
So bald er das versprochen het,
 Da wardt erhöret sein gebet,
Ist nachmals kumen frisch vnd gsundt
 Auff ainen tag, thu ich euch kundt.

Das xvj. zaichen [16.]
Ein person sich nit nennen wil,
 Durch andacht hye ist auch im spil.
Der hat ein kindlen, das ist war,
 Ist vngeuerlich bey eim Jar.
Der hat sich an sein tisch gesetzt,
 Mit seim gesindt frewndtlich geschwetzt.
Sein hawßfraw auch entgegen saß,
 Das kindt het sy auff jrer schaß.
Es het die prust in seinem mundt,
 Baldt thet sich enden sein gesundt.
Erschwartz, erplichen ganntz vnd gar,

---

35 Hegenau, Ortsteil von Brettheim, 16 km südwestlich von Rothenburg.

Als halb gestorben, das ist war.
Zu sterben het er es geschetzt,
    So hart het es das gicht[36] verletzt.
Jn solcher grosser trawrigkeyt
    Gedacht er an die raynen maydt
[Biiijr:] Maria, die fursprecherin
    Vnd aller welt ein trösterin,
Das sy endet seins kindes peyn,
    So wolt er jr ein opffer feyn
Nach seim vermügen pringen schnell
    Den selben tag in jr Capell,
Die da in klayner zeyt ist baut,
    Als menigklichen yetz da schawt.
So bald ein solchs er verhyeß,
    Die sucht das kindt zu handt[37] verließ.
Drumb er die rayn Maria preyst,
    Die seinem kindt solch gnad beweyst.

Das xvij. zaichen [17.]
Weyter hörent zu dyser frist
    Ein zyichen, mir auch wissent ist,
Geschehen an eim weyb so schan,
    Mit namen ichs nit nennen kan.
Anders, jr man, ein kyrchner ist
    Zu Donpühel im dorff, das wist,
Hat in jrm mund gehabt groß wee,
    Kayn wort kundt sy nit reden meer.
Sonder ein kindt must mit jr gan,
    So sy wolt etwas kauffen than,
Das hat gewert nach jrer sag
    Der anfang seyt sant Michels tag[38].
Jn solchem jrn betrübten syn
    Thet sy sich auch verloben hyn
Gen Rotenburg, ja in die stat,
    Da Maria jr wonung hat.

---

36 Die Lähmung.

37 sogleich.

38 29. September.

Mit ainem opffer also schan
    Bald sy thet in jr Capell gan,
Knyet fur das pild Maria zart,
    Jr hertz gar bald erfrewet wardt.
Augenplicklich sy dapffer reth,
    Sam[39] jr nye nichts geprochen het,
[Biiijv:] Danckt sy got vnd Maria werdt,
    Durch jr geheyß jr beth erhört.
Jr opffer raichet sy pald dar,
    Der rayn Maria; das ist war.
Ist warlich gschehen, wie ich sag,
    Judica am selben Sontag[40].

    Das xviij. zaichen[18.]
Zu Wilden Altdorff[41] sytzt ein man,
    Jörg Klopffer mit seim namen schon,
Hat ein pöß payn gehat, sag ich,
    Mit grossem schmertzen hefftigklich.
Der anfang ist, solt jr verste,
    Des heyligen sant Bartholome[42].
Biß auff den grünen Dunderstag
    Verhieß er sich, so thut er sag,
Gen Rotenburg, ja in die stat
    Zu der raynen Maria trat
Mit ainem opffer also schnell
    Jn jr new gebaute Capell.
Bald er ein solches jr gehieß,
    Die selbig kranckheyt in verließ.
Ist darnach komen auff ein tag,
    Hat solchs anzaygt, was ich euch sag.

    Das xix. zaichen [19.]
Sigmundt Hyrsch zu Ochssenfurt wondt,
    Am selben endt gantz wolbekant.
Der hat ein frumes weib, merk mich,

---

39 als ob.
40 25. März 1520; s. Anm. 32.
41 Wildendorf, heute Wildenhof bei Kirnberg, 7 km südöstlich Rothenburg.
42 24. August.

Jr nam Cecilia, sag ich.
Die ist so schwerlich kranck gelegen,
　　Jrs lebens man sich het verwegen[43].
Vier wochen jrer synn beraubt,
　　Ihr hawßwirdt was betrübt, das glaubt.
So er sein frawen one sach[44]
　　Hart angelegt, gebunden lag,
[Cjr:] Gen Rotenburg er sy versprach,
　　Das sy kem auß dem vngemach.
Mit ainem opffer also schan,
　　Wolt er der rayn Maria lan.
Bald er ein solches hat veriheh[45],
　　Hat man sein weyb gesundt geseh.

　　Das xx. zaichen [20.]
Ein Priester zu Eb[46], mercket mich,
　　Leydt auff dem gay[47], also sag ich,
Wolffgang Pruckner sein name ist,
　　Der hat zway gantze Jar, das wisst,
Groß wee gehabt an ainem payn,
　　Auch an eim knye, es ist nit nayn[48],
Darin groß scheden, so sagt er,
　　In kurtz ainer span vngeuer.
Fleyssig er sich verloben thet
　　Der rayn Maria mit gebet
Gen Rotenburg in die Capell
　　Mit ainem opffer also schnell.
Zu sant ward er frisch vnd gesundt,
　　Hat er bekent, thw ich euch kundt.

　　Das xxj. zaichen [21.]
Jörg Kern von Mergatheym[49], ich sag,

43　Man sah ihr Leben in Gefahr.
44　ohne Ursache, ohne Grund.
45　verkündet.
46　Eyb, heute Ortsteil von Ansbach, 35 km östlich Rothenburg.
47　Boden, darnieder.
48　hinein; war also steif.
49　heute Bad Mergentheim.

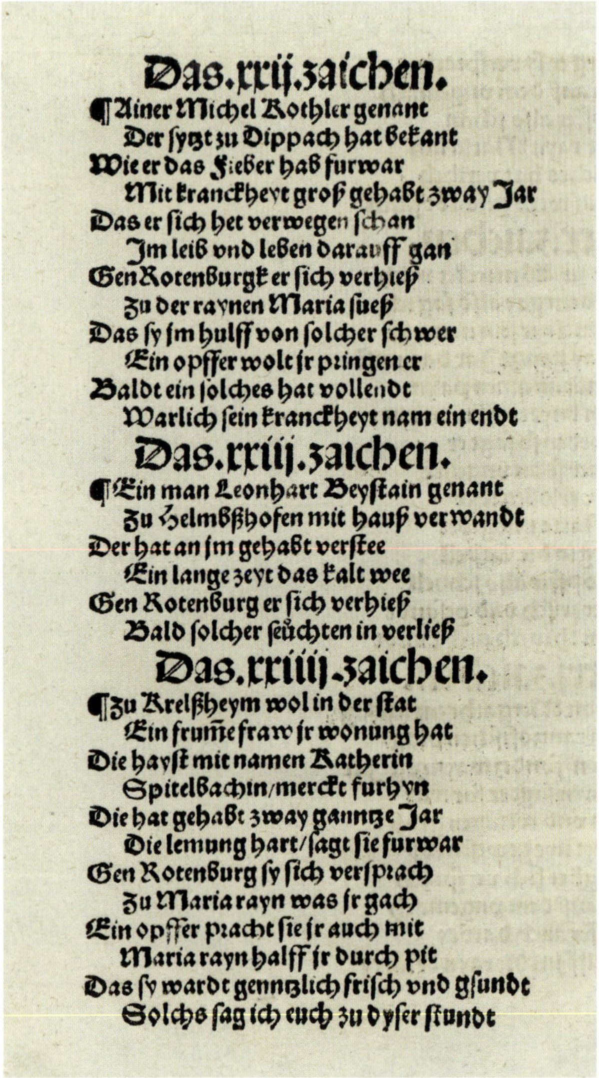

Das. xxij. zaichen.

Ainer Michel Rothler genant
　Der sytzt zu Dippach hat bekant
Wie er das Fieber haß furwar
　Mit kranckheyt groß gehabt zway Jar
Das er sich het verwegen schan
　Im leib vnd leben darauff gan
Gen Rotenburgk er sich verhieß
　Zu der raynen Maria sueß
Das sy jm hulff von solcher schwer
　Ein opffer wolt jr pringen er
Baldt ein solches hat vollendt
　Warlich sein kranckheyt nam ein endt

Das. xxiij. zaichen.

Ein man Leonhart Beystain genant
　Zu Helmßßhofen mit hauß verwandt
Der hat an jm gehabt verstee
　Ein lange zeyt das kalt wee
Gen Rotenburg er sich verhieß
　Bald solcher seüchten jn verließ

Das. xxiiij. zaichen.

Zu Krelßheym wol in der stat
　Ein frumme fraw jr wonung hat
Die hayst mit namen Katherin
　Spitelbachin/merckt furhyn
Die hat gehabt zway ganntze Jar
　Die lemung hart/sagt sie furwar
Gen Rotenburg sy sich versprach
　Zu Maria rayn was jr gach
Ein opffer pracht sie jr auch mit
　Maria rayn halff jr durch pit
Das sy wardt genntzlich frisch vnd gsundt
　Solchs sag ich euch zu dyser stundt

Abb. 66: Mirakelbuch, „Zaichen" 22–24.

Der hat die Frantzosischen plag
Gehabt wol Funffvndtzwayntzig Jar.
　An ainem payn, sagt er furwar,
Mit schmertzen vnd wetagen groß
　Gemelter zeyt nye gewesen loß,
Gen Rotenburgk er sich versprach,
　Das er kem aus dem vngemach,
Mit ainem opffer auch darbey,
　Zuhandt halff jm die rayn Marey.

[Civ:] Das xxij. zaichen [22.]
Ainer, **Michel Kothler** genant,
    Der sytzt zu Dippach[50], hat bekant,
Wie er das Fieber hab furwar
    Mit kranckheyt groß gehabt zway Jar,
Das er sich het verwegen schan,
    Jm leib vnd leben darauff gan.
Gen Rotenburgk er sich verhieß,
    Zu der raynen Maria sueß,
Das sy jm hulff von solcher schwer,
    Ein opffer wolt jr pringen er.
Baldt ein solches hat vollendt,
    Warlich sein kranckheyt nam ein endt.

Das xxiij. zaichen [23.]
Ein man, **Leonhart Beystain** genant,
    Zu Helmbßhofen[51] mit hauß verwandt,
Der hat an jm gehabt, verstee,
    Ein lange zeyt das kalt wee.
Gen Rotenburg er sich verhieß,
    Bald solcher seuchten in verließ.

Das xxiiij. zaichen [24.]
Zu Krelßheym[52] wol in der stat
    Ein frume fraw jr wonung hat.
Die hayst mit namen **Katherin**
    Spitelbachin, merckt furhyn.
Die hat gehabt zway ganntze Jar
    Die lemung hart, sagt sie furwar.
Gen Rotenburg sy sich versprach
    Zu Maria rayn, was jr gach[53].
Ein opffer pracht sy jr auch mit.
    Maria rayn half jr durch pit,
Das sy wardt genntzlich frisch vnd gsundt,
    Solchs sag ich euch zu dyser stundt.

---

50 Diebach, 10 km südlich Rothenburg.

51 Helmshofen, 30 km südwestlich Rothenburg.

52 Crailsheim, 44 km südwestlich Rothenburg.

53 was sie eilig tat.

[Cijr:] Das xxv. zaichen [25.]
Einer hayst **Kylian Mulner**,
    Zu Obersteen[54] da sytzt er.
Der hat die Frantzosen schwerlich,
    Mit grossen scheden, merckt mich,
An seinem leib lang zeyt, verstat,
    Gehabt, besonder er doch hat
Jn seiner Nasen ein gehan[55],
    Etlich payn thet yn jm auß gan.
Jn solchem wee kam jm in syn,
    Das er sich selb versprech da hyn,
Gen Rotenburg, ja auff den plan,
    Da yetzundt loben weyb vnd man
Maria rayn in jr Capell.
    Das thet gedachter **mulner** schnell.
Ein opffer er auch jr versprach,
    Das sy im abhulff wee vnd ach.
Zuhandt wart er frisch vnd gsundt.
    Das hat er than vil menschen kundt.

    Das xxvj. Zaichen [26.]
Ein fleck ist Friestendorff genandt,
    Im Zenner grundt manchem bekant.
Darjnn ein bawer seßhafft ist,
    Müllinhart nent er sich, das wist.
Der hat sich also hefftigklich
    Woll durch sein rechte handt, sag ich,
Jn ainen scharpffen dorn gestoch,
    Die selben wunden gehabt drey woch.
Jst jm also vbel gerat,
    Das er sich da verwegen hat,
Die handt jm abzelösen zwar,
    Het sich entzundt, sagt er fur war.
Es was da mer kain abelon,
    Zwen schnidt het man jm dar ein than.
[Cijv:] Der jn daran geartzet hat,

---

54 Oberstetten an der Tauber, heute Ortsteil von Niederstetten, 23 km westlich Rothenburg.
55 einen großen Schaden gehabt.

Der sytzt zu Windßhaym[56] in der stat,
Ein maister, seiner kunst bewert,
Von menigklichen da geert.
Jn solchem sein betrübten syn
Da thet er sich verheyssen hyn
Gen Rotenburg in schneller fart
Zu der raynen Maria zart.
Ein wichssen handt wolt er jr pringen,
Das sy jm helff in solichen dingen.
So bald er das versprochen het,
Do wardt erhört sein gebet,
Sein gesundtheyt jm her wider kam,
Das menigklich groß wunder nam.
Ist darnach komen am Dornstag
Nach des heyligen Creutzes[57] tag.

Das xxvij. zaichen [27.]
Des gleichen hye in der stat
Mathes Lutz da sein wonung hat.
Er hab an eim dultzaun gemacht,
Also hat er mir furgepracht.
Er sey so hart gefall vnd straucht,
Die rechten achssel hab gestaucht,
Das er in dreyen vierteyl Jar
Des armß keyn gewalt gehabt, furwar,
Zu heben den selber allain
Ein piß zu seim mundt schieben ein.
Mer hat er auch gesagt dabey
Warlichen er gelegen sey
Ob Funfftzig necht in seinem peth
Kayn schlaff gethan, keyn rwe nit het.
Maria rayn, die rufft er an.
Jn jr Capellen wolt er gan,
Acht fueder Sands wol er jr geben
An jrem baw, das mercket eben.
[Ciijr:] Bald er ein solchs jr verhyeß,
Zu handt in all sein schmertzen verließ,

---

56 Bad Windsheim, wo Teuschlein vor seiner Berufung nach Rothenburg kurzzeitig gewirkt hatte.
57 14. September.

Wardt augenblicklich ganntz gesundt.
      Das ist vil menschen worden kundt.
Hat das anzaigt, wie ich euch sag
      An des heyligen sant Gangolffs tag[58].

      Das xxviij. zaichen [28.]
Noch weyter sollent jr verstan,
Leonhart Scheffer, ein biderman
Zu Ygerßheym[59] sytzt er haußhafft,
      Von got wart er schwerlich gestrafft,
Gentzlichen seiner syn beraubt,
      Ganntz vnuernunfftig, mir gelaubt,
Das er hart angelegt lag
      Funfftzehen wochen, etlich tag.
Jn solchem wee vnd hertzenlaydt
      Sein fraw rufft an die raynen mayd
Zu Rotenburg ja in der stat,
      Da sy sonderlich wonung hat,
Yetzundt geert an dysem endt,
      Da sy vormals ist offt geschent
Von der verfluchten Judischheyt[60].
      Sprach hertzlich: o du rayne mayd,
Hilff meinen man, yetz ich dich pit.
      Darumb wil ich dir pringen mit
Der gleichnuß, ein pild von wachs schan,
      Selb leiblich mein eelichen man.
Bald sy solich gehayß fur sich nam,
      Jr man bald zu jm selber kam,
Vernunfftig worden auff der stet.
      Von stundt an sprach er sein gebet,
Als hiet er nye keyn kranckheyt zwar
      An jm gehabt, sagt er furwar.
Hat solchs anzaygt, wie ich euch sag,
      Am freytag, was sant Gangolffs tag[61].

---

58 11. Mai.
59 Igersheim an der Tauber, 37 km nordwestlich Rothenburg.
60 Hier bezieht sich Teuschlein offensichtlich auf seine Ausführungen in der Auflosung.
61 11. Mai.

[Ciijv:] Das xxviiij. zaichen [29.]
Hanns Herttem, ein glaser, bekant
    Von Kytzing[62] auß dem Franckenlandt.
Wie er den frorer[63] hertigklich
    Hab an seim leib gehabt, warlich,
Zu handt er sich verloben thet
    Der rayn Maria auff der stet,
Mit ainem opffer, ich euch sag,
    Wardt ganntz gesundt am selben tag.

    Das xxx. zaichen [30.]
Zu dinckelspühel[64] in der stat
    Ein fleishacker sein wonung hat,
Mit seinem namen **Erentreich**,
    Jst sein zunam, das sag ich euch.
Ist mit baiden augen furwar
    Ganntz blindt gewesen etlich Jar.
Alles anschawen ganntz beraubt
    Mit seim gesicht, des gentzlich glaubt.
Gen Rotenburg er sich verhieß
    Zu der rayn gottes muter sueß
Mit ainem opffer one spot,
    Das sy jm hulff auß solcher not.
Bald solch gehayßs von jm auß gieng,
    Seine augen bayd ein scheyn empfieng.
Doch dacht er als ein piderman,
    Was gelubnuß er het gethan.
Verzug nit lang, macht sich gar trat[65]
    Gen Rotenburg wol in die stat
Mit aim opffer in die Capell.
    Groß lob vnd eer saget er schnell
Maria, gottes muter schan,
    Die jm ein solche hilff het than.
Kert darnach wider auß der stat,
    Hört, was sich da verloffen hat:

---

62 Kitzingen.
63 kaltes Fieber.
64 Dinkelsbühl.
65 schnell.

[Ciiijr:] Ee er gen Dinckelspuhel kam,
    Ye grösser scheyn seine augen nam.
Baldt er kam in die stat hyn ein,
    Warn jm erleucht die augen sein.
Eins solchen wir gut wissen han.
    Danck er got vnd Maria schan.

    Das xxxj. zaichen [31.]
Fort hörent zu: hye in der stat
    Ein Tuchmacher sein wonung hat.
Hanns Keren also nent sich er
    Hat einen Son, hayst **Casper**.
Der hat die Frantzosen schwerlich
    Vergangner zeyt gehabt, sag ich.
Hann jm verderbt seine augen zwar,
    Hat nichts gesehen Funff ganntzer Jar,
Biß auff den Tag, so sag ich euch,
    Das must von hynn der Jud enweich[66].
Verhyeß er do Maria schnell,
    So man jr pawet ain Capell
Vnd sy darjnen wurdt geert,
    Wolt er jr geben vngefert
Ein opffer nach vermögen sein,
    Das sy jm geb ain klainen scheyn,
Das er allain möcht selber gan,
    Wo er hyn wolt, vernemet schan.
Noch mer wol er jr geben zwar
    Alle Sambstag ein ganntzes Jar
Ein sylbrin opffer, er vergicht,
    Das sy jm offnet sein gesicht.
Jn klainer zeyt kam es darzu,
    Da man die rayn thut suechen, muh[67],
Sein opffer pracht er jr behendt,
    Baldt all sein trawren nam ein endt,
Empfieng furwar ein liechten scheyn,
    Bekendt er auff die trewe sein.
[Ciiijv:] Er arbayt vnd gadt selbs, sag ich,

---

66 2. Februar 1520. Hier greift Teuschlein die von ihm mitinitiierten Vorgänge um die Vertreibung der Rothenburger Juden auf.

67 aufsuchen und bemühen.

Allain, ganntz vngefurt, warlich,
Des lobet er die rayn Junckfraw schon,
Die jm ein solche hilff hat thon.

Das xxxij. zaichen [32.]
Elisabeth Heydnin genant,
zu Rotenburg gar wol erkant,
Die Frantzosen hat sy an jr
Grausam gehabt, so sagt sy mir.
Verschwollen vndter dem angesicht,
Also das jr ain payn, sy spricht,
Ledig[68] in jrer nasen wardt,
Zuersticken bsorgt sy sich hart.
Die Ertzt an jr verzagten all,
In solcher schwer vnd myssefall,
Wolten jr kayn ertzney nit than
An solchem wee, bekent sy schan,
Das sy sich schnell da auff der stet
Mit aim opffer verheyssen thet
Zu der rayn muter gottes schnell
Jn jr new gebaute Capell.
So pald ein solches sy verhyeß,
Ganntz all jr kranckheyt sy verließ.
Auß jrer naß viel jr das payn,
Empfandt an jr keyn schwer noch peyn
Vnd wardt augenblicklich gesundt,
Danckt sy got vnd der rayn all stundt.

Das xxxiij. zaichen [33.]
Laurentz Horen zu Kreylßheym ist,
Frantzosisch scheden hat er, wist,
An jm gehabt drey ganntze Jar
Vndter seim angesicht fur war,
Das er auß[69] viel so jemerlich
Essen vnd trincken, merckt mich.
[Dir:]Trung jm neben der nasen rauß,
Im halß vil löcher gfallen auß,

---

68 bloß.
69 heraus.

Das er keyn speyß nit neyn mocht preng[70],
 Keyn red mocht er her auß nit zweng.
Do kam jm ein in seinen syn,
 Wie er sich solt verloben hyn
Zu der rainen Meria [sic!] zart
 Gen Rotenburg in schneller fart.
So bald ein solchs er hat than,
 Sein sach wend sich ganntz bald gar schon,
Wardt reden, essen, nam getranck,
 Darumb sagt er gar grossen danck
Der muter gottes rayn an spot,
 Die jm halff auß der grossen not.
An all seim leib frisch vnd gesundt,
 Hat er bekent, thu ich euch kundt.

 Das xxxiiij. zaichen [34.]
Ein dorfff berümbt, vermercket mich,
 Blobfelden[71] ist sein nam, sag ich.
Darjn ein piderman bekandt,
 Jörg Gerber, sein weyb **Barb** genant.
Der hat ein kneblein, das ist war,
 Vngeuerlichen bey eim Jar.
Da es auff erdt geboren wardt,
 Hat es ain pruch, warlichen hart,
Also ein groß vnmenschlig ding,
 Dem kindt das gewaydt[72], wist, auß gieng
So streng vnd hert gemeltes Jar.
 Was ich euch sag, ist gründtlich war.
Keyn artzet was so weyß noch glert,
 Jn seinen künsten nit bewert,
Der dem kindt helffen mocht, hört mer,
 Von der grossen kranckheyt so schwer,
Es wer vmb gelt oder vmb gut,
 Betrübt dem frumen weyb jr mut.
[Div:] Eins nachtes lag sy in jrm beth,
 Hertzlichen jr ein fallen thet

---

70 nicht hineinbringen konnte.
71 Blaufelden, 22 km südwestlich Rothenburg.
72 Eingeweide.

Vnd gedacht an die wunder groß,
 Die beschehen an vndterloß
Zu Rotenburg yetz in der stat.
 Jr kindt sy dar verheyssen hat
Mit ainem opffer also schnell
 Der muter gotz in jr Capell.
Nun höret zu, groß wunder schan,
 Da sy des morgens auff thet stan,
Pundt auff jr kindt, wie sich gepurt,
 Das kindt kayn seucht noch bruch mer rürt,
Wardt in der nacht ganntz frisch vnd gsundt
 An all seim leib, thu ich euch kundt.
Darnach wolt sy jr gelubd haldt,
 Macht sich gen Rotenburg gar pald
Mit dem kindt vnd opffer, ich sag,
 Am Sambstag nach dem Auffartz tag[73].

 Das xxxv. zaichen [35.]
Bei Kyrchperg an der Jagst da leydt
 Ein dorff, Mistla[74] genent der zeyt.
Ein mülh darbey oder darjn,
 Nun höret, was ich sagen pin:
Das weyb, das in der mülhe wondt,
 Die hat drey kindt, mich all verstandt:
Das erst, **Otilia** mit nam,
 Das annder **Eua**, lobesam,
Das drit, **Elßpet** sein name ist.
 Die kinder haben warlich, wist,
Die Frantzosen so grausamlich
 An jrem leib gehabt, sag ich.
Beuor an jren haubten auch
 Das erst kindt kam in vngemach,
Die red Jm warlich gar verlag,
 Der anfang zu sant Martins tag[75].
[Dijr:] In solchem wee vnd grossen not
 Die drey kindt sy verhayssen hat

---

[73] Samstag nach Christi Himmelfahrt: 19. Mai 1520.
[74] Mistlau, Ortsteil von Kirchberg an der Jagst, 29 km südwestlich Rothenburg.
[75] 11. November.

Gen Rotenburg in schneller fart
    Zu der rayn gottes muter zart,
Mit ainem opffer, merckt mich.
    Die kindt all drey wurden warlich
An jrem leib ganntz frisch vnd gsundt.
    Noch ains thu ich euch allen kundt:
Da sy gen Rotenburg ein kam,
    Otilg, jr kindt, sy mit jr nam,
Das sy dahyn verlobet het,
    Kayn wort die zeyt es nye nit redt,
Wie vornen stat; in der Capell
    Fieng es lauth an zu reden schnell.
Das ist geschehen, wie ich sag,
    Am Freytag vor dem Pfingstag[76].

    Das xxxvj. zaichen [36.]
Einer, maister **Michel** genandt,
    zu Obern Prayth[77] mit hauß verwandt,
Auff der padtstuben, so sag ich,
    Der ist gelegen kranck schwerlich,
Woll dreyssig wochen, etzlig tag
    Mit grossem schmertzen, thut er sag.
Jn seinem leib, auch in dem haubt
    Keyn rwe gehabt, mir warlich glaubt,
Bey tag oder bey nacht, verstat,
    Keyn artzney in geholffen hat.
Jn solchem sich verwegen het,
    Sein leben endt sich auf der stet.
Zuhandt viel im in seinen syn,
    Das er sich solt verloben hyn
Gen Rotenburg in schneller fart,
    Zu der die gottes muter wardt.
Das ist die rayn Maria werdt,
    Durch sy wardt sein gebeth erhört.
[Dijv:] Wann er ein solchs jr verhyeß,
    So wurdt all sein schmertz jm sueß.
Auff solchs er sich gelobet her

---

76 25. Mai 1520.
77 Oberbreitenau, 18 km südöstlich Rothenburg.

Mit einem opffer vngeuer
Nach seim vermügen geben schon.
Bald er ein solches hat gethon,
Ist worden ganntz frisch vnd gesundt.
Das hat er vnns thun selber kundt.

Das xxxvij. zaichen [37.]
Zum letzten hört ein wunder schan,
Was die muter gottes hat than
An ainem kindt, geboren blindt.
Sein namen ist **Andreas**, ich findt,
Gelebt auff erden, das ist war,
Seins alters anderhalb Jar.
Sein vater, **Dietrich Gerer** gnant,
zu Hochstat ist er wol bekant.
Das leyth im Othenwald[78], ich sprich,
Der hört, wie so gnedigklich
Maria mit manch wunder groß
zu Rotenburg an vndterloß
Thut würcken an frawen vnd man,
In solchem thet er ruffen an
Die muter gottes, Maria,
Durch all jr güt badt er sy da,
Das sy durch pit bey jrem Son
Jhesu seim kindt wolt erwerben thun,
Das durch götliche straff vnd zorn
An dyse welt was blindt geborn,
Wolt erleuchten die augen sein,
So wolt er mit jm pringen feyn
Das kyndt, darzu ein opffer her
Nach seim vermögen vngeuer,
Gen Rotenburg wol in die stat
Da Maria yetz wonung hat.
[Diiv:] Ganntz sonderlich an dysem endt,
Da sy vormals offt ist geschendt
Von den verfluchten Juden, merckt.
Jn solcher Hoffnung ward gestercktt
Sein hertz vnd seiner frawen zwar,

---

78 Höchstädten, heute Stadtteil von Bensheim in einem Tal des Vorderen Odenwaldes, 177 km westlich Rothenburg.

  Machten sich auff, heten keyn spar
So lanng, byß sy alle bayde
  Mit jrem kindt kamen, verste,
Gen Rotenburg in die Capell,
  Raichten jr opffer also schnell,
Darzu jr blindtes kindt, furwar,
  Setzten sy auff den altar dar
Fur vnnser frawen pildnuß schon.
  Vater vnd muter huben an
Zu pitten vmb jrs kindes gesicht,
  Hofften, in wurdt versaget nicht.
Nun höret zu, wie es ergieng:
  Das kindt zu stundt ein scheyn empfieng.
Augenblicklichen griff es dar
  Nach einem Pater noster[79] zwar,
Hyeng der gebildnuß Maria
  An jrem halß, sag ich euch da,
Das vater vnd muter, nembt acht,
  Ein vber grosse frewdt pracht.
Namen jr kindt vom altar schon,
  Wolten die sach beuesten thon,
Kamen zu morgens wider dar,
  Wie oben angezaigt ist klar.
Jn solcher meynung gar behendt
  Jr kindt, das theten sy setzendt
Auff den altar in aller maßs,
  An dem ersten gescheen was.
Dem kindt worden warlich erleucht
  Sein augen bayde von der seucht,
Wie es dar vor in vngestalt
  Wardt angeschawt von junck vnd alt,
[Diijv:] Also wardt es in angesicht
  Aller menschen, sam[80] jm nye nicht
An seim gesicht geprochen het.
  Groß lob vnd eer da an der stet
Sagt vater vnd muter an spot
  Dem almechtigen, vnnserm got,

---

79 Rosenkranz.

80 als ob.

Der durch furpit der muter sein
    Hat geben dem kindt sein augen scheyn.
Danckten der rayn Maria schan,
    Mit grosser frewdt schidens von dann.
Das ist geschehen, wie ich sag,
    am Mittwoch nach dem Pfingstag[81].

    Beschlußredt.
Solch zaichen fiengen erstlich an
    Zu Rotenburg, vernemet schan,
Da man die Synagog verspert.
    Den klainen kinden wardt gewehrt,
Das selb geschach, wie ich euch sag,
    Post Epiphanie am Sontag[82].
Beschehen noch also teglich,
    Das in der warheyt ich vergich[83].
Kundt worden ist mir yetz nit mer,
    Das sag ich euch an all geuer[84],
Vnd redt das auch an allen spot,
    Bezeug dem almechtigen got
Vnd sag das auff mein Ayd warhafft,
    Oder mein Seel werdt ewig gstrafft,
Das ich der kains hab mer gemacht,
    Dann mir in schrifft nur fur wardt pracht.
Wann ich das woll ermessen kan,
    Wie wol ich bin ein schlechter man,
Maria rayn das nit geuelt,
    So ainer die warheyt verhelt,
[Diiijr:] Vnd sy mit warheyt hye preyst,
    Als dann alle schrifft klar auß weyst.
Die rayn Maria nit begert,
    Das sy mit liegen werdt geert,
Solchs wil ich yetz beleiben lan,
    Kayn redt auff ditzmal thun dar von. Amen

---

81 30. Mai 1520.
82 6. Januar 1520 war ein Dienstag, der folgende Sonntag also der 11. Januar 1520.
83 gerichtsfest berichtete.
84 ohne Betrugsabsicht.

Bibliographie

AAV = Album Academiae Vitebergensis. 3 Bände. Halle 1841-1905.

Ackermann, Aron: Der märkische Hostienschändungsprozess vom Jahre 1510. In: Monatsschrift für Geschichte und Wissenschaft des Judentums 2(1905), S. 167-182 und 3(1905).

[Anonymus]: Zwei Lieder von der Vertreibung der Juden (1520). In: Alt-Rothenburg. Jahres-Bericht 1900/1901, S. 23-27.

Arnold, Klaus: Zur Vorgeschichte und zu den Voraussetzungen des Bauernkriegs in Franken. In: Fuchs, Franz/Wagner, Ulrich (Hg.): Bauernkrieg in Franken (Publikationen aus dem Kolleg „Mittelalter und Frühe Neuzeit". Band 2). Würzburg 2016, S. 1-36.

Aulinger, Rosemarie (Bearb.): Deutsche Reichstagsakten unter Kaiser Karl V. Der Reichstag zu Augsburg 1525. Der Reichstag zu Speyer 1526 (Deutsche Reichstagsakten. Jüngere Reihe. Band 5/6). München 2011.

Barzen, Rainer: Regionalorganisation jüdischer Gemeinden im Reich in der ersten Hälfte des 14. Jahrhunderts: Siedlungsgefüge und Raumerfassung im Vergleich. In: Haverkamp, Alfred (Hg.): Geschichte der Juden im Mittelalter von der Nordsee bis zu den Südalpen (Forschungen zur Geschichte der Juden A 14/1). Hannover 2002, S. 293-366.

Barge, Hermann: Andreas Bodenstein von Karlstadt. 2 Bände. Band 1: Karlstadt und die Anfänge der Reformation. Band 2: Karlstadt als Vorkämpfer des laienchristlichen Puritanismus. Leipzig 1905.

Bartsch, Karl: Art. „Haß, Kunz". In: Allgemeine Deutsche Biographie (1879) Online, auf: http://www.deutsche-biographie.de/.html.

Bátori, Ingrid u.a.: Die bürgerliche Elite der Stadt Kitzingen. Studien zur Sozial- und Wirtschaftsgeschichte einer landesherrlichen Stadt im 16. Jahrhundert (Spätmittelalter und frühe Neuzeit. Band 11). Stuttgart 1982.

Bauernkriegsakten, Reichsstadt Rothenburg. Bestand im Staatsarchiv Nürnberg. Akten und Bände 332, Band 3, fol. 451. Rothenburg an Georg Truchsess. Mitteilung der Verhaftung des Stephan von Mentzingen als eines der Hauptursacher des Aufstandes. 9.6.1525. Akten und Bände 332, Band 3, fol. 522. Aussage des Lorenz Denner über die Rolle des Stephan von Mentzingen und des Ehrenfried Kumpf im Bauernkrieg. Ohne Datum. Akten und Bände 336, Band 6, fol. 16-17. Arrest der Güter des Dr. Teuschlein durch den Fiskal. 26.12.1526.

Baumann, Franz Ludwig (Hg.): Quellen zur Geschichte des Bauernkriegs aus Rotenburg an der Tauber (Bibliothek des Litterarischen Vereins in Stuttgart 139). Tübingen 1878.

Belting, Hans: Bild und Kult. Eine Geschichte des Bildes vor dem Zeitalter der Kunst. München 1990.

Ben-Chorin, Schalom: Mutter Mirjam. Maria in jüdischer Sicht. München 1971.

Bendel, Franz Joseph: Die Würzburger Diözesanmatrikel aus der Mitte des 15. Jahrhunderts. In: Würzburger Diözesangeschichtsblätter 2,2(1934), S. 1-46.

Benzing, Josef: Lutherbibliographie. Verzeichnis der gedruckten Schriften Martin Luthers bis zu dessen Tod. 2 Bände. Baden-Baden 1989–1994.

Berger, David (Hg.): The Jewish Christian Debate of the High Middle Ages. A Critical Edition of Nuzzahon Vetus. Philadelphia 1979.

Berger-Dittscheid, Cornelia: Artikel „Rothenburg ob der Tauber." In: Kraus, Wolfgang/Hamm, Berndt/Schwarz, Meier (Hg.): Mehr als Steine … Synagogen-Gedenkband Bayern. Band II: Mittelfranken. Bearbeitet von Eberhardt, Barbara/Berger-Dittscheid, Cornelia/Haas, Hans-Christof/Hager, Angela, unter Mitarbeit von Purrmann, Frank/Töllner, Axel mit einem Beitrag von Keßler, Katrin. Lindenberg im Allgäu 2010, S. 542–556.

Berger-Dittscheid, Cornelia: Die Synagogen in Rothenburg o. d. T. In: Kluxen, Andrea M./Krieger, Julia (Hg.): Geschichte und Kultur der Juden in Rothenburg o. d. T. (Franconia Judaica 7). Würzburg 2012, S. 67–97.

Bezold, Rudolf Walther von: Die Verfassung und Verwaltung der Reichsstadt Rothenburg ob der Tauber (1172–1803). Nürnberg 1915.

Bischoff, Bernhard: Paläographie des römischen Altertums und des abendländischen Mittelalters. Mit einer Auswahlbibliographie 1986–2008 von Koch, Walter. Berlin ⁴2009.

Blänsdorf, Jürgen: Horaz' Satiren in Celtis' Amores. In: Auhagen, Ulrike/Lefèvre, Eckard/Schäfer, Eckart (Hg.): Horaz und Celtis. Tübingen 2000, S. 291–299.

Blickle, Peter: Die Revolution von 1525. München ²1983.

de Boer, Jan-Hendryk: Die Differenz explizieren. Sprachformen gelehrter Judenfeindlichkeit im 16. Jahrhundert. In: de Boer, Jan-Hendryk: Die Differenz explizieren. Beiträge zur Entstehung und Frühgeschichte der modernen deutschen Wissenschaftssprachen. Berlin 2018, S. 47–85.

Borchardt, Karl: Die Visitationsprotokolle der Johanniterkommende Rothenburg von 1495 bis 1541. In: Die Linde 67(1985), S. 18–23, 31–32.

Borchardt, Karl: Die Ratsverfassung in Rothenburg, Dinkelsbühl, Weißenburg, Windsheim und Schweinfurt. In: Müller, Rainer A. (Hg.): Reichsstädte in Franken. Aufsätze 1. Verfassung und Verwaltung. München 1987, S. 205–216.

Borchardt, Karl: Die geistlichen Institutionen in der Reichsstadt Rothenburg ob der Tauber und dem zugehörigen Landgebiet von den Anfängen bis zur Reformation (Veröffentlichungen der Gesellschaft für fränkische Geschichte IX/37). 2 Bände. Neustadt an der Aisch 1988.

Borchardt, Karl: Rothenburg ob der Tauber. In: Franken. Handbuch der Historischen Stätten. Band 325. Stuttgart 2006, S. 453–457.

Borchardt, Karl: Spätmittelalterliche Normensetzung durch den Rat der Reichsstadt Rothenburg ob der Tauber. In: Weber, Andreas Otto/Petry, David (Hg.): Städtische Normen – Genormte Städte. Zur Planung und Regelhaftigkeit urbanen Lebens und regionaler Entwicklung zwischen Mittelalter und Neuzeit (Stadt in der Geschichte. Veröffentlichungen des südwestdeutschen Arbeitskreises für Stadtgeschichtsforschung 34). Ostfildern 2009, S. 13–32.

Braun, Rainer: „Durch ewren so lang gehabten friden habt ihr das couragio verlohren". Entwicklungslinien des reichsstädtischen Wehrwesens.

In: Müller, Rainer A. (Hg.): Reichsstädte in Franken. Aufsätze 1. Verfassung und Verwaltung. München 1987, S. 229–243.

Brecher, Adolf: Neue Beiträge zum Briefwechsel der Reformatoren und ihnen nahestehender Männer. In: Zeitschrift für die historische Theologie 42(1872), S. 323–410.

Bresslau, Harry: Zur Geschichte der Juden in Rothenburg an der Tauber. In: Zeitschrift für die Geschichte der Juden in Deutschland (AF) 4(1890), S. 1–17.

Brieger, Theodor: Die theologischen Promotionen der Universität Leipzig 1428–1539. Leipzig 1890.

Bubenheimer, Ulrich: Art. „Karlstadt". In: Theologische Realenzyklopädie. Band 17. Berlin/New York 1988, Sp. 649–657.

Bubenheimer, Ulrich: Thomas Müntzer. Herkunft und Bildung. Leiden u.a. 1989.(1989a)

Bubenheimer, Ulrich: Katalogbeitrag C59. In: Dasein und Vision. Bürger und Bauern um 1500. Ausstellung im Alten Museum vom 8. Dezember 1989 bis 12. Februar 1990. Berlin (Ost) 1989, S. 130f. (1989b)

Bubenheimer, Ulrich: Andreas Bodenstein genannt Karlstadt (1486–1541). In: Wendehorst, Alfred (Hg.). Fränkische Lebensbilder. Band 14. Würzburg 1991, S. 47–64.

Bubenheimer, Ulrich: Andreas Bodenstein von Karlstadt und seine fränkische Heimat. Mit einem Brief Bodensteins an Hektor Pömer in Nürnberg vom 27. März 1522. In: Bubenheimer, Ulrich/Oehmig, Stefan (Hg.): Querdenker der Reformation. Andreas Bodenstein von Karlstadt und seine frühe Wirkung. Würzburg 2001, S. 15–48.

Bünz, Enno/Rudersdorf, Manfred/Döring, Detlef: Geschichte der Universität Leipzig 1409–2009. 5 Bände. Band 1: Spätes Mittelalter und frühe Neuzeit. 1409–1830/31. Leipzig 2009.

Cappelli, Adriano: Lexicon abbreviaturarum. Wörterbuch lateinischer und italienischer Abkürzungen, wie sie in Urkunden und Handschriften besonders des Mittelalters gebräuchlich sind. Leipzig ²1928.

Clemen, Otto: Ein Sermon von D. Joh. Teuschlein. In: Beiträge zur bayerischen Kirchengeschichte IX(1903), S. 231–233.

Clemen, Otto: Noch etwas zu D. Joh. Teuschlein. In: Beiträge zur bayerischen Kirchengeschichte XI(1905), S. 365–375.

Dekkers, Eugenius u.a.: Clavis Patrum Latinorum. Steenbrugge ³1995.

Demandt, Dieter/Rublack, Hans-Christoph: Stadt und Kirche in Kitzingen. Darstellung und Quellen zu Spätmittelalter und Reformation. Stuttgart 1978.

Dill, Ueli: Prolegomena zu einer Edition von Erasmus von Rotterdam. „Scholia in Epistolas Hieronymi". Band 1. Basel 2004.

Dierlmeier, Ulf: Die Kosten des Aufgebots der Reichsstadt Rothenburg ob der Tauber im Schweizerkrieg von 1499. In: Kirchgässner, Bernhard/Scholz, Günter (Hg.): Stadt und Krieg (Stadt in der Geschichte 15). Sigmaringen 1989, S. 27–39.

Eberlein, Johann Konrad: Albrecht Dürer. Reinbek ⁴2014.

Ebert, Klaus: Thomas Müntzer. Von Eigensinn und Widerspruch. Frankfurt am Main 1987.

Eisenhart, Michael: Aus der Rothenburger Chronik. In: Baumann, Franz Ludwig (Hg.): Quellen zur Geschichte des Bauernkriegs aus Rotenburg an der Tauber. Tübingen 1878, S. 591–653.

Eisermann, Falk: Die schwarze Gunst. Buchdruck und Humanismus in Leipzig um 1500. In: Bünz, Enno / Fuchs, Franz (Hg.): Der Humanismus an der Universität Leipzig (Pirckheimer Jahrbuch. Band 23). Wiesbaden 2008, S. 149–179.

Enders, Ludwig (Hg.): Flugschriften der Reformationszeit. X. Aus dem Kampf der Schwärmer gegen Luther. Drei Flugschriften (1524–1525) (Neudrucke deutscher Literaturwerke des XVI. und XVII. Jahrhunderts. Band 118). Halle 1893 (darin auf S. 41–55 Nachdruck der Schrift von V. Ickelsamer: Clag etlicher Brüder ...).

Endres, Rudolf: Probleme des Bauernkrieges in Franken. In: Wohlfeil, Rainer (Hg.): Der Bauernkrieg 1524–1526. Bauernkrieg und Reformation. Neun Beiträge. München 1975, S. 90–115.

Engels, Friedrich: Der deutsche Bauernkrieg. Mit einem Essay von Heinrich Detering. Stuttgart 2023.

Erler, Georg: Die Matrikel der Universität Leipzig. 3 Bände (Codex diplomaticus Saxoniae Regiae, 2. Haupttheil, Bände 16–18). Leipzig 1895–1905.

Flachenecker, Helmut: Religiöse Grundlagen des Bauernkriegs. In: Fuchs, Franz/Wagner, Ulrich (Hg.): Bauernkrieg in Franken (Publikationen aus dem Kolleg „Mittelalter und Frühe Neuzeit". Band 2). Würzburg 2016, S. 49–74.

Förstemann, Karl Eduard: Liber Decanorum Facultatis Theologicae Academicae Vitebergensis. Leipzig 1838.

Foltin, Hans Friedrich: Die Kopfbedeckungen und ihre Bezeichnungen im Deutschen. Gießen 1963.

Franz, Günther: Der Deutsche Bauernkrieg 1525, herausgegeben in zeitgenössischen Zeugnissen. Berlin 1926.

Franz, Günther: Lienhart Götz von Schnelldorf. Ein Beitrag zur Geschichte Karlstadts und des Buchdruckers Philipp Ulhart. In: ARG 26(1929), S. 268 f.

Franz, Günther: Der deutsche Bauernkrieg. Aktenband. München 1935. ND Darmstadt 1968 bzw. 1987.

Franz, Günther: Der Deutsche Bauernkrieg. Darmstadt ⁷1965.

Freudenberger, Theobald: Hieronymus Dungersheim von Ochsenfurt am Main, 1465–1540. Theologieprofessor in Leipzig, Leben und Schriften. Münster 1988.

Fried, Johannes: Zins als Wucher. Zu den gesellschaftlichen Rahmenbedingungen der Predigt gegen den Wucherzins. In: Le Goff, Jaques: Wucherzins und Höllenqualen. Ökonomie und Religion im Mittelalter. Stuttgart ²2008, S. 134–177.

Fries, Lorenz: Die Geschichte des Bauernkriegs in Ostfranken, hg. von Schäffler, August/Henner, Theodor. Würzburg 1883.

Fuchs, Franz/Wagner, Ulrich (Hg.): Bauernkrieg in Franken (Publikationen aus dem Kolleg „Mittelalter und Frühe Neuzeit". Band 2). Würzburg 2016.

Füssel, Marian: Gelehrtenkultur als soziale Praxis. Rang, Ritual und Konflikt an der Universität der Frühen Neuzeit. Darmstadt 2006.

Giesecke, Michael: Alphabetisierung als Kulturrevolution. Leben und Werk V. Ickelsamers (ca. 1500–ca. 1547). In: Sinnenwandel, Sprachwandel, Kulturwandel. Studien zur Vorgeschichte der Informationsgesellschaft (stw 997). Frankfurt am Main 1992, S. 122–185, 337–344.

Giesecke, Michael: Valentin Ickelsamer. In: Wissenschaft als Beruf. Der Standort Erfurt. Sonderausstellung in der Universitätsbibliothek Erfurt. Erfurt 2004, S. 17–21.

Germania Judaica. Band III. Tübingen 1995–2003.

Grabmann, Martin: Thomas von Erfurt und die Sprachlogik des mittelalterlichen Aristotelismus (Sitzungsberichte der BAW, Phil.-hist. Abt. Heft 2). München 1943.

Gräter, Carlheinz: Der Bauernkrieg in Franken. Würzburg 1975.

Grimm, Heinrich: Die deutschen „Teufelbücher" des 16. Jahrhunderts. In: Archiv für die Geschichte des Buchwesens 2(1960), S. 513–570.

Gropp, Ignaz: Collectionis Novissimae Scriptorum et Rerum Wirceburgensium. Tomus III. Neueste Sammlung von allerhand Geschicht-Schriften. Teil I. Von dem Jahr 1500 biß 1642. Würzburg 1748.

Grotefend, Hermann: Zeitrechnung des deutschen Mittelalters und der Neuzeit. Band 1: Glossar und Tafeln. Aalen ³1984.

Grunwald, Max: Aus Rothenburg o. T. In: Monatsschrift für Geschichte und Wissenschaft des Judentums 72(1928), S. 204–212.

Hägele, Günter: Art. Hubmaier, Balthasar. In: Augsburger Stadtlexikon online. 2010ff., auf https://www.wissner.com/stadtlexikon-augsburg/artikel/stadtlexikon/hubmaier/4220.

Hägler, Brigitte: Die Christen und die „Judenfrage" am Beispiel der Schriften Osianders und Ecks zum Ritualmordvorwurf. Erlangen 1992.

Hahn, Joachim: Erinnerungen und Zeugnisse jüdischer Geschichte in Baden-Württemberg. Stuttgart 1988.

Hamm, Berndt: Reformation als normative Zentrierung von Religion und Gesellschaft. In: Jahrbuch für Biblische Theologie 7(1992), S. 241–279.

Hamm, Berndt: Theologie und Frömmigkeit im ausgehenden Mittelalter. In: Müller, Gerhard/Weigelt, Horst/Zorn, Wolfgang (Hg.): Handbuch der Geschichte der evangelischen Kirche in Bayern. Erster Band: Von den Anfängen des Christentums bis zum Ende des 18. Jahrhunderts. St. Ottilien 2002, S. 159–211.

Hamm, Berndt: Spielräume eines Pfarrers vor der Reformation. Ulrich Krafft in Ulm (Veröffentlichungen der Stadtbibliothek Ulm. Band 27). Ulm 2020.

[Haß, Kuntz]: Ein hüpsch lied von der vertreybung der Juden zu(o) Rotenburg an der Thawber / vnnd von irer Synagog. In Hertzog Ernsts Meloday. 1520. 4 Bll. klein 8°.

Haß, Kuntz: Ein new Lied von der stat Rottenburg an der thawber|| vnd von vertreibung der Juden do selbst|| Im schutten samen thon. Nürnberg (Johann Stüchs) 1520. Einblattdruck.

Hein, Markus/Junghans, Helmar: Die Professoren und Dozenten der Theologischen Fakultät der Universität Leipzig von 1409 bis 2009 (BLUWiG A 8). Leipzig 2009.

Heischmann, Gregor: Die Bibliothek der Freien Stadt Rothenburg ob der Tauber. In: Archiv für Buchgeschichte 14(1974), Sp. 1589–1878.

Holzapfel, Heribert: Die Anfänge der Montes Pietatis <1462–1515> (Veröffentlichungen aus dem Kirchenhistorischen Seminar München 11). München 1903.

Horst, Ulrich: Dogma und Theologie. Dominikanertheologen in den Kontroversen um die Immaculata Conceptio (Quellen und Forschungen zur Geschichte des Dominikanerordens. Neue Folge, Band 16). Berlin 2009.

Hortzitz, Nicoline: Die Sprache der Judenfeindschaft. In: Schoeps, Julius H./Schlör, Joachim (Hg.): Antisemitismus. Vorurteile und Mythen. Augsburg 1999, S. 19–40.

Hortzitz, Nicoline: Die Sprache der Judenfeindschaft in der frühen Neuzeit (1450–1700). Untersuchungen zu Wortschatz, Text und Argumentation. Heidelberg 2005, S. 243–248.

Huber, Wolfgang: Teuschlein. In: Biographisch-Bibliographisches Kirchenlexikon. Band XXXV(2014), Sp. 1415–1421.

Huber, Wolfgang: Rothenburg ob der Tauber. Religion, Gewalt und Reformation. In: Orte der Reformation. Band 27. Leipzig 2016, S. 34–39.

Hülsen-Esch, Andrea von: Kleider machen Leute. Zur Gruppenrepräsentation von Gelehrten im Spätmittelalter. In: Oexle, Otto Gerhard/Hülsen-Esch, Andrea von: Die Repräsentation der Gruppen. Texte – Bilder – Objekte. Göttingen 1998 (Veröffentlichungen des Max-Planck-Instituts, 141), S. 225–257.

Hülsen-Esch, Andrea von: Gelehrte im Bild: Repräsentation, Darstellung und Wahrnehmung einer sozialen Gruppe im Mittelalter. Göttingen 2006, S. 124–131 (Die Kopfbedeckungen).

Huggenberger, Florian: Die Rothenburger Landwehr. In: Rupp, Horst F./Borchardt, Karl (Hg.): Rothenburg ob der Tauber. Darmstadt 2016, S. 202–251.

Huggenberger, Florian: Frühe Neuzeit: Reformation, Dreißigjähriger Krieg, Aufklärung. In: Rupp, Horst F./Borchardt, Karl (Hg.): Rothenburg ob der Tauber. Darmstadt 2016, S. 156–201.

Ickelsamer, Valentin: clag etlicher brüder: an alle chri / sten von der grossen vngerechtikeyt und Ti / rannei/so Endressen Bodensteyn von / Carolstat yzo vom Luther zu / Wittenberg geschit. Valentinus Ickelschamer zu Ro / tenburg vff der thawber. (vermutlich Mainz 1525)

Ickelsamer, Valentin: Eyn (ernstlich und wunderlich) gespre / ch zweyer Kinder mit einan / der/Darinn angezeigt wirt / der ernst den Gott mit / den Kindern bevol / hen hat. Deuterono. vi. vnd xj. / Mein gepott soltu deine / Kinder lehren / Durch Valentin Yckelscha / mer zuo Rotenburgk. (Bamberg oder Wertheim 1525)

Ickelsamer, Valentin: Vom wanndel / und leben der Christen in got / licher forchte und guten wer / cken/welches leider noch so wenig bewey / sen/Darinne aber ein fromer gotfurchtiger /

vater seine kinder vnterweiset nachzu / volgen dem exempel des kinds Jesu / wann es gesprochen hat/Ein / beyspil hab ich euch geben / das yr thut gleich wie ich / euch than habe. Johan / nes. Xiij. Valentin Ickelsamer. In gesprech weyß wie hernach volgt. Vater Kinder. M. D. XXIX. Gedruckt zu Erffordt zum Schwar / zen Horn / vor der kremer / Brucken. M. D. XXIX.

Kaufmann, Thomas: Luthers Juden. Stuttgart 2014.

Karlstadt, Andreas Bodenstein von: Kritische Gesamtausgabe der Schriften und Briefe, hg. von Kaufmann, Thomas. Bearbeitet von Bollbuck, Harald u.a. 9 Bände. Gütersloh, später Heidelberg 2017–2025 (= KGK).

Keyser, Klaus: Gutachten zur Blutbeschuldigung, in: Müller, Gerhard (Hg.): Andreas Osiander d. Ä., Gesamtausgabe. Band 7. Gütersloh 1988, S. 216–248.

Klassert, Adam: Entehrung Mariä durch die Juden. Eine antisemitische Dichtung Thomas Murners. Mit den Holzschnitten des Straßburger Hupfuffschen Druckes. In: Jahrbuch für Geschichte, Sprache und Literatur Elsass-Lothringens 21(1905), S. 78–155.

Kluxen, Andrea M./Krieger, Julia (Hg.): Geschichte und Kultur der Juden in Rothenburg o. d. T. (Franconia Judaica 7). Würzburg 2012.

Kluxen, Andrea M./Krieger, Julia (Hg.): Geschichte und Kultur der Juden in Nürnberg (Franconia Judaica 8). Würzburg 2014.

Kolde, Theodor: D. Joh. Teuschlein und der erste Reformationsversuch in Rothenburg o. d. T. Erlangen/Leipzig 1901.

Kuhr, Olaf: Die Macht des Bannes und der Buße. Kirchenzucht und Erneuerung der Kirche bei Johannes Ökolampad (1482–1531). Bern 1999.

Le Goff, Jaques: Wucherzins und Höllenqualen. Ökonomie und Religion im Mittelalter. Stuttgart ²2008.

Lehmann, Paul: Sammlungen und Erörterungen lateinischer Abkürzungen in Altertum und Mittelalter (Abhandlungen der Bayerischen Akademie der Wissenschaften. Philosophisch-historische Abteilung. Neue Folge 3). München 1929.

Leonhardt, Jürgen/Schindler, Claudia: Neue Quellen zum Alltag im Hörsaal vor 500 Jahren. Ein Tübinger Forschungsprojekt zur Leipziger Universität. In: Jahrbuch für historische Bildungsforschung 13(2007), S. 31–56.

von Liliencron, Rochus: Die historischen Volkslieder der Deutschen vom 13. bis 16. Jahrhundert. Band III. Leipzig 1867.

Löhr, Gabriel Maria: Die theologischen Disputationen und Promotionen an der Universität Köln im ausgehenden 15. Jahrhundert. Nach den Angaben des P. Servatius Fanckel O. P. Leipzig 1926.

Loewe, Heinrich: Die Juden in der katholischen Legende. Berlin 1912.

Looß, Sigrid: Der Rothenburger Schulmeister Valentin Ickelshamer. Position und Leistung. In: ZBKG 60(1991), S. 1–19.

Lotter, Friedrich: Art. „Ritualmord". In: Müller, Gerhard (Hg.): Theologische Realenzyklopädie. Band 29. Berlin 1998, S. 253–259.

Ludwig, Otto: Valentin Ickelsamers Beitrag zum Deutschunterricht. In: Zeitschrift für germanistische Linguistik 28(2000), Nr. 1, S. 23–40.

Ludwig, Walther (Hg.): Vater und Sohn im 16. Jahrhundert. Der Briefwechsel des Wolfgang Reichart genannt Rychardus mit seinem Sohn Zeno (1520–1534). Hildesheim 1999.

Luther, Martin: Werke, Abt. I Band 51. Weimar 1914.

Marienberg, Evyatar: Niddah. Lorsque les juifs conceptualisent la menstruation. Paris 2003.

Melanchthons Briefwechsel. Kritische und kommentierte Gesamtausgabe, im Auftrag der Heidelberger Akademie der Wissenschaften hg. von Scheible, Heinz, später hg. von Mundhenk, Christine. Stuttgart 1977 ff. (= MBW).

Merz, Hilde: „Mit bitterer Seele eine bittere Klage ...". Über die Wiederauffindung und Identifizierung des Gedenksteins zum Judenpogrom in Rothenburg ob der Tauber 1298. In: Merz, Hilde u.a. (Hg.): Zur Geschichte der mittelalterlichen jüdischen Gemeinde in Rothenburg ob der Tauber. Rabbi Meir ben Baruch von Rothenburg zum Gedenken an seinem 700. Todestag (Musemsheft Nr. 3). Rothenburg ob der Tauber 1993, S. 29–34.

Merz, Hilde: Katalog. In: Merz, Hilde u.a. (Hg.): Zur Geschichte der mittelalterlichen jüdischen Gemeinde in Rothenburg ob der Tauber. Rabbi Meir ben Baruch von Rothenburg zum Gedenken an seinem 700. Todestag (Museumsheft Nr. 3). Rothenburg ob der Tauber 1993, S. 265–334.

Minty, J. Mary: *Judengasse* to Christian Quarter: The Phenomenon of the Converted Synagogue in the Late Medieval and Early Modern Holy Roman Empire. In: Scribner, Bob/Johnson, Trevor (Hg.): Popular Religion in Germany and Central Europe, 1400–1800. Houndmills/London 1996, S. 58–86.

Moeller, Bernd: Frömmigkeit in Deutschland um 1500. In: Archiv für Reformationsgeschichte 56(1965), S. 5–31.

Moeller, Bernd: Deutschland im Zeitalter der Reformation (Deutsche Geschichte Band 4). Göttingen 1977.

Moeller, Bernd: Reichsstadt und Reformation. Bearbeitete Neuausgabe. Berlin 1987.

Moeller, Bernd: Stadt und Buch. Bemerkungen zur Struktur der reformatorischen Bewegung in Deutschland. In: Moeller, Bernd: Die Reformation und das Mittelalter. Kirchenhistorische Aufsätze, hg. von Schilling, Johannes. Göttingen 1991, S. 111–124.

Morgenstern, Matthias/Noblesse-Rocher, Annie (Hg.): Andreas Osiander: Ob es wahr und glaublich sei ... Eine Widerlegung der judenfeindlichen Ritualmordbeschuldigung (Studien zu Kirche und Israel. Kleine Reihe 2). Leipzig 2018.

zur Mühlen, Karl-Heinz: Reformation und Gegenreformation. Teil I (Rupp, Horst F.: (Hg.): Zugänge zur Kirchengeschichte. Band 6). Göttingen 1999.

Müller, Rainer A. (Hg.): Reichsstädte in Franken. Aufsätze 1: Verfassung und Verwaltung. Aufsätze 2: Wirtschaft, Gesellschaft und Kultur. München 1987.

Müller, Rainer A./Buberl, Brigitte (Hg. unter Mitarbeit von Brockhoff, Evamaria): Reichsstädte in Franken. Katalog zur Ausstellung. München 1987.

[Murner, Thomas]: Enderung und schmach der bildung Marie von den Juden bewissen. vnd zu ewiger gedechtnüß durch Maximilianum den römischen keyser zu malen verschaffet in der löblichen stat kolmer, von dannen sy ouch ewig vertriben. Straßburg (Matthias Hupfuff) [ca. 1515]. 33 Bll. 4°. [VD16 A 350]

Muzzarelli, Maria Giuseppina: Pawn Broking between Theory and Practice in Observant Socio-Economic Thought. In: Mixson, James D./Roest, Bert (Hg.): A Companion to Observant Reform in the Late Middle Ages and Beyond (Brill's Companions to the Christian Tradition 59). Leiden/Boston 2015, S. 204–229.

Naser, Markus: Rothenburg im Spätmittelalter. In: Rupp, Horst F./Borchardt, Karl (Hg.): Rothenburg ob der Tauber. Geschichte der Stadt und ihres Umlandes. Darmstadt 2016, S. 82–135. (2016a)

Naser, Markus: Rothenburg, Reichsstadt. In: Historisches Lexikon Bayerns, auf: https://www.historisches-lexikon-bayerns.de/Lexikon/Rothenburg,_Reichsstadt. (2016b)

Naser, Markus (2016c): Rothenburgs Stadtgeschichte. In: Frankenland 68, H. 3, S. 152–164. (2016 c)

Negwer, Josef: Konrad Wimpina. Ein katholischer Theologe aus der Reformationszeit. Breslau 1909. ND Nieuwkoop 1967.

Neidiger, Bernhard: Prädikaturstiftungen in Süddeutschland (1369–1530). Laien – Weltklerus – Bettelorden (Veröffentlichungen des Archivs der Stadt Stuttgart 106). Stuttgart/Leipzig 2011.

Nickel, Veronika: Widerstand durch Recht: Die Regensburger Judengemeinde vor ihrer Vertreibung (1519) und der Innsbrucker Prozess (1516–1522) (Forschungen zur Geschichte der Juden A 28). Wiesbaden 2018.

Noll, Thomas: Zwischen Schmerzensmutter und Himmelskönigin – Maria in der Kunst des späten Mittelalters. In: von Lembke, Katja (Hg.): Madonna. Frau – Mutter – Kultfigur. Eine Ausstellung des Niedersächsischen Landesmuseums Hannover in Zusammenarbeit mit dem Sprengel Museum Hannover. Dresden/Hannover 2015, S. 183–199.

Oberman, Heiko A.: Wurzeln des Antisemitismus. Christenangst und Judenplage im Zeitalter von Humanismus und Reformation. Berlin ²1983.

Ohlau, Jürgen Uwe: Der Haushalt der Reichsstadt Rothenburg o. T. in seiner Abhängigkeit von Bevölkerungsstruktur, Verwaltung und Territorienbildung (1350–1450). Diss. masch. Friedrich-Alexander-Universität Erlangen-Nürnberg 1965.

Osiander, Andreas d. Ä.: Gesamtausgabe. Schriften und Briefe. 10 Bände, hg. von Müller, Gerhard/Seebaß, Gottfried. Gütersloh 1975–1997.

Osiander, Wolfgang: Gelber Fleck, gelber Ring, gelber Stern. Kleidungsvorschriften und Kennzeichen für Juden vom Mittelalter bis zum Nationalsozialismus. In: Geschichte lernen 80(2001), S. 26 f.

Osiander, Wolfgang: Der Reformator Andreas Osiander und sein Gutachten zur Blutbeschuldigung. In: Eichstätter Diözesangeschichtsblätter 3(2016/17), S. 7–22.

Pfeiffer, Gerhard (Hg.): Quellen zur Nürnberger Reformationsgeschichte. Nürnberg 1968.

Pfeiffer, Gerhard: Rothenburgs Stellung im Fränkischen Landfrieden des Spätmittelalters. In: Rothenburg. Kaiser und Reich. Jahrbuch 1974/75 des Vereins Alt-Rothenburg. Rothenburg o. d. T. 1975, S. 32–48.

Pinborg, Jan: Die Entwicklung der Sprachtheorie im Mittelalter (Beiträge zur Geschichte der Philosophie und Theologie des Mittelalters 42/2). Münster 1967.

Pinborg, Jan: Die Erfurter Tradition im Sprachdenken des Mittelalters. In: Wilpert, Paul (Hg.): Universalismus und Partikularismus im Mittelalter (Miscellanea Mediaevalia 5). Berlin 1968, S. 173–185.

Pinborg, Jan: Die Logik der Modistae. In: Studia Mediewistyczne 16(1975), S. 39–97.

Plöse, Detlef/Vogler, Günter (Hg.): Buch der Reformation. Eine Auswahl zeitgenössischer Zeugnisse (1476–1555), nach der Auswahl von Kaulfuß-Diesch, Karl. Berlin 1989.

Pohlig, Matthias (Hg.): Reformation (Basistexte Frühe Neuzeit. Band 2). Stuttgart 2015.

Quester, Ernst: Das Rad der Fortuna und das Kreuz. Studien zur Aufstandsperiode von 1525 in und um Rothenburg ob der Tauber und ihrer Vorgeschichte. Rothenburg ob der Tauber 1994.

Repertorium Germanicum: Verzeichnis der in den päpstlichen Registern und Kameralakten vorkommenden Personen, Kirchen und Orte des Deutschen Reiches, seiner Diözesen und Territorien vom Beginn des Schismas bis zur Reformation. Band 10: Sixtus IV. 1471–1484. Berlin/Boston 2018.

Ress, Anton (Bearb.): Die Kunstdenkmäler von Bayern. Teil 5: Regierungsbezirk Mittelfranken. Band 8: Stadt Rothenburg o. d. Tauber, 1: Kirchliche Bauten. München 1959.

Reuchlin, Johannes: Doctor iohanns Reuchlins tütsch missiue, warumb die Jude[n] so lang im ellend sind. Pforzheim (Th. Anshelm) 1505. [VD16 R 1246].

Reuchlin, Johannes: Ratschlag, ob man den Juden alle ihre Bücher nehmen, abtun und verbrennen soll. Frühneuhochdeutsch/Neuhochdeutsch. Herausgegeben und übersetzt von de Boer, Jan-Hendryk. Stuttgart 2022.

Röckelein, Hedwig: Marienverehrung und Judenfeindlichkeit in Mittelalter und früher Neuzeit. In: Opitz, Claudia u.a. (Hg.): Maria in der Welt. Marienverehrung im Kontext der Sozialgeschichte 10.–18. Jahrhundert (Clio Lucernensis. Band 2). Zürich 1993, S. 279–307.

Röckelein, Hedwig: „Die grabstain, so vil täsent guldin wert sein": Vom Umgang der Christen mit Synagogen und jüdischen Friedhöfen im Mittelalter und am Beginn der Neuzeit. In: Aschkenas. Zeitschrift für Geschichte und Kultur der Juden 5/1(1995), S. 11–45.

Röckelein, Hedwig: Marie, l'Eglise et la Synagogue. Culte de la Vierge et lutte contre les Juifs en Allemagne à la fin du Moyen Age. In: Iogna-Prat, Dominique u.a. (Hg.): Marie. Le culte de la vierge dans la société médiévale. Paris 1996, S. 512–532.

Rohrbacher, Stefan/Schmidt, Michael: Judenbilder. Kulturgeschichte antijüdischer Mythen und antisemitischer Vorurteile. Reinbek bei Hamburg 1991.

Rublack, Ulinka/Hayward, Maria (Hg.): The First Book of Fashion. The Books of Clothes of Matthäus & Veit Konrad Schwarz of Augsburg. London u.a. 2015.

Rupp, Horst F.: Religion – Bildung – Schule. Studien zur Geschichte und Theorie einer komplexen Beziehung (Forum zur Pädagogik und Didaktik der Religion. Band 7). Weinheim 1994, ²1996.

Rupp, Horst F.: Philipp Melanchthon – der vergessene „Praeceptor Germaniae"? – Der Versuch einer Synthese von Humanismus und Reformation im Deutschland des 16. Jahrhunderts. In: Historische Kommission der Deutschen Gesellschaft für Erziehungswissenschaft (Hg.): Jahrbuch für Historische Bildungsforschung. Band 4. Weinheim/München 1998, S. 45–63.

Rupp, Horst F.: Die jüdische Gemeinde in der Reichsstadt Rothenburg ob der Tauber. In: Behr, Hartwig/Rupp, Horst F.: Vom Leben und Sterben. Juden in Creglingen. Würzburg 1999, ²2001, S. 17–25.

Rupp, Horst F.: Artikel „Schule/Schulwesen". In: Müller, Gerhard (Hg.): TRE – Theologische Realenzyklopädie. Berlin/New York 1977ff., hier Band 30. Berlin/New York 1999, S. 591–627.

Rupp, Horst F.: Artikel „Sokratik". In: Die Religion in Geschichte und Gegenwart – RGG⁴, Band 7. Tübingen 2004, Sp. 1425 f.

Rupp, Horst F./Borchardt, Karl (Hg.): Rothenburg ob der Tauber. Geschichte der Stadt und ihres Umlandes. Darmstadt 2016. (2016a)

Rupp, Horst F.: Frömmigkeit, Schulwesen und Bildung der Reichsstadtzeit. In: Rupp, Horst F./Borchardt, Karl (Hg.): Rothenburg ob der Tauber. Geschichte der Stadt und ihres Umlandes. Darmstadt 2016, S. 252–299. (2016b)

Salfeld, Siegmund (Hg.): Das Martyrologium des Nürnberger Memorbuches (Quellen zur Geschichte der Juden in Deutschland 3). Berlin 1898.

Schäfer, Peter u.a. (Hg.): Toledot Yeshu. The Life Story of Jesus. Band 1: Introduction and Translation. Band 2: Critical Edition. Tübingen 2014.

Schattenmann, Paul: Die Einführung der Reformation in der ehemaligen Reichsstadt Rothenburg ob der Tauber (1520–1580) (Einzelarbeiten aus der Kirchengeschichte Bayerns 7). München 1928.

Schnabel, Norbert: Seht her, ich bin ein Künstler! – Albrecht Dürers Selbstbildnis in Madrid. 2020, auf: http://syndrome-de-stendhal.blogspot.com/2013/01/seht-her-ich-bin-ein-kunstler.html.

Schnabel-Schüle, Helga: Die Reformation 1495–1555. Stuttgart ²2013.

Schnizlein, August: Zur Geschichte der Vertreibung der Juden aus Rothenburg o./Tauber 1519/20. In: Monatsschrift für Geschichte und Wissenschaft des Judentums 53(1917), S. 263–284.

Schnurrer, Ludwig: Die Belehnung des Königs Christian von Dänemark mit Holstein, Dietmarschen und Stormarn durch Kaiser Friedrich III. am 14. Februar 1474 in Rothenburg. In: Die Linde 59(1974), S. 15–16.

Schnurrer, Ludwig: Die Wallfahrt zur Reinen Maria in Rothenburg (1520–1525). In: Würzburger Diözesangeschichtsblätter 42(1980), S. 463–500. (1980a)

Schnurrer, Ludwig: Soziale und bürgerliche Aufstände im mittelalterlichen Rothenburg. In: Die Linde 62(1980), S. 12-16, 21-24, 30-32. (1980b)

Schnurrer, Ludwig: Zur Vorgeschichte des Bauernkrieges im Rothenburger Land. In: Die Linde (62)1980, S. 6ff., 16. (1980c)

Schnurrer, Ludwig: Rothenburg im Mittelalter. Studien zur Geschichte einer fränkischen Reichsstadt. Rothenburg ob der Tauber 1997 (^{2}2008). (1997a)

Schnurrer, Ludwig: Die Wallfahrt zur Reinen Maria in Rothenburg (1520-1525). In: Schnurrer, Ludwig: Rothenburg im Mittelalter. Studien zur Geschichte einer fränkischen Reichsstadt. Rothenburg ob der Tauber 1997, S. 401-454. (1997b)

Schnurrer, Ludwig: Rothenburger Profile. Lebensbilder aus sechs Jahrhunderten. Rothenburg ob der Tauber 2002. (2002a)

Schnurrer, Ludwig: Stephan von Menzingen. Ein Lebensbild aus der Bauernkriegszeit in und um Rothenburg ob der Tauber. In: Schnurrer, Ludwig: Rothenburger Profile. Lebensbilder aus sechs Jahrhunderten. Rothenburg ob der Tauber 2002, S. 41-72. (2002b)

Schnurrer, Ludwig: Thomas Zweifel (†1540). In: Schnurrer, Ludwig: Rothenburger Profile. Lebensbilder aus sechs Jahrhunderten. Rothenburg ob der Tauber 2002, S. 73-94. (2002c)

Schnurrer, Ludwig: Rothenburg im Schwäbischen Städtebund. In: Schnurrer, Ludwig: Rothenburg im Mittelalter. Studien zur Geschichte einer fränkischen Reichsstadt. Rothenburg ob der Tauber ^{2}2008, S. 83-124. (2008a)

Schnurrer, Ludwig: Rothenburger Kaufleute als Wolllieferanten nach Nürnberg. Ein Beitrag zur Geschichte des Nürnberger Textilgewerbes im ausgehenden Mittelalter. In: Schnurrer, Ludwig: Rothenburg im Mittelalter. Rothenburg o. d. T. ^{2}2008, S. 352-388. (2008b)

Schnurrer, Ludwig: Schafwirtschaft im ausgehenden Mittelalter. Die Schafherde des Spitals in Rothenburg ob der Tauber. In: Schnurrer, Ludwig: Rothenburg im Mittelalter. Rothenburg o. d. T. ^{2}2008, S. 319-351. (2008c)

Schnurrer, Ludwig: Soziale Unruhen und bürgerliche Aufstände im mittelalterlichen Rothenburg. In: Schnurrer, Ludwig: Rothenburg im Mittelalter. Studien zur Geschichte einer fränkischen Reichsstadt. Rothenburg o. d. T. ^{2}2008, S. 272-286. (2008d)

Schnurrer, Ludwig: Spätlese. Neue Beiträge zur Geschichte der Reichsstadt Rothenburg o. d. T. (Rothenburg-Franken-Edition Band 5). Insingen 2010. (2010a)

Schnurrer, Ludwig: Valentin Ickelsamer (ca. 1500-1547), Laientheologe und Pädagoge. In: Schnurrer, Ludwig: Spätlese. Neue Beiträge zur Geschichte der Reichsstadt Rothenburg o. d. T. Insingen 2010, S. 1-17. (2010b)

Schnurrer, Ludwig: Die Kirche zu Kobolzell bei Rothenburg. In: Schnurrer, Ludwig: Spätlese. Neue Beiträge zur Geschichte der Reichsstadt Rothenburg o. d. T. Insingen 2010, S. 129-155. (2010c)

Schnurrer, Ludwig: Rothenburg als Wallfahrtsstadt des Spätmittelalters. In: Schnurrer, Ludwig: Spätlese. Neue Beiträge zur Geschichte der Reichsstadt Rothenburg o. d. T. Insingen 2010, S. 83-115. (2010d)

Schnurrer, Ludwig: Die Vertreibung der Juden aus Rothenburg. In: Kluxen, Andrea M./Julia Krieger (Hg.): Geschichte und Kultur der Juden in Rothenburg o. d. T. (Franconia Judaica 7). Würzburg 2012, S. 47-55.

Schornbaum, Karl: Die Stellung des Markgrafen Kasimir von Brandenburg zur reformatorischen Bewegung in den Jahren 1524-1527 auf Grund archivalischer Forschungen. Diss. Erlangen 1900.

Schornbaum, Karl (Hg.): Quellen zur Geschichte der Wiedertäufer. Band. 2: Markgraftum Brandenburg (Bayern I. Abteilung) (Quellen und Forschungen zur Reformationsgeschichte 16). Leipzig 1934.

Schreiner, Klaus: Maria – Jungfrau, Mutter, Herrscherin. München/Wien 1994.

Schreiner, Klaus: Antijudaismus in Marienbildern des späten Mittelalters. In: Das Medium Bild in historischen Ausstellungen zur Sektion 6 des 41. Historikertages in München 1996 (Materialien zur Bayerischen Geschichte und Kultur. Band 5). Augsburg 1998, S. 9-34.

Schroer, Silvia: Weise Frauen und Ratgeberinnen in Israel – Vorbilder der personifizierten Chokmah. In: Wodtke, Verena (Hg.): Auf den Spuren der Weisheit: Sophia - Wegweiserin für ein neues Gottesbild. Freiburg/Basel/Wien 1991, S. 9-23.

Scott, Tom: Ungelöste Probleme des Deutschen Bauernkrieges. In: Fuchs, Franz/Wagner, Ulrich (Hg.): Bauernkrieg in Franken (Publikationen aus dem Kolleg „Mittelalter und Frühe Neuzeit". Band 2). Würzburg 2016, S. 37-48.

Scribner, Robert W.: Flugblatt und Analphabetentum. Wie kam der gemeine Mann zu reformatorischen Ideen. In: Köhler, Hans-Joachim (Hg.): Flugschriften als Massenmedium der Reformationszeit (Spätmittelalter und frühe Neuzeit 13). Stuttgart 1981, S. 65-76.

Scribner, Robert W.: Volkskultur und Volksreligion. Zur Rezeption evangelischer Ideen. In: Blickle, Peter/Lindt, Andreas/Schindler, Alfred (Hg.): Zwingli und Europa. Zürich 1985, S. 151-161.

Scriptorum Insignium, Qui In Celeberrimis, Praesertim Lipsiensi, Wittenbergensi, Franfordiana Ad Oderam Academiis, A fundatione ipsarum, usque ad annum Christi 1515. floruerunt, Centuria, ab Auctore Eius Temporis Anonymo Concinnata, nunc vero In Lucem Edita, a Joachimo Johanne Madero. Helmstedt 1660.

Seebass, Gottfried: Reichsstädte. In: Müller, Gerhard/Weigelt, Horst/Zorn, Wolfgang (Hg.): Handbuch der Geschichte der evangelischen Kirche in Bayern. Erster Band: Von den Anfängen des Christentums bis zum Ende des 18. Jahrhunderts. St. Ottilien 2002, S. 233-252.

Seiderer, Georg: Die Reformation in Rothenburg ob der Tauber. In: Zeitschrift für Bayerische Kirchengeschichte 85(2016), S. 64-72.

Seyboth, Reinhard: Markgraf Kasimir von Ansbach-Kulmbach (1481-1527). In: Fränkische Lebensbilder. 15. Band (Veröffentlichungen der Gesellschaft für fränkische Geschichte. Reihe VII A). Neustadt/Aisch 1993, S. 17-36.

Simon, Gerhard: Humanismus und Konfession. Theobald Billican, Leben und Werk (Arbeiten zur Kirchengeschichte 49). Berlin/New York 1980.

Simon, Gerhard: Täufer aus Schwaben, Täufer in Schwaben: Eine süddeutsche Region im Schnittpunkt der Täuferbewegung des 16. Jahrhunderts. In: Frieß, Peer/Kießling, Rolf

(Hg.): Konfessionalisierung und Region (Forum Suevicum 3). Konstanz 1999, S. 139–159.

Simon, Gerhard: Theobald Billican als Kalendariograph. In: ZHVS 108(2016), S. 109–122.

Simon, Gerhard: Theobald Billican (um 1495–1554). Humanist, Gelehrter, Prediger der Barmherzigkeit. In: Grünsteudel, Günther/Sponsel, Wilfried (Hg.): Lebensbilder aus dem Bayerischen Schwaben. Band 19. Augsburg 2017, S. 81–130.

Soden, Franz von/Knaake, Joachim K. F.: Christoph Scheurl's Briefbuch. Ein Beitrag zur Geschichte der Reformation und ihrer Zeit. Potsdam 1867–1872.

Söll, Georg: Maria in der Geschichte von Theologie und Frömmigkeit. In: Beinert, Wolfgang/Petri, Heinrich (Hg.): Handbuch der Marienkunde. Regensburg 1984, S. 93–231.

Stambaugh, Ria (Hg.): Teufelsbücher in Auswahl. Bände 1–5. Berlin 1970–1980.

Steffes-Maus, Claudia: Das „Judenbuch III" der Reichsstadt Rothenburg ob der Tauber. In: Campana pulsante convocati. Festschrift anläßlich der Emeritierung von Prof. Dr. Alfred Haverkamp. Trier 2005, S. 545–561.

Steffes-Maus, Claudia: Juden im mittelalterlichen Rothenburg o. d. T. In: Kluxen, Andrea M./Krieger, Julia (Hg.): Geschichte und Kultur der Juden in Rothenburg o. d. T. (Franconia Judaica 7). Würzburg 2012, S. 11–31.

Steffes-Maus, Claudia: Die Juden im mittelalterlichen Rothenburg ob der Tauber. In: Rupp, Horst F./Borchardt, Karl (Hg.): Rothenburg ob der Tauber. Geschichte der Stadt und ihres Umlandes. Darmstadt 2016, S. 136–155.

Steinmeyer, Heinrich: Die Nördlinger Messe und ihre Konkurrenten in Dinkelsbühl und Rothenburg vom 14. bis zum 16. Jahrhundert. In: Die Linde 58(1976), S. 1–6.

[Teuschlein, Johannes]: Diffinitiones editionis Donati minoris viri clarissimi: et auctoris modoru(m) significa(n)di cu(m) expo(sition)ibus earunde(m) (et) notatis pulcerrimis. Leipzig 1505. [VD16 T 624].

[Teuschlein, Johannes]: Diffinitiones editionis Donati mi(n)oris viri clarissimi: et auctoris modoru(m) significa(n)di cu(m) expo(sition)ibus earunde(m) (et) notatis pulcerrimis. Leipzig 1510 [VD16 T 625].

Teuschlein, Johannes: Auflosung ettli/cher Fragen zu lob und ere / Christi Jesu, auch seiner lieben mutter / Marie, wider die verstockte plin/te Juden, vnd alle die jhe/nen so sie in jren lan/den vnd stet/ten wi/der recht ent/halten furen vnd ge/dulden neulich geschehen.// ... D[octor] J[o]hann] T[euschlein] / F[rickenhausen]. / Getruckt jn der keiserlichen Statt Nurmberg durch / Fryderichen Peypus / ... M. D. XX [VD16 T 623].

[Teuschlein, Johannes]: Hiernach sein begriffen die gros/sen wunderzaichen so geschehen sein / vn(d) noch teglich geschehen durch / die Rayn Maria die mueter / gottes zu Rotenburg / auff der Tauber. / Anno .xx. Jar. 16 Bll. in 4° [VD16 G 3464].

Teuschlein, Johannes: Eyn Sermon wyder die vnzymliche vn[d] vnordeliche Tragung d[er] zypffelbiredt vnder [während] dem heiligenn Gotlichen ampt zu Rottenburgk auff d[er] Tauber. jm xxj. Jar Gescheen. [Nürnberg, Friedrich Peypus 1521, VD16 T 628].

Thomas-Müntzer-Ausgabe. Kritische Gesamtausgabe, hg. von Junghans, Helmar u.a. im Auftrag der Sächsischen Akademie der Wissenschaften zu Leipzig. 3 Bände. Leipzig 2004–2017 (= TMA).

Tischer, Anuschka: Reichsreform – Reformation – Bauernkrieg: Der Bauernkrieg im Kontext von Reformen und Reformdiskursen am Beginn der Neuzeit. In: Fuchs, Franz/Wagner, Ulrich (Hg.): Bauernkrieg in Franken (Publikationen aus dem Kolleg „Mittelalter und Frühe Neuzeit". Band 2). Würzburg 2016, S. 75–85.

Toch, Michael: Die Juden im mittelalterlichen Reich (Enzyklopädie Deutscher Geschichte 44). München 1998.

Toepfer, Regina: Humanistische Lektüre an der Universität Leipzig. Zur Funktionalisierung von Basilius Magnus ‚Ad adolescentes' in der Auseinandersetzung um die *studia humanitatis*. In: Bünz, Enno/Fuchs, Franz (Hg.): Der Humanismus an der Universität Leipzig (Pirckheimer Jahrbuch, Band 23). Wiesbaden 2008, S. 105–126.

Tröster, Sonja: Theobald Billican and Michael's ode settings in print. Notes on an exceptional transmission. In: Lindmayr, Andrea u.a.: Early Music Printing in German-Speaking Lands. London 2018, Kap. 10.

Urkundenbuch der Universität Leipzig von 1409–1555 (Codex Diplomaticus Saxoniae Regiae 2. Hauptteil, Band 11). Leipzig 1879.

VD16: Bezzel, Irmgard u.a. (Red.): Verzeichnis der im deutschen Sprachbereich erschienenen Drucke des 16. Jahrhunderts, hg. von der Bayerischen Staatsbibliothek in München und der Herzog August Bibliothek in Wolfenbüttel. Stuttgart 1983–2007 (zitiert als VD16 mit jeweiliger Nummer).

Veesenmeyer, Georg: Sammlung von Aufsätzen zur Erläuterung der Kirchen-, Litteratur-, Münz- und Sittengeschichte besonders des 16. Jahrhunderts. Ulm 1827.

Vice, Roy L.: The German Peasants' War and its Aftermath in Rothenburg ob der Tauber and Würzburg. Chicago 1984.

Vice, Roy L.: Vineyards, Vinedressers and the Peasants' War in Franconia. In: Archiv für Reformationsgeschichte 79(1988), S. 138–157.

Vice, Roy L.: Führerschaft und soziales Gefüge des Tauberhaufens während des Bauernkriegs in Franken. In: Die Linde 72(1990), S. 45–64.

Vice, Roy L.: The Village Clergy near Rothenburg ob der Tauber and the Peasants' War. In: Archiv für Reformationsgeschichte 82(1991), S. 123–146.

Vice, Roy L.: Ehrenfried Kumpf, Karlstadts Patron and Peasants' War Rebel. In: Archiv für Reformationsgeschichte 86(1995), S. 153–173.

Vice, Roy L.: Valentin Ickelsamer's Odyssee from Rebellion to Quietism. In: The Mennonite Quarterly Review 69(1995), S. 75–92.

Vice, Roy L.: Ehrenfried Kumpf von Rothenburg. Karlstadts Gönner und Bauernkriegsrebell. In: Die Linde 79(1997), S. 59–72, 78–80.

Vice, Roy L.: Iconoclasm in Rothenburg ob der Tauber in 1525. In: Archiv für Reformationsgeschichte 89(1998), S. 55–78.

Vice, Roy L.: The Politics of Blame in the Aftermath of the Peasants' War In Franconia. Andreas Bodenstein von Karlstadt and Rothenburg ob der Tauber. In: Karl Borchardt/Ekkehart Tittmann (Hg.): Städte, Regionen, Vergangenheiten.

Beiträge für Ludwig Schnurrer zum 75. Geburtstag (QFW 59). Würzburg 2003, S. 243–262.

WA: Luther, Martin: Werke. Kritische Gesamtausgabe. Weimar 1883 ff.

Waas, Adolf: Der Bauernkrieg. Die Bauern im Kampf um Gerechtigkeit 1300 bis 1525. München o. J.

Wagner, Ulrich: Die Stadt Würzburg im Bauernkrieg. In: Geschichte der Stadt Würzburg. Band 2. Stuttgart 2004, S. 40–46.

Wagner, Ulrich: Quellen zur Erhebung der Bauern in Mainfranken 1525. In: Reichtum des Glaubens. Festgabe für Bischof Friedhelm Hofmann zum 70. Geburtstag (Würzburger Diözesangeschichtsblätter. Band 74). Würzburg 2012, S. 741–781.

Wagner, Ulrich: Die Stadt Würzburg im Bauernkrieg. In: Fuchs, Franz/Wagner, Ulrich (Hg.): Bauernkrieg in Franken (Publikationen aus dem Kolleg „Mittelalter und Frühe Neuzeit". Band 2). Würzburg 2016, S. 113–140.

Wagner, Ulrich: Konrad von Thüngen im Bauernkrieg. In: Weiß, Dieter J./Schneider, Erich (Hg.): Renaissancen in Franken. Die Epoche des Fürstbischofs Konrad von Thüngen (1519–1540). Wissenschaftliches Symposion der Gesellschaft für fränkische Geschichte in Zusammenarbeit mit dem Museum für Franken am 12. und 13. September 2019. Neustadt an der Aisch 2021, S. 41–61.

Wallmann, Johannes: Kirchengeschichte Deutschlands II. Von der Reformation bis zur Gegenwart. Frankfurt am Main/Berlin/Wien 1973.

Walter, Johann Ludolf: Lexicon diplomaticum: abbreviationes syllabarum et vocum in diplomatibus et codicibus. Göttingen 1752 (Nachdruck Hildesheim 1973).

Wehrmann, Michael: Die Rechtsstellung der Rothenburger Judenschaft im Mittelalter (1180–1520). Eine rechtsgeschichtliche Untersuchung. Würzburg 1976.

Weigel, Martin: Rothenburger Chronik. Rothenburg ob der Tauber o. J. (1923).

Wendehorst, Alfred: Das Stift Neumünster in Würzburg (Germania Sacra NF 26). Berlin/New York 1989.

Winiarczyk, Marek: Sigla Latina in libris impressis occurrentia. Bratislava ²1995.

Winkler, Gerhard B.: Die Regensburger Wallfahrt zur Schönen Maria (1519) als reformatorisches Problem. In: Henrich, Dieter (Hg.): Albrecht Altdorfer und seine Zeit. Regensburg 1981 (Schriftenreihe der Universität Regensburg. Band 5), S. 103–122.

von Winterbach, Johann David W.: Geschichte der Stadt Rothenburg o. T. bis zu deren Ende als freie Reichsstadt. Rothenburg o. T. 1905.

Wohlfeil, Rainer (Hrsg.): Der Bauernkrieg 1524–1526. Bauernkrieg und Reformation. Neun Beiträge. München 1975.

Woltering, Herbert: Die Reichsstadt Rothenburg ob der Tauber und ihre Herrschaft über die Landwehr. Teil I (1965) und Teil II (1971) in einem Band (unveränderter Nachdruck). Insingen 2010.

Wüst, Wolfgang: Bauernkrieg und fränkische Reichsstädte – Krisenmanagement in Nürnberg, Rothenburg ob der Tauber und Schweinfurt. In: Fuchs, Franz/Wagner, Ulrich (Hg.): Bauernkrieg in Franken (Publikationen aus dem Kolleg „Mittelalter und Frühe Neuzeit". Band 2). Würzburg 2016, S. 181–200.

Wunschel, Hans Jürgen: Art. „Rothenburg ob der Tauber". In: Maimon, Arye u.a. (Hg.): Germania Judaica. Band 3 (1350–1519), Teilband 2: Mährisch-Budwitz – Zwolle. Tübingen 1995, S. 1252–1276.

Zarncke, Friedrich: Die Statutenbücher der Universität Leipzig aus den ersten 150 Jahren ihres Bestehens. Leipzig 1861.

Zedelmaier, Helmut: Bücher lesen über das Suchsystem Index. In: Schneider, Ulrich Johannes (Hg.): Textkünste. Buchrevolution um 1500. Darmstadt 2016.

Zimmermann, Wilhelm: Der große Deutsche Bauernkrieg. Berlin 1989.

Zweifel, Thomas: Rotenburg an der Tauber im Bauernkrieg. In: Baumann, Franz Ludwig (Hg.): Quellen zur Geschichte des Bauernkriegs aus Rotenburg an der Tauber. Tübingen 1878, S. 1–58.

Herausgeber und Autor*innen

Prof. Dr. Horst F. Rupp, geb. 1949 in Rothenburg ob der Tauber. Studium der Evangelischen Theologie, Psychologie, Germanistik und Geschichte an der Friedrich-Alexander-Universität Erlangen-Nürnberg und der Universität Zürich. Erstes und Zweites Staatsexamen für das gymnasiale Lehramt, Theologische Aufnahmeprüfung für das Geistliche Amt in der Evangelisch-Lutherischen Kirche in Bayern. Nach drei Jahren als Studienrat an einem Gymnasium in Bayern Wiss. Angestellter an der RWTH Aachen und Akad. Rat bzw. Oberrat an der Universität Koblenz-Landau, Standort Koblenz. Promotion an der Universität Erlangen-Nürnberg, Habilitation an der Universität Frankfurt am Main. Von 1993 bis 2015 Inhaber des Lehrstuhls für Evangelische Theologie II mit dem Schwerpunkt Religionspädagogik an der Julius-Maximilians-Universität Würzburg, dort 2015 emeritiert. Forschungsschwerpunkte und diverse Publikationen zu folgenden Themen: Geschichte und Theorie der Religionspädagogik, (Kunst-)Geschichte, (Auto-)Biographieforschung, Judentum und seine Didaktik. (Mit-)Herausgeber von Fr. A. W. Diesterweg „Sämtliche Werke" (Berlin 1956ff.); Herausgeber mehrerer wissenschaftlicher Reihen.
Kontakt: Obere Landwehr 1, 97204 Würzburg-Höchberg
E-Mail: horst.rupp@uni-wuerzburg.de

Dr. Gerhard Simon, geb. 1948 in Ansbach, Studiendirektor i.R. Studium der Archäologie, klassischen Philologie und evangelischen Theologie in Zürich, Wien und Erlangen, Promotion zum Dr. theol., Mitarbeiter an der Osiander-Edition. Lehrbeauftragter an der Universität Erlangen-Nürnberg und der Pädagogischen Hochschule Weingarten. Gymnasiallehrer in Dinkelsbühl, Fürth und Lindau. Forschungsschwerpunkt Reformationsgeschichte. Veröffentlichungen zur Kirchengeschichte und zur Kunst des 14., 16. und 20. Jahrhunderts.
Kontakt: Josef-Rau-Straße 7, 77716 Haslach im Kinzigtal
E-Mail: ge-simon@t-online.de

Dr. Harald Bollbuck, geb. 1968 in Bützow (Mecklenburg), studierte Geschichte, klassische Archäologie und Latinistik in Rostock, Wien und Berlin. Promotion in Kiel 2003, danach wissenschaftlicher Mitarbeiter in den Projekten „Martin Opitz: Briefwechsel und Lebenszeugnisse" und „Historische Methode und Arbeitstechnik der Magdeburger Zenturien" an der Herzog August Bibliothek Wolfenbüttel. Seit 2012 als Editor im Projekt „Kritische Gesamtausgabe der Werke und Briefe Andreas Bodensteins von Karlstadt" an der Niedersächsischen Akademie der Wissenschaften zu Göttingen tätig.
Kontakt: Niedersächsische Akademie der Wissenschaften, Theaterstraße 7, 37073 Göttingen
E-mail: harald.bollbuck@adwgoe.de

Prof. Dr. Karl Borchardt, geb. 1956 in Rothenburg ob der Tauber. Studium der Geschichte und Anglistik in Würzburg. Promotion über die geistlichen Institutionen in der Reichsstadt Rothenburg ob der Tauber von den Anfängen bis zur Durchsetzung der Reformation. Habilitation über die Cölestiner, eine Mönchsgemeinschaft des späteren Mittelalters. Tätig als Stadtarchivar in Rothenburg ob der Tauber 2001–2007, als wissenschaftlicher Mitarbeiter der Monumenta Germaniae Historica in München 2007–2023: Lehre, Forschung und Publikationen zum hohen und späten Mittelalter, besonders zur Kirchen- und Ordensgeschichte, sowie zur Landesgeschichte insbesondere in Franken und Schlesien.
Kontakt: karl.borchardt@mgh.de

Dr. Florian Huggenberger, geb. 1981 in Rothenburg ob der Tauber, studierte Geschichte und Volkskunde / Europäische Ethnologie in Würzburg. Nach der Promotion am dortigen Lehrstuhl für Fränkische Landesgeschichte leitete er von 2014 bis 2017 das Stadtarchiv Röttingen und übernahm 2016 in Vertretung des Lehrstuhls für Fränkische Landesgeschichte in Würzburg Lehrveranstaltungen. Seit 2019 ist er Leiter des Stadtarchivs Rothenburg ob der Tauber. Seine Forschungsthemen führen ihn in die Geschichte Rothenburgs samt Umland, zuletzt vermehrt unter den Aspekten Eigen- und Fremdwahrnehmung.
Kontakt: florian.huggenberger@rothenburg.de

Prof. Dr. Hedwig Röckelein, geb. 1956 in Burgebrach (Lkr. Bamberg), studierte Geschichte, Germanistik, Politik und Ur- und Frühgeschichte an den Universitäten Würzburg und Freiburg i. Br. Promotion zur Dr. phil. in Freiburg über hochmittelalterliche Visionsliteratur. Anschließend Katalogisierung lateinischer Handschriften der Universitätsbibliothek Tübingen im Rahmen des DFG-Langzeitprojektes. 1998 Habilitation an der Universität Hamburg über Reliquientranslationen nach Sachsen im 9. Jahrhundert. Von 1999 bis 2022 Professorin für Mittlere und Neuere Geschichte an der Georg-August-Universität Göttingen; seit 2008 Leiterin des Akademie-Projektes „Germania Sacra". Forschungsschwerpunkte zur religiösen Kultur des Mittelalters, u.a. zu Synagogen und Marienkult, zur Hagiographie und Geschlechtergeschichte.
Kontakt: Nikolausberger Weg 52, 37073 Göttingen
E-Mail: HRoeckelein@t-online.de

Claudia Steffes-Maus, geb. 1975 in Prüm, studierte nach einer Ausbildung zur Bankkauffrau in Düsseldorf an den Universitäten Trier und Lille (Frankreich) Geschichte und Französisch für das Lehramt an Gymnasien. Von 2000 bis 2015 arbeitete sie am Arye Maimon-Institut für Geschichte der Juden an der Universität Trier in verschiedenen Projekten zur Geschichte der Juden im mittelalterlichen und frühneuzeitlichen Reich mit. 2010–2015 übernahm sie für das Emil-Frank-Institut Wittlich ehrenamtliche Stadtführungen zur Geschichte der Juden. 2016 wechselte sie in den Schuldienst und absolvierte ihr Referendariat. Sie unterrichtet an der St. Matthias-Schule Bitburg und ist Mitglied der Gesellschaft zur Erforschung der Geschichte der Juden.
Kontakt: Am Hüttenberg 16, 54649 Waxweiler
E-Mail: steffesc@freenet.de

Dr. Ulrich Wagner, geb. 1948 in Neckarsulm-Dahenfeld. Studium von Geschichte, Latein und Geographie an der Universität Heidelberg, 1. Staatsexamen 1976, Promotion 1981. Referendariat im Archivdienst, 2. Staatsexamen am Institut für Archivwissenschaft Marburg 1982. Von 1978 bis 1980 Wiss. Angestellter am Universitätsarchiv Heidelberg, 1982/83 Leiter des Stadtarchivs Heidelberg, ab 1983 des Stadtarchivs Würzburg, dort von 1997 bis 2014 als Ltd. Archivdirektor. Forschungsschwerpunkte: Quelleneditionen, Stadtgeschichte, fränkische und pfälzische Landesgeschichte, Geschichte des Deutschen Ordens.
Kontakt: Unterer Dallenbergweg 36A, 97082 Würzburg
Email: ulrich_wagner@gmx.net

Abbildungsnachweise

Abb. 1, 3, 4, 6, 9, 11, 13, 15, 19, 20, 21, 40, 43, 51, 60	Stadt(archiv) Rothenburg
Abb. 2, 14, 22 d, 26, 27, 28, 37, 38 a, 44, 45 a und b, 46 a und b, 47 a und b, 49, 52, 53, 54 a und b, 55, 59, 62, 63	Wikipedia
Abb. 5, 12	W. Pfitzinger, Rothenburg
Abb. 7, 36 a	Germanisches Nationalmuseum Nürnberg
Abb. 8, 32 a und b, 42	H. Möhring, Rothenburg
Abb. 10	E. Knoll, Rothenburg
Abb. 16, 17, 30, 33, 36 a, 50, 56 a und b, 57 a und b	Bayerische Staatsbibliothek München
Abb. 18, 36 b	Staatsbibliothek Berlin
Abb. 22 a	Universitätsbibliothek Bern
Abb. 22 b und c	National Gallery Washington
Abb. 23, 24	Thüringer Universitäts- und Landesbibliothek Jena
Abb. 25	Stadt Zwickau, Ratsschulbibliothek
Abb. 29, 65, 66	Biblioteka Jagiellońska Krakau
Abb. 31 a und b	Stadt Nördlingen
Abb. 34	Staatliche Bibliothek Regensburg
Abb. 35 a	Württembergische Landesbibliothek Stuttgart
Abb. 35 b	Bibliothèque national et universitaire Straßburg
Abb. 38 b	Stadtarchiv Memmingen
Abb. 39	Entnommen aus: Fuchs, Franz/Wagner, Ulrich (Hg.): Bauernkrieg in Franken. Würzburg 2016.
Abb. 40	Entnommen aus: von Winterbach, Johann David W.: Geschichte der Stadt Rothenburg o. T. bis zu deren Ende als freie Reichsstadt. Rothenburg o. T. 1905.
Abb. 48	Museum für Franken in Würzburg, Fotoarchiv
Abb. 50	Entnommen aus: Zimmermann, Wilhelm: Der große Deutsche Bauernkrieg. Berlin 1989.
Abb. 58	Staatsbibliothek Bamberg
Abb. 61	Universitätsbibliothek Basel
Abb. 64	Herzog August Bibliothek Wolfenbüttel